実務に役立つ

租税基本判例精選
120

税務経理協会

はしがき

　税法基本判例研究会のメンバーが，いままで雑誌に連載した後に加筆修正し編集したもの，あるいは書き下ろしたものなど，メンバーが参画し，共同で執筆した書籍は，後掲のとおりである。

　現在，メンバーは，「実務に役立つ判例研究」（月刊税務弘報），「新感覚・租税判例深読み」（月刊税理），「新・税務の判断力」（旬刊速報税理）に毎号，定期的に連載している。また，随時連載として，「ザ・税務訴訟」（法律のひろば），「判例・裁決例から読み解く〈税理士実務のkeyword〉」（旬刊速報税理）を寄稿している。年1回，「地方税判例年鑑」（月刊税別冊付録）を，継続して執筆してきた。昨年7月には，「税法基本判例を再読する」（月刊税）は，100回に及ぶ連載を終了した。

　本書は，これまでの研究成果を踏まえ，リーディングケースとして評価されている著名な判例から最新の事例まで検討した税法判例の解説集である。執筆には，ベテランから新進気鋭に至る研究会のメンバーが担当した。編集の趣旨は，いうまでもなく実務対策である。判例において展開される納税者と課税庁の主張，裁判所が示した結論は，いわば反面教師として実務に生かせると思う。

　本書の出版に当たっては，税務経理協会の鈴木利美氏に企画の段階からお世話になった。心から感謝する次第である。

　令和6年5月1日

執筆者を代表して　　林　仲　宣

【税法基本判例研究会として企画・編集した書籍一覧】

○ 『交際費税務に生かす判例・裁決例50選』（税務経理協会，2007年）

○ 『ガイダンス税法講義』（税務経理協会，2009年）

○ 『交際費税務に生かす判例・裁決例53選』（税務経理協会，2010年）

○ 『贈与税対策に生かす判例・裁決例40選』（税務経理協会，2011年）

○ 『贈与税対策に生かす判例・裁決例45選』（税務経理協会，2012年）

○ 『今のうちから考えよう　相続税対策のはじめ方』（日本加除出版，2014年）

○ 『実務に役立つ租税基本判例120選［改訂版］』（税務経理協会，2014年）

○ 『重要 判決・裁決から探る税務の要点理解』（清文社，2015年）

○ 『年金世代から考える税金とのつきあい方と確定申告』（日本加除出版，2015）

○ 『ガイダンス新税法講義』（税務経理協会，2015年）

○ 『実務のための貸倒損失判例・裁決例集』（税務経理協会，2016年）

○ 『具体例で理解する収益認識基準の法人税実務』（ぎょうせい，2018年）

○ 『実務のための資本的支出・減価償却・修繕費判例・裁決例50選』（税務経理協会，2018年）

○ 『実務に役立つ租税基本判例精選100』（税務経理協会，2019年）

○ 『ガイダンス新税法講義［四訂版］』（税務経理協会，2019年）

○ 『実務のための資本的支出・減価償却・修繕費 判例・裁決例56選〔改訂版〕』（税務経理協会，2021年）

○ 『税理士が考える税理士の職務と責任』（税務経理協会，2024年）

掲載判例一覧

（複数の判決については，★印を解説・検討）

通番	テーマ	裁判所等	判決期日等	ＴＫＣ	ＴＡＩＮＳ	掲載頁
■ 税法の基礎理論						
1	租税平等主義の適用基準（ゴルフ場・娯楽施設利用税事件）	東京地裁 東京高裁 ★最高裁一小	昭和43年3月21日 昭和44年6月11日 昭和50年2月6日	21027461 21030841 21049081	Z999-8248 Z999-8249 Z999-8262	10
2	事業所得と給与所得の区別	横浜地裁 東京高裁 ★最高裁二小	昭和50年4月1日 昭和51年10月18日 昭和56年4月24日	21049890 21055820 21073190	Z081-3521 Z090-3882 Z117-4787	12
3	地方税法と地方税条例（地方税法と首長の裁量）	★東京地裁 東京高裁 最高裁三小	平成4年3月19日 平成4年10月7日 平成6年12月20日	22005113 22005572 22007472	未掲載 未掲載 Z999-8165	14
4	税務調査（税務調査における第三者の立ち合い）	★岡山地裁 広島高裁 最高裁一小 最高裁一小	平成11年10月6日 平成12年12月26日 平成13年6月18日 平成13年6月28日	28080847 28091550 28101161 28101168	Z244-8503 Z249-8807 Z250-8926 Z250-8934	16
5	質問検査権（北村事件）	京都地裁	平成12年2月25日	28060390	Z246-8595	18
6	推計課税（帳簿保存の不適切な納税者）	熊本地裁 福岡高裁 ★最高裁一小	平成10年12月17日 平成11年10月21日 平成12年3月23日	28061093 28081067 28082954	Z239-8299 Z245-8521 Z246-8616	20
7	納税者の責任と解説書の効果（パチンコ平和事件）	東京地裁 東京高裁 ★最高裁三小	平成9年4月25日 平成11年5月31日 平成16年7月20日	28020870 28041260 28092062	Z223-7906 Z243-8416 Z254-9700	22
8	第二次納税義務	東京地裁 東京高裁 ★最高裁一小	平成16年1月22日 平成16年6月15日 平成18年1月19日	28101647 28101646 28110295	Z254-9527 Z254-9673 Z256-10270	24
9	租税と租税法律主義（旭川国保事件）	旭川地裁 札幌高裁 ★最高裁大法廷	平成10年4月21日 平成11年12月21日 平成18年3月1日	28030805 28050156 28110487	Z999-8026 Z999-8031 Z999-8126	26
10	申告義務と錯誤	高知地裁 ★高松高裁 最高裁二小	平成17年2月15日 平成18年2月23日 平成18年10月6日	28130856 28130855 28132305	Z255-09932 Z256-10328 Z256-10525	28
11	確定決算主義（株主総会等の承認を得ていない決算書の有効性）	福岡地裁 ★福岡高裁	平成19年1月16日 平成19年6月19日	28140273 28140272	Z257-10610 Z257-10729	30
12	益金の計上時期（公正妥当な会計処理）	東京地裁 ★東京高裁 最高裁二小	平成20年2月15日 平成21年2月18日 平成21年7月10日	28141628 25451002 25471435	Z258-10895 Z259-11144 Z259-11243	32

通番	テーマ	裁判所等	判決期日等	TKC	TAINS	掲載頁
13	所得税額控除の記載額限度要件 （南九州コカ・コーラ事件）	熊本地裁 福岡高裁 最高裁二小 最高裁二小 ★最高裁二小	平成18年1月26日 平成18年10月24日 平成21年3月16日 平成21年3月16日 平成21年7月10日	28111180 28131807 25500541 25500542 25440919	Z256-10287 Z256-10535 Z259-11159 Z259-11160 Z259-11242	34
14	二重課税（長崎年金事件）	長崎地裁 福岡高裁 ★最高裁三小	平成18年11月7日 平成19年10月25日 平成22年7月6日	28130343 25400382 25442386	Z256-10564 Z257-10803 Z260-11470	36
15	損益通算と遡及適用	千葉地裁 東京高裁 ★最高裁一小	平成20年5月16日 平成20年12月4日 平成23年9月22日	25440143 25440930 25443752	Z258-10958 Z258-11099 Z261-11771	38
16	差押えの範囲	★鳥取地裁 広島高裁	平成25年3月29日 平成25年11月27日	25501347 25502735	Z999-8324 未掲載	40
17	理由附記（更正通知書の理由附記の不備）	国税不服審判所	平成26年11月18日	未掲載	F0-3-398	42
18	印紙税法における受取書	東京高裁 ★最高裁一小	昭和25年6月28日 昭和27年3月13日	21002174 21004062	未掲載 未掲載	44

■ 所得税法の基礎理論

通番	テーマ	裁判所等	判決期日等	TKC	TAINS	掲載頁
19	給与の範囲（従業員の学資に充てるための給付）	東京地裁	昭和44年12月25日	21032020	Z057-2503	46
20	財産分与により不動産等の資産を譲渡した場合	名古屋地裁 名古屋高裁 ★最高裁三小	昭和45年4月11日 昭和46年10月28日 昭和50年5月27日	21032810 21037290 21050440	Z059-2555 Z063-2811 Z081-3567	48
21	10年退職金事件	大阪地裁 大阪高裁 ★最高裁三小 大阪高裁	昭和52年2月25日 昭和53年12月25日 昭和58年12月6日 昭和59年5月31日	21057000 21064190 21080054 21080503	Z091-3943 Z103-4305 Z134-5280 Z136-5359	50
22	所得税法60条1項1号の「贈与」の範囲（負担付贈与）	静岡地裁 東京高裁 ★最高裁三小	昭和60年3月14日 昭和62年9月9日 昭和63年7月19日	21082501 22002008 22002503	Z144-5488 Z159-5968 Z165-6145	52
23	「生計を一にする」概念	★徳島地裁 高松高裁 最高裁二小	平成9年2月28日 平成10年2月26日 平成10年11月27日	28040445 28050951 28061084	Z222-7871 Z230-8096 Z239-8288	54
24	家事費と家事関連費（面積按分）	東京地裁 ★東京高裁	平成11年1月22日 平成11年8月30日	28061112 28080816	Z240-8319 Z244-8471	56
25	青色申告特別控除の「適用期限」（期限後申告に適用なし）	★広島地裁 広島高裁 最高裁一小	平成13年3月1日 平成14年4月16日 平成15年2月27日	28101096 28110565 28130564	Z250-8850 Z252-9104 Z253-9293	58
26	弁護士夫婦事件	東京地裁 東京高裁 ★最高裁三小	平成15年6月27日 平成15年10月15日 平成16年11月2日	28082900 28090431 28092814	Z253-9382 Z253-9455 Z254-9804	60

通番	テ ー マ	裁判所等	判決期日等	TKC	TAINS	掲載頁
27	個人間贈与における取得費の引継ぎ（右山事件）	東京地裁 東京高裁 ★最高裁三小	平成12年12月21日 平成13年6月27日 平成17年2月1日	28062223 28082545 28100311	Z249-8806 Z250-8931 Z255-09918	62
28	土地に関する賃貸契約の解除に伴う建物の無償譲渡	名古屋地裁 名古屋高裁 ★最高裁三小	平成17年3月3日 平成17年9月8日 平成18年10月3日	28101218 25420260 25451180	Z255-09949 Z255-10120 Z256-10522	64
29	居宅サービス利用の対価と医療費控除	★鳥取地裁 広島高裁 最高裁二小	平成20年9月26日 平成21年7月10日 平成21年11月13日	25463156 25463157 25462831	Z258-11038 Z259-11241 Z259-11312	66
30	支払済の金員が外注費ではなく給与とされた事例	東京地裁 東京高裁 ★最高裁二小	平成19年11月16日 平成20年4月23日 平成20年10月10日	25450811 25450810 25470951	Z257-10825 Z258-10947 Z258-11048	68
31	遠洋マグロ漁船の乗組員の住所の判定	★東京地裁 東京高裁 最高裁三小	平成21年1月27日 平成21年6月25日 平成21年11月10日	25451090 25500688 25500807	Z259-11126 Z259-11232 Z259-11307	70
32	所得と非課税所得の意義（商品先物取引和解金事件）	★大分地裁 福岡高裁	平成21年7月6日 平成22年10月12日	25440963 25470515	Z259-11239 Z260-11530	72
33	ホステス源泉税徴収税額事案	東京地裁 東京高裁 ★最高裁三小	平成18年3月23日 平成18年12月13日 平成22年3月2日	28130009 28131960 25441824	Z256-10351 Z256-10600 Z260-11390	74
34	共用家屋の一部取り壊し譲渡と3,000万円控除	東京地裁 ★東京高裁	平成21年11月4日 平成22年7月15日	25463662 25463663	Z259-11304 Z260-11479	76
35	破産管財人の源泉徴収義務	大阪地裁 大阪高裁 ★最高裁二小	平成18年10月25日 平成20年4月25日 平成23年1月14日	28130182 28141432 25443042	Z256-10551 Z258-10954 Z261-11593	78
36	職務発明に関する和解金の所得区分	大阪地裁 ★大阪高裁 最高裁三小	平成23年10月14日 平成24年4月26日 平成26年4月4日	25444492 25444955 25544509	Z261-11785 Z262-11941 Z264-12446	80
37	弁護士会役員として支出した交際費等の経費性	東京地裁 ★東京高裁 最高裁二小	平成23年8月9日 平成24年9月19日 平成26年1月17日	25472529 25482739 25504992	Z261-11730 Z262-12040 Z264-12387	82
38	診療報酬の不正請求に係る返還債務の必要経費算入時期	東京地裁 東京高裁 ★最高裁一小	平成22年12月17日 平成23年10月6日 平成24年9月27日	25443737 25444466 25503570	Z260-11576 Z261-11780 Z262-12055	84
39	遺産分割の際の弁護士費用と譲渡所得の取得費	東京地裁 東京高裁 ★最高裁二小	平成22年4月16日 平成23年4月14日 平成25年6月14日	25472781 25472782 25506389	Z260-11420 Z261-11668 Z263-12232	86
40	所得区分（一時所得と雑所得）	大阪地裁 大阪高裁 ★最高裁三小	平成25年5月23日 平成26年5月9日 平成27年3月10日	25445678 25503853 25447123	Z999-9119 Z999-9131 Z999-9136	88

通番	テーマ	裁判所等	判決期日等	ＴＫＣ	ＴＡＩＮＳ	掲載頁
41	債務免除益が給与所得に該当するか否か	岡山地裁 広島高裁 ★最高裁一小 広島高裁 最高裁三小	平成25年3月27日 平成26年1月30日 平成27年10月8日 平成29年2月8日 平成30年9月25日	25505115 25505116 25447491 25545867 25449691	Z263-12184 Z264-12402 Z265-12733 Z267-12978 Z268-13191	90
42	福利厚生目的の養老保険と必要経費	広島地裁 ★広島高裁	平成27年7月29日 平成28年4月20日	25542421 25561751	Z265-12705 Z266-12846	92
43	他に職業を有する者に対する青色事業専従者給与	★東京地裁 東京高裁	平成28年9月30日 平成29年4月13日	25536344 25563421	Z266-12909 Z267-13010	94
44	サプリメントの医療費控除該当性	東京地裁 東京高裁 ★最高裁三小	平成27年5月12日 平成27年11月26日 平成28年10月18日	25544854 25544853 25561818	Z265-12658 Z265-12760 Z266-12918	96
45	スワップ取引による金地金の交換と譲渡所得	名古屋地裁 ★名古屋高裁	平成29年6月29日 平成29年12月14日	25560874 25560873	Z267-13028 Z267-13099	98
46	航空機リース事業の終了に伴う債務免除益の所得区分	東京地裁 ★東京高裁 最高裁三小	平成27年5月21日 平成28年2月17日 平成29年12月19日	25530026 25448156 25563729	Z265-12666 Z266-12800 Z267-13101	100
47	馬券払戻金の所得区分（競馬予想ソフト）	★横浜地裁 東京高裁 最高裁一小	平成28年11月9日 平成29年9月28日 平成30年8月29日	25544819 25547535 25561977	Z266-12930 Z267-13068 Z268-13179	102
48	同族不動産管理会社へのリフォーム支払と経費性	東京地裁 東京高裁 ★最高裁三小	平成30年4月12日 平成30年11月15日 令和元年5月24日	25561323 25565522 25590155	Z268-13139 Z268-13209 Z269-13274	104
49	ＬＰガス等の燃料小売業者が同族会社へ支払った業務委託費	大阪地裁 大阪高裁 ★最高裁三小	平成30年4月19日 平成30年11月2日 令和元年7月16日	25561472 25562049 25590164	Z268-13144 Z268-13206 Z269-13294	106
50	居住者の判定，多国間を移動する役員の生活の本拠	東京地裁 ★東京高裁	令和元年5月30日 令和元年11月27日	25564029 25565072	Z269-13280 Z269-13345	108
51	取引相場のない株式の譲渡時の時価	東京地裁 東京高裁 ★最高裁三小 東京高裁	平成29年8月30日 平成30年7月19日 令和2年3月24日 令和3年5月20日	25561449 25561450 25570798 25591780	Z267-13045 Z268-13172 Z270-13404 Z271-13564	110
52	取引相場のない株式の時価とみなし譲渡	東京地裁 東京高裁 最高裁三小 ★東京高裁	平成29年8月30日 平成30年7月19日 令和2年3月24日 令和3年5月20日	25561449 25561450 25570798 25591780	Z267-13045 Z268-13172 Z270-13404 Z271-13564	112
53	寡夫控除と憲法14条1項の「法の下の平等」	東京地裁 ★東京高裁	令和3年5月27日 令和4年1月12日	25600418 25572733	Z271-13570 Z888-2441	114
54	親子間の土地使用貸借契約後の不動産所得の帰属	大阪地裁 ★大阪高裁	令和3年4月22日 令和4年7月20日	25571853 25593721	Z271-13553 Z888-2426	116

通番	テーマ	裁判所等	判決期日等	ＴＫＣ	ＴＡＩＮＳ	掲載頁
■ 法人税法の基礎理論						
55	同族会社の行為計算の否認規定	東京地裁 東京高裁 ★最高裁一小	昭和26年4月23日 昭和26年12月20日 昭和33年5月29日	21003110 21003840 21010090	Z010-0068 Z011-0103 Z026-0618	118
56	フリンジ・ベネフィット海外慰安旅行	京都地裁 ★大阪高裁	昭和61年8月8日 昭和63年3月31日	22001180 22002453	Z153-5777 Z163-6088	120
57	萬有製薬事件	東京地裁 ★東京高裁	平成14年9月13日 平成15年9月9日	28080339 28082672	Z252-9189 Z253-9426	122
58	興銀事件	東京地裁 東京高裁 ★最高裁二小	平成13年3月2日 平成14年3月14日 平成16年12月24日	28060496 28070932 28100148	Z250-8851 Z252-9086 Z254-9877	124
59	司法書士の同族会社に対する業務委託契約の性格	広島地裁 広島高裁 最高裁二小 ★広島高裁	平成13年10月11日 平成16年1月22日 平成16年11月26日 平成17年5月27日	28092272 28092271 28141533 25420185	Z251-9000 Z254-9525 Z254-9836 Z255-10040	126
60	収益事業の判断基準（ペット葬祭事件）	名古屋地裁 名古屋高裁 最高裁二小 最高裁二小 ★最高裁二小	平成17年3月24日 平成18年3月7日 平成20年8月27日 平成20年8月27日 平成20年9月12日	28100900 25421419 25470904 25470905 28141940	Z255-09973 Z256-10338 Z258-11009 Z258-11010 Z258-11023	128
61	ＮＴＴドコモ中央事件	東京地裁 東京高裁 ★最高裁三小	平成17年5月13日 平成18年4月20日 平成20年9月16日	28101934 28111428 28141988	Z255-10022 Z256-10372 Z258-11032	130
62	粉飾した過年度棚卸資産の過大計上分に係る損金性	★東京地裁 東京高裁 最高裁三小	平成22年9月10日 平成23年3月24日 平成23年10月11日	25470385 25501865 25501973	Z260-11505 Z261-11648 Z261-11783	132
63	福利厚生費と海外への慰安旅行	★東京地裁 東京高裁 最高裁二小	平成24年12月25日 平成25年5月30日 平成25年11月8日	25498715 25446032 25506457	Z262-12122 Z263-12222 Z263-12330	134
64	取引価格の変更と寄附金の意義（セキスイボード事件）	東京地裁	平成26年1月24日	25517562	Z264-12394	136
65	役員の事前確定届出給与に対する行政指導	★東京地裁 東京高裁 最高裁三小	平成26年7月18日 平成26年11月19日 平成28年3月8日	25520387 25544634 25561722	Z264-12510 Z264-12568 Z266-12819	138
66	自己株式の取得と同族会社の行為計算否認規定の適用の可否（ＩＢＭ事件）	東京地裁 東京高裁 ★最高裁一小	平成26年5月9日 平成27年3月25日 平成28年2月18日	25503893 25506159 25542527	Z264-12469 Z265-12639 Z266-12802	140
67	組織再編成を利用した租税回避行為の否認（ヤフー事件）	東京地裁 東京高裁 ★最高裁一小	平成26年3月18日 平成26年11月5日 平成28年2月29日	25503723 25505180 25447796	Z264-12435 Z264-12563 Z266-12813	142

通番	テーマ	裁判所等	判決期日等	TKC	TAINS	掲載頁
68	役員給与の損金算入（残波事件）	★東京地裁 東京高裁 最高裁一小	平成28年4月22日 平成29年2月23日 平成30年1月25日	25543030 25546385 25560182	Z266-12849 Z267-12981 Z268-13118	144
69	交際費と福利厚生費	福岡地裁	平成29年4月25日	25560990	Z267-13015	146
70	地域統括業務とタックスヘイブン対策税制（デンソー事件）	名古屋地裁 名古屋高裁 ★最高裁三小	平成26年9月4日 平成28年2月10日 平成29年10月24日	25542131 25542132 25448977	Z264-12524 Z266-12798 Z267-13082	148
71	分掌変更役員の退職金	東京地裁 東京高裁 ★最高裁三小	平成29年1月12日 平成29年7月12日 平成29年12月5日	25538511 25549650 25563477	Z267-12952 Z267-13033 Z267-13093	150
72	役員退職金の功績倍率（伊藤製作所事件）	東京地裁 ★東京高裁 最高裁一小	平成29年10月13日 平成30年4月25日 平成31年2月21日	25539014 25560510 25569762	Z267-13076 Z268-13149 Z269-13245	152
73	現金仕入れに係る売上原価の主張立証責任	福岡地裁 ★福岡高裁 最高裁二小	平成30年5月24日 令和元年11月6日 令和2年6月26日	25565479 25590207 25592451	Z268-13155 Z269-13338 Z270-13421	154
74	高額な役員給与と同業類似法人の最高額	東京地裁	令和2年1月30日	25582011	Z270-13377	156
75	役員退職慰労金の高額性と平均功績倍率	★東京地裁 東京高裁 最高裁三小	令和2年2月19日 令和3年4月14日 令和3年12月21日	25584734 25595391 25595533	Z270-13382 Z271-13548 Z271-13644	158
76	土地の高額購入と売上原価	東京地裁 ★東京高裁	令和元年10月18日 令和2年12月2日	25581626 25591587	Z269-13328 Z270-13490	160
77	組織再編に伴うグループ会社からの借入（ユニバーサルミュージック事件）	東京地裁 東京高裁 ★最高裁一小	令和元年6月27日 令和2年6月24日 令和4年4月21日	25570412 25566739 25572104	Z269-13286 Z270-13418 Z888-2411	162

■ 消費税法の基礎理論

通番	テーマ	裁判所等	判決期日等	TKC	TAINS	掲載頁
78	仮名帳簿と仕入税額控除	★東京地裁 東京高裁 最高裁二小	平成9年8月28日 平成10年9月30日 平成11年2月5日	28021531 28033324 28061123	Z228-7973 Z238-8246 Z240-8337	164
79	消費税法上の事業概念（反復・継続・独立）	★富山地裁 名古屋高裁 最高裁一小	平成15年5月21日 平成15年11月26日 平成16年6月10日	28130650 28130746 28141132	Z253-9349 Z253-9473 Z254-9666	166
80	帳簿の不提示と仕入税額控除	前橋地裁 東京高裁 ★最高裁一小	平成12年5月31日 平成13年1月30日 平成16年12月16日	28090269 28101012 28100112	Z247-8663 Z250-8827 Z254-9860	168
81	税務調査時の帳簿等不提示による仕入税額控除の否認	★東京地裁 東京高裁 最高裁二小	平成25年11月12日 平成26年3月27日 平成27年4月17日	25516355 25544506 25546596	Z263-12331 Z264-12442 Z265-12653	170

通番	テーマ	裁判所等	判決期日等	ＴＫＣ	ＴＡＩＮＳ	掲載頁
82	会員制クラブ入会時費用と消費税（岡本倶楽部事件）	東京地裁	平成26年2月18日	25517715	Z264-12411	172
83	輸出免税（訪日旅行ツアー）	★東京地裁 東京高裁 最高裁二小	平成27年3月26日 平成28年2月9日 平成29年2月3日	25524737 25448350 25563620	Z265-12641 Z266-12797 Z267-12975	174
84	出品手数料に係る仕入税額控除（アマゾン事件）	★東京地裁 東京高裁	令和4年4月15日 令和4年12月8日	25605234 未掲載	Z888-2412 Z888-2478	176
85	転売目的の賃貸用中古マンションと課税仕入れの用途区分	東京地裁 東京高裁 ★最高裁一小	令和2年9月3日 令和3年7月29日 令和5年3月6日	25571090 25591026 25572659	Z270-13448 Z271-13594 Z888-2480	178

■ 相続税法の基礎理論

通番	テーマ	裁判所等	判決期日等	ＴＫＣ	ＴＡＩＮＳ	掲載頁
86	租税負担と錯誤（財産分与契約がないと錯誤）	東京地裁 東京高裁 ★最高裁一小 東京高裁	昭和62年7月27日 昭和62年12月23日 平成元年9月14日 平成3年3月14日	25462240 27801339 22003091 22004261	未掲載 Z999-5001 Z999-5002 Z999-5003	180
87	「著しく低い価額」の対価の意義	東京地裁	平成19年8月23日	28132409	Z257-10763	182
88	査察調査による借入金は相続財産となるのか	大阪地裁 ★大阪高裁 最高裁三小	平成20年9月18日 平成21年8月27日 平成23年2月1日	25470932 25471439 25471440	Z258-11034 Z259-11263 Z261-11606	184
89	相続開始後に生じた過納金還付請求権の性格	大分地裁 福岡高裁 ★最高裁二小	平成20年2月4日 平成20年11月27日 平成22年10月15日	28140556 25450017 25442705	Z258-10884 Z258-11082 Z260-11535	186
90	住所の判定（武富士事件）	東京地裁 東京高裁 ★最高裁二小	平成19年5月23日 平成20年1月23日 平成23年2月18日	28131535 28140592 25443124	Z257-10717 Z258-10868 Z261-11619	188
91	有料老人ホームに入居している場合の生活の拠点	東京地裁	平成23年8月26日	25501936	Z261-11736	190
92	相続税の非課税財産	東京地裁	平成24年6月21日	25481789	Z262-11973	192
93	相続税対策と名義預金	★東京地裁 東京高裁 最高裁三小	平成26年4月25日 平成26年10月22日 平成27年6月30日	25519317 25544528 25546610	Z264-12466 Z264-12551 Z265-12687	194
94	相続税節税のための養子縁組（養子縁組の効力）	東京家裁 東京高裁 ★最高裁三小	平成27年9月16日 平成28年2月3日 平成29年1月31日	25545487 25545488 25448430	未掲載 Z999-5391 Z999-5372	196
95	財産評価基本通達と私道供用宅地の評価	東京地裁 東京高裁 ★最高裁三小	平成27年7月16日 平成28年1月13日 平成29年2月28日	25541419 25545774 25448475	Z265-12697 Z266-12782 Z267-12984	198
96	建替え検討中のマンションの鑑定評価と評価通達の適用	東京地裁 東京高裁 ★最高裁一小	平成25年12月13日 平成27年12月17日 平成29年3月2日	25516512 25542273 25563626	Z263-12354 Z265-12771 Z267-12985	200

通番	テーマ	裁判所等	判決期日等	ＴＫＣ	ＴＡＩＮＳ	掲載頁
97	遺産分割成立後の更正の請求と取消判決の拘束力（更正の請求）	東京地裁 東京高裁 ★最高裁一小	平成30年１月24日 令和元年12月４日 令和３年６月24日	25550456 25590202 25571598	Ｚ268-13116 Ｚ269-13350 Ｚ271-13580	202
98	評価通達によらない相続財産評価の是非	東京地裁 東京高裁 ★最高裁三小	令和元年８月27日 令和２年６月24日 令和４年４月19日	25580607 25566638 25572099	Ｚ269-13304 Ｚ270-13417 Ｚ888-2406	204
99	無償返還届出書の提出と地上権の評価	東京地裁	令和５年１月26日	25572955	Ｚ888-2485	206

■ 地方税法の基礎理論

通番	テーマ	裁判所等	判決期日等	ＴＫＣ	ＴＡＩＮＳ	掲載頁
100	固定資産税の誤評価による課税ミスと国家賠償請求	名古屋地裁 名古屋高裁 ★最高裁一小	平成20年７月９日 平成21年３月13日 平成22年６月３日	25463553 25440616 25442264	Ｚ999-8223 Ｚ999-8224 Ｚ999-8260	208
101	神奈川県臨時特例企業税条例事件	横浜地裁 東京高裁 ★最高裁一小	平成20年３月19日 平成22年２月25日 平成25年３月21日	28141785 25462951 25445425	Ｚ999-8209 Ｚ999-8254 Ｚ999-8316	210
102	未登記の新築家屋	さいたま地裁 東京高裁 ★最高裁一小	平成24年１月25日 平成24年９月20日 平成26年９月25日	25445478 25445442 25446635	Ｚ999-8333 Ｚ999-8334 Ｚ999-8335	212
103	所得税に係る取消訴訟と住民税の期間制限の特例	福岡地裁 福岡高裁 ★最高裁三小	平成24年１月17日 平成24年６月28日 平成27年５月26日	25540691 25540692 25447269	未掲載 未掲載 Ｚ999-8350	214
104	固定資産税の納税義務者にかかる台帳課税主義の例外	大阪地裁 大阪地裁 大阪高裁 ★最高裁二小	平成21年12月24日 平成25年４月26日 平成26年２月６日 平成27年７月17日	25541617 25541618 25541619 25447356	未掲載 Ｚ999-8008 未掲載 Ｚ999-8352	216
105	老人ホームに付属する駐車場の住宅用地該当性	東京地裁 ★東京高裁	平成28年11月30日 平成29年８月24日	25537761 25546537	Ｚ999-8376 Ｚ999-8390	218
106	地方税務職員の守秘義務違反	釧路地裁 ★札幌高裁 最高裁三小	平成29年12月４日 平成30年３月27日 平成30年９月11日	25549147 25560324 25561693	未掲載 未掲載 未掲載	220
107	町長による守秘義務違反	水戸地裁	平成31年３月20日	25563067	未掲載	222
108	ふるさと納税訴訟	福岡高裁 ★最高裁三小	令和２年１月30日 令和２年６月30日	25570739 25570926	未掲載 未掲載	224
109	ゴルフ場用地の鑑定評価に基づく固定資産評価の当否	山口地裁 広島高裁 ★最高裁一小	令和元年10月16日 令和２年８月７日 令和４年３月３日	25564696 25592291 25571984	Ｚ999-8457 Ｚ999-8458 Ｚ999-8439	226
110	複合構造家屋における固定資産税の登録価格	大阪地裁	令和４年３月25日	25593065	Ｚ999-8454	228

通番	テーマ	裁判所等	判決期日等	TKC	TAINS	掲載頁
■ 租税の確定手続						
111	遺留分減殺請求と準確定申告	東京地裁	平成25年10月18日	25515326	Z 263-12313	230
112	増額更正と延滞税	東京地裁 東京高裁 ★最高裁二小	平成24年12月18日 平成25年6月27日 平成26年12月12日	25499271 25446185 25446819	Z 777-2472 Z 777-2530 Z 777-2644	232
113	市職員馬券脱税事件における税務調査の意味	大阪地裁 ★大阪高裁	平成30年5月9日 平成30年11月7日	25449489 25449842	Z 999-9156 Z 999-9158	234
114	預貯金債権の原資が年金である場合の差押禁止財産該当性	前橋地裁 ★東京高裁	平成30年2月28日 平成30年12月19日	25561049 25563807	未掲載 未掲載	236
115	取締役の債務免除と会社の第二次納税義務	東京地裁 ★東京高裁	令和2年11月6日 令和3年12月9日	25586586 25591274	Z 777-202025 Z 777-202131	238
116	更正の予知・相続税の調査と所得税の申告漏れ	東京地裁 ★東京高裁 最高裁三小	令和3年5月27日 令和4年1月14日 令和4年7月26日	25589800 25596238 未掲載	Z 271-13569 Z 272-13657 Z 272-13738	240
117	査察調査により収集した資料に基づく更正処分	東京地裁	令和5年3月8日	25608332	Z 888-2490	242
■ そ の 他						
118	納税指導と信義則	横浜地裁	平成8年2月28日	28011449	未掲載	244
119	弁護士法に基づく税理士の守秘義務	京都地裁 ★大阪高裁	平成25年10月29日 平成26年8月28日	25540652 25540022	未掲載 Z 999-0151	246
120	相続に係る業務等委任契約と相当の報酬額	東京地裁	令和2年3月10日	25584337	Z 999-0215	248

001　租税平等主義の適用基準（ゴルフ場・娯楽施設利用税事件）

最高裁第一小法廷昭和50年２月６日判決
昭和44年（行ツ）第64号・不当利得返還請求事件
【掲　載】裁判所ＨＰ／ＴＫＣ：21049081／ＴＡＩＮＳ：Ｚ999－8262
【判　示】娯楽施設利用税（都道府県税・平成元年３月31日廃止）は，スポーツ施設であるスケート場，テニスコート，水泳プール，野球場等の利用を課税対象としていないにもかかわらず，ゴルフ場利用に課税されることは，平等原則に反しないとされた事例（ゴルフ場課税事件）
〔第１審：東京地判昭和43年３月21日・昭和40年（行ウ）第116号の１〕
〔控訴審：東京高判昭和44年６月11日・昭和43年（行コ）第13号〕

【解　説】

　憲法14条１項は，「すべて国民は，法の下に平等であつて，人種，信条，性別，社会的身分又は門地により，政治的，経済的又は社会的関係において，差別されない。」と規定している。この憲法が定める平等原則は，税法の領域では，租税負担も平等であるべきと考えるが，これが租税平等主義の原則であり，租税法律主義とともに税法の基本原則を構成している。

　租税公平主義の求める理念とは，租税の負担は，納税者の担税力に応じて平等であるべきであり，同様に租税法規は，納税者に対して平等に適用されなければならないという考え方である。したがって，この租税平等主義の原則は，租税法規の立法上はもちろん，税法の解釈・適用を行う税務行政の執行において，公平・平等な取扱いが行われることで実践されなければならない。つまり，課税要件の認定や徴収手続において，同様の状況にある特定の納税者を利益又は不利益に扱うべきではない。もっとも，この原則は，不合理な差別を禁止するのが趣旨とされることから，合理的な差別をも禁止するものではないと理解されている。

【事案の概要と経緯】

　平成元年３月まで存続した娯楽施設利用税は，舞踏場，ゴルフ場，ぱちんこ場，射的場，まあじゃん場，たまつき場，ボーリング場などの施設の利用に対して，その施設所在の都道府県においてその利用者に課せられる地方税だった。

　なかでもゴルフ場については，利用の日ごとに定額課税され，昭和40年９月当時，納税者は神奈川県下のゴルフ場を利用した際に娯楽施設利用税450円が徴収された。

　これに対して，納税者は，ゴルフ場利用に対する娯楽施設利用税の課税は，①スポーツをする自由を制限すること（憲法13条違反），②他のスポーツ施設利用者との税負担と比べて税負担の公平に欠けること（憲法14条違反），③結社の自由を侵害していること（憲法21条違反）などを主張し提訴した。第１審及び控訴審はいずれも訴えを棄却したことから，納税者は上告したが，最高裁は納税者の主張を斥けた。

【判決要旨】

①　娯楽施設利用税は，一定の娯楽施設を利用する行為が消費支出能力を伴うことに着目し，そこに担税力を認めて課税する一種の消費税であるが，娯楽性とスポーツ性とは決して両立しえないものではなく，ある施設の利用行為がスポーツとしての一面を有するとの一事のみによって，当該施設の利用に対し娯楽施設利用税を課しえないということになるものではない。ゴルフはスポーツであると同時に娯楽としての一面をも有し，原判決が確定した事実によれば，その愛好者は年々増加しているとはいえ，なお特定の階層，とくに高額所得者がゴルフ場の利用の中心をなしており，その利用料金も相当高額であって，ゴルフ場の利用が相当高額な消費行為であることは否定しがたいと

10

ころであり，地方税法がゴルフ場の利用に対し娯楽施設利用税を課することとした趣旨も，このような娯楽性の面をも有する高額な消費行為に担税力を認めたからであると解せられる。

② 立法上ある施設の利用を娯楽施設利用税の課税対象とするか否かは，その時代における国民生活の水準や社会通念を基礎として，当該施設の利用の普及度，その利用の奢侈性，射幸性の程度，利用料金にあらわされる担税力の有無等を総合的に判断したうえで決定されるべき問題である。ゴルフがスケート，テニス，水泳，野球等と同じく健全なスポーツとしての一面を有することは所論のとおりであるが，スケート場，テニスコート，水泳プール，野球場等の利用は普遍的，大衆的であり，利用料金も担税力を顕著にあらわすものとはいえないのに対し，ゴルフ場の利用は，特定の階層，とくに高額所得者がその中心をなしており，利用料金も高額であり，高額な消費行為であることは否定しがたいところである。

【検　討】

ゴルフが富裕層の贅沢な娯楽であるのか，それとも大衆的なスポーツであるのかの判断について，判決当時，話題となった。平等原則に違反するか否かについて，納税者はテニスやスケート等といった他のスポーツとの関係においての不公平さを主張したが，最高裁は，娯楽施設利用税がスポーツ性に着目したものではないから，スポーツという同様の括りでの平等ではなく，高額な消費行為を行える者が税を負担するという担税力に即した税負担という意味での平等であると判示した。最高裁の示した高額な消費行為すなわち経済力に担税力の根拠を求める判旨は，現在でも理解できる論理である。しかし，高校生のプロ選手が登場する現状を踏まえると，ゴルフ愛好層が，高額所得者のみとする時代ではないことは明らかである。

その後，平成元年 4 月の消費税の導入に伴い，娯楽施設利用税は廃止された。ところが，同時に都道府県税であるゴルフ場利用税が創設され，課税対象としてゴルフだけが残された格好となった。

このゴルフ場利用税は，平成15年から，18歳未満の者，70歳以上の高齢者などに対して，非課税の措置が採られた。きっかけとなったのは，平成11年に熊本県で開催された国民体育大会からゴルフが競技種目に採用されたことだといわれている。つまり国体の競技には高校生も参加することから，高校生が参加するスポーツ競技が課税対象となることへの不満だった。これを推進したのは当然，当時の文部省だったが，税収確保を維持する当時の自治省との攻防は話題となった。実をいえば，文部科学省と総務省の鍔迫り合いは，いまも続いている。文部科学省は，毎年，税制改正に関して，ゴルフ場利用税の廃止の要望を出すことは通例といっていい。税制改正に対する報道では，その存否が話題となっている。

また，消費税創設以降，スポーツの中でゴルフだけに消費税と施設利用税の二重課税が行われており，公平性を欠いているとの声が寄せられている。他のスポーツに比べ競技者の金銭的負担が高いということになる。ゴルフプレー料金は，過去16年間で消費者物価指数が40.8ポイント低下しており，その中に占めるゴルフ場利用税の割合は高まっている。当然，ゴルフ関係団体の廃止運動も活発である。

これに対して，都道府県税に占めるゴルフ場利用税の割合も減少している。最近では，ゴルフ場に子供を同伴する保護者も増えたことから，18歳未満非課税措置により，ゴルフ場利用税の税収も低下しているという話も聞かされるが，ゴルフ場利用税が，実際交付されるゴルフ場所在の市町村にとって貴重な財源となっていることは否定できない。

【引　用】

林 仲宣『実務に役立つ租税基本判例精選100』（税務経理協会，2019年）16頁

【林 仲宣】

002 事業所得と給与所得の区別

最高裁第二小法廷昭和56年4月24日判決
昭和52年（行ツ）第12号・所得税更正処分取消請求上告事件
【掲　載】ＴＫＣ：21073190／ＴＡＩＮＳ：Ｚ117－4787
【判　示】弁護士の顧問料収入が事業所得に該当すると認定された事例
〔第１審：横浜地判昭和50年４月１日・昭和48年（行ウ）第３号〕
〔控訴審：東京高判昭和51年10月18日・昭和50年（行コ）第21号〕

【解　説】

　租税法律主義（憲法30条・同法84条）の見地から，各所得の区分は，所得税法の各規定を基に判断することになる。しかし，所得税法は，①事業所得とは，農業，漁業，製造業，卸売業，小売業，サービス業その他の事業で政令で定めるものから生じる所得（山林所得又は譲渡所得に該当するものを除く。）をいう（所得税法27条１項），②給与所得とは，俸給，給料，賃金，歳費及び賞与並びにこれらの性質を有する給与に係る所得をいう（同法28条１項）と規定しているのみで，「事業所得」や「給与所得」については具体的な定義規定を置いていない。そのため，事業所得（同法27条１項）と給与所得（同法28条１項）の区別については，個人の働き方の多様化に伴って，税負担の違いからその収入が給与所得なのか，事業所得に該当するのかの判断基準を巡り，納税者と税務署の間に争いが生じていた。

【事案の概要と経緯】

　納税者は，弁護士として法律事務所を経営しており，「顧問料収入」については，その業務内容の態様の違いから給与所得，その他の弁護士業務については事業所得として所得税の確定申告を行った。これに対して，所轄税務署は，「顧問料収入」についても毎月定時に定額で支払われる点を除くと，弁護士が顧問契約を結んでいない依頼者に対する法律相談等によって受けとる弁護士報酬とその態様について明確に区別することができないため，顧問料収入は，給与所得ではなく事業所得に当たるとして，事業所得の総収入金額に算入すべきであるとの更正処分を行った。納税者は，「顧問料収入は，毎月定時に定額で支払われること，相談業務を一年間に一度も行わない場合でも顧問契約により支払われる報酬であることおよび顧問は常に専門的見地に立って独立に行うものであり顧問先の指図に従うものではない等を理由として顧問料収入を事業所得と認定したことは誤りであり，顧問料収入は，給与所得となり事業所得には該当しない」と主張し処分の取消しを求めて出訴した事案である。

【裁判所の判断】

① およそ業務の遂行ないし労務の提供から生ずる所得が所得税法上の事業所得（同法27条１項，同法施行令63条12号）と給与所得（同法28条１項）のいずれに該当するかを判断するにあたっては，租税負担の公平を図るため，所得を事業所得，給与所得等に分類し，その種類に応じた課税を定めている所得税法の趣旨，目的に照らし，当該業務ないし労務及び所得の態様等を考察しなければならない。したがって，弁護士の顧問料についても，これを一般的抽象的に事業所得又は給与所得のいずれかに分類すべきものではなく，その顧問業務の具体的態様に応じて，その法的性格を判断しなければならない。

② 事業所得（同法27条）とは，自己の計算と危険において独立して営まれ，営利性，有償性を有し，かつ反覆継続して遂行する意思と社会的地位とが客観的に認められる業務から生ずる所得をいう。

③ 給与所得（同法28条）とは，雇用契約又はこれに類する原因に基づき使用者の指揮命令に服して提供した労務の対価として使用者から受ける給付をいう。

④ なお，給与所得については，とりわけ，給与支給者との関係において何らかの空間的，時間的な

拘束を受け，継続的ないし断続的に労務又は役務の提供があり，その対価として支給されるものであるかどうかが重視されなければならない。

⑤　納税者は，事務所を設けて弁護士業務を営み，依頼事件を処理するほか，一般の依頼者と同様の立場にある顧問会社数社と顧問契約を結び，特定の会社のために常時専従する等格別の支配，拘束を受けることなく，会社から相談を受ける都度，自己の事務所において多くは電話で法律上の助言という労務の提供をしており，その回数も，会社が特別の問題をかかえている場合は別であるが，普通は月に一回ぐらいで，会社によっては二年に一回というところもあるというのであるから，顧問契約に基づき納税者が行う業務の態様は，納税者が自己の計算と危険において独立して継続的に営む弁護士業務の一態様にすぎないものというべきであり，判断基準に照らせば業務に基づいて生じた顧問料収入は所得税法上，給与所得ではなく，事業所得にあたると認めるのが相当である。

【検　討】

本事案の争点は，弁護士の顧問料収入は，事業所得と給与所得のどちらに該当するかである。

所得税法は，所得の種類を担税力の強い経常的所得と担税力の弱い一時的，臨時的な所得相互間において異なる税負担のバランスを調整することを目的として10種類に分類している。そのため，それぞれ分類された所得の計算過程できめ細かな措置が取られている。また，所得分類では，徴税上の便宜性から，ある特定の所得に分類されれば，そのまま，その所得は源泉徴収の対象として源泉徴収することができるメリットがある。しかし，納税者にとって所得分類がその所得金額計算等の制度上の違いにより実際の納税額にかかわることから，自己の所得がどの所得に分類されるかは切実な問題となる。

租税法律主義の見地から，各所得の区別は，所得税法の各規定を基に判断することとなる。しかし，事実認定により所得の区別を判断する場合は，納税者の主観的な意図と課税の公平の観点から見た税務署の立場では，その判断にズレが生じることがある。すなわち，事業所得と給与所得との区別は，源泉徴収の取扱い，消費税の税負担義務の問題となる。

納税者は，その収入について証明可能な必要経費の額が少なければ定額控除を認める給与所得を選択し，逆に具体的な必要経費の額が多い場合には実額控除が認められる，事業所得を選択することにより税負担の軽減を企図することがある。

そのため，前提となる法律関係（契約等）を形式的に評価するだけではなく，具体的態様について，判決で示された，事業所得については，独立性，すなわち，自己の計算と危険による危険負担を負担しているか，給与所得については，従属性ないし非独立性があるか，すなわち，使用者の指揮命令による何らかの空間的，時間的な拘束を受け危険負担はなしとの判断基準が，課税実務において重要な基準とされて来た。

働き方の多様化が進む今日において，国家資格に基づく士業や技能労働者などの所得区分を判断する場合には，当該業務ないし労務の具体的態様に応じて判断しなければならない。しかし，課税実務において税務署には，課税の公平（憲法14条）を根拠としてより効率的な課税システムである源泉徴収制度と対応する給与所得への区分を念頭に所得税法28条1項の規定を適用することへの懸念も生ずることになる。

他方，納税者においては，支払う者と支払を受ける者との法律関係について，税法上の外注費として事実認定されるよう形式を整えようと考え，その実態をまげていないかの検証が求められる。

【引　用】

竹内　進『税』（ぎょうせい）71巻5号172頁（2016年）

【竹内　進】

003 地方税法と地方条例（地方税法と首長の裁量）

東京地裁平成4年3月19日判決
平成3年（行ウ）第164号・損害賠償請求事件
【掲　載】ＴＫＣ：22005113／ＴＡＩＮＳ：未掲載
【判　示】非課税規定のない税条例の下で，地方税法が規定する固定資産税の非課税措置の適用
　　　　を首長の裁量で決定したことが違法と判断された事例
〔控訴審：東京高判平成4年10月7日・平成4年（行コ）第39号〕
〔上告審：最判平成6年12月20日・平成5年（行ツ）第15号〕

【解　説】

　憲法30条は，「国民は，法律の定めるところにより，納税の義務を負ふ。」と規定し，同法84条では，「あらたに租税を課し，又は現行の租税を変更するには，法律又は法律の定める条件によることを必要とする。」と規定している。

　この憲法30条と84条に基づく租税法律主義の原則は，一般的・通説的見解としては，地方税条例主義と租税法律主義は同一理念として，地方税については地方税条例主義と置き換えている。つまり，憲法92条において，地方自治の本旨を表明する以上，地方税の賦課徴収は，地域住民の代表である議会の制定した条例に基づき執行されることとなる。

　もっとも，自主課税権の内容及び行使も，憲法上国の法律の範囲内で認められるものでなければならない（憲法94条）。そのため，国民全体の税負担の公平と均衡をはかるため，枠法又は準則法として，地方税法（以下「法」という）が定められている。

【事案の概要と経緯】

　市では，市民の利用に供するテニスコート，少年野球場及びゲートボール場を設けるため，同市内に所在する各土地（以下「各土地」という）をその所有者らから提供を受けて確保することを企図した。そのため，その所有者らに対し，各土地の提供を受けた場合にはその固定資産税は非課税とする旨の見解を示し，また，各土地につき3.3平方メートル当たり一か月50円の割合の金員を報償費として支払う旨を提案して協力を求め，その結果，所有者らから上記提案内容についての了解を得て各土地を借り受けた。

　同市の市長は，上記の合意に従い，各土地につき，昭和60年度の固定資産税を賦課しない措置を採り，その後，その徴収権が時効により消滅するに至った。

　ところで，法348条では，この固定資産税に関する非課税の範囲が定められており，同条2項各号で非課税となる固定資産が列挙されている。各土地も，同項1号にいう，国，都道府県，市町村等が公用又は公共の用に供する固定資産に該当するものであった。

　しかし，法348条2項ただし書では，「固定資産を有料で借り受けた者がこれを次に掲げる固定資産として使用する場合には，当該固定資産の所有者に課することができる。」と規定しており，これを受けて市税条例（昭和25年条例第4号。以下「市税条例」という）40条の6でも，「固定資産を有料で借り受けた者がこれを法第348条第2項に掲げる固定資産として使用する場合においては，当該固定資産の所有者に対し固定資産税を課する。」と規定していた。

　そこで市民である納税者らは，市長に対し，固定資産税を賦課しなかったことは，市税条例40条の6に違反し，違法であるとして，そして市長に故意又は重過失があるとして，住民訴訟により損害賠償を求めて出訴した。

　なお，通常の取引上，各土地を建物所有以外の目的で賃借する場合の賃料額は，3.3平方メートル当たり1か月500円ないし1373円であり，また，各土地に課される固定資産税額は，3.3平方メートル

14

当たりに換算すると１か月100円ないし200円であって，各土地についての右賃料額は，右各固定資産税額及び右各報償費の合計額よりもはるかに高額なものとなる。

【判決要旨】

① 法348条２項ただし書は，右の場合に固定資産税を賦課するかどうかにつき市町村に裁量を認めたものと解されるが，法３条によれば，地方団体は，その地方税の税目，課税客体，課税標準，税率その他賦課徴収について定めをするには，当該地方団体の条例によらなければならないものとされ（同条１項），また，その長は，右の条例の実施のための手続その他その施行について必要な事項を規則で定めることができるものとされている（同条２項）。これらの規定からすると，地方団体が法348条２項ただし書によって付与された裁量を行使するには条例の定めによってこれをしなければならず，そのような条例の定めをまつことなく賦課権者である地方団体の長の個別的な裁量によって賦課徴収をし，又はしないことは許されないものと解される。

② しかして，市税条例40条の６は，固定資産を有料で借り受けた者がこれを法348条２項に掲げる固定資産として使用する場合においてはその固定資産の所有者に対し固定資産税を課する旨を定めているのであり，市は，条例上右の場合においては具体的事情を問わず一律に固定資産税を課することとしているものである。したがって，その市長には固定資産税を賦課するかどうかについて裁量が付与されていないものというべく，市長の右主張は失当である。

③ 市長は，更に，固定資産税を賦課しなかったことは，「公益上その他の事由により課税を不適当とする場合」（法６条１項）に当たるから適法である旨主張する。同項は，地方団体は公益上その他の事由により課税を不適当とする場合においては課税をしないことができる旨を定めるが，地方団体は，その地方税の税目，課税客体，課税標準，税率その他賦課徴収について定めをするには，当該地方団体の条例によらなければならないものとされている（法３条１項）こと等にかんがみると，地方団体が法６条１項に基づき課税をしないこととする場合においては条例によりその旨の定めをしなくてはならないものと解される。しかるに，市には，法６条項に基づき固定資産税を課さないこととする場合について定める条例の規定はないから，右主張は失当である。

【検　討】

市長は，各土地に対する報償費の支払いが，仮に，「固定資産を有料で借り受けた」場合に該当したとしても，法348条２項ただし書で，固定資産税をその「所有者に課することができる」旨を定めていることから，有料で借り受けた場合に固定資産税を課するかどうかについては市町村の長に裁量が認められると主張した。

これに対し裁判所は，法348条２項ただし書の「課すことができる。」との規定は，市町村に裁量を付与したものと解されるが，その裁量権の行使は，法３条の規定からして，条例の定めによってしなければならないと判示した。そして，市税条例40条の６では，固定資産を有料で借り受けた場合には，その「固定資産の所有者に対し固定資産税を課する。」と規定しており，条例によって，具体的事情を問わず一律に固定資産税を課することとしていることから，市長に固定資産税を賦課するかどうかについての裁量は付与されていないとした。

租税法律主義の帰結として課税要件法律主義が要請されるが，地方税条例主義の適用に当たっては，地方税の課税要件を条例において定めることが求められる。本事案のように，地方税法において地方団体の裁量を認めていても，最終的には，その地方団体の条例に基づき賦課徴収がされなければならない。

控訴審では，第一審を引用し同様の判断を下しており，最高裁も，市長の裁量の範囲を明示していないものの，条例に基づき賦課徴収がされるべきことに関しては，是認しているものと考えられる。

【伊澤　祐馬】

税法の基礎理論 ─────── 15

004　税務調査（税務調査における第三者の立ち合い）

◇◇◇

岡山地裁平成11年10月６日判決
平成９年（行ウ）第10号・所得税更正処分等取消請求事件
【掲　載】ＴＫＣ：28080847／ＴＡＩＮＳ：Z244-8503
【判　示】税務調査における納税者団体の職員ら第三者の立会いを否定した事例
〔控訴審：広島高判平成12年12月26日・平成11年（行コ）第12号〕
〔上告審：最決平成13年６月18日・平成13年（行ヒ）第74号〕
〔上告審：最判平成13年６月28日・平成13年（行ツ）第81号〕

◇◇◇

【解　　説】

　税務職員は，質問検査権に基づき，必要があるときに租税に関する調査を行うことができることになっている。ここでいう調査の必要性に関しては，客観的に調査の必要があると判断される場合に行われ，税務職員の自由な裁量により行われているのではない。

　しかし，実際のところ，客観的な税務調査の必要性に関しては，高度に専門的な判断に基づいて行われているとされており，仮に税務職員による恣意的な調査が行われたとしても，恣意的な調査による違法性を立証することは非常に困難であるといえる。

　税務調査の事前通知（調査を行う日時，場所を事前に委嘱を受けた税理士や納税者に通知すること）は，必ずしも行われる必要がなく，調査相手の事業内容や，事前通知があると調査相手の実体がわからない場合など，事前通知を行うと調査に支障が出ると税務職員が判断したときには，その通知は行われないことがある。また，調査を行う理由等に関しても，開示しないことは，必ずしも違法であるとはいえない。

　税務調査そのものは，間接強制を伴うものであり，基本的に納税者はこれを特別な事情のない限り拒否することはできないとされている。しかし，調査手続きにおいて，調査の事前通知が行われない場合もしばしばあり，令状等を伴う強制調査でない限り，納税者の業務が調査により継続困難な場合や，経営者の健康上の理由等から，税務調査の延期を申し出ることは違法ではない。つまり，後日に税務調査を受けるのであり，調査そのものを拒否したわけではないからである。

　また，すでに調査が終了したと考えられるのに，税務職員から更に重ねて調査に応ずるよう求められるような場合には，調査の必要性について具体的・合理的な説明がない限りその調査を拒否しうるといえる。

【事案の概要と経緯】

　納税者は，内装・照明器具取付工事業を営み，税務申告に関するいわゆる白色申告者であるが，各係争年分について所轄税務署が推計の方法（類似同業者の材料比率から算定した納税者の各係争年分の収入金額に類似同業者の平均所得率を乗じて得られた算出所得の金額から，事業専従者控除額を差し引いて納税者の事業所得の金額を算出する方法）を用いてした各所得税処分及び各消費税処分は，理由が付されていないし，推計課税の必要性及び合理性を欠く違法なものであるとして，各処分の取消しを求めた。

　地裁は，第三者の立会を否定し，推計課税の合理性を容認し棄却した。高裁においては推計課税の合理性が争われたが，納税者の主張は排斥され棄却となり，最高裁は上告不受理を示し，納税者は敗訴が確定した。

【判決要旨】

① 税務職員が，訪問日，納税者宅を訪れた際，納税者は，納税者団体関係者を立ち会わせて税務職員が，守秘義務の関係で第三者の立会いがある場合には税務調査を進められない旨説明し，第三者

の立会いのない状態で帳簿書類等を提示するよう説得したにもかかわらず，納税者は，これに応じないで，納税者団体関係者の立会いのもとで調査を進めるよう繰り返すのみで，調査に協力する態度は一切伺われなかったし，その後も第三者の立会いなしに帳簿書類等を提示することを承諾せず，税務職員が，納税者の翻意を期待して，何度も，第三者の立会いのない状態での帳簿書類等の提示を説得したにもかかわらず，納税者は，これを拒否し続け，最終的には，仕入金額の明細書，請求書及び領収書の一部のみを提示したが，調査に必要な帳簿書類等のすべてを提示することは拒否したのであるから，税務職員が直接納税者から帳簿書類等の提示を受けて調査することを断念したのもやむを得なかったものと認められる。したがって，税務署は，経費等を具体的に把握して，納税者の所得金額を実額で把握することをあきらめざるを得なかったのであるから，推計の必要性があったと認められる。

② 所得税法234条1項の規定は，所得税について調査の権限を有する税務署等の係官において，当該調査の目的，調査すべき事項，申請，申告の体裁内容，帳簿等の記入保存状況，被調査者の事業の形態等諸般の具体的事実にかんがみ，客観的な必要性があると判断される場合には，調査の一方法として，同条1項各号に定める者に対し質問し，又はその事業に関する帳簿，書類その他当該調査事項に関連性を有する物件の検査を行う権限を認めた趣旨であって，この場合の質問検査の範囲，程度，時期，場所等実定法上特段の定めのない実施の細目については，右にいう質問検査の必要があり，かつ，右必要と相手方の私的利益との衡量において社会通念上相当な限度にとどまる限り，これを権限ある税務署等の係官の合理的な選択にゆだねたものと解するのが相当である。

③ 納税者の具体的な所得金額を把握しようとする調査では，当然に，納税者の取引先に関係する事項にも調査が及ぶことが予想され，税務職員が納税者にその取引先のプライバシーに関する事項等をみだりに他に漏らすことが許されない事項について質問し回答を求めることもあり，納税者が要求する民商関係者の立会いを認めることは，係官が納税者の取引先との関係で公務員の守秘義務違反となるおそれがあると考えられること，税務調査は，収入金額や必要経費について，その内容を一番把握している納税義務者本人等からの説明を求め，あるいは帳簿書類等の検査をするものであるから，納税者等の権利保護のために専門知識を有する者の立ち合いが必ず必要であるとも考えられないことからすると，税務職員が守秘義務を理由に第三者の立ち合いを拒否したことは，社会通念上相当な限度にとどまっており，税務職員の裁量の範囲内であるというべきである。

【検　　討】

税務調査において，納税者自身が加入する納税者団体の会員や職員の立ち会いを求めた結果として，税務調査が頓挫し，所轄税務署が推計課税を実施するというプロセスに繋がる。

刑事手続きでさえも可視化が議論される現在，税務署のいうプライバシー保護の見地も変化すべきであろう。プライバシーの保護とは，多義的な言葉ではあるが，自己情報の管理・開示をコントロールする権利と考えれば，納税者が許諾要請すれば，第三者の立会いも許容範囲の範疇となる可能性もある。その場合には，「調査妨害等」と「プライバシー保護」の両者の観点を踏まえなければならない中で，一律の取扱いが求められる。

2024年1月から施行される改正後の電子帳簿保存法により，電子データ取引の電子保存が義務化される。納税者にとっては，電子データ取引の保存の範囲が広く要件も定められているため煩雑となる。電子帳簿保存の不備が生じないように，その準備は周到に行われるべきである。

【引　　用】

林　仲宣『実務に役立つ租税基本判例精選100』（税務経理協会，2019年）40頁

【小澤　英樹】

005 質問検査権（北村事件）

京都地裁平成12年2月25日判決
平成7年（行ウ）第4号・青色申告承認取消請求事件
【掲　　載】ＴＫＣ：28060390／ＴＡＩＮＳ：Ｚ246－8595
【判　　示】税務署長が青色申告承認取消処分をするまでの調査過程を通じて，帳簿書類の備付け
　　　　　　状況等を確認するために社会通念上当然要求される程度の努力を尽くしたと認めること
　　　　　　はできないとされた事例

【解　　説】

　質問検査権とは，税務職員が納税義務者その他の関係者に対して質問，又は物件の提示若しくは提出を求める行為ができる権限をいう。

　質問検査権の行使において，調査の相手方が受忍義務を負い，正当な理由なく調査に応じない場合は，実力をもって調査を強制することができないから，あくまで任意調査にとどまるが，拒否すれば刑罰が科せられる。したがって，質問検査権は任意調査ではあるが罰則があるという特殊な法的性格をもつため，実際の調査の場面においてしばしば調査官と納税者の間で紛争が起こってきた。

　では，違法行為のある調査が行われた場合に，青色申告の承認は取り消されてしまうのであろうか。

【事案の概要と経緯】

⑴　3月30日の京都店調査

　納税者の姉は，国税調査に来た調査官に対し，納税者は出かけているため日を改めて調査に来て欲しい旨要請した。しかし，調査官は，要請を聞き入れず調査を開始した。

　調査官は，納税者の母がプライベートな部屋である二階へ上がって行くのを不審に思い，姉の強い拒否を無視し，二階へ上がった。そして，売上メモを持っていた母からメモを奪うようにして取り上げた。

　また，母が強く制止しているにもかかわらず，下着を入れている引出しに手を入れてかき回した。

　調査官は，一階にいた従業員にレジの中の現金の金額を数えさせ，従業員，母及び姉のいずれの承諾を得ることなく，机の引出しを持って二階に上がり，その中の帳簿類の調査をした。

　その後，姉から調査に対して激しい抗議を受けたため退出した。

⑵　3月30日の唐崎店調査

　調査官から納税者について尋ねられた納税者の妻は，不在のため出直して欲しい旨返答した。しかし，調査官は，執拗に調査に協力するよう求めた。

　調査官は，妻の承諾を得ずレジ付近を点検した。妻は，調査に対して積極的，明示的に拒否することはしていないが，これは調査を拒否すると不利益になると考えたことによるものである。

　調査官は，従業員が拒否したにもかかわらず強引に従業員のバッグを取り上げて在中物を調査した。

　その後，妻は，調査への協力を明確に拒否したので，調査官らは退出した。

⑶　その後の調査

　調査官は，帳簿書類を提示して欲しい，提示がない場合には青色申告の承認が取り消されると記載された注意書きを店中に聞こえるような大声で読み上げた後これを妻に交付し，唐崎店を退出した。

　税務署長は12月17日付けで青色申告承認取消処分をした。

【判決要旨】

⑴　3月30日の京都店調査

①　二階へ上がった行為は，プライベートな部屋であるから入ってもらっては困るとして強く拒否し続けていた最中に居住者の明示の意思に反してなされたものである。居住部分に立ち入ることがプ

ライバシーの侵害として許されないから，調査官の行為は社会通念上相当の限度を著しく逸脱し違法。

② 二階における調査は，二階に上がったこと自体が違法であるうえ，母らの承諾を得ないままなされたものであって，社会通念上相当の限度を著しく逸脱し違法。

③ レジの金銭調査をしたうえ，机の引出しの中の調査をしたことは，いずれも母らの承諾を得ないままなされた任意調査として許される限度を逸脱し違法。

(2) 3月30日の唐崎店調査

① レジ付近で行われた調査は，承諾を得ないままなされた任意調査として許される限度を逸脱し違法。

② 従業員への調査は，従業員の明示の意思に反するうえ，女性のバッグの内容物や手帳の中身はプライバシー保護の要請が大きいことに照らすと，任意調査として許される限度を箸しく逸脱し違法。

(3) その後の調査

調査官らが3月30日の調査後，数回にわたり納税者の店舗に臨場したこと，納税者を尾行したことは，それ自体で直ちに違法があるとまでは認められない。しかし，合理的理由及び必要性が全くないのに，注意書きを店中に聞こえるような大きな声で読み上げた行為は嫌がらせと認めるほかはなく，社会通念上相当の限度を逸脱し違法。

【検　討】

青色申告承認取消処分は，税務署長が帳簿書類の備付け状況等を確認するために社会通念上要求される程度の努力を行ったにもかかわらず，その確認が客観的にみてできなかった場合に行われる。

もしも，調査官らが任意調査として許容される限度を著しく逸脱した重大な違法行為を行い，社会通念上納税者の協力を期待し得ない状態を作り出した場合には，その後の調査において違法とされる事実関係を調査し，これを相手方に説明するなど誠実に対応し，調査に対する協力を期待し得る状態に回復する努力をすることが要求される。つまり，誠実な対応をなさないまま臨場を重ね，帳簿書類の提示を求めたとしても，帳簿書類の備付け状況等の確認を行うために社会通念上当然要求される程度の努力を尽くしたということはできない。

しかし，税務署長は調査に違法はなかったというのみで，事実関係の説明をするなどの誠実な対応をしなかった。また，納税者の抗議にもかかわらず違法行為を行った調査官が引き続き臨場したこと，納税者の事業が多忙なことを知りながら年末になって突然臨場を再開し約束に反し年末に臨場するなどして処分に及んだこと，その過程で合理的理由及び必要性がないにもかかわらず店中に聞こえるような大きな声で注意書きを読み上げるなどの嫌がらせのような種々の行為は，納税者に誠実な対応をしないままいたずらに臨場を重ねたにすぎない。

そして，これらの行為に対して納税者が，違法な調査がされないようにするため第三者の立ち会いを要求し，調査の様子を撮影・録音をするなど調査に非協力的な対応をしたことは，やむを得ない面があると考えられる。

したがって，以上のような税務署長の調査の方法等及びこれに対する納税者の対応を総合すれば，税務署長が処分をなすまでの全調査過程を通じて，帳簿書類の備付け状況等を確認するために社会通念上当然要求される程度の努力を尽くしたものと認めることはできないのである。

以上のことから，質問検査権を行使する調査官には，その裁量を逸脱せず，納税者が税務調査に協力するよう，社会通念上要求される常識的な態度で調査に務めてもらいたい。また，調査官が常識的な態度で務めた税務調査には，租税債務を確定させるため納税者も真摯にそれに答えるべきである。

【引　用】

岡崎　央『税』（ぎょうせい）75巻11号105頁（2020年）

【岡崎　央】

006　推 計 課 税（帳簿保存の不適切な納税者）

最高裁第一小法廷平成12年3月23日判決
平成12年（行ツ）第27号，平成12年（行ヒ）第30号・所得税更正処分等取消請求上告事件
【掲　載】ＴＫＣ：28082954／ＴＡＩＮＳ：Ｚ246-8616
【判　示】ビジネスホテルの売上高について，宿泊者が使用したシーツの枚数から推計により算出した内容について合理的であると判断された事例
〔第1審：熊本地判平成10年12月17日・平成8年（行ウ）第1号〕
〔控訴審：福岡高判平成11年10月21日・平成11年（行コ）第5号〕

【解　説】

　ビジネスホテル等を営む青色申告の納税者の申告について，売上除外があるものとして，青色申告の承認の取消しと更正処分を受けた事案である。当該ビジネスホテルの売上に関して保存されている証憑等が少なく，（宿泊）予約カード等もなかったことから，納税者のホテルで使用されていたシーツの枚数から宿泊者数を割り出し，推計課税が行われた。

　これに対し納税者は，推計による計算は誤っており，ホテルの実際の宿泊者数が過大に算出されているとしたが，裁判所は，所轄税務署によるシーツの枚数の2分の1を宿泊者数として宿泊料収入を算出した方法は，実際の宿泊者数を超えず近似しており，過大に算出する可能性は低いとして合理性が認められると判示した事例である。

【事案の概要と経緯】

　原処分庁の調査官らは，ビジネスホテル及び不動産仲介業を営む納税者に対し，ホテル業等に関する帳簿書類の提示など，調査について協力を求めたが，納税者の妻らは納税者の不在を理由に帳簿を提示しなかった。

　後日，調査官らは，顧問税理士に会い，帳簿の提示を求めたところ，保存している帳簿類は現金出納帳，総勘定元帳，入出金伝票及び領収証綴りのみであり，請求書及び納品書は保存していないうえ，予約カードや部屋割表は全く保存していなかった。

　その後，調査官は，納税者の妻から提示された8日間の収入日報と予約表とを照合し，収入日報に記載のない者31名にホテル使用の事実の有無を確認したところ，合計10名について，宿泊料が正当に売上に計上されていない事実が判明した。

　したがって，納税者のホテル業については，不正確な収入日報に基づいて現金出納帳を作成しており，ホテル収入が除外されていると疑わざるを得ない状況であった。

【判決要旨】

① 　推計課税は，帳簿書類の備え付けがないか，あっても記載が不正確であるなどのため実額計算が不可能な場合に許されるものであるところ，納税者のホテルにかかる収入を把握するために最も的確な資料である予約カード，予約表，部屋割表及び収入日報のうち，調査官らに提出したのは，8日間の収入日報と同一期間のうち7日間の予約表のみであり，調査の時点で，各年分の収支を明らかにする帳簿書類が存在せず，実額を計算することができなかったことは明らかである。

② 　調査官らは，納税者のホテルにおいて，使用していたシーツの枚数の二分の一を宿泊者数として宿泊料収入を算出した。当該シーツは，ホテルの宿泊者が毎日必ず使用するものであると認められ，納税者のホテルでは宿泊者一人でシーツ二枚（上下各一枚）を使用するというのであるから，宿泊者数はシーツの使用枚数の二分の一であると推計できる。

③ 　当該シーツの使用枚数から推計される宿泊者数は，収入日報の記載による実際の宿泊者数を超えず，かつこれに近似しているので，推計による宿泊者数が実際の宿泊者数より過大に算出される可

能性は低く，推計の方法には十分合理性があるものとした。

④　納税者は，使用シーツの枚数によって宿泊者数を推計するとしても，これに0.8もしくは0.9等の修正率を乗じることにより，推計による宿泊者数を修正する必要があるのであり，そのような修正をしない推計課税は違法である旨主張するが，納税者主張の修正率は何ら根拠があるものではなく，また，修正をしなければならない事情もうかがえないとした。

⑤　納税者は，売上金額を裏付ける資料として，収入日報は存在しないとしたうえで，入金伝票等を提出するが，収入日報の記載自体に正確性の疑問があることからすれば，ホテルの売上について納税者が提出する資料によっては，同年分の売上の全てを把握することはできないと言わざるを得ない。

　以上によれば，ホテルにかかる事業所得の金額を実額によって計算することはできないことから，原処分庁の行った推計方法には合理性があり，納税者主張の実額計算は採用することができないと判示した。

【検　討】

　推計による課税については，所得税法156条において，居住者に係る所得税について，財産もしくは債務の増減の状況，収入もしくは支出の状況又は生産量，販売量その他の取扱量，従業員数その他事業の規模によりその者の各年分の各種所得の金額又は損失の金額を推計することができるとしている。しかし，青色申告に係る年分の不動産所得の金額，事業所得の金額及び山林所得の金額並びにこれらの金額の計算上生じた損失の金額を除くとしており，青色申告者については，通常，推計の対象に含まれないと解されている。

　本事例では，青色申告の承認の取消しがなされており，また，帳簿等が存在しない，もしくは不備等により計算できない場合に該当するため，推計課税を行うことが可能になったものと思われる。

　また，本事例での推計による算出方法は合理的であると考えられており，その根拠として宿泊者のシーツによる利用枚数から宿泊者の数を算出することは，特別な場合を除けば，最も効率的な算出方法であるとされたのである。

　確かに，連泊をする者が室内清掃を拒否した場合は，その限りではないかもしれないため，納税者は宿泊者数の算出に際し修正率の主張をしていたが，当該修正を算出する具体的な根拠がなく，宿泊者数の推計に0.8もしくは0.9の修正率を乗じて計算を行うことに合理性が見いだせなかったのではないかと考えられる。

　本来，青色申告者であれば，当然に保管されているであろう証憑や売上算出の根拠となる書類等が保存されていない場合，もはや遡って確認する手段がないため，本事案のように推計による算出をせざるを得なかった点について否定することはできない。もちろん，推計による算出にあたっては相応の合理的な根拠に基づき行われる必要がある点はいうまでもない。

　昨今では，ホテル等の宿泊者の多くが宿泊予約サイトを通じて予約を入れる時代になってきた。そうした場合，ホテル側での宿帳がない場合であっても，当該宿泊予約サイトに過去の予約データの開示請求を行うことにより，当該予約サイトを通した売上に関しては，かなり正確に把握することができるようになったように思われる。

　もちろん，ホテル側の直接予約システムを使うケースも多いことから，完全ではないが，ホテル側のシステムに履歴が残っていれば，ある程度過去のデータであれば確認が可能ではないかと考える。

　近年，ホテルのフロントを通さず，インターネットを介してチェックインを行い，チェックアウトについてもホテルの精算機を通じて無人で行うケースも増えてきている。そのような場合，もはや宿帳といった手書きの保管書類は不要となり，本事例のような問題は起こりにくくなっているようにも思われる。

【四方田　彰】

007　納税者の責任と解説書の効果（パチンコ平和事件）

最高裁第三小法廷平成16年7月20日判決
平成11年（行ヒ）第169号・所得税更正処分取消等請求事件
【掲　載】ＴＫＣ：28092062／ＴＡＩＮＳ：Ｚ254−9700
【判　示】納税者が大半の出資持分を有する有限会社に無利息で金銭を貸し付けたところ，所轄税務署から所得税の同族会社の行為計算否認（所得税法157条）を適用され，裁判所は，貸付は不合理，不自然な経済的活動であり，当時の裁判例に照らせば規定の適用可能性は疑ってしかるべきであり，正当な理由は認められないとした事例
〔第1審：東京地判平成9年4月25日・平成7年（行ウ）第27号〕
〔控訴審：東京高判平成11年5月31日・平成9年（行コ）第70号〕

【解　説】

　現在は，ネットで情報が簡単に得られる時代となっているが，税務判断を行う際には，解説書等を参考にすることが多々ある。解説書では，課税庁に勤務している立場の人が記載しているものであっても，私見である旨が記載してあることがほとんどである。本事案では解説書を参考に，税務判断をした場合には過少申告加算税が賦課されない要件である「正当な理由」にあたるのかが問題になった。

【事案の概要と経緯】

　Ａは，昭和63年11月に設立された同族会社であり，納税者は，昭和63年12月末日において，その資本金の98％に相当する出資持分を有するとともに，平成4年8月のＡの解散に至るまで，その代表者である取締役であった。

　納税者は，Ｂの発行済株式総数5888万株中4325万2000株を有していたが，平成元年3月10日，Ａに対し，証券会社5社を介した場外取引により，そのうち3000万株を3450億円で売却した。

　納税者は，上記代金の精算日である同月15日，銀行4行から3455億2200万円を年利3.375％で借り入れて，Ａに対し，うち3455億2177万5000円を，返済期限及び利息を定めず，担保を徴することもないまま貸し付けた。

　Ａは，各証券会社に対し3450億円及び手数料を支払い，各社は納税者に対し，同代金から手数料及び有価証券取引税を控除した残額3425億8143万7500円を支払った。

　納税者は，各銀行に対し借入金3455億2200万円及びこれに対する利息3194万9149円を弁済した。その結果，納税者からＡへの貸付けが無利息，無期限のままの状態で残存することとなった。

　Ａは，収益のほとんどが株式の配当収入であり，実質的な営業活動を行っていなかった。納税者の顧問税理士等の税務担当者は，国税局が個人から法人への無利息貸付けに所得税を課さない旨の見解を採っていると解していたため，納税者の平成元年分から同3年分までの所得税については，雑所得を0円とする申告がされたが，所轄税務署は同族会社の行為計算否認の規定を適用して，貸付けによって納税者に利息相当分に係る雑所得が生じたと認定した。

　東京国税局税務相談室長が編集した昭和58年版・税務相談事例集には，会社が代表者から運転資金として無利息で金銭を借り受けたという設例について，所得税法上，別段の定めのあるものを除き，担税力の増加を伴わないものについては課税の対象とならないとして，代表者個人に所得税が課税されることはない旨の記述がある。法人税質疑応答集等には，会社が業績悪化のため資金繰りに困って代表者から運転資金として500万円を無利息で借り入れたという設例について，所得税の課税の対象となる収入金額とは収入すべき金額（所得税法36条1項）とされており，無利息で金銭の貸付けをした代表者は，経済的利益を受けていないから所得税の申告をする必要がない旨の記述がある。

　納税者は，このような国税局の担当職員の手になる著作物は，厳密には個人的な著作物ではあるが，

執筆者の官職が明示されていること等に照らせば，課税庁において，個人から法人に対する無利息貸付けに課税されることはない旨の公の見解を表示したものと同視すべきものであるとして，過少申告加算税が課されない正当な理由があると主張した。

【判決要旨】

① 所得税の行為計算否認規定の趣旨，内容からすれば，株主又は社員から同族会社に対する金銭の無利息貸付けに本件規定の適用があるかどうかについては，貸付けの目的，金額，期間等の融資条件，無利息としたことの理由等を踏まえた個別，具体的な事案に即した検討を要するものというべきである。

② 貸付けは3455億円を超える多額の金員を無利息，無期限，無担保で貸し付けるものであり，納税者がその経営責任を果たすために実行したなどの事情も認め難いのであり，不合理，不自然な経済的活動であるというほかはない。税務に携わる者としては，同族会社の行為計算否認規定の適用の有無については，上記の見地を踏まえた十分な検討をすべきであったといわなければならない。

④ 各解説書は，税務に携わる者においてその記述に税務当局の見解が反映されていると受け取られても仕方がない面がある。しかし，その内容は代表者個人に所得税法36条1項にいう収入すべき金額がない旨を解説するものであって，代表者の経営責任の観点から当該無利息貸付けに社会的，経済的に相当な理由があることを前提とする記述であるということができ，不合理，不自然な経済的活動として同族会社の行為計算否認規定の適用が肯定される本事案の貸付けとは事案を異にするというべきである。

⑤ 当時の裁判例等に照らせば，納税者の顧問税理士等の税務担当者においても，貸付けに同族会社の行為計算否認の規定が適用される可能性があることを疑ってしかるべきである。

【検　討】

第1審，控訴審でも本事案での同族会社への無利息貸付は通常の経済活動では不合理，不自然であるとして，納税者に利息相当の雑所得があるものとして申告すべきと判断された。

過少申告加算税については，控訴審では，解説書の推薦のことばや監修のことば等の記載は，税務当局の業務ないし編者等の税務当局勤務者の職務と解説書の内容との密接な関連性をうかがわせるもので，税務に携わる者がその編者等や発行者から判断して，記載内容が税務当局の見解を反映したものと認識して判断したことは，無理からぬとして，正当な理由がある。納税者の顧問税理士等の税務担当者において，税務当局が上記見解を採るものと解したことをもって，単なる法解釈についての不知又は誤解であるということはできないとした。

しかし，最高裁は，解説書の内容は代表者の経営責任の観点から無利息貸付けに社会的，経済的に相当な理由があることを前提とする記述であり，不合理，不自然な経済的活動として同族会社の行為計算否認の規定の適用が肯定される本事案の貸付けとは事案を異にするというべきであり，当時の裁判例等に照らせば，納税者の顧問税理士等の税務担当者においても，貸付けに同族会社の行為計算否認規定が適用される可能性があることを疑ってしかるべきとした。

実務上で税務判断をする際には，解説集や通達などを確認して判断の材料とすることは多くある。本事案では，各解説書の編者，推薦者及び監修者が官職名を付して表示され，各巻頭の「推薦のことば」，「監修のことば」等には，その内容が東京国税局税務相談室その他の税務当局に寄せられた相談事例及び職務執行の際に生じた疑義について回答と解説を示すものである旨の記載があったとされる。

裁判所は，解説書などの記述よりも裁判例を優先しているように読み取れる。一般の納税者が判断に裁判例を参照することは，税法の条文を解釈することも難しいといわれるなかで，困難を伴う。事案ごとに，解説書や裁判例を参考にしつつも，裁判所が述べるように貸付けの目的，金額，期間等の融資条件，無利息としたことの理由等を踏まえて検討する必要性があることを示している。

【初鹿　真奈】

008 第二次納税義務

> 最高裁第一小法廷平成18年1月19日判決
> 平成16年（行ヒ）第275号・裁決取消請求事件
> 【掲　載】ＴＫＣ：28110295／ＴＡＩＮＳ：Ｚ256－10270
> 【判　示】国税徴収法39条所定の第二次納税義務者が主たる課税処分に対する不服申立てをする
> 　　　　　場合，国税通則法77条1項所定の「処分があったことを知った日」とは，第二次納税義
> 　　　　　務者に対する納付告知（納付通知書の送達）がされた日をいい，不服申立期間の起算日
> 　　　　　は納付告知がされた日の翌日であると判断された事例
> 〔第1審：東京地判平成16年1月22日・平成15年（行ウ）第362号〕
> 〔控訴審：東京高判平成16年6月15日・平成16年（行コ）第58号〕

【解　説】

　国税徴収法（以下「徴収法」という）及び地方税法は第二次納税義務を定めて，滞納者の財産に滞納処分を執行しても，徴収すべき額に不足すると認められるときは，滞納者と一定の関係がある者に補完的に納税義務を負担させることにしている。第二次納税義務者となる者として，無限責任社員，清算人，清算の分配を受けた者，同族会社，実質所得者課税の適用の基因となった収益が法律上帰属している者，共同事業者，事業譲受人，無償又は著しい低額の譲受人，人格のない社団等の名義人等が列挙されている。第二次納税義務者が主たる納税義務者の課税処分を争えるのか否か，争えるとしたら不服申立期間の起算点はいつなのかが昔から争われていたが，最高裁の判断が示された。

【事案の概要と経緯】

　滞納法人Ａ社から株式を譲り受けた納税者が，滞納国税につき，徴収法39条に基づく第二次納税義務の納付告知を受けたため，納付告知から2か月以内に自身の告知処分と滞納法人の課税処分に対する異議申立てをしたところ，不服申立期間を経過した後にされた申立てであることを理由に却下の決定を受けた。その後，審査請求も行ったが却下の裁決を受けたため，取消しを求めた事案である。

⑴　平成14年4月3日　　Ａ社に対する課税処分の通知が到達。

⑵　平成14年6月8日　　納税者に滞納国税の第二次納税義務の納付通知書が到達。

⑶　平成14年8月6日　　納税者が第二次納税義務告知処分とＡ社の課税処分に対して異議申立。

⑷　平成14年10月11日　第二次納税義務に係る異議申立てについて納付限度額変更を決定。

⑸　平成14年10月17日　課税処分の異議申立てについては，不服申立期間は送達された日の翌日から
　　起算して2か月を経過する同年6月3日までであり，不服申立期間を経過した後であるとして却下。
　　審査請求は不服申立てを経ていないので却下とする裁決がなされた。

⑹　平成16年1月22日東京地裁判決　第二次納税義務者は，本来の納税義務者に対する課税処分の取
　　消しを求めるにつき法律上の利益を有し，その適否を争う地位が認められる。
　　　不服申立期間の起算日は，主たる課税処分が本来の納税義務者に告知された日の翌日ではなく，
　　第二次納税義務者に納付告知がされ，第二次納税義務が発生した日の翌日と解すべきであるとして，
　　裁決を取り消した。

⑺　平成16年6月15日東京高裁判決　第二次納税義務者は，本来の納税義務者の納税義務の存否又は
　　数額を争って主たる課税処分に対する不服を申し立てる適格を有しないとして請求を棄却して地裁
　　判決を取り消した。

【判決要旨】

①　違法な主たる課税処分によって税額が過大に確定されれば，徴収不足額は当然に大きくなり，第
　　二次納税義務の範囲も過大となって，第二次納税義務者は直接具体的な不利益を被るおそれがある。

他方，主たる課税処分の全部又は一部がその違法を理由に取り消されれば，徴収不足額が消滅し又は減少することになり，第二次納税義務も消滅するか又はその額が減少し得る関係にあるのであるから，第二次納税義務者は，主たる課税処分により自己の権利若しくは法律上保護された利益を侵害され又は必然的に侵害されるおそれがあり，その取消しによってこれを回復すべき法律上の利益を有する。

② 第二次納税義務者となる者に主たる課税処分に対する不服申立ての適格を肯定し得るのは，納付告知を受けて第二次納税義務者であることが確定したか，納付告知を受けることが確実となったと客観的に認識し得る時点からである。

　徴収法39条所定の第二次納税義務者は，本来の納税義務者から無償又は著しく低い額の対価による財産譲渡等を受けたという取引相手にとどまり，常に本来の納税義務者と一体性又は親近性のある関係にあるということはできないのであって，第二次納税義務を確定させる納付告知があるまでは，不服申立ての適格があることを確実に認識することはできないといわざるを得ない。その反面，納付告知があれば，それによって，主たる課税処分の存在及び第二次納税義務が成立していることを確実に認識することになるのであって，少なくともその時点で明確に「処分があったことを知った」ということができる。

　そうすると，徴収法39条所定の第二次納税義務者が主たる課税処分に対する不服申立てをする場合，通則法77条1項所定の「処分があったことを知った日」とは，第二次納税義務者に対する納付告知（納付通知書の送達）がされた日をいい，不服申立期間の起算日は納付告知がされた日の翌日であると解するのが相当である。

【検　討】

　第二次納税義務は滞納国税徴収の切り札ともいえる強力な制度であるが，その中で最も多く納税者と争われているのが，徴収法39条に規定する「無償又は著しい低額の譲受人等の第二次納税義務」である。滞納者と同一の義務を負担させても公平を損なわない関係者か否かという点にも多々問題はあるが，それ以上に，「著しく低額の譲受」という件が納税者と税理士を困惑させてきた。国税徴収法では「著しく」の文言が一般用語や他の税目の施行令，通達等の取扱いと比べて，簡単に該当してしまうほど広く取り扱われていることを理解しておく必要がある。国税徴収法と他の税法では「著しく低額」の範囲が異なっていることを納税者も税理士も理解していないので，問題が争点化しやすい。

　国税徴収法基本通達39－7の取扱いでは，

(1) 一般に時価が明確な財産（上場株式，社債等）については，対価が時価より低廉な場合には，その差額が比較的僅少であっても，「著しく低い額」と判定すべき場合があること。

(2) 値幅のある財産（不動産等）については，対価が時価のおおむね2分の1に満たない場合は，特段の事情のない限り，「著しく低い額」と判定すること。ただし，おおむね2分の1とは，2分の1前後のある程度幅をもった概念をいい，2分の1をある程度上回っても，諸般の事情に照らし，「著しく低い額」と判定すべき場合があること，とされている。

　税理士も徴収法基本通達の内容を失念しているかも知れないが，徴収法という法律の目的自体が，国税が滞納者の財産の処分に先んじて，財産を差し押さえておけば得られたであろう回収予想額の減額行為に他ならない処分行為を差し戻す行為といえる。だからこそ有価証券の譲渡ならほんの僅少でも，不動産でも1／2をある程度上回っていても「著しく低額」とされる可能性がある。福岡地裁平成27年6月16日判決においては，鑑定評価額の67％～76％の価格での譲渡に第二次納税義務を課された事例で，結果「著しく低額ではない」と取り消されたが，第二次納税義務取消訴訟は納税者側の負担が大きい。著しい低額という発動条件が他の税目で利用される1／2基準と徴収法では異なっており，その範囲が広いことに留意して欲しい。

【小野木　賢司】

税法の基礎理論 ──── 25

009 租税と租税法律主義（旭川国保事件）

最高裁大法廷平成18年3月1日判決
平成12年（行ツ）第62号他・国民健康保険料賦課処分取消等請求事件
【掲　載】裁判所HP／TKC：28110487／TAINS：Z999-8126
【判　示】国民健康保険加入者にとっては，その給付内容に差異がないにもかかわらず，地方自治体の選択により，公課である国民健康保険料と租税である国民健康保険税という異なる形式が併存する制度において，租税の意義が示され，公課としての規律の必要性が明確にされた事例
〔第1審：旭川地判平成10年4月21日・平成7年（行ウ）第1号〕
〔控訴審：札幌高判平成11年12月21日・平成10年（行コ）第8号〕

【解　説】

国民健康保険制度は，同一制度でありながら，加入者が負担する費用は，「国民健康保険料」と「国民健康保険税」と，地方自治体によりその形式が異なる。全国的にみて，保険料を徴収している地方自治体には，東京都特別区や政令指定都市等の大都市が含まれていることから，加入世帯数でみると，保険税と保険料の比率は拮抗している。

この国民健康保険税の課税要件が争点となった秋田国民健康保険税事件において，仙台高裁は，国民健康保険税の賦課徴収に関する条例が，租税法律主義の構成する課税要件明確主義の見地から，違憲と判断している。当時の秋田市の国民健康保険税に係る条例では，保険税の税率決定の基礎となった課税総額の確定方法及び課税総額の金額が明らかにされておらず，税率だけの明示では，課税総額及びそれに基づく税率の決定が条例に基づいて正しく計算されたかを検討することができないという状況にあった。

租税法律主義の原則を構成する具体的要素である課税要件法定主義が達成されていても，その内容が不明確である場合には，課税庁の裁量に依拠することになるから，その意味で同時に課税要件明確主義の充足が重要となる。

しかし，地方自治体が保険者である国民健康保険事業において，加入者が負担する費用が，「料」と「税」という名称と形式は異なるが，その実態は，強制加入，強制徴収であり，保険給付の内容など，実質的な差異はない。したがって，秋田国民健康国保税事件において租税法律主義に反するとして違憲判決が出された時，国民健康保険料とを対比する論議は少なくなかった。

【事案の概要と経緯】

平成6年4月12日，国民健康保険の一般被保険者である加入者は，保険者である旭川市から平成6年度から同8年度までの各年度分の国民健康保険の保険料について，賦課処分及び所定の減免事由に該当しないとして減免しない旨の通知を受けたことから，秋田国民健康保険税事件における納税者とおおむね同じ論理の主張をして，旭川市に各処分等の取消し求めた。

第1審は，国民健康保険は，①強制加入であり，②保険料又は保険税は選択的であり，いずれも強制的に徴収され，③その収入の3分の2を公的資金で賄い，保険料収入は3分の1にすぎないのであるから，国民健康保険は保険というより社会保障政策の一環である公的サービスとしての性格が強く，その対価性は希薄であること等の事実に照らせば，保険料は，保険税という形式でなくても，租税と同一視でき，一種の地方税として租税法律（条例）主義の適用があると解するとして，違憲判断を示した。

控訴審は，国民健康保険料は公課として，租税とは異なる法形式であり，また市長が定める告示の効果に言及し，加入者が逆転敗訴した。最高裁は，控訴審の論理を踏襲した。

【判決要旨】

① 国又は地方公共団体が，課税権に基づき，その経費に充てるための資金を調達する目的をもって，特別の給付に対する反対給付としてではなく，一定の要件に該当するすべての者に対して課する金銭給付は，その形式のいかんにかかわらず，憲法84条に規定する租税に当たるというべきである。市町村が行う国民健康保険の保険料は，これと異なり，被保険者において保険給付を受け得ることに対する反対給付として徴収されるものである。

② 租税以外の公課であっても，賦課徴収の強制の度合い等の点において租税に類似する性質を有するものについては，憲法84条の趣旨が及ぶと解すべきであるが，その場合であっても，租税以外の公課は，租税とその性質が共通する点や異なる点があり，また，賦課徴収の目的に応じて多種多様であるから，賦課要件が法律又は条例にどの程度明確に定められるべきかなどその規律の在り方については，当該公課の性質，賦課徴収の目的，その強制の度合い等を総合考慮して判断すべきものである。

③ 市町村が行う国民健康保険は，保険料を徴収する方式のものであっても，強制加入とされ，保険料が強制徴収され，賦課徴収の強制の度合いにおいては租税に類似する性質を有するものであるから，これについても憲法84条の趣旨が及ぶと解すべきであるが，他方において，保険料の使途は，国民健康保険事業に要する費用に限定されているのであって，国民健康保険法81条の委任に基づき条例において賦課要件がどの程度明確に定められるべきかは，賦課徴収の強制度合いのほか，社会保険としての国民健康保険の目的，特質等をも総合考慮して判断する必要がある。

④ 旭川市条例は，保険料率算定の基礎となる賦課総額の算定基準を明確にした上で，その算定に必要な費用及び収入の各見込額並びに予定収納率の推計に関する専門的及び技術的な細目にかかわる事項を，市長の合理的な選択にゆだねたものであり，また，見込額等の推計については，国民健康保険事業特別会計の予算及び決算の審議を通じて議会による民主的統制が及ぶものということができる。

⑤ 旭川市条例が，保険料率算定の基礎となる賦課総額の算定基準を定めた上で，12条3項において，市長に対し，同基準に基づいて保険料率を決定し，決定した保険料率を告示の方式により公示することを委任したことをもって，憲法84条の趣旨に反するということもできない。

【検　討】

最高裁は，反対給付の有無を重視しているが，国民健康保険制度において加入者が享受する反対給付は，「保険税」と「保険料」は実質的には差異はなく，強制加入・強制徴収も同様である。にもかかわらず秋田国民健康保険税事件判決のような，課税要件が不明確であるという判断が示されなかったのは，法形式が異なるということに尽きる。

しかし，注目すべきは，最高裁は，公課であっても，法律又は法律の範囲内で制定された条例によって適正な規律の必要性を示したことである。本事案の補足意見にいう，議会による民主的統制が公課にも及ぶということを，関係者は認識すべきであろう。

もっとも，規律の在り方については，総合考慮による判断として，本事案では保険料率の公示を市長による告示が，条例による委任と解している。このことは，「保険税」との規律の差が歴然としている。

【参考文献】

林　仲宣『実務に役立つ租税基本判例精選100』（税務経理協会，2019年）4頁

【林　仲宣】

010　申告義務と錯誤

高松高裁平成18年2月23日判決
平成17年（行コ）第4号・賦課決定処分等取消請求控訴事件
【掲　載】ＴＫＣ：28130855／ＴＡＩＮＳ：Ｚ256－10328
【判　示】有限会社に対する出資の売買契約において，その売買価額が低廉譲渡と指摘され，申
　　　　告期限後の錯誤無効を否定し，納税義務の免除を否認した事例
〔第1審：高知地判平成17年2月15日・平成15年（行ウ）第20号〕
〔上告審：最判平成18年11月6日・平成18年（行ツ）第127号〕

【解　説】

　相続税法7条は，著しく低い価額の対価で財産の譲渡を受けた場合には，譲渡を受けた者が，対価と譲渡があった時における財産の時価との差額に相当する金額を譲渡した者から贈与により取得したものとみなす旨を規定している。贈与税の知識は広く認知されているが，相続税法7条のみなし贈与規定の認知は見落とされることが多い。この規定は，時価を通常価額より低い価額で取引に合意することが可能な特殊な人間関係において，税負担の軽減を図ることが推定されるため，その税負担回避の防止を目的としている。

　親族間等の財産譲渡において，実務上，価額設定は苦慮することが多い。譲渡益に対する税負担や相続税の減少を指摘されることがあるため，時価取引の判断は，取引の恣意性を排除することが重要であり，慎重にならざるを得ない。

【事案の概要と経緯】

　本事案は，ともに納税者であるＡとＢが，平成9年2月21日，ＡがＢから有限会社Ｘ鉄工所の出資口1125口を1口当たり1万5000円（総額1687万5000円）で購入する旨の売買契約を締結したところ，所轄税務署長は，売買契約はその売買代金が適正価格1億1541万3750円（1口当たり10万2590円）を下回る低額譲渡に該当するとして，平成14年2月15日付で，Ａに対し平成9年分の贈与税の税額5775万9700円とする決定処分及び無申告加算税866万2500円とする賦課決定処分をした。そこで，Ａは，当該売買契約が錯誤により無効と主張して各処分の取消しを求めた事案である。

　また，Ｂは，平成9年分の所得税の確定申告につき，総所得金額を859万3262円，売買契約に係る譲渡所得金額を1571万4600円，納付すべき税額を417万7600円とする確定申告を提出し，平成13年12月21日，売買契約が錯誤により無効であるとして，平成9年分の所得税の更正の請求をしたところ，所轄税務署長は，平成14年2月15日付で，Ｂに対し更正すべき理由がない旨の通知処分をした。そのため，Ｂは，所轄税務署長に対し，通知処分のうち所得金額859万3262円を超える部分の取消しを求めて提訴した。

　第一審では，意思表示について要素の錯誤が認められたが，重過失があるため契約は有効と判断され，請求は棄却された。控訴審においても，同様に要素の錯誤が認められ，重過失の認定にはいたらなかったが，納税者間の公平や租税法律主義の法的安定性の見地から，法定申告期限経過時点で錯誤無効を主張することは許されず，納税義務の負担を免れないと示されていた。

【判決要旨】

① わが国は，申告納税方式を採用し，申告義務の違反や脱税に対しては加算税等を課している結果，安易に納税義務の発生の原因となる法律行為の錯誤無効を認めて納税義務を免れさせたのでは，納税者間の公平を害し，租税法律関係が不安定となり，ひいては申告納税方式の破壊につながるのである。

② 納税者は，納税義務の発生の原因となる私法上の法律行為を行った場合，当該法律行為の際に予

定していなかった納税義務が生じたり，当該法律行為の際に予定していたものよりも重い納税義務が生じることが判明した結果，この課税負担の錯誤が当該法律行為の要素の錯誤に当たるとして，当該法律行為が無効であることを法定申告期間を経過した時点で主張することはできないと解するのが相当である。

③ 私人間の経済取引については，常に税負担を考えて行うものである。そして，取引当事者間において，どのような取引形態（法律行為）をとれば，両当事者の税負担が最も少なくて済むか，十分に検討を加えた上で，一定の取引形態（法律行為）を決め，それを前提に申告をするのが通常である。

④ 法定申告期限を経過した後に，当事者の予期に反して，課税当局から，当事者が予定していなかった納税義務が生じるとか，予定していたものよりも重い納税義務が生じることを理由に，更正処分がなされた場合に，この課税負担の錯誤が当該法律行為の要素の錯誤に当たるとして，当該法律行為の錯誤による無効を認め，一旦発生した納税義務の負担を免れることを是認すれば，そのような錯誤の主張を思いつかない一般的な大多数の納税者との間で著しく公平を害し，租税法律関係が不安定となり，ひいては一般国民の素朴な正義感に反することになる。

⑤ 当該法律行為が錯誤により無効であることを法定申告期間を経過した時点で主張することを許さず，既に確定している納税義務の負担を免れないと解するのが相当である。

【検　討】

民法95条は，意思表示は，①意思表示に対応する意思を欠く錯誤，又は②表意者が法律行為の基礎とした事情についてのその認識が真実に反する錯誤に基づくもので，その錯誤が法律行為の目的及び取引上の社会通念に照らして重要であるときは，取り消すことができると定めている。今日，経済取引においては，税負担は意思決定の重大な要素であることから，取消し原因（旧法95条は無効原因）となり得るケースも十分考えられる。

裁判所は，多額の贈与税課税をされないとの認識が，少なくとも黙示的に表示されているといえるとして，当該売買契約に錯誤があったことを認めている。納税者らの誤信について重過失があるか否かに関しては，納税者らが，売買契約を締結するに当たり，売買代金額やAに贈与税を課されるか否かについて，税理士等の専門家に相談するなどして十分に調査，検討をすべきであったにもかかわらず，税理士等の専門家に相談するなどしなかったが，所轄税務署に相談に行って了解を得た旨の話をしたことなどから，納税者らの懈怠が著しく不注意であって重大な過失であると認めることはできないと指摘している。

本事案では，錯誤無効の2つの要件を充足していることを認めたうえで，納税者間の公平性の確保及び租税法律主義の法的安定性の見地から，申告納税方式を採る租税については，法的申告期限後の錯誤無効の主張は認められないと明確に否定したところに大きな意義がある。税法は，課税要件事実の充足によって納税義務が生じる法定債務という特質があることに留意する必要がある。

申告納税方式を採る租税に関しては，納税者に求められる責任は重い。法定申告期限前の法律行為に対する錯誤無効の主張が容認されることは考えられる。しかし，本事案のように，法定申告期限後に税負担による錯誤無効を主張することは，たとえ民法上の錯誤の要件を充足しても，納税者間の公平性の確保，申告納税方式の破壊に繋がりかねないこと，租税法律関係の安定維持の見地から，容易に認めらないのが現実である。

【引　用】

林　仲宣『実務に役立つ租税基本判例精選100』（税務経理協会，2019年）31頁

【東江　杜羅布】

011　確定決算主義（株主等の承認を得ていない決算書の有効性）

福岡高裁平成19年6月19日判決
平成19年（行コ）第7号・法人税更正処分等取消請求控訴事件
【掲　載】ＴＫＣ：28140272／ＴＡＩＮＳ：Ｚ257－10729
【判　示】会社が，事業年度末に，総勘定元帳の各勘定の閉鎖後の残高を基に決算を行って決算書類を作成し，これに基づいて確定申告をした場合には，当該決算書類につき株主総会又は社員総会の承認を得られていなくても，当該確定申告は有効と解すべきであるとした事例
〔第1審：福岡地判平成19年1月16日・平成17年（行ウ）第24号〕

【解　説】

　法人税法（以下「法」という）74条1項は，法人に対して，「確定した決算に基づき」申告書を提出しなければならないことを命じ，確定決算主義の原則を定める。同原則は，課税要件の充足により生じた納税義務の内容を実現するための法定手続と位置づけられる。

　同原則の前提には会社法の定めがあり，同法は，計算書類等が定時株主総会に提出され，承認を受けなければならず（会社法438条2項），又は，会計監査人設置会社では取締役は当該計算書類の内容を定時株主総会に報告しなければならない（会社法439条）と定めている。

　確定決算主義は，株主総会等の承認を受けた決算書類を基礎として法人の課税所得及び税額の計算を行うべきことを要請する。その趣旨は，会社法の手続で，会社の最高の意思決定機関である株主総会その他これに準ずる機関（会社法295条）が関与することで，計算書類の内容の適正性・適法性を担保することによって，会社自身の真意を明確化し，かつ，それに基づいて法人の課税所得及び税額が申告されることで納税申告書の正確性・確実性を確保することにある。

【事案の概要と経緯】

　納税者は，不動産賃貸業を営む青色申告の承認を受けた有限会社であり，各事業年度の法人税につき，法定申告期限内に決算報告書を添付して青色申告書を提出した。税務調査をきっかけに，税理士に相談したところ，決算報告書が税理士資格を有しない者が作成し，かつ社員総会の承認を経ていないこと等の問題点の指摘を受けたため，新たに修正を加えた各決算報告書を作成して，社員総会を開催し，その承認を得た。

　納税者は，税務署長に対して，いずれも修正申告書と表記した青色申告書に新決算報告書を添付して再度提出をした。税務署長は，確定申告自体が実質的に法人の意思に基づくものと認められるから，旧決算報告書が法74条1項の確定した決算であり，当初申告書は有効な申告書であるとして更正処分等をしたため，納税者はその取り消しを求めた。

【判決要旨】

① 各当初申告は法人税の確定申告として有効であり，再度申告は国税通則法19条の修正申告にほかならない。

② 会社は，法人税の申告に当たり，各事業年度終了の日の翌日から2か月以内に，確定した決算に基づき所定の事項を記載した申告書を税務署に提出しなければならない（法74条1項）。この規定の趣旨は，法人税の課税所得については，会社の最高の意思決定機関である株主総会又は社員総会の承認を受けた決算を基礎として計算させることにより，それが会社自身の意思として，かつ正確な所得が得られる蓋然性が高いという点にある。そうすると，同規定の「確定した決算に基づき」とは，株主総会又は社員総会の承認を受けた決算書類を基礎として所得及び法人税額の計算を行う意味と解すべきである。

③　我が国の株式会社や有限会社の大部分を占める中小企業では，株主総会又は社員総会の承認を経ることなく，代表者や会計担当者等の一部の者のみで決算が組まれ，これに基づいて申告がなされているのが実情であり，このような実情の下では，株主総会又は社員総会の承認を確定申告の効力要件とすることは実体に即応しないというべきであるから，株主総会又は社員総会の承認を経ていない決算書類に基づいて確定申告が行われたからといって，その確定申告が無効になると解するのは相当でない。

④　決算がなされていない状態で概算に基づき確定申告がなされた場合は無効にならざるを得ないが，当該会社が，年度末において，総勘定元帳の各勘定の閉鎖後の残高を基に決算を行って決算書類を作成し，これに基づいて確定申告した場合は，当該決算書類につき株主総会又は社員総会の承認が得られていなくても，当該確定申告は無効とはならず，有効と解すべきである。

⑤　納税者は，納税者代表者と同人の夫Ａが取締役をし，同人ら及びその子ら３人が全出資持分を保有する同族会社であり，従来，社員総会を開催したこともなかったこと，各当初申告は，各事業年度末に，総勘定元帳の各勘定の閉鎖後の残高を基になされた決算により作成された旧決算報告書に基づいて各当初申告書が作成され，その申告書を提出することにより申告されたこと，税理士の指導により，旧決算報告書に所要の修正を加えた新決算報告書を作成して，社員総会で承認したものであることが認められる。そうであれば，納税者は，従来からのやり方に従って各当初申告書を提出したのであり，その有効性に何ら疑義を持つこともなかったものであって，税務署長の税務調査がなければ事態はそのまま推移していたとしか考えられない。

【検　　討】

　納税申告は，納税者が租税実体法の定めに従って税額を確定し，租税行政庁に納税申告書を提出する私人の公法行為である。納税申告する租税について，納税者自身の租税債務を自ら確定する租税実体法上の効果を有し（国通法16条１項，法71条，74条），拘束力と公定力を伴う。

　納税申告書を提出する申告行為は，別段の定めを除き，私人の法律行為に関する通則を定める民法（90条等）が準用される。契約内容を示してその締結を申し入れる申込や承諾（民法522条）に，私人の内界における一定の法律効果を欲する内心的効果意思と，私人の内界の意思を外界に表示する表示行為があるように，申告行為の法的性質が，公法上の意思表示であるならば，同様に細分化できる。申告行為が，意思表示のうちの表示行為であるならば，確定決算主義による手続は，内心的効果意思の確定・法人の効果意思の確認作業ともいうべきものである。それは，納税申告の準備行為ともいえる。

　確定決算主義は，確定決算で示される法人の意思，例えば，一般に公正妥当な会計処理の基準（法法22条４項）のうち，法人の経済取引に即した合理的な基準の中から特定の基準を選択し，継続して適用することを欲する意思や損金経理（法２条１項25号，22条３項，31条）による償却費計上を欲する意思を確認するための会社法と法人税法の両者の手続的側面を有し，尊重されることとなる。

　裁判所は，同原則の前提にある会社法の株主総会等での会計書類等の承認が，中小企業で形骸化している実情に触れ，厳格にその承認を確定申告の効力要件とすることは現実的ではないことを確認する。そして，決算のない概算による確定申告は確定決算主義に反し無効であるが，納税者は，従来から総勘定元帳の各勘定の閉鎖後の残高を基に決算を行って決算書類を作成し，社員総会での承認を経ない決算に基づき確定申告書を提出しているという事実を認定したうえで，当初申告は有効であり，再度申告の法的性格は修正申告であると判示した。

　従来からの納税者の納税申告に至る過程・状況から，納税者の当初申告と真意の間に不一致はなく，法人の意思に基づき当初申告がされたものと判断した。裁判所の認定した事案によれば，税理士による指摘内容を動機として，表示内容を変更することが真意であると捉え，再度申告は修正申告と判断された。実情を捉えているが，確定決算主義の手続保障規定としての側面の形骸化が危ぶまれる。

【山本　直毅】

税法の基礎理論 ———— 31

012 益金の計上時期（公正妥当な会計処理）

東京高裁平成21年2月18日判決
平成20年（行コ）第116号・法人税更正処分取消等請求控訴事件
【掲　載】ＴＫＣ：25451002／ＴＡＩＮＳ：Ｚ259－11144
【判　示】従業員の不法行為によって法人が従業員に対して有する損害賠償請求権について、通常人を基準とすると、本件各事業年度当時に、損害賠償請求権の存在、内容等を把握できず、権利行使を期待できないような客観的状況にあったということは到底できないとした事例
〔第1審：東京地判平成20年2月15日・平成18年（行ウ）第496号〕
〔上告審：最決平成21年7月10日・平成21年（行ツ）第138号、平成21年（行ヒ）第159号〕

【解　説】

　法人の課税所得は、益金と損金の各要素を確定することで求められる。法人税法（以下「法」という）22条2項及び同条3項3号は、原則的に、当該事業年度の益金の額に算入すべき金額は、資本等取引以外の取引に係る収益の額と定め、当該事業年度の損金の額に算入すべき金額は、その年度の損失の額で資本等取引以外の取引に係るものを掲げている。

　法人内部で従業員の詐欺や横領等の不法行為により詐取され、架空の費用が生じたように装う不正処理が行われることがある。この場合、費用として損金の額に該当しないから、その事業年度の損金の額から減額される。同時に、法人は不正処理相当額が詐取されるため、損害額を損金の額に算入し、法人は不法行為により損害を受けるから、加害者に対する損害賠償請求権を取得する（民法709条）。一方で、事後に、法人が損害賠償請求権を行使したとしても、損害額全額を回収できるとは限らないことから、損害賠償請求権の額の益金への計上とそれが貸倒れた場合の損失の計上が問題となる。

　法22条4項は、一般に公正妥当と認められる会計処理の基準に従って計算されるものと定めている。企業会計は、企業の利害関係者に企業の経営成績と財政状態を適正に表示することを目的とするが、法人税法は、その目的に相違があることを容認しつつも、租税制度の簡素化と執行上の負担縮減の要請から、企業会計へ準拠することを明らかにする。選択された会計処理が、一般に公正妥当な会計処理の基準として容認されるか否かは、一般社会通念に照らして公正かつ妥当であるか否か、法の目的である課税の公平を実現しうるか、そして、裁判規範足りうるかの観点から検証される。

　益金の計上時期は、収益の実現により判断される。収益の実現判定は、法的基準である権利確定主義による。それは、法人の外界の者との間で取引が行われ、その対価（収益）を収受すべき権利が確定し、外部から納税者への経済的価値の流入の蓋然性が高まったといえる客観的事実が発生したと認められるか否かで判断される。

【事案の概要と経緯】

　納税者は、ビル総合清掃業務等を営む法人である。納税者への税務調査の過程で、納税者の経理部長Ａが架空外注費を計上する方法で詐取する行為が発覚した。税務署長は、架空外注費が計上される各事業年度について、法人税の更正処分及び重加算税の賦課決定処分等をした。

　納税者は、詐取行為で架空外注費相当の損失を受けても、被害法人が損害発生や加害者を知らないことが多く、また同従業員に対する損害賠償請求権は一般的に履行可能性が低く、回収が困難である等から益金の額に算入すべきでないと主張して、更正処分等の取消しを求めた。

【判決要旨】

① 不法行為による損害賠償請求権は、通常、損失が発生した時には損害賠償請求権も発生、確定しているから、これらを同時に損金と益金とに計上するのが原則である。

② 加害者を知ることなど権利内容を把握することが困難なため，直ちには権利行使（権利の実現）を期待することができないような場合があり得る。このような場合，権利（損害賠償請求権）が法的には発生しているといえるが，未だ権利実現の可能性を客観的に認識することができるとはいえないから，当該事業年度の益金に計上すべきであるとはいえない。ただし，この判断は，税負担の公平や法的安定性の観点から客観的にされるべきものであるから，通常人を基準にして，権利（損害賠償請求権）の存在・内容等を把握し得ず，権利行使が期待できないといえるような客観的状況にあったかどうかという観点から判断すべきである。不法行為が行われた時点が属する事業年度当時ないし納税申告時に納税者がどういう認識でいたか（納税者の主観）は問題とすべきでない。

③ ただし，損害賠償請求権がその取得当初から全額回収不能であることが客観的に明らかであるとすると，これを貸倒損失として扱い，法22条3項3号にいう当該事業年度の損失の額として損金に算入することが許される。また，取得後そうなったという場合は，その時点の属する事業年度の損金に算入することが許される。

④ 各事業年度に，詐取行為により納税者が受けた損失額を損金に計上すると同時に益金として損害賠償請求権の額を計上するのが原則ということになるが，各事業年度当時の客観的状況に照らすと，通常人を基準にしても，損害賠償請求権の存在・内容等を把握し得ず，権利行使が期待できないといえるとすれば，当該事業年度の益金に計上しない取扱いが許される。

⑤ 認定によれば，Ａは，納税者の経理担当取締役らに秘して詐取行為をしたものであり，納税者の取締役らは当時詐取行為を認識していなかったものではあるが，詐取行為は，経理担当取締役が預金口座からの払戻し及び外注先への振込み依頼について決裁する際にＡが持参した正規の振込依頼書をチェックしさえすれば容易に発覚するものであった。また，決算期等に，会計資料として保管されていた請求書と外注費として支払った金額とを照合すれば，容易に発覚したものである。通常人を基準とすると，各事業年度当時において，損害賠償請求権につき，その存在，内容等を把握できず，権利行使を期待できないような客観的状況にあったということは到底できない。

【検　討】

第1審は，権利確定主義を採用し，外部取引から生じる経済的利益に担税力が備わり，現実的な処分可能性のある経済的利益を取得することが客観的かつ確実なものとなったか否かという基準が，一般に公正妥当な会計処理の基準に適合すると判断した。そして，一般債権の消滅時効（民法166条1項）と不法行為による損害賠償請求権の消滅時効（民法724条）の差異につき，後者は特殊事情の存在を考慮して「損害及び加害者を知った時」と定めていることを勘案し，権利が発生していてもその行使が事実上不可能であれば，現実的な処分可能性のある経済的利得を客観的かつ確実に取得したといえないから，被害法人である法人が損害及び加害者を知り，損害賠償請求権の行使が事実上可能となった時に権利が確定すると解釈して，納税者の請求を認容した。

控訴審は，原判決を取り消し，権利確定主義という名の権利発生主義を採用する。民法の損害賠償請求権の発生ではなく，収益に対する租税法上の権利確定が判断されなければならない。

実現判定の権利確定主義は，法人外部との契約を前提とする取引の場合に，経済的利益の流入を客観的かつ確実性を担保するための規範である。それは，担税力の確実な増加を捉え，納税資金の確保を目的に金額確定を要件とする。不法行為による損害額が判明せず，現実に享受する金額の不確定な状況で，同原則がそのまま馴染むとはいい難い。法的安定性及び担税力の確実な増加を捉えるとの観点からは，収益の現実的な処分可能性を考慮することが謙抑的課税の要請に合致するといえる。

【引　用】

山本直毅『課税所得の認識原理の研究』（成文堂，2020年）49頁

【山本　直毅】

013　所得税額控除の記載額限度要件（南九州コカ・コーラ事件）

最高裁第二小法廷平成21年7月10日判決
平成19年（行ヒ）第28号・更正すべき理由がない旨の処分の取消請求上告受理事件
【掲　載】ＴＫＣ：25440919／ＴＡＩＮＳ：Z259－11242
【判　示】納税者が法人税の確定申告書に過少に記載をした税額控除額に対して更正の請求が認
　　　　　められるとされた事例
〔第1審：熊本地判平成18年1月26日・平成16年（行ウ）第3号〕
〔控訴審：福岡高判平成18年10月24日・平成18年（行コ）第7号〕
〔上告審：最決平成21年3月16日・事件番号不明〕

【解　説】

　所得税額控除の制度について定める法人税法68条1項は，内国法人が支払を受ける利子及び配当等に対し法人税を賦課した場合，当該利子及び配当等につき源泉徴収される所得税との関係で同一課税主体による二重課税が生ずることから，これを排除する趣旨で，当該利子及び配当等に係る所得税の額を当該事業年度の所得に対する法人税の額から控除する旨を規定している。

　納税者たる法人は，すでに源泉徴収され納付した所得税額について，所得税額控除の適用を受けて法人税の額から控除するのか，又は租税公課として損金の額に算入するのか，選択する必要がある。

　本事案が争われた当時の法人税法68条3項は，「第1項の規定は，確定申告書に同項の規定による控除を受けるべき金額及びその計算に関する明細の記載がある場合に限り適用する。この場合において，同項の規定による控除をされるべき金額は，当該金額として記載された金額を限度とする。」と規定し，いわゆる「当初申告要件」及び「控除額の制限」を規定していた。

　当時所得税額控除の制度において「当初申告要件」及び「控除額の制限」が定められていたのは，所得税額控除の規定の適用が納税者の選択に委ねられているため，明細書においてその選択を確定させ，控除額においても後になってその選択を覆すことを禁じる目的であると解されていた。

　本事案は，所得税額控除の規定の適用の際に添付する明細書に，明細書の記載事項を誤り，更正の請求を行ったもので，同条3項にいう，「記載された金額を限度とする」の解釈について争われた事案である。

　最高裁判決は，所得税額控除をはじめとする「当初申告要件」及び「控除額の制限」の適用について，後の平成23年12月改正の契機となる判決であった。

【事案の概要と経緯】

　納税者は，清涼飲料等の製造及び販売業等を営むことを目的とする株式会社である。納税者は，事業年度における法人税の確定申告において，所得税額控除及び外国税額控除の規定の適用を受けた。

　その際，明細書の記載事項について，法令及び明細書の記載方法の解釈を誤り，「利益の配当及び剰余金の分配」に係る控除を受ける所得税額の計算に当たり，本来，配当会社の配当対象期間における「期首」と「期末」に納税者が有していた株式数を記載しなければならなかったのに対し，複数の銘柄について，納税者の確定申告の決算期間の「期首」と「期末」の株式数を記載してしまったことから，控除を受ける金額を過少に記載した。その結果，納付すべき法人税額が過大となったため，更正の請求書を提出したが，所轄税務署は更正をすべき理由がない旨の通知を行ったことから，所轄税務署に対し更正処分の一部取り消しを求めた事案である。

【判決要旨】

① 最高裁判決は，原審（高等裁判所）の判断を法令の違反があるとし，変更を行った。高等裁判所においては，法人税法68条3項の規定は，できる限り厳格に解すべきであるとの立場を採っていた。

そして，自らの自由な意思と判断により記載したものであってみれば，そこに法令解釈の誤りや計算の誤りがあったからといって，直ちに国税通則法23条1項1号の要件該当性が肯定されるなどということにはならないとの判断を示した。

そして，明細の記載に基づいて転記をする際に誤記したか，或いは違算により当該金額の記載を誤ったことが明白であるときには，正しい金額への是正をすべきであるが，本事案は上記のような単純な転記ミスや計算ミスではないという理由によって，更正の請求は許されないと判示した。

② しかし，最高裁判所は，納税者の記載の誤りは，確定申告書に現れた計算過程の上からは明白であるとはいえないものの，所有株式数の記載を誤ったことに起因する単純な誤りであるとしている。さらに，納税者は，単純な誤り以外の別の理由により選択した結果であることをうかがわせる事情もないと確認している。

そうであるとすると，納税者が確定申告において，その所有する株式の全銘柄に係る所得税額の全部を対象として，法令に基づき正当に計算される金額につき，所得税額控除制度の適用を受けることを選択する意思であったことは，確定申告書の記載からも見て取れるところであるとしている。

③ 以上のことから，最高裁判所は更正の請求について，法人税法68条3項の趣旨に反するということはできず，さらには国税通則法23条1項1号所定の要件に該当することも明らかであると判示した。

【検　討】

本事案の最高裁判決を契機として，平成23年12月の税制改正（平成23年法律第114号による改正）において「当初申告要件」及び「控除額の制限」が定められていた所得税法，法人税法等の措置について見直しがされた。

「平成24年版改正税法のすべて（大蔵財務協会）」では，当該改正について，「当初申告要件」がある措置の中には，その措置の目的・効果や課税の公平の観点からみて，事後的な適用を認めても問題がないものも含まれていたため，一部の措置については「当初申告要件」を廃止及び「控除額の制限」の見直しを行い，更正の請求を認める範囲を拡大する旨が説明されていた。

法人税において「当初申告要件」及び「控除額の制限」を廃止した措置は，所得税額控除，外国税額控除をはじめ，受取配当等の益金不算入，国等に対する寄附金，指定寄附金及び特定公益増進法人に対する寄附金の損金算入等が該当している。

所得税額控除について「当初申告要件」が廃止されたことにより，当初申告時に適用を受けなかった場合にも，修正申告や更正の請求において適用を受けるべき金額など一定の事項を記載した書類を添付することにより，新たに制度の適用を受けられることになった。

また，「控除額の制限」について見直しが行われたことにより，確定申告書等だけでなく，修正申告書又は更正請求書の提出によって，これら申告書に添付された書類に適用を受ける金額として記載された金額を限度とすることとされた。このため，修正申告書や更正の請求によって，確定申告書等に添付された書類に記載された適用を受ける金額を増額されることができることになった。

最高裁判決は，これまで当初申告による控除額が絶対的な限度とされてきた所得税額控除等の措置について，更正の請求による救済範囲を見直し，明確化する重要な判決であったといえる。

【引　用】

茂垣志乙里『税』（ぎょうせい）76巻7号148頁（2021年）

【茂垣　志乙里】

014 二重課税（長崎年金事件）

最高裁第三小法廷平成22年7月6日判決

平成20年（行ヒ）第16号・所得税更正処分取消請求事件

【掲　載】ＴＫＣ：25442386・ＴＡＩＮＳ：Ｚ260－11470

【判　示】年金の方法により支払を受ける保険金のうち有期定期金債権に当たるものについて，
　　　　　相続税の課税対象となる経済的価値と同一のものについては，所得税の課税対象となら
　　　　　ないとされた事例

〔第１審：長崎地判平成18年11月7日・平成17年（行ウ）第6号〕

〔控訴審：福岡高判平成19年10月25日・平成18年（行コ）第38号〕

【解　説】

　所得税法（以下「法」という）9条1項は，「次に掲げる所得については，所得税を課さない。」として非課税所得を定めており，15号（平成22年法律6号による改正前のもの。「現16号」，以下「15号」と表記する）において「相続……により取得するもの」と定め，相続により取得した財産に対しては，所得税は課さないこととしている。これは，相続税が課された一定の所得に対し，さらに所得税を課すことは同一の課税物件に対し，二重に課税することになるため，これを税負担能力の観点から所得税法上は非課税としているものである。

　被保険者である個人が亡くなった場合に，その者が掛けていた生命保険金は，みなし相続財産として相続税の課税対象に含まれ，保険金の受取人に対し相続税が課されることになる。この保険金を一時に受け取った場合には相続税が課されるのみで，所得税は非課税とされている。しかし，保険金を一時ではなく年金形式で受け取る場合には，相続税が課された上で，年金受給時に所得税が課されていた。つまり，年金払いで受け取る生命保険金は，法9条1項15号の射程外であり，所得税の課税対象となるとされていた。

【事案の概要と経緯】

　年金払特約付きの生命保険契約の被保険者であり，その保険料を負担していた夫が死亡したことにより，年金の支払を受ける妻である納税者は，一時金として4000万円の保険金を受け取る権利と，10年間にわたり，毎年230万円ずつを受け取る権利（年金受給権）を取得した。納税者が，第1回目の年金受給日に保険会社より230万円を受領し，当該年金の額を収入金額に算入せずに所得税の申告をしたところ，所轄税務署長は，当該金額は所得税の課税所得に該当するとした。なお，納税者は，相続税の申告においては，相続税法の規定により計算した年金受給権の価値1380万円を相続税の課税価格に算入している。

　第1審は，「相続税法による年金受給権の評価は，将来にわたって受け取る各年金の当該取得時における経済的な利益を現価（正確にはその近似値）に引き直したものであるから，これに対して相続税を課税した上，更に個々の年金に所得税を課税することは，実質的・経済的には同一の資産に関して二重に課税するものであることは明らか」であるとして，納税者の主張が認められた。

　控訴審は，年金は，年金受給権とは法的に異なるものであり，Aの死亡後に支分権に基づいて発生したものであるから，相続税法3条1項1号に規定する『保険金』に該当せず，法9条1項15号の非課税所得に該当しないとし，納税者の主張を棄却した。

【判決要旨】

① 「相続，遺贈又は個人からの贈与により取得するもの」とは，相続等により取得し又は取得したものとみなされる財産そのものを指すのではなく，当該財産の取得によりその者に帰属する所得を指すものと解される。

② 財産の取得によりその者に帰属する所得とは，当該財産の取得の時における価額に相当する経済的価値にほかならず，これは相続税又は贈与税の課税対象となるものであるから，同号の趣旨は，相続税又は贈与税の課税対象となる経済的価値に対しては所得税を課さないこととして，同一の経済的価値に対する二重課税を排除したものである。

③ 相続税法3条1項1号は，被相続人の死亡により相続人が生命保険契約の保険金を取得した場合には，相続により取得したものとみなす旨を定めている。上記保険金には，年金の方法により支払を受けるものも含まれ，年金の方法により支払を受ける場合の上記保険金とは，基本権としての年金受給権を指し，これは同法24条1項所定の定期金給付契約に関する権利に当たるものと解される。

④ 年金の方法により支払を受ける上記保険金（年金受給権）のうち有期定期金債権に当たるものについては，その残存期間に応じ，その残存期間に受けるべき年金の総額に所定の割合を乗じて計算した金額が当該年金受給権の価額として相続税の課税対象となるが，この価額は，当該年金受給権の取得の時における時価（同法22条），すなわち，将来にわたって受け取るべき年金の金額を被相続人死亡時の現在価値に引き直した金額の合計額に相当し，その価額と上記残存期間に受けるべき年金の総額との差額は，当該各年金の上記現在価値をそれぞれ元本とした場合の運用益の合計額に相当する。

⑤ これらの年金の各支給額のうち，現在価値に相当する部分は，相続税の課税対象となる経済的価値と同一のものということができ，法9条1項15号により所得税の課税対象とならない。

【検　討】

相続税の課税対象が年金受給権であり，所得税の課税対象は支分権に基づいて支払われた現金であるため，課税対象が異なり，相続税と所得税も別個の税目であるとの理由から，二重課税の問題は理論的に存在しないと考えられてきた。控訴審判決においてもこれまでのように税務署長の主張が認められており，年金受給権について基本権と支分権という法的性質の違いから二重課税には該当しないと判断している。しかし，「担税力に即した課税」と租税の「公平中立性」を要請する租税公平主義の視点から考えると，年金受給権は基本権であり，その基本権から派生する支分権とは異なるという法形式を重視する論理は，実質的な担税力に応じた課税に反するものであるといえよう。

地裁判決は，相続税法3条1項によってみなし相続財産として相続税を課税された財産につき，これと実質的・経済的にみれば同一のものと評価される所得について，その所得が法的にはみなし相続財産とは異なる権利ないし利益と評価できるときでも，その所得に所得税を課税することは，非課税規定の趣旨によって許されないものと解するのが相当であるとして，相続税が課された個々の年金に所得税を課することは許されないと判示している。

最高裁判決は，非課税規定が「相続，遺贈又は個人からの贈与により取得したもの」とは，「相続等により取得し又は取得したものとみなされる財産そのものを指すのではなく，当該財産の取得によりその者に帰属する所得を指すものと解される」として，担税力に応じた課税に着目する。その上で，その者に帰属する所得とは，当該財産の取得の時における価額に相当する経済的価値であり，これは相続税又は贈与税の課税対象となるものであるから，所得税を課さないこととして，同一の経済的価値に対する相続税又は贈与税と所得税との二重課税を排除したものであるとした。そうすると，初年度の年金には所得税が課されないが，第2回目以降の年金の運用益部分は所得税の課税対象であるとして，「同一の経済的価値」だけを排除することとなる。

地裁判決と最高裁判決は，二重課税の範囲に相違はあるものの，同法の立法趣旨を明らかにして同一の経済価値への課税に対し終止符を打った判決であった。

【引　用】

加瀬陽一『税』（ぎょうせい）75巻10号105頁（2020年）

【加瀬　陽一】

015　損益通算と遡及適用

最高裁第一小法廷平成23年9月22日判決
平成21年（行ツ）第73号・通知処分取消請求事件
【掲　載】ＴＫＣ：25443752／ＴＡＩＮＳ：Ｚ261−11771
【判　示】本件改正附則が租税法規不遡及の原則に抵触し，憲法84条の定める租税法律主義に違
　　　　反するかが判示された事例
〔第1審：千葉地判平成20年5月16日・平成19年（行ウ）第15号〕
〔控訴審：東京高判平成20年12月4日・平成20年（行コ）第236号〕

【解　　説】

　損益通算とは，不動産所得の金額，事業所得の金額，山林所得の金額又は譲渡所得の金額の計算上
生じた損失の金額があるときは，それをその他の各所得の金額から控除することであり，その旨は所
得税法69条で定められている。その損益通算のうち，分離課税とされていた土地又は建物等の譲渡に
よる譲渡所得について，平成16年に，租税特別措置法31条が改正され，土地，建物等の長期譲渡所得
に係る損益通算を認めないこととされた。

　その改正趣旨は，土地譲渡益課税について，土地市場の活性化に資する観点から株式に対する課税
とのバランスを踏まえ，長期譲渡所得の税率の引下げ及び他の所得との損益通算の廃止・繰越控除等
にあった。

　制度の改正とその施行については，法の適用に関する通則法2条に「法律は，公布の日から起算し
て20日を経過した日から施行する。ただし，法律でこれと異なる施行期日を定めたときは，その定め
による。」と定められている。実際には公布の日から施行されることが多く，その公布の日より前に
さかのぼって適用される立法を遡及立法という。

【事案の概要と経緯】

　納税者は，平成17年9月，平成16年分の所得税の確定申告書を税務署長に提出したが，長期譲渡所
得の金額の計算上生じた損失の金額については他の各種所得との損益通算が認められるべきであると
したが，税務署長は，納税者からの異議申立て及び審査請求はいずれも棄却した。これに対し，納税
者が，改正法附則27条1項の規定が納税者に不利益な遡及立法であって憲法84条に違反すると主張し
た事案である。

　改正と譲渡の主な経緯は次の通り。①平成15年9月1日　納税者が土地に関し，土地売買仲介契約
を締結，②同年12月15日　政府税制調査会が「平成16年度の税制改正に関する答申」を公表，③同年
12月17日「平成16年度税制改正大綱」を決定，④同年12月18日　新聞1紙が「与党税制改正大綱の要
旨」を報道，⑤平成16年1月16日　「平成16年度の税制改正の要綱」を閣議決定，⑥同年1月30日
納税者が土地を譲渡する売買契約締結，⑦同年3月1日　納税者が土地を買受人に引渡し，⑧同年3
月26日　改正法案が可決成立，⑨同年3月31日　改正法公布，⑩同年4月1日　改正法施行，⑪平成
17年9月15日　納税者が平成16年分の確定申告書を提出

【判決要旨】

① 所得税の納税義務は，暦年の終了時に成立するものであり，租税特別措置法31条の改正等を内容
　とする改正法が施行された平成16年4月1日時点においては同年分の所得税の納税義務はいまだ成
　立していないから，損益通算廃止に係る改正後の同条の規定を同年1月1日から同年3月3日まで
　の間にされた長期譲渡所得に適用しても，所得税の納税義務自体が事後的に変更されることにはな
　らない。

② 暦年途中で施行された改正法による損益通算廃止に係る改正後租税特別措置法の規定の暦年当初

からの適用を定めた改正附則が憲法84条の趣旨に反するか否かについては，諸事情を総合的に勘案した上で，このような暦年途中の租税法規の変更及びその暦年当初からの適用による課税関係における法定安定への影響が納税者の租税法規上の地位に対する合理的な制約として容認されるべきものであるという観点から判断する。

③　改正は，長期譲渡所得の金額の計算において所得が生じた場合には損益通算がされることによる不均衡を解消し，適正な租税負担の要請に応え得るようにするとともに，長期譲渡所得に係る所得税の税率の引下げ等とあいまって，使用収益に応じた適切な価格による土地取引を促進し，わが国の経済に深刻な影響を及ぼしていた長期間にわたる不動産価格の下落の進行に歯止めをかけることを立法目的として立案され，これらを一体として早急に実施することが予定されたものであったと解される。

④　法改正により事後的に変更されるのは，納税者の納税義務それ自体ではなく，特定の譲渡に係る損失により暦年終了時に損益通算をして租税負担の軽減を図ることを納税者が期待し得る地位にとどまるものである。

⑤　改正附則は，暦年の初日から改正法の施行日の前日までの期間をその適用対象に含めることにより暦年の全体を通じた公平が図られる面があり，また，その期間も暦年当初の3か月間に限られている。納税者においては，これによって損益通算による租税負担の軽減に係る期待に沿った結果を得ることができなくなるものの，それ以上に一旦成立した納税義務を加重されるなどの不利益を受けない。

⑥　これらの諸事情を総合的に勘案すると，損益通算廃止に係る改正後租税特別措置法の規定を平成16年1月1日後にされた長期譲渡に適用するものとしたことは，上記のような納税者の租税法規上の地位に対する合理的な制約として容認されるべきものと解するのが相当である。したがって，改正附則が，憲法84条の趣旨に反するものということはできない。

【検　　討】

国税通則法15条において，納税義務は，所得税については暦年の終了の時に成立する，とされているため，所得税は期間税であるとされる。所得税の納税義務が成立するのは，期間終了時であるため，その基礎をなす課税要件事実は，期間開始とともに発生し，所得はそれに応じて累積する。

納税者が主張した租税法律主義に対する違反について，最高裁は，所得税が期間税であることを根拠に，本事案は遡及立法の問題ではなく遡及適用の問題であるとし，遡及適用の合憲性の判断は，財産権に対する成約の合憲性判断と同様に考え，①遡及により侵害される利益の性質，②遡及による利益の内容の変更の程度，③当該変更によって保護される公益の性質等の諸事情の総合的勘案によって合理的な制約かを判断すべきであると判示している。また，諸事情の総合的勘案の結果として，改正附則について，土地市場の活性化・不動産価格の下落に対する歯止めを立法目的とし，納税者の駆け込み売却による立法目的の阻害を防止する公益のためであったこと，遡及適用をすることにより暦年全体を通した納税者間の公平が図られることなどを言及し，「納税者の租税法規上の地位に対する合理的な制約として容認されるべきものと解するのが相当である」と結論づけた。

平成16年4月に改正法が施行され，施行前の平成16年1月～3月までの取引についても適用された。平成15年12月の改正の決定・報道があった同月の年末間際に不動産取引をすることは困難であろう。納税者は，現時点での法律から想定して経済取引を行うため，改正に対する十分な情報，時間が必要である。この事例に類似した事案が今後も起こりうる可能性から，毎年の税制改正のキャッチアップが不可欠であり，納税者の将来行われる可能性のある経済取引の把握をしていく必要がある。

【引　　用】

小野雅美『税』（ぎょうせい）76巻12号134頁（2021年）

【小野　雅美】

016　差押えの範囲

鳥取地裁平成25年3月29日判決
平成21年（行ウ）第3号・滞納処分取消等請求事件
【掲　載】ＴＫＣ：25501347／ＴＡＩＮＳ：Ｚ999－8324
【判　示】差押え禁止債権であっても，銀行口座に振り込まれた時点で，差押え可能な預金債権に変化するということになることを確認したうえで，禁止債権である児童手当の差押処分の違法性を認めた事例
〔控訴審：広島高判平成25年11月27日・平成25年（行コ）第7号〕

【解　説】

　滞納事案の解決は，公平の見地からも支持されるものである。そのため，かつて東京高裁昭和45年4月30日判決が，差押えにおける徴税職員の裁量を容認しているが，換価しやすい財産を第一に考えることは理解できる。しかし一方で，給与等の差押えが生活を逼迫させるおそれもあり得る。差押禁止財産は，生活維持の保障，やすらかな精神的生活の保障，社会保障制度の維持などの理由から差押えが制限されている。給与等の債権が差押禁止財産の対象にされているのも，憲法25条の生存権を保障するためである。

　大阪地裁平成15年11月25日判決が示したように，給与債権等が預金債権に転化すると，差押禁止財産との判別は困難を伴うものであり，執行上の問題となることが予想される。しかしながら，振り込みにより預金残高が増加し，またその原資が差押禁止財産であることが明らかである場合に預金債権を差し押えることは，差押禁止財産への差押えと考えるべきである。

【事案の概要と経緯】

　納税者は，平成20年6月11日当時，平成17，18年度の個人事業税及び平成18，19年度の自動車税について，本税合計21万8800円等を滞納していた。県は，滞納金額を徴収するために，同日午前9時9分，納税者が有する銀行預金口座の残高13万73円に対する預金払戻請求権の差押処分を行った上で，配当処分を行った。預金口座の残高は，同年3月27日から73円であったが，同年6月11日の午前9時に児童手当13万円が振り込まれ，合計13万73円となっていた。

　第1審は，県に対して，13万73円全額の支払を命じた。控訴審は，県は，児童手当相当額である13万円については，これを保有する法律上の原因を有しないこととなるから，上記の額に限ってこれを納税者に返還する義務を負うというべきであるが，その余の73円については，これを返還する義務を負わない，と判示した。

【判決要旨】

①　児童手当が預金口座に振り込まれた場合，法形式上は，当該児童手当受給権は消滅し児童手当受給者の銀行に対する預金債権という別個の債権になることに加え，一般に，児童手当が預金口座に振り込まれると受給者の一般財産に混入し，児童手当としては識別できなくなる可能性がある。国税徴収法上の差押えは，債務者及び第三債務者を審尋することなく発令されるものであって，差し押さえようとする預金の原資をあらかじめ調査する仕組みを採用していないことに鑑みれば，差押えが禁止される児童手当であってもそれが銀行口座に振り込まれた場合には，原則として，その全額の差押えが許される。

②　児童手当法15条の趣旨に鑑みれば，県が，差押処分に先立って，差押えの対象として予定している預金債権に係る預金口座に，近いうちに児童手当が入金されることを予期した上で，実質的に児童手当を原資として租税を徴収することを意図した場合において，実際の差押処分（差押通知書の交付）の時点において，客観的にみても児童手当以外に預金口座への入金がない状況にあり，県が

そのことを知り又は知り得べき状態にあったのに，なお差押処分を断行した場合は，当該処分は，客観的にみて，実質的に児童手当法の精神を没却するような裁量逸脱があったものとして，違法である。

③　差押えに係る預金債権の原資のほとんど（預金債権13万73円のうち13万円）は児童手当の振込みによるものであったところ，県は，平成20年6月11日に児童手当が振り込まれる可能性が高いことを認識しつつ，あえて児童手当の振込み時期に合わせて差押えを実施した。県職員が差押処分を執行した際には，取引履歴を確認して，差押えに係る預金債権の原資のほとんどが児童手当を原資とするものであることを現実に認識した。

④　県は，差押対象財産を選択するに当たって，実質的には，預金口座に振り込まれる児童手当を原資として租税の徴収をすることを意図し，その意図を実現した。県職員の主観面に着目すれば，実質的には，差押禁止債権である児童手当受給権の差押えがあったのと同様の効果が生ずる。

⑤　差押処分を取り消さなければ，児童を養育する家庭の生活の安定，児童の健全育成及び資質の向上に資することを目的とする児童手当の趣旨（児童手当法1条参照）に反する事態を解消できず，正義に反するものといわざるを得ないから，差押処分は権限を濫用した違法なものである。

⑥　児童手当法の趣旨に反し，納税者家族の生活に重大な不利益を及ぼしうることは容易に想定できたはずであり，にもかかわらず，職務上通常尽くすべき注意義務を尽くすことなく漫然と差押処分を執行したものであるから，県が差押対象財産を調査，選択する過程に裁量の逸脱又は濫用がある。差押処分及びこれに引き続く一連の滞納処分には，国家賠償法1条1項の違法があった。

【検　　討】

本事案では，差押処分が児童手当目当ての差押えであったか否かとその違法性等が争われた。裁判所は，児童手当が預金口座に振り込まれた場合には，児童手当受給権は消滅し，受給権相当額の預金債権という別個の債権に変容することから，預金払戻請求権全額を差し押えることができるとしつつも，処分行政庁が，実質的に児童手当を原資として租税を徴収することを意図した場合には，実際の差押処分の時点で，児童手当以外に預金口座への入金がない状況であることを知り又は知り得べき状態にあったときには，当該差押処分は児童手当法の精神を没却する裁量逸脱であり，違法であるとの判断基準を示した。

その上で本事案では，県は，預金口座に振り込まれる児童手当を原資として租税の徴収をすることを意図し，その意図を実現するために差押えを行ったことから，差押禁止債権である児童手当受給権の差押えと同様の効果を持つ差押えは違法であり，取り消されるべきであると判示した。ただ滞納処分の違法性と賠償責任については裁判所の見解が分かれたが，本事案の根底にある納税者の非協力的な態度と説明責任の回避が斟酌されたかもしれない。

通常，児童手当が預金口座に振り込まれた場合，法形式上は，当該児童手当受給権は消滅し児童手当受給者の銀行に対する預金債権という別個の債権になり，児童手当が預金口座に振り込まれると受給者の一般財産に混入し，児童手当としては識別できなくなる。国税徴収法上の差押えは，債務者及び第三債務者を審尋することなく発令されるものであって，差し押さえようとする預金の原資をあらかじめ調査する仕組みを採用していないから，差押えが禁止される児童手当であってもそれが銀行口座に振り込まれた場合には，その全額の差押えが許される。つまり，差押禁止債権であっても，銀行口座に振り込まれた時点で，差押え可能な預金債権に変化するということになる。

【参考文献】

林　仲宣『税』（ぎょうせい）76巻9号150頁（2021年）

【林　仲宣】

017 理由附記（更正通知書の理由附記の不備）

国税不服審判所平成26年11月18日裁決
東裁（諸）平26－44・更正の理由附記／処分の理由不備
【掲　載】ＴＫＣ：未掲載／ＴＡＩＮＳ：Ｆ0－3－398
【判　示】更正等通知書に記載された債務弁済責任による債務控除に関する処分の理由には不備
　　　　があり，各更正処分のうち，債務控除に係る部分は，行政手続法14条１項に規定する要
　　　　件を満たさない違法な処分であるから，取り消すべきであるとされた事例

【解　説】

　理由附記とは，行政庁が行政処分を行う際に，処分の理由を相手方に通知する行為であり，行政手続法14条１項に規定されている。具体的には，行政庁が不利益処分をする場合には，その名あて人に対し，同時に，当該不利益処分の理由を示さなければならないとされており，理由として附記された内容に不備がある場合，当該行政処分は取り消されることとなる。

　本事案では，納税者らに対する更正処分を受けた際に，処分の理由として更正等通知書に記載された理由附記の内容について，処分の理由が明らかになっていたか否かが争われた事例である。

【事案の概要と経緯】

　納税者らは，被相続人には会社の無限責任社員として負っている会社法580条１項に規定する「債務を弁済する責任」があるとして，相続税の課税価格の計算上，当該「債務を弁済する責任」を債務として控除した上で相続税の申告を行った。その後，原処分庁は被相続人が「債務を弁済する責任」を負っていたとは認められないから，「債務を弁済する責任」を債務として控除することはできないとしたため，納税者らは原処分の全部の取消を求めた事案である。

　本事案では，債務控除に係る処分の理由が行政手続法14条１項に規定する「不利益処分の理由」として十分な記載といえるか，債務弁済責任は相続の際に現に存するもので，同項に規定する「確実に求められるもの」に該当するか。また，更正処分が従来の公的見解を変更してなされたものとして，国税通則法65条４項に規定する「正当な理由があると認められるものがある場合」に該当するか否かについて争点となった事案である。

【判決要旨】

① 更正等通知書に記載された債務控除に係る処分の理由として，無限責任社員である被相続人が負っていた合資会社の相続開始日における債務超過額の債務弁済責任に基づく債務は，相続税法13条に規定する「被相続人の債務で相続開始の際に現に存するもの」には該当しない。そのため，同法に規定する「債務控除は認められ」ない旨提示されているとは考えられるものの，当該債務が，「被相続人の債務で相続開始の際現に存するもの」には該当しない理由について明らかにするものではない。

② 各更正処分等通知書の「処分の理由」欄の記載から，相続開始日における債務弁済責任に基づく債務が現に存しないと原処分庁が判断した理由が，以下（ａ～ｅ）の理由のどれに当たるのか，あるいはこれら以外の理由なのか不明である。

　ａ．合資会社に債務超過額が存しない。

　ｂ．被相続人が無限責任社員ではない。

　ｃ．合資会社の債務超過額はおよそ無限責任社員である被相続人の債務ではない。

　ｄ．合資会社の債務超過額は無限責任社員の債務ではないものの，会社法581条１項に該当する社員の抗弁の事実があり，無限責任社員の債務として認められる要件を満たしていない。

　ｅ．そもそも，会社法580条１項は，債務を弁済する責任を規定しているにすぎないという法的な

見解を前提として，会社債権者からの弁済請求を受けていない以上，被相続人は，債務弁済責任に基づく債務を何ら負っていない。

したがって，各更正等通知書に記載された債務控除に係る処分の理由は，行政手続法14条１項の規定の趣旨を満たす程度に提示されたものとはいえない。

③ 原処分庁は，更正等通知書においては，債務控除に関し，適用法令及び課税要件事実たる債務控除額が明記されていることから，提示すべき理由として欠けるところはない旨主張するが，各更正等通知書の「処分の理由」欄の記載では，様々な可能性が考えられ，不明であるといわざるを得ないから，原処分庁の主張を採用することはできない。

以上の通り，更正等通知書に記載された債務弁済責任に係る債務控除に関する処分の理由には不備があり，各更正処分のうち当該債務控除に係る部分は，行政手続法14条１項に規定する要件を満たさない違法な処分といわざるを得ないから，取り消すべきであると判断した。

【検　討】

債務控除に関しては，相続又は遺贈により財産を取得した者の財産について，課税価格に算入すべき価額は，財産の価額から次に掲げるものの金額のうち，その者の負担に属する部分の金額を控除した金額による（相続税法13条１項）と規定しており，具体的には，①被相続人の債務で相続開始の際に現に存するもの（公租公課を含む），②被相続人に係る葬式費用とされている。

本事例において，納税者は，無限責任社員である被相続人が負っていた合資会社の相続開始日における債務超過額の債務弁済責任に基づく債務が債務控除に該当するとして主張していたが，相続税法13条に規定する「被相続人の債務で相続開始の際に現に存するもの」には該当しないと判断されている。この点に関する更正等通知書に記載された債務控除に係る処分の理由について，同条に規定する「債務控除は認められ」ない旨が提示されていると考えられるが，当該債務が，「被相続人の債務で相続開始の際現に存するもの」には該当しない理由が明らかにされていない点について指摘されている。

また，行政手続法14条１項では，行政庁は，不利益処分をする場合には，その名あて人に対し，同時に，当該不利益処分の理由を示さなければならないと規定しており，各更正等通知書に記載された債務控除に係る処分の理由は，行政手続法14条１項の規定の趣旨を満たす程度に提示されたものとはいえないと判断している。

つまり，当該処分の理由として「債務控除は認められ」ない旨の記載は，「被相続人の債務で相続開始の際現に存するもの」には該当しない点について明らかにされておらず，不備がある旨を指摘している。また，処分の理由として，この記載内容では，様々な可能性が考えられ，不明であると判断しているのである。

こうした点から審判所は，処分そのものの内容の妥当性ではなく，その処分を行うに至った理由附記について，行政手続法14条１項に規定する要件を満たさない違法な処分として判断を行ったのである。

青色申告の承認を受けている納税者は，更正処分を受ける際に理由附記が必要とされており，青色申告を行う者にとって認められている重要な権利の一つである。こうした理由附記が重要であるとされる理由は，曖昧な理由や拡大解釈により，確固たる法的根拠がない状況で不利益な処分を受けないために設けられたものと考えられる。つまり，確固たる法的根拠の前提となる理由附記なしに，不利益処分を受けることはないのである。

もちろん，青色申告の承認を受ける以上は，記帳の義務や各種書類の保存等，必要とされる義務を履行することが前提となっており，当該義務を履行せずに既に青色申告の承認の取消しを受けた者や白色申告者は，更正処分を受ける際に理由附記の対象とならないことはいうまでもない。

【四方田　彰】

018 印紙税法における受取書

最高裁第一小法廷昭和27年３月13日判決

昭和25年（あ）第3312号・印紙税法違反被告事件

【掲　載】ＴＫＣ：21004062／ＴＡＩＮＳ：未掲載

【判　示】印紙税の課税文書に該当する受取書の意義が判示された事例

〔控訴審：東京高判昭和25年６月28日・事件番号不明〕

【解　説】

　印紙税法は，その別表で印紙税の対象となる課税文書を記載している。課税対象と定められている文書を作成する者は，印紙税の納税義務が発生することになる。一般的に主要な課税文書とされるものには，不動産等の譲渡契約書，金銭消費貸借契約書，請負契約書，約束手形，為替手形，保険証券，売上代金に係る金銭又は有価証券の受取書などがあげられる。ただ，課税文書に該当するかは，文書の名称や形式にとらわれず，記載内容による実質的な判断が必要である。

　通常は，文書に記載された取引額に応じて定められた納税額を当該文書に収入印紙を貼付し，消印を押すことで納税が完了する。

　日常生活でもっとも一般的に利用される課税文書が，［売上代金に係る金銭又は有価証券の受取書］である。この売上代金とは，資産を譲渡することによる対価，資産を使用させること（当該資産に係る権利を設定することを含む）による対価及び役務を提供することによる対価をいい，手付金なども含むとされている。

　つまり，受取書とは，売り手が，買い手から売上代金を受領した事実を確認し，証明するための，いわば証拠書類を作成し，買い手に交付する文書である。そのため，通常は，受取書というより，領収書，領収証，レシートなどと表現される文書ということになる。税務の取扱いでは，受取事実を証明するために請求書や納品書などに「代済」，「相済」，「了」などと記入したものも受取書に該当するとされている。本事案は，70年以上も前の判決であるが，受取書の意義に関する重要な先例である。

【事案の概要と経緯】

　本事案の納税者は，大衆人事録の編算販売を業とするものであるが，昭和22年４月20日Ａ社に販売した大衆人事録代金900円の受領証として納税者が作成し，Ａ社に交付した仮受領証１通に対し印紙税法所定の収入印紙を貼用しなかったところ，第１審東京簡易裁判所は，納税者に対し印紙税法所定の営業に関する受取書に所定の収入印紙を貼用しなかったと認定し，同法違反として罰金20円に処する旨の判決を受けた。その後，納税者の主張は，控訴審東京高裁昭和25年６月28日判決でも斥けられたため，最高裁に上告した。

　納税者の事情は，仮領収証とされる文書は，納税者が書籍を販売するに際し，外務社員の受領代金に関する不正行為を防止する手段として，外務社員には本領収証は一切持参させず，仮領収証のみを持参させ外務社員より代金を受領したとき初めて本領収証を発行し，これを直接顧客に交付するものであり，納税者は，本領収証には印紙税法所定の収入印紙を貼用するが，仮領収証には収入印紙を貼用しないというのが，納税者の社内規則となっていた。

　納税者は，いわゆる仮領収証とされるものが印紙税法所定の営業に関する受取書に該当するか否かという点について，仮領収証はそれ自身独立した証書ではなく，本領収証を補充するものであり，本領収証を形成するものと解すべきであると主張した。すなわち，印紙税法における課税標準は法律行為又は取引ではなく，証書又は帳簿本位であることは明かである。権利の創設，移転，消滅等を証明し得る証書もしくは帳簿であれば何でも課税の対象として収入印紙を貼用しなければならないというものではない。印紙税法は手形又は証券の副本及び謄本を課税外に置き，又株式申込証は商法によれ

ば2通を作成することになっているが，取引社会においてはその1通に収入印紙を貼用すればよいことになっている。要するにある証書に印紙の貼用を要するや否やはその証書の性質ないしは内容から判断すべきであって，単なる証書の外形から判断すべきものではない。印紙税法の解釈上，仮領収証は同法にいう，いわゆる「営業に関する受取書」に該当するものではなく本領収証と合して始めて一領収証を形成すべきいわば未完成の存在であり独立した存在価値を有するものではない。

【判決の要旨】

印紙税法にいう「受取書」とは，その名称が受取，記，証その他の如何を問わずその内容，実質が金銭，物品等の受領を証明する書面を指すものであって，同法の「財産権の創設，移転，変更若しくは消滅を証明すべき証書」の一に該当するものをいうのである。そして，仮受取書は，後日交付される本受取書と同一の内容を証明するものであって，その名称は「仮」とはいっているが，その法律上の作用においては両者の間に差異なく，裁判上又は裁判外において両者いずれも各独立して前示受領の事実を完全に証明する効力を有するものと解される。されば，仮受取書についても本受取書と同じく，これを作成する者において所定の印紙税を納むべきものと解するを相当とする。

【検　　討】

最近では，売上代金の収受手段は，銀行振込が一般的になっている。もっともおおむね一般消費者が小売店における取引以外ではあるが，企業間取引や訪問販売では，取引金額にかかわらず，現金で収受される取引も少なからず存在する。例えば，本事案のように営業マンが集金する意図がなくても，顧客が支払いする意思を示した場合には，「領収書を用意していない」などの理由で，集金を先延ばしするならば，それは営業マンとしては失格といえる。当然，自己の名刺に日付や受領金額を記入し押印した仮領収書を交付するはずである。

しかし，そんなときに「仮」という認識から，収受金額が5万円以上ならば200円の収入印紙を貼付しなければならないという意識はないことが多い。そう考えると，判決から70年以上が過ぎた今日でも，本事案の教訓は生かされていないといえよう。「仮」というのは，いうならば当事者，とくに集金者の都合であり，売上代金を受領した事実にはかわりがないのである。もちろん，収入印紙が貼付していない，つまり印紙税を納付していなくても，売上代金を支払ったという法律効果に影響はない。

印紙税法が規定する課税文書は，いわゆる対外的なビジネス文書が対象となる。したがって，職務上，印紙税を納付する機会がない職種や業種も多い。そのため印紙税を納税する行為や印紙税の存在を理解していない人は決して少なくないといっていい。

また本来なら請負に関する契約書を交わすべき取引であっても，取引金額，取引頻度，完成・納品期間などを考慮して，指示書，発注書，請け書などの文書の交付で取引が成立させている場合もある。慣習的な取引として当事者は理解しているかもしれないが，名称はともかく記載内容から請負契約書と判定される可能性も否定できない。業界の商慣習すべてが必ずしも税務的に容認されるものではない。

印紙税が不納付のときは，現行では過怠税が賦課される。すでに述べたように，通常，額面が5万円以上100万円未満の領収書には，200円の収入印紙を貼付することになるが，収入印紙が貼付されていなかった場合には貼付すべき200円の2倍の400円が，消印がなされていなかった場合には倍の200円が，過怠税としてそれぞれ課せられることになる。

【参　　考】

林　仲宣『税』（ぎょうせい）73巻2号182頁（2018年）

【林　仲宣】

019　給与の範囲（従業員の学資に充てるための給付）

東京地裁昭和44年12月25日判決
昭和42年（行ウ）第183号・源泉所得税徴収決定処分取消請求事件
【掲　載】ＴＫＣ：21032020／ＴＡＩＮＳ：Ｚ057－2503
【判　示】磁性材料の製造販売事業を行う法人である納税者が，従業員に対する研修の一環として支払った，事業に関係のある学習内容の短期大学授業料及び教科書代について，所得税法上の非課税所得である「学資に充てるため給付される金品」に該当しないとされた事例

【解　説】

　所得税法9条1項19号（改正前のもの，現在では15号に同様の規定がある）では，非課税所得として，「学資に充てるため給付される金品（給与その他対価の性質を有するものを除く。）」が規定されていた。

【事案の概要と経緯】

　磁性材料の製造販売を事業として行う法人である納税者は，従業員に対する研修の一環として，従業員3名を産業能率短期大学に入学させ，その授業料や教科書代を支払った。納税者はこの支払いを経費として処理していたが，所轄税務署はこれを従業員3名に対する給与であるとして，源泉徴収に係る所得税の徴収告知を行なった。本事案は，納税者がこの告知処分の取消を求めたものである。

　納税者は，従業員に対する授業料及び教科書代の支払いについて，事業の生産性と事務能率の向上に寄与させるため，自ら研修施設を設ける代わりに他の大学の施設を利用するものであり，現に3名の従業員も，当時工場の生産係として製造部門を担当しており，大学では能率科において生産能率学を専攻したとして，あくまで法人の事業のための支出であり，その証拠に，事業の内容に関係した学習内容であったことを強調している。

　また，受講のために購入した教科書は，納税者の所有に帰し，納税者がこれを図書部に保管して一般従業員の閲覧に供していることとあわせて，本事案における支払いは従業員の利益となるわけでないことを確認し，仮にこれが研修費ではなく，従業員の所得となるべき給付であるとしても，それは所得税法9条1項19号の「学資に充てるため給付される金品」に該当するため非課税所得であると主張した。

　納税者は給与所得について，雇用関係に基づいて従業員が使用者から受ける経済的利益のすべてを指すのではなく，そのうち労務提供の対価としてその支払いが使用者の義務とされているものに限られると考えており，従業員らが将来，短期大学の卒業に応じた待遇を受けられることも，会社の業務命令に従ったための反射的利益に過ぎないため，本事案における支出は，所得税法9条1項19号の除外事由である「給与その他対価の性質を有するもの」には当らないと主張した。

　これに対して所轄税務署は，最高裁昭和37年8月10日判決を引用し，従業員が従業員たる地位に基づいて使用者から受ける給付は，すべて，給与所得を構成する収入であると主張した。

　また，本事案における支払いは，納税者会社の奨学金規定によって支給されたものであるが，同規定によれば，奨学金の受給資格者は納税者会社の従業員に限られる上に，「この規定により学業を終えた者は，その大学卒業に応じた処遇をする」とあり，当該従業員は，具体的に社会的・経済的利益を約束されることとなっているため，その利益を取得するための費用である本事案の支払いは，所得税法上の給与所得であり，したがって所得税法9条1項19号の非課税所得に該当しないと反論した。

【判決要旨】

　本事案における争点は，本事案の支払いが所得税法9条1項19号所定の非課税所得である「学資に

充てるため給付される金品（給与その他対価の性質を有するものを除く。）」に該当するかどうかという点にある。

①　所得税法は，課税対象としての給与所得につき極めて包括的な定義規定を設け，退職所得を除き，原則として，勤務関係ないし雇用関係に由来するすべての金銭的給付又は経済的価値の給付を包含するものとしているのであるから，それから除外されるべき学資に充てるための給付，つまり給与その他の対価の性質を有しない学資に充てるために給付される金品とは，勤務の対価ではなくして，会社が購入した新規機械設備を操作する技術を習得させるための授業料のごとく客観的にみて使用者の事業の遂行に直接必要があるものであり，かつ，その事業遂行の過程において費消されるべき給付を指すものと解するのが相当である。

②　本事案の経費についてこれをみるのに，それが，各従業員の学資に充てるために給付された金員であって，同人らの給与所得を構成することは明らかであるが，前叙のごとき性質を有するものに該当せず，従業員の一般的資質の向上を直接の目的とするにすぎないこと，納税者の主張に徴してこれを推認しうるに十分であるから，本事案の経費は，窮極的には会社事業の生産性と事務能力の向上に寄与することがあるとはいえ，所得税法9条1項19号所定の非課税所得に該当しないものというべきである。

【検　　討】

企業が従業員らに対し，研修や講習などを受けさせることは，事業規模や業種を問わず行われていること，本事案において問題となったのは短期大学の授業料や教科書代といった金銭の給付であったが，所轄税務署や東京地裁の述べた内容に照らし合わせれば，金銭給付以外による経済的利益の供与，所謂フリンジ・ベネフィットにまで範囲が広がること等を考えると，本判決は極めて多くの企業に影響のある判決であるといえる。

本事案において争点となった所得税法9条1項19号には，非課税所得の例として「学資に充てるため給付される金品（給与その他対価の性質を有するものを除く。）」が挙げられていたが，この条文の文面からは，「給与その他対価の性質を有するもの」であるかどうかを判断材料とすることしか読み取れない。現行の条文においても，学資に充てるため給付される金品を支払う者と受け取る者の範囲についての文言はあるものの，同様である。そのため，本判決の判示するように，それ以外の判断材料を加味して非課税所得かどうかが決定されるとなると，実務において同様の相談を受けた場合には，その判断には慎重さが求められる。

具体的には，条文に規定されている「給与その他対価の性質を有するもの」であるかどうかに加えて，本判決にあるように，その支払いによって従業員が受ける講習等が事業に直接関係があるものかどうか，支払われた金銭等がその事業のために全て使い切られるものであるかどうかといった，過去の判決や通達を踏まえた判断を行う必要がある。さらに，本判決で引用されている最高裁昭和37年8月10日判決や所得税法28条1項を加味するならば，従業員が従業員たる地位に基づいて使用者から給付を受けているかどうか，つまり，その支払いを行う関係に雇用契約があるか，役務の提供等の対価であるか，使用者による支払いなのか等までを含めて，総合的に判断しなければならない。

本判決でも例として示されているように，企業が新しく購入した機械の操作を従業員に覚えさせるための講習会費等であれば，そういった条件に合致しているかどうかもわかりやすいが，出張旅費や出張先での交際費，保養施設の利用権や業務のための社宅の提供等になってくると，判断が難しい場面も出てくると考えられる。これらのような複雑な場合には，その判断を行う時点で出ている通達や判決を確認することも必要であるといえる。

【大久保　智旦】

所得税法の基礎理論 ─────── 47

020　財産分与により不動産等の資産を譲渡した場合

最高裁第三小法廷昭和50年5月27日判決

昭和47年（行ツ）第4号・所得税更正処分取消請求上告事件

【掲　載】ＴＫＣ：21050440／ＴＡＩＮＳ：Ｚ081－3567

【判　示】財産分与により不動産の譲渡をした場合には分与者に譲渡所得が発生するとされた事
例

〔第1審：名古屋地判昭和45年4月11日・昭和44年（行ウ）第42号〕

〔控訴審：名古屋高判昭和46年10月28日・昭和45年（行コ）第8号〕

【解　説】

　所得税法（以下「法」という）33条1項は，譲渡所得とは，「資産の譲渡による所得をいう。」（括弧内省略）と規定している。したがって，ある所得が譲渡所得の範囲に含まれるか否かは，「資産」とは何か，「譲渡」とは何か，を問題として検討しなければならない。

　本判決では，譲渡所得に対して課税する意義について，「資産の値上がりによりその資産の所有者に帰属する増加益を所得として，その資産が所有者の支配を離れて他に移転するのを機会に，これを清算して課税する趣旨のもの」としている。

　この意義を踏まえると，譲渡所得を発生させる「資産」とは，資産価値が増減（値上がり又は値下がり）するものがこれに該当すると考えられる。一方，他人に移転することが可能な資産でも金銭のような資産価値の増減を観念することができない資産は，譲渡所得の資産には含まれないとされる。

　また，本判決において「譲渡」は，「有償無償を問わず資産を移転させるいっさいの行為をいうものと解すべきである。」と判示している。このように譲渡の概念には，一般的な売買のみならず，交換，競売，収用，物納，代物弁済などもその範疇に含まれるとされ，無償行為とされる財産分与も譲渡に含まれるものと考えられる。

【事案の概要と経緯】

　医師である納税者は，昭和42年分所得税について法定申告期限内に確定申告をした。所轄税務署は，この確定申告について，納税者が所有していた名古屋市の宅地とその地上建物を昭和42年5月20日付で妻に譲渡したにも関わらず譲渡所得の申告がなされていないとした。

　納税者は，各不動産の譲渡については財産分与として譲渡したものであって，何等の所得も得ていないのであるから，所轄税務署の更正処分は取り消されるべきであるとした。

　申告漏れが指摘された土地，建物は納税者が昭和29年に名古屋市から買受けた。

　昭和42年に右土地建物を離婚に基づく慰謝料として妻に譲渡する旨の調停が成立し，慰謝料による譲渡を原因として右土地建物の所有名義を妻に移転する登記手続きを了している。

【判決要旨】

① 譲渡所得に対する課税は，資産の値上りによりその資産の所有者に帰属する増加益を所得として，その資産が所有者の支配を離れて他に移転するのを機会に，これを清算して課税する趣旨のものであるから，その課税所得たる譲渡所得の発生には，必ずしも当該資産の譲渡が有償であることを要しない。

② したがって，法33条1項にいう「資産の譲渡」とは，有償無償を問わず資産を移転させるいっさいの行為をいうものと解すべきである。そして，法59条1項が譲渡所得の総収入金額の計算に関する特例規定であって，所得のないところに課税譲渡所得の存在を擬制したものでないことは，その規定の位置及び文言に照らし，明らかである。

③ 財産分与に関し当事者の協議等が行われてその内容が具体的に確定され，これに従い金銭の支払

い，不動産の譲渡等の分与が完了すれば，財産分与の義務は消滅するが，この分与義務の消滅は，それ自体一つの経済的利益ということができる。

④ したがって，財産分与として不動産等の資産を譲渡した場合，分与者は，これによって，分与義務の消滅という経済的利益を享受したものというべきである。

【検　討】

所轄税務署は，当該移転行為は納税者が負担すべき慰謝料を譲渡所得の基因となる土地建物をもって弁済したものであるから，これは法33条1項に規定する資産の譲渡にあたるというべきであると主張した。

納税者は，譲渡所得の基因となるべき「資産の譲渡」とは対価を伴ういわゆる有償譲渡を意味し，実質は財産分与としての譲渡であり，仮に慰謝料の支払いとしてなされたとしてもそれは法36条1項にいう収入金額を伴う取引ではないから，同法33条1項に規定する「資産の譲渡」に該当せず課税の対象にはならないと主張した。

裁判所は，納税者が資産である土地建物の譲渡（財産分与）を行うことで「分与義務の消滅という経済的利益を享受したものというべきである。」と判示して，財産分与に係る土地建物の時価相当額を収入金額とする譲渡所得が納税者に生ずることから，納税者に対し譲渡所得が課税されることを正当であると判断した。

財産分与は，①清算的要素（婚姻中に築き上げた財産を離婚に際して清算するもの），②扶養的要素（他方配偶者の生計を維持させるための扶養料的なもの），③慰謝料的要素（離婚原因となった個別的有責行為に対するものなどや，無責であっても離婚により受ける精神的苦痛に対するもの）の3要素が混合している。例えば，上記3要素の性質に応じた課税がなされるべきとも考えられるが，本事案は，最高裁の判断としてリーディングケースとされる。

納税者は，対価を伴う有償譲渡のみが譲渡所得であると主張しているが，譲渡所得は「資産の譲渡による所得」であるから，「資産」に該当するものが「譲渡」された場合には，有償無償を問わず，まずは譲渡所得が発生していることを認識すべきであった。譲渡所得の金額は，法33条3項においてその年中の総収入金額から取得費等を控除した残額から特別控除を控除した金額とされ，総収入金額は，法36条1項においてその年において収入すべき金額（金銭以外の物又は権利その他経済的な利益をもって収入する場合には，その金銭以外の物又は権利その他経済的な利益の価額）とされる。

無償で資産が譲渡された場合であっても，譲渡所得に該当する取引であるならば，譲渡者に帰属する経済的利益の有無を慎重に検討し，譲渡所得の価額を算定しなければならない。当時，資産移転に伴う財産分与義務の消滅が経済的利益に該当するか否かを判断するには，過去の事例の集積も少なく困難であったかと思われるが，実務上も本事案の判断を参考に，無償譲渡であっても譲渡人が享受している経済的利益の有無について考慮した上で譲渡所得の算定を行わなければならない。

ところで，租税特別措置法35条は，マイホーム（居住用財産）を譲渡した場合に，所有期間の長短に関係なく譲渡所得から3千万円まで控除することを認めている。租税特別措置法31条の3は，譲渡した年の1月1日において所有期間10年以上のマイホームを譲渡した場合に，譲渡所得6千万円以下の範囲については10％の軽減税率を認めている。両特例は併用も可能であるが，夫婦や親子などの特別の関係がある者に対しての譲渡については適用を認めていない。すなわち，離婚の前に財産分与が先行し，婚姻関係がある中でマイホームを譲渡したような場合には両特例の適用は認められないのであるから，居住用財産を譲渡した場合の特例の適用を受ける際，財産分与のタイミングには留意する必要がある。

【引　用】

林 仲宣『実務に役立つ租税基本判例精選100』（税務経理協会，2019年）118頁

【道重 拓矢】

021　10年退職金事件

最高裁第三小法廷昭和58年12月6日判決
昭和54年（行ツ）第35号・源泉徴収納付義務告知処分取消等請求上告事件
【掲　載】ＴＫＣ：21080054／ＴＡＩＮＳ：Ｚ134−5359
【判　示】勤続10年目の従業員に対して支給した退職金名義の金員の支給が，退職所得に該当しないと判示された事例
〔第1審：大阪地判昭和52年2月25日・昭和48年（行ウ）第63号〕
〔控訴審：大阪高判昭和53年12月25日・昭和52年（行コ）第2号〕
〔差戻控訴審：大阪高判昭和59年5月31日・昭和59年（行コ）第5号〕

【解　説】

　退職所得はその性質から，退職所得控除額を控除した金額に2分の1を掛けた金額を分離課税で税額を計算する等，給与所得と比較して優遇された措置がとられている。本事案は，勤続10年に達した者に支払う退職金名義の金員が，退職所得に該当するか給与所得に該当するか争われた事案である。

【事案の概要と経緯】

　納税者は，電気製品の製造販売を目的とする株式会社である。会社更生法の適用を申請するに至り，また従業員からの要望があったことから，昭和43年退職金規定に10年定年制が盛り込まれ，昭和45年就業規則28条に「従業員の定年は満55歳とする。又は勤続満10年に達したもの。ただし定年に達した者でも業務上の必要がある場合，会社は本人の能力，成績，および健康状態などを勘案して選考のうえ，あらたに採用することがある。」と規定した。上記規定により，退職金を支給した者のうち，2名は支給後退職したが，この2名以外の者は引き続き勤務し，役職，給与，有給休暇の算定等には変化がなく，また社会保険の切替もされなかったが，このうち再び退職した5名についての新たな退職金算定には，前記10年の勤続年数は加味されていなかった。所轄税務署はこれらの金員について給与所得と解すべきであるから源泉徴収義務があるという理由で，納税者に対し，源泉徴収納税告知処分，不納付加算税賦課決定処分をした。

【判決要旨】

① 所得税法が，退職所得を「退職手当，一時恩給その他の退職により一時に受ける給与及びこれらの性質を有する給与」に係る所得をいうものとし（30条1項），これにつき所得税法の課税上他の給与所得と異なる優遇措置を講じているのは，一般に，退職手当等の名義で退職を原因として一時に支給される金員は，その内容において，退職者が長期間特定の事業所等において勤務してきたことに対する報償及び右期間中の就労に対する対価の一部分の累積たる性質をもつとともに，その機能において，受給者の退職後の生活を保障し，多くの場合いわゆる老後の生活の糧となるものであるため，他の一般の給与所得と同様に一律に累進税率による課税の対象とし，一時に高額の所得税を課することとしたのでは，公正を欠き，かつ，社会政策的にも妥当でない結果を生ずることになることから，かかる結果を避ける趣旨に出たものと解されるのであって，従業員の退職に際し退職手当又は退職金その他種々の名称のもとに支給される金員が，所得税法にいう退職所得に当たるかどうかについては，その名称にかかわりなく，退職所得の意義について規定した同法30条1項の規定の文理及び右に述べた退職所得に対する優遇課税についての立法趣旨に照らし，これを決するのが相当である。

② ある金員が右規定にいう，「退職手当，一時恩給その他の退職により一時に受ける給与」に当たるというためには，それが(1)退職，すなわち勤務関係の終了という事実によってはじめて給付されること，(2)従来の継続的な勤務に対する報償ないしその間の労務の対価の一部の後払いの性質を有

すること，⑶一時金として支払われること，との要件を備えることが必要であり，また，右規定に
いう「これらの性質を有する給与」に当たるというためには，それが，形式的には右の各要件のす
べてを備えていなくても，実質的にみてこれらの要件の要求するところに適合し，課税上，右「退
職により一時に受ける給与」と同一に取り扱うことを相当とするものであることを必要とすると解
すべきである。

③　このように，納税者において，従業員との合意により，従前の満55歳定年制を存置させたまま，
それ自体では従業員にとって不利となる勤続満10年定年制という新たな制度を設けた直接の動機は，
主として，従業員が早期に退職金名義の金員の支給を受けられるようにするためであるとみられる
のであって，この場合，従業員の関心は，専ら，勤続満10年に達した段階で退職金名義の金員の支
給を受けられるということにあったもので，従業員としては，その段階で退職しなければならなく
なるということは考えておらず，かえって，従前の勤務関係がそのまま継続することを当然のこと
として予定していたものとみるのが相当である。

④　原審の確定した事実関係からは，直ちに，係争の退職金名義の金員の支給を受けた従業員らが勤
続満10年に達した時点で退職しその勤務関係が終了したものとみることはできないといわなければ
ならない。

⑤　継続的な勤務の中途で支給される退職金名義の金員が，実質的に見て右の３つの要件の要求する
ところに適合し，課税上，右「退職により一時に受ける給与」と同一に取り扱うことを相当とする
ものとして，右の規定にいう「これらの性質を有する給与」にあたるためには，当該金員が定年延
長又は退職年金制度の採用等の合理的な理由による退職金支給制度の実質的改変により精算の必要
があって支給されるものであるとか，あるいは，当該勤務関係の性質，内容，労働条件等において
重大な変動があって，形式的には継続している勤務関係が実質的には単なる従前の勤務関係の延長
とはみられないなどの特別の事実関係があることを要するものと解すべきところ，原審の確定した
前記事実関係のもとにおいては，いまだ，右のように係争の金員が「退職により一時に受ける給与」
の性質を有する給与に該当することを肯認させる実質的な事実関係があるということはできない。

【検　討】

第１審，控訴審では，退職金支給後に事業主体から完全に離脱し絶縁することを退職の要件とする
のではなく，その経緯など特別な事情があるときは退職所得と認めるべきとし，さらに10年定年制が
租税回避目的で設定されたものではないことなどから，社会一般的に見て退職の性格を有するもので
あるから退職所得と認めるべきと判断している。これに対し最高裁では，所得税法30条１項にいう退
職手当に該当するための３つの要件を示し，納税者の実態をみると租税回避目的でないにしても，退
職金支給後に従前から引き続きの雇用状況であって，退職という事実が認められないことから，退職
所得に該当しないと判断した。

少子高齢化による働き手不足，高年齢者の安定した雇用の確保等の目的から，定年後に再雇用制度
を採用する場合がある。再雇用の場合，勤務時間が減少したり，職務内容が変化したりすることが一
般的であるが，特に人手不足の企業においてはそうではないケースも想定される。本事案の納税者の
ように，勤続10年定年制という制度は珍しいかもしれないが，定年による退職という形式だけではな
く，前後における職務内容の変化や，社会保険の切替，有給休暇の引継ぎの有無などによる客観的に
みても退職と判断できる事実がなければ，退職所得であるという主張は難しいということを示唆する
事案である。

【引　用】

小林由実『税』（ぎょうせい）74巻２号315頁（2019年）

【小林　由実】

所得税法の基礎理論 ──────── 51

022 所得税法60条1項1号の「贈与」の範囲（負担付贈与）

最高裁第三小法廷昭和63年7月19日判決
昭和62年（行ツ）第142号・課税処分取消訴訟事件
【掲　載】ＴＫＣ：22002503／ＴＡＩＮＳ：Ｚ165－6145
【判　示】所得税法60条1項1号にいう「贈与」には，贈与者に経済的利益を生じさせる負担付
　　　　　贈与を含まないとした事例
〔第1審：静岡地判昭和60年3月14日・昭和56年（行ウ）第16号〕
〔控訴審：東京高判昭和62年9月9日・昭和60年（行コ）第13号〕

【解　説】

　贈与契約は，当事者の一方が自己の財産を無償で相手方に与える意思を表示し，相手方が受諾をすることによって効力を生ずる契約である。一方で，負担付贈与契約は，贈与契約の際に借入金の負担など，受贈者に負担を課す贈与契約である。

　本事案の取引が行われた当時，負担付贈与契約が締結された場合，受贈者は，贈与財産の相続税評価額（現在は取得時の取引価額）から当該負担額を控除した金額について，贈与税が課されることになっていた。したがって，時価よりも下回ることの多い相続税評価額を利用し同額の債務を負担させることで，贈与税の節税策を行うことがあり，本事案もこれを適用したものと解されている。

　一方，所得税法（以下「法」という）60条1項は，贈与等によって受贈者等が取得した資産の取得価額及び所有期間を贈与者等から引き継ぐことを規定している。これは，受贈者等に前所有者のキャピタルゲインに対する課税を引き継がせる意味を有するものとされている。しかし，この同項1号に規定する「贈与」には，負担付贈与が含まれるのかといった問題があった。

　負担付贈与を受けた受贈者が，贈与者の取得価額及び取得時期を引き継ぐかどうかの問題は，受贈者が贈与を受けた財産を第三者へ譲渡する際に，長期譲渡所得として租税軽課措置の適用を受けるか，短期譲渡所得として租税重課措置を受けるかといった，譲渡所得課税の税負担に影響を及ぼすという問題であった。

　最高裁判決は，この法60条1項1号における「贈与」の概念についての判断を明確にし，負担付贈与に係る課税関係の重要な指針となったと同時に，租税法解釈における借用概念の考え方を研究するうえでも重要な判決であった。

【事案の概要と経緯】

　訴外Aは，相続により取得した甲土地及び乙土地を所有していた。その後，納税者1（Aの配偶者）に対して甲土地の2分の1の共有部分を，納税者2及び納税者3（いずれもAの子）に対して乙土地の2分の1の共有持分をそれぞれ贈与する旨の贈与証書を作成した。当該贈与証書には，納税者1がAの第三者に対する債務のうち1000万円の債務を，納税者2・納税者3には同様にそれぞれ800万円の債務を負担する旨の特約が定められていた（以下，納税者1，納税者2，納税者3をあわせて「納税者ら」という）。

　その後，納税者らは，B競艇企業団に対して，Aから譲り受けた各共有持分を譲渡し，前記負担の特約に基づいて，Aの第三者に対する債務の弁済をした。

　納税者らは，当該年分の所得税の確定申告に当たり，それぞれが譲渡した土地共有持分については，Aから贈与により取得したものであるとして，法60条1項1号を適用し，甲・乙土地に関するAの取得価額と所有期間を引き継ぎ，長期譲渡所得に係る租税軽課措置を適用して所得計算を行った。

　これに対して所轄税務署長は，土地共有持分の移転は「贈与」に該当せず，Aの取得価額と所有期間を引き継ぐことは認められないから，これにより生ずる譲渡所得には，短期譲渡所得に係る租税重

課措置の対象となるとして，更正処分等を行ったため，納税者らが取消を求めて提訴した事案である。

【判決要旨】

① 納税者らは私法上の「贈与」は当然に負担付贈与を含むものであるから，明文の規定がない限り，税法上も同様に解すべきであると主張した。

② 下級審判決は，租税法の解釈であっても必ずしも法文上の文言のみにとらわれるべきものではなく，当該法条の実質的意義を考察し，その意義に照らして合理的な解釈をすべきものであるとし，以下のように述べたうえで納税者の主張を退けている。

③ すなわち，法60条1項1号は，譲渡所得課税を規定する法33条1項の例外として，課税時期の繰り延べを認めているものであるとし，当該課税時期の繰り延べが認められるためには，資産の譲渡があっても，譲渡所得課税がされない場合でなければならないとした。

④ これに負担付贈与を当てはめると，負担付贈与においては贈与者に収入すべき金額等の経済的利益が存する場合があるため，譲渡損失が生じるようなケースでない場合には，一般原則に従い経済的利益に対して譲渡所得課税がなされるため，課税時期の繰り延べは認められないと判断している。つまり，法60条1項1号の「贈与」には，単純贈与と贈与者に経済的利益を生じない負担付贈与のみが該当すると判断した。

⑤ これを受けて最高裁は原審の判決を支持し，法60条1項1号にいう「贈与」には贈与者に経済的利益を生じさせる負担付贈与を含まないと解し，納税者らの譲渡所得については短期譲渡所得の租税重課措置が適用されるとした。

【検　　討】

判決当時，負担付贈与の際の贈与財産の価額は，相続税評価額で計算することとされていたが，平成元年3月29日付直評5，直資2－204「負担付贈与又は対価を伴う取引により取得した土地等及び家屋等に係る評価並びに相続税法第7条及び第9条の規定の適用について」において，土地建物に係る負担付贈与の場合には，贈与財産は当該取得時における通常の取引価額に相当する金額によって評価することとされた。これにより，本事案のような節税策は採られなくなった。

さらに，Aの譲渡所得課税の有無を争点に別件で争われていた最高裁昭和63年7月19日判決において，Aが得た経済的利益（負担付贈与契約における負担額）を対価の額とする譲渡所得税が課されることが明確にされた。

したがって，現在において負担付贈与契約を締結する際には，受贈者に贈与税課税，贈与者においては譲渡所得課税を検討する必要が生じる。さらに受贈者が贈与を受けた財産を第三者へ譲渡する場合には，贈与時の価額と時期をそれぞれ取得価額と取得時期として譲渡所得課税の計算を行うことが求められることになった。

一方，法60条1項1号の「贈与」は，所得税法において明確な定義がないが，民法においては同法549条において定義づけられており，私法上の概念を税法上の解釈にあてはめる，いわゆる借用概念を用いて解釈することが求められる。

民法上の負担付贈与は，負担の限度で売主と同じ担保責任を負う点や双務契約に関する規定が準用されているなど，単純贈与と必ずしも同一ではない側面がある。

最高裁判決が法60条1項1号の「贈与」の意義に，負担付贈与は含まれないと判断した点について，上記のような民法上の負担付贈与の性格から借用概念との整合性を保つという見方もあるが，税法においても明文の規定により「贈与」と負担付贈与の区分を明確に行うことが望ましいと考えられる。

【引　　用】

茂垣志乙里『税』（ぎょうせい）74巻1号148頁（2019年）

【茂垣　志乙里】

023 「生計を一にする」概念

徳島地裁平成9年2月28日判決
平成6年（行ウ）第7号・所得税更正処分等取消請求事件
【掲　載】ＴＫＣ：28040445／ＴＡＩＮＳ：Ｚ222－7871
【判　示】同一家屋に居住する義父母との間で生活費が区分されていなかったと判断され，「生計を一にする」親族への事業経費の範囲が示された事例
〔控訴審：高松高判平成10年2月26日・平成9年（行コ）第6号〕
〔上告審：最判平成10年11月27日・平成10年（行ツ）第146号〕

【解　説】

　「生計を一にする」については，法律には明確な定義がない。通常は，「生計を一にする」こととは，納税者の担税力を把握するための経済生活の単位であり，同一の生活共同体に属し，日常生活の資を共通にしていることをいうものと解される。この場合に，一方が他方を扶養する関係は必要ない。

　住民基本台帳法には，実際に同一の家屋で生活を同じくするものの集団をとらえた世帯という単位がある。この世帯を「生計を一にする」親族の判定に利用されることはある。確かに，親族が同一の家屋で起居している場合には，日常生活の資を共通していると考えてもおかしくはない。世帯＝「生計を一にする」と理解することは，自然である。

【事案の概要と経緯】

　病院を経営する医師である納税者が，係争年分の所得税について確定申告したところ，税務署長が，病院で稼働していた納税者の妻の両親夫婦に対し納税者が支払った給与並びに義母に対し納税者が支払った病院の敷地等の地代を事業所得の金額の計算上必要経費として認めずに更正及び過少申告加算税賦課決定を行ったので，納税者が処分等の取消しを求めた。

　税務署長の主張は以下の通りである。現行所得税法は，担税力の測定単位を個人単位ごとにとらえて課税することを原則としているが（個人単位主義），担税力の測定単位を家族のような経済生活単位ごとにとらえて課税すれば（経済生活単位主義），家族構成員の間に所得を分散して税負担の軽減を図ることを防止することが可能となる。所得税法56条は，このような経済生活単位主義の機能に着目し，個人単位主義の例外として，居住者と生計を一にする配偶者その他の親族が居住者の経営する事業から対価の支払いを受けている場合であっても，これを居住者の事業所得等の金額の計算上必要経費とは認めず，その居住者の所得に含めて課税することとしたものである。そうすると，同条にいう「生計を一にする」とは，一つの経済生活単位を形成していること，すなわち，同一の生活共同体に属し，日常生活の糧を共通にしていることをいうものと解され，親族が居住者と同一の家屋に起居を共にしている場合には，通常は日常生活の糧を共通にしていると考えられることから，明らかに互いに独立した生活を営んでいると認められる特段の事情があるときを除き，その場合の親族は生計を一にするものと解すべきである（所得税基本通達2－47参照）。

　納税者は，旧所得税基本通達50及び現行所得税基本通達2－47は，「生計を一にする」の意味につき，居住者と同一家屋に起居する親族であっても，これを扶養する関係になければ生計を一にするとはいえないとしているところ，係争年当時，(1)納税者らと妻の両親夫婦との間では，課税庁の指導に従って食費等の家事費の負担割合を3対1と定め，毎月その清算をしていた，(2)建物の敷地は義父所有であり，その固定資産税は義父が納付していたが，そのうち納税者ら居住部分の敷地に相当する金額は，納税者において義父に支払い清算していた，(3)義父母は，病院に勤務し，納税者から給与の支払いを受けていたが，それ以外にも所得があり，これらを合算して確定申告をしてきたものであり，所得税法2条1項34号が定める納税者の扶養親族ではない，(4)納税者らと義父母夫婦は住民票を異にするな

どの事実が存在するにもかかわらず，税務署長が，義父及び義母が同法56条所定の納税者と生計を一にする親族に該当すると判断したことは，事実を誤認し，また，同条及び前記通達の解釈適用を誤ったものである，と主張した。

【判決要旨】

①　所得税法56条は，納税者と生計を一にする配偶者その他の親族がその納税者の営む事業所得等を生ずべき事業に従事したことなどの理由によりその事業から給与等の対価の支払いを受けている場合であっても，この対価に相当する金額は，当該納税者の事業所得等の金額の計算上必要経費とは認めず，反面，当該親族その対価に係る所得金額の計算上必要経費に算入されるべき金額は，当該納税者の事業所得等の金額の計算上必要経費に算入することとしている。

②　同条にいう「生計を一にする」とは，日常生活の糧を共通にしていること，すなわち，消費段階において同一の財布のもとで生活していることと解され，これを社会通念に照らして判断すべきものであるが，所得税基本通達2-47が，「生計を一にする」の意義につき，親族が納税者と同一の家屋に起居している場合には，明らかに互いに独立した生活を営んでいると認められる場合を除き，これらの親族は納税者と生計を一にするものとすると規定しているのは，親族が納税者と同一の家屋に起居している場合，通常は日常生活の糧を共通にしているものと考えられることから，両者間で日常の生活費における金銭面の区別が不明確である場合は，事実上の推定が働くことを注意的に明らかにしたものと解することができる。

【検　　討】

本事案での裁判所の判断は，所得税基本通達2-47で「親族が同一の家屋に起居している場合には，明らかに互いに独立した生活を営んでいると認められる場合を除き，これらの親族は生計を一にするものとする。」との取扱いにより，「親族が納税者と同一の家屋に起居している場合，通常は日常生活の糧を共通にしているものと考えられることから，両者間で日常の生活における金銭面の区別が不明確である場合は，事実上の推定が働くことを注意的に明らかにしたものと解することができる。」と判示して，同一の家屋に起居している場合には通常は生計を一にする親族としている。

また，控訴審判決では，納税者と義父母夫婦の家事費の分担について，家事費を3対1の割合で分担していたとしても，それは，およその分担であり実費の清算ではないから，二つの家計の独立性を意味するものではなく，有無相扶けて日常生活の資を共通にしていた，と判示している。

すなわち，本事案の建物は，病院と居宅が同一の，いわゆる店舗併用住宅であり，義父母夫婦の居住部分は増築したものであり，それぞれの居住部分を廊下で区分することは可能であるが，互いに行き来自由であるうえ，玄関，台所及び風呂等は共用し，電気，ガス，水道は別々のメーターを設置しておらず，電話も一つの電話を共用しており，いずれもそれぞれの使用量に応じた代金の実費清算をしていない，という状態であった。

判断において，「同じ屋根の下」が，同時に「同じ財布」と一致するとは限らない。したがって，世帯は外形的な事実として利用できるが，やはり実質的な判断も必要となる。また「同じ財布」といっても，家族がそれぞれの財布（小さな）から支出し集めた「大きな財布」が，日常生活の資を共通にしていると考えれば，それぞれ異なる職業を有する家族の集合体であっても，「生計を一にする」者同士ということになる。

【引　　用】

林　仲宣『実務に役立つ租税基本判例120選［改訂版］』（税務経理協会，2014年）182頁

【林　仲宣】

所得税法の基礎理論 ―――――― 55

024 家事費と家事関連費（面積按分）

┌───┐
東京高裁平成11年８月30日判決
平成11年（行コ）第47号・所得税更正処分取消請求控訴事件
【掲　載】ＴＫＣ：28080816／ＴＡＩＮＳ：Ｚ244－8471
【判　示】面積按分により家事費と家事関連費の性格と境界が示された事例
〔第１審：東京地判平成11年１月22日・平成９年（行ウ）第12号〕
└───┘

【解　説】

　家事費について，法は定義していない。一般的には，家計費，生活費といわれるような日常生活における衣食住に関わる支出をはじめとして，我々が社会的，精神的，文化的生活を営む上で必要とされる費用と理解すればいいだろう。したがって，家事費の経費性が否定されることは当然である。

　しかし，家事費であっても，「業務の遂行上必要であり，かつ，その必要である部分を明らかに区分することができる場合」や，青色申告者で，「取引の記録等に基づいて」，「業務の遂行上直接必要であったことが明らかにされる部分」は，それぞれ必要経費に算入できるとしている。これが家事関連費と捉える個人の特徴ある支出である。

　家事関連費といっても，支出の中に，必要経費的支出と家事費的支出が交錯・混在しその区分が明確ではないため，政令が求めるような境界線を容易に引きにくい費用があることも事実である。

　家事関連費の支出について事業所得等を生ずべき業務の遂行上の必要性があるというためには，家事関連費の支出が業務の遂行との間に何らかの関連性があるというのみでは足りず，また，単に事業主が主観的に必要であると判断することだけでなく，その必要性が客観的にみて相当であることを要するとされている。

　この点について税務の取扱いでは，「主たる部分」又は「業務の遂行上直接必要であったことが明らかにされる部分」は，業務の内容，経費の内容，家族及び使用人の構成，店舗併用の家屋その他の資産の利用状況等を総合勘案して判定するとしている（所得税基本通達45－１）。また，「主たる部分が事業所得などが生ずべき業務の遂行上必要」であるかどうかは，その支出する金額のうち当該業務の遂行上必要な部分が50％を超えるかどうかにより判定するものとするが，当該必要な金額が50％以下であっても，その必要である部分を明らかに区分することができる場合には，当該必要である部分に相当する金額を必要経費に算入して差し支えないとしている（同通達45－２）。

　家事費の中で，業務の遂行上必要な部分の金額でその部分の金額を明らかに区分できれば，その部分の金額は必要経費に算入できるということになる。しかしながら，区分の方法に関する法令の説明は不十分であるため，納税者の誤解を招くことは少なくない。確かに，一律に判断できない問題であるため，すべてを網羅・例示できない。

　家事関連費は，本来，必要経費に算入できない費用であっても，経費性が合理的に算出できれば，経費性が認められる費用といえることから，家事関連費というより，家事費における業務に関連する費用，いわば業務関連家事費と理解するほうが適切かもしれない。

　申告納税制度の下では，極めて重大で当然のことであるが，家事関連費における経費性の立証は，納税者に課せられた責任であることを常に留意しておかなければならない。

【事案の概要と経緯】

　質屋業を営む納税者が，貸付金の利息等にかかる雑所得が計上されていないことなどを理由として，税務署が係争各年分の所得税の各更正処分等に対して取消しを求めた事案である。納税者は，賃料から家事関連費として控除すべきものは，納税者の居住スペースに対応する賃料と考えるべきであるから，その割合は，賃料全体の10％を上回ることはあり得ない（90％が必要経費である）と主張した。

第1審は，見取図を詳細に検討した上で，賃料のうち，納税者の事業所得を生ずべき業務の遂行上必要なものであり，かつ，その必要な部分の金額が客観的に明らかなものは，建物の事業専用割合は43.18％とすべきである旨判示した。控訴審も第1審判決を踏襲し，納税者の主張を斥けた。

【判決要旨】

① 納税者は，建物はその全体が質屋営業の設備であって，その支払賃料は原則的に質屋営業の収入を得るために直接必要な経費であって，家事関連費ではなく，また，仮に右支払賃料が家事関連費であるとしても，家事関連費として右支払賃料から控除すべきものは，建物の2階及び1階の台所，浴室，トイレとその前の廊下部分に対応する支払賃料に限られるべきであり，その割合は面積割合だけでなく，金銭的評価割合をも考慮すれば，右支払賃料の10パーセントを上回ることはない旨主張する。

② しかしながら，賃借している建物が事業用のみならず，家事用としても供されている場合，支払賃料の全額を事業所得の金額の計算上必要経費に算入することができないことは当然であり，そして，家事関連費としての支払賃料が事業所得の金額の計算上必要経費として認められるためには，当該費用が事業と何らかの関連があるというだけでは足りず，それが事業の遂行上必要なものであり，かつ，その必要な部分の金額が客観的に明らかでなければならず，そのためには，事業専用割合を求め，自宅兼事業所全体に占めるその面積割合によって支払賃料を按分して必要経費となる金額を算出すべきである。

③ 税務署は，右の方法に従い，建物の面積比から事業専用割合（43.18パーセント）を求め，支払賃料に右割合を乗じて事業所得の金額の計算上必要経費となる支払賃料を算出したものであって，税務署の行った右の措置は合理的なものとして是認されるべきである。

【検　討】

事業活動が明確に分離できる法人と異なり，事業を営む個人には，日常の生活に伴う支出の中に，必要経費と家事費が混在することは避けられない。家事費とは，事業とは関係を要しない個人の消費生活上の費用のことで，必要経費には算入されないものをいう。この家事費について法は定義していないが，その意義は，家計費，生活費と称されるような日常生活における衣食住に関わる支出をはじめとして，その社会的，精神的，文化的生活を営む上で必要とされる費用とされる。

家事関連費といっても，支出の中に，必要経費的支出と家事費的支出が交錯・混在しその区分が明確ではないため，納税者の誤解を招くことが少なくない。確かに，区分の方法に関する法令の説明は不十分であり，一律に判断できないことから，全てを網羅・例示することができないため解釈の違いによる問題が生じ易い。また，実務の現場においては，政令が求めるような境界線を容易に引きにくい費用があることも事実である。

本事案は，裁判所が見取図をもとに納税者の生活内容と実態を詳細に検討し，事業専用割合を算出した極めて珍しい事例である。経費性の立証方法としては，大いに参考になるといっていい。

申告納税制度の下では，家事関連費を必要経費に算入させることで所得税額を減少させることができるという納税者にとっての有利性を考慮すれば，必要経費への算入を希望する場合に限り，その家事関連費が必要経費であるという根拠を明示しなければならないこともいうまでもない。

【引　用】

林　仲宣『実務に役立つ租税基本判例精選100』（税務経理協会，2019年）103頁

【林　仲宣】

025 青色申告特別控除の「提出期限」（期限後申告に適用なし）

広島地裁平成13年３月１日判決

平成12年（行ウ）第22号・所得税更正処分等取消請求事件

【掲　載】ＴＫＣ：28101096／ＴＡＩＮＳ：Ｚ250－8850

【判　示】納税者が所得税の確定申告期限が過ぎた後に，青色申告特別控除を控除して確定申告書を提出したが，確定申告書を提出すべき期限を遵守しなかったから，控除することはできないとされた事例

〔控訴審：広島高判平成14年４月16日・平成13年（行コ）第５号〕

〔上告審：最判平成15年２月27日・平成14年（行ツ）第157号〕

【解　説】

　青色申告特別控除の適用を受けるためには，租税特別措置法（以下「措置法」という）の規定により「当該確定申告書をその提出期限までに提出した場合に限り，適用する」と規定されており，「提出期限」までに確定申告書を提出する必要がある。措置法には「提出期限」とだけ規定されており，確定申告期限とはされていない。そのため，納税者は「提出期限」とは税務署長が決定処分をする直前までを意味しており，それまでは期限後申告であっても「提出期限」内であると主張したものである。

　青色申告特別控除の額は，最大で65万円と高く，租税負担の減少に貢献するものである。この制度は，青色申告の普及を図り，法定申告期限内の申告を奨励するものと解される。そうすると，提出期限とは確定申告期限のことと考えるのが，その制度趣旨に合致するという指摘は当然だろう。

【事案の概要と経緯】

　納税者は，平成11年３月24日，平成10年分所得税の確定申告期限が過ぎた後に，同年分所得税の事業所得の金額の計算上，措置法25条の２第３項に規定する青色申告特別控除として同項１号に相当する金額を控除し，所得控除として，所得税法80条１項に規定する老年者控除に相当する金額を計上した確定申告書を提出した。

　所轄税務署長は，平成11年７月14日，納税者の提出した確定申告書について，事業所得の金額の計算上，措置法25条の２第３項による控除を否認し，同条１項１号に相当する金額の限度でしか控除を認めず，所得控除の金額の計算上，老年者控除を否認した上，無申告加算税を賦課する処分をした。

　第１審及び控訴審はいずれも納税者の主張を斥け，最高裁は上告不受理となり，納税者の敗訴が確定した。

【判決要旨】

① 所得税法に規定する青色申告の制度は，そもそも適正課税を実現するために不可欠な，正確な帳簿の記載を推進する目的で設けられたものであり，承認を受けた納税者に対して所得ないし税額計算上の種々の特典を与え，もって法定申告期限内の申告を奨励しようとする趣旨に基づいている。青色申告特別控除制度創設の趣旨も，前記のとおり，青色申告の普及を図りつつ，もって法定申告期限内の申告を奨励するものと解されることからすれば，そこにいう提出期限とは，確定申告期限のことをいうと考えるのが，その制度趣旨に合致する。

② 納税者は青色申告特別控除に関する措置法（２条の２第５項）の規定に，ことさら「確定申告期限」という限定が付されていないことから，期限後申告における「提出期限」は，国税通則法18条１項の規定による，税務署長が同法25条の決定をするまでであると主張する。しかし，国税通則法18条の期限後申告は，同法17条の申告とは異なり，義務的でないことからすると，そもそも期限後申告において，申告書の提出期限なるものは観念できないのであって，納税者が主張するように，

同法18条1項が，税務署長が同法25条の決定をするまで期限後申告をできる旨を定めていることを
もって，これを期限後申告における申告書の提出期限と解することはできないというべきである。
③　ことさら「確定申告期限」という限定が付されていないのは，期限後申告に提出期限が観念でき
ず，同条項の「確定申告書」に期限後申告書が含まれないことは自明の理であるからであり，した
がって，同条項の「確定申告書」には期限後申告書は含まれず，「提出期限」とは所得税法に規定
する「確定申告期限」（所得税法2条1項41号）をいうものと解するのが相当である。
④　納税者の平成10年分の所得税の確定申告書の提出期限は，平成11年3月15日となるところ，納税
者が確定申告書を提出したのは，提出期限を過ぎた平成11年3月24日であるから，措置法にいう「そ
の提出期限までに提出」されたものという要件を満たしていないことになり，青色申告特別控除を
受けることはできない。

【検　討】

租税特別措置法には青色申告特別控除の適用を受けるためには「提出期限」までに申告をすること
が要件となっている。そのため，「提出期限」とはいつの時点をいうのかが争点となっている。

納税者は，措置法25条の2第5項にいう「その提出期限までに」には限定字句がないため，同項規
定中の「確定申告書」には，措置法2条1項10号，所得税法2条1項37号の規定により，国税通則法
18条2項の期限後申告書（以下「期限後申告書」という）も含まれるから，措置法25条の2第5項に
いう「その提出期限」とは，期限後申告書の場合，税務署長より決定処分を受ける直前の時点を指す
ものであって，納税者は，税務署長の決定処分前に申告書を提出しているのだから，措置法25条の2
に規定されている45万円の特別控除の要件を満たすものであると主張した。

所轄税務署長は，青色申告特別控除の制度は，青色申告制度の普及・推進にあるところ，期限後申
告書を含むとすれば，青色申告特別控除制度の趣旨に反するし，また，そもそも，条文上「提出期限
までに」との文言を規定する意味がなくなってしまう。そのため，措置法25条の2第5項にいう提出
期限も，所得税法120条1項に規定されているとおり，3月15日をいうと解すべきであると主張した。

裁判所は，青色申告制度の制度趣旨を踏まえ，提出期限について，確定申告期限をいうと考えるべ
きであり，期限後申告における提出期限が観念できないことから，「提出期限」は確定申告期限であ
るとした。

青色申告制度は，租税行政に対する納税者の協力を確保し，申告納税の水準を高めるために，納税
者に帳簿書類を備えさせ，それに収入・支出を正しく記帳させ，それに基づいて税額を計算・申告す
ることを定着化させることを目的として導入されたものである。そして，青色申告制度に基づいて申
告した納税者に対し，種々の特典を付与することにより，青色申告制度を普及させようとするもので
ある。青色申告特別控除もその特典の一つであり，青色申告制度の奨励と普及をすすめながら，適正
な記帳慣行の確立と，記帳水準の一層の向上による青色申告の質的向上を図り，青色申告の健全な発
展を目指そうとするものである。

このような青色申告制度が導入された経緯を考えると，措置法25条の2第5項の「提出期限」の中
に税務署長が決定処分をする前までと解することは難しく，法定申告期限と考えるのが自然であろう。
また，納税者が主張するように税務署長が決定処分をするまでは，青色申告特別控除ができるとす
ることは，税額を決定する上で，実務上，弊害が生じてしまうため，やはり法定申告期限までと解する
べきであろう。

【加瀬　陽一】

所得税法の基礎理論　————　59

026 弁護士夫婦事件

```
最高裁第三小法廷平成16年11月2日判決
平成16年（行ツ）第23号・所得税更正処分取消等請求事件
【掲　載】ＴＫＣ：28092814／ＴＡＩＮＳ：Z254－9804
【判　示】弁護士が生計を一にする妻である弁護士に支払った報酬は必要経費に該当しないとさ
　　　　　れた事例
〔第１審：東京地判平成15年６月27日・平成14年（行ウ）第82号〕
〔控訴審：東京高判平成15年10月15日・平成15年（行コ）第175号〕
```

【解　説】

　所得税法（以下「法」という）は，事業所得の金額の計算上，別段の定めがあるものを除き，販売費等の所得を生ずべき業務について生じた費用は，必要経費に算入することができる（法37条１項）。しかし，個人単位主義を採る同法では，ある者に所得が集中した場合，家族間で所得を分割し納付額を減少させるという租税回避行為のおそれがある。

　そこで，法56条は，①納税者と生計を一にする配偶者その他の親族が，②その納税者の営む事業所得を生ずべき事業に従事したことその他の事由によりその事業から対価の支払を受ける場合には，その対価の金額は，その事業に係る所得の金額の計算上，必要経費に算入しないものとみなす旨の規定をしている。

　同条は，例えば，事業に従事する妻が本来自己の事業所得の金額の計算上必要経費に算入すべき額を居住者の夫の必要経費に算入することとしているため，この場合，妻が導管されてあたかも費用の支出を夫が行ったかのような課税上の取扱いとなっている点に注意が必要である。さらに，同条は，夫の所得が高額であって，妻の所得が低額であるケースのみに適用されるものでもない。すなわち，租税回避の意図がない場合にも，適用の可能性が生じる。

　なお，法56条は例外的に，青色事業専従者について一定の金額を必要経費に算入することを認めている（法57条１項）。

　法56条は，シャウプ勧告にて個人単位課税が採用されたことに伴い，家族ぐるみで事業に従事する場合の事業所得等について給与支給等の方法による家族間での恣意的な所得分割を防止するために，納税者と生計を一にする親族が，当該事業に従事したことにより当該事業から給与等の支払を受けても必要経費に算入しないとしたものである。

【事案の概要と経緯】

　弁護士業を営む納税者と，納税者と同居し，生計を一にする弁護士である妻Aは，それぞれ別の法律事務所において事業に営んでいた。Aは，納税者の営む事業に従事した労務の対価として，平成９年ないし平成11年に毎年595万円ずつ弁護士報酬の支払を受けており，この金額は，Aが営む弁護士業務の総収入金額の約４分の１程度を占めていた。納税者は，弁護士報酬の支払について，都度源泉徴収して納税をし，Aも，弁護士報酬を自らの事業の総収入金額に計上して所得税の申告を行っていた。

　納税者は，各年の事業所得の総収入金額からAへの弁護士報酬の支払を必要経費として計上して控除し，申告を行った。これに対し，所轄税務署長は，納税者がAに対して支払った弁護士報酬を必要経費として控除することは認めないとして更正処分等をした。

　納税者は，各処分は同条の解釈・適用を誤った違法なものであるとして，その取消しを求めたが，下級審はともに，同条の要件すべてを充足する以上，弁護士報酬を必要経費に算入することはできないとして，納税者の主張を認めず，敗訴としていた。

【判決要旨】

① 法56条は，事業を営む居住者と密接な関係にある者がその事業に関して対価の支払を受ける場合にこれを居住者の事業所得等の金額の計算上必要経費にそのまま算入することを認めると，納税者間における税負担の不均衡をもたらすおそれがあるなどのため，居住者と生計を一にする配偶者その他の親族がその居住者の営む事業所得等を生ずべき事業に従事したことその他の事由により当該事業から対価の支払を受ける場合には，その対価に相当する金額は，その居住者の当該事業に係る事業所得等の金額の計算上必要経費に算入しないものとした上で，これに伴い，その親族のその対価に係る各種所得の金額の計算上必要経費に算入されるべき金額は，その居住者の当該事業に係る事業所得等の金額の計算上必要経費に算入することとするなどの措置を定めている。

② 法56条の上記の趣旨及びその文言に照らせば，居住者と生計を一にする配偶者その他の親族が居住者と別に事業を営む場合であっても，そのことを理由に同条の適用を否定することはできず，同条の要件を満たす限りその適用がるというべきである。

③ 法56条の上記の立法目的は正当であり，同条が上記のとおり要件を定めているのは，適用の対象を明確にし，簡便な税務処理を可能にするためであって，上記の立法目的との関連で不合理であるとはいえない。このことに，同条が前記の必要経費算入等の措置を定めていることを併せて考えれば，同条の合理性を否定することはできないものというべきである。

④ 法57条は，法56条が上記のとおり定めていることを前提に，個人で事業を営む者と法人組織で事業を営む者との間で税負担が不均衡とならないようにすることなどを考慮して設けられた規定である。法57条の上記の趣旨及び内容に照らせば，法が57条の定める場合に限って56条の例外を認めていることについては，それが著しく不合理であることが明らかであるとはいえない。

⑤ 各処分は，法56条の適用を誤ったものではなく，憲法14条1項に違反するものではない。

【検　　討】

法56条の問題は，生計を一にする夫婦がそれぞれ別の事業を営んでいる場合である。例えば，独立事業者である妻が，夫の営む事業に係る業務を自身の営む事業に係る業務として引き受け，対価の支払を受ける場合に，法56条が適用されるか否か，夫の事業所得の金額の計算上，対価の金額を必要経費に算入できるか否かである。

法56条の適用に当たっては，親族間において事業に従事した関係に限定された規定であるか否かについて見解が分かれている。本事案は，一貫して事業に従事した関係に限定されない立場がとられている。類似事例である東京地裁平成15年7月16日判決（いわゆる，弁護士夫・税理士妻事案）では，法56条の立法趣旨等を検討したうえで，同条は，親族等が，事業自体に何らかの形で従たる立場で参加するか，又は事業者に雇用され得た対価に限定されるものとして，事業者である親族が，その事業の一環として事業者との取引に基づき役務を提供して対価を得る場合は，同条の適用はないとして，同条を適用して，税理士報酬として支払った対価の金額を必要経費に算入することを認めなかった各処分は違法であると判断した。もっとも，同事案の控訴審，最高裁においては，対価の金額を必要経費に算入することはできないとして，納税者の主張を認容しなかった。判例の動向は，親族間において事業に従事した関係に限定されない立場を採用している事案が多い。

本事案における法56条の適用範囲を前提にすると，同条の適用範囲は画一的なものであり，女性の社会的活躍が増加しているなかで，実態との間に大きな乖離があるといわざるを得ない。

家族観の変化，フリーランスや副業といった働き方の多様化が進むなかで，立法的な解決にむけて議論を進めるべきであろう。

【引　　用】

谷口智紀『税』（ぎょうせい）76巻5号181頁（2021年）

【東江　杜羅布】

027 個人間贈与における取得費の引継ぎ（右山事件）

◇◇

最高裁第三小法廷平成17年2月1日判決

平成13年（行ヒ）第276号・所得税更正処分取消請求上告事件

【掲　載】ＴＫＣ：28100311／ＴＡＩＮＳ：Ｚ255-09918

【判　示】受贈者が贈与者から資産を取得するために要した付随費用の額は，受贈者の資産の保
　　　　有期間に係る増加益の計算において所得税法38条1項にいう「資産の取得に要した金額」
　　　　として収入金額から控除されるべき性質のものであるとした事例

〔第1審：東京地判平成12年12月21日・平成12年（行ウ）第57号〕

〔控訴審：東京高判平成13年6月27日・平成13年（行コ）第12号〕

◇◇

【解　説】

　所得税法38条1項は，「譲渡所得の金額の計算上控除する資産の取得費は，別段の定めがあるもの
を除き，その資産の取得に要した金額並びに設備費及び改良費の額の合計額とする。」と規定している。
一方で，贈与等により取得した資産の取得費等については，同法60条1項は，「居住者が贈与，相続（限
定承認に係るものを除く。）又は遺贈（包括遺贈のうち限定承認に係るものを除く。）等の事由により
取得した資産を譲渡した場合における譲渡所得の金額の計算については，その者が引き続きこれを所
有していたものとみなす。」と規定している。

　つまり，贈与により資産を取得した受贈者は，贈与者の取得費を引き継ぐとともに，当該資産を譲
渡するのを機会に，贈与者の所有期間のキャピタル・ゲインもあわせて譲渡所得課税を受ける。では，
受贈者が資産を取得するために支出した費用の額は，同法38条1項にいう「資産の取得費」に該当し，
譲渡所得の金額の計算上，控除することができるのであろうか。当時の通達は，受贈者等が贈与等に
より取得する際に支出した費用については譲渡所得の金額の計算上，取得費を構成しないとの取扱い
を定めていた。

【事案の概要と経緯】

　納税者の父は，昭和63年11月18日，A社に対し，代金1200万円を支払って，A社の経営するゴルフ
クラブの会員権を取得し，ゴルフクラブの正会員となった。納税者は，平成5年7月1日，父から会
員権の贈与を受け，A社に対し，名義書換手数料82万4000円を支払って，ゴルフクラブの正会員となっ
たが，平成9年4月3日，B社に対し，ゴルフ会員権を代金100万円で譲渡した。

　納税者は，ゴルフ会員権の譲渡に係る所得金額の計算において，代金100万円を総収入金額，代金
1200万円及び手数料82万4000円の合計1282万4000円を資産の取得費として計上し，差額1182万4000円
を長期譲渡所得の金額の計算上生じた損失の金額として所得税の申告をした。

　これに対して，税務署長は，手数料82万4000円を資産の取得費として計上することはできず，損失
の金額は1100万円であるとして更正処分等をした。

【判決要旨】

① 所得税法60条1項1号所定の贈与等にあっては，その時点では資産の増加益が具体的に顕在化し
　ないため，その時点における譲渡所得課税について納税者の納得を得難いことから，これを留保し，
　その後受贈者等が資産を譲渡することによってその増加益が具体的に顕在化した時点において，こ
　れを清算して課税することとしたものである。同項の規定により，受贈者の譲渡所得の金額の計算
　においては，贈与者が当該資産を取得するのに要した費用が引き継がれ，課税を繰り延べられた贈
　与者の資産の保有期間に係る増加益も含めて受贈者に課税されるとともに，贈与者の資産の取得の
　時期も引き継がれる結果，資産の保有期間については，贈与者と受贈者の保有期間が通算されるこ
　ととなる。

62

② 同法60条1項の規定の本旨は，増加益に対する課税の繰延べにあるから，この規定は，受贈者の譲渡所得の金額の計算において，受贈者の資産の保有期間に係る増加益に贈与者の資産の保有期間に係る増加益を合わせたものを超えて所得として把握することを予定していない。そして，受贈者が贈与者から資産を取得するための付随費用の額は，受贈者の資産の保有期間に係る増加益の計算において，同法38条1項にいう「資産の取得に要した金額」として収入金額から控除されるべき性質のものである。そうすると，付随費用の額は，同法60条1項に基づいてされる譲渡所得の金額の計算において「資産の取得に要した金額」に当たる。

③ 名義書換手数料は，納税者がゴルフ会員権を取得するための付随費用に当たるものであり，納税者のゴルフ会員権の保有期間に係る増加益の計算において「資産の取得に要した金額」として収入金額から控除されるべき性質のものということができる。したがって，譲渡所得の金額は，名義書換手数料が「資産の取得に要した金額」に当たるものとして，これを計算すべきである。

【検　討】

本事案の争点は，贈与によりゴルフ会員権を取得するために支出した名義書換手数料が，所得税法38条1項にいう「譲渡所得の金額の計算上控除する資産の取得費」に該当するか否かである。

納税者は，納税者が資産を取得するために必要不可欠な支出である名義書換手数料は，「資産の取得費」に該当するから，譲渡所得の金額の計算上，控除すべきであると主張した。

税務署長は，同法38条1項にいう「資産の取得に要した金額」とは，受贈者が取得に要した金額を含まず，贈与者が当該資産を取得するのに要した金額をいうことから，父がゴルフ会員権を取得するために支払った取得代金のみを，譲渡所得金額の計算上，控除すべきであると主張した。

裁判所は，同法60条1項の本旨は増加益に対する課税の繰延べにあり，同項が，受贈者の譲渡所得の金額の計算において，受贈者の資産の保有期間に係る増加益に贈与者の資産の保有期間に係る増加益を合わせたものを超えて所得として把握することを予定していないとした。受贈者が贈与者から資産を取得するための付随費用の額は，受贈者の資産の保有期間に係る増加益の計算において，「資産の取得に要した金額」として収入金額から控除されるべき性質のものであり，名義書換手数料は，納税者がゴルフ会員権を取得するための付随費用に当たることから，納税者のゴルフ会員権の保有期間に係る増加益の計算において「資産の取得に要した金額」として収入金額から控除されるべきであるとの判断を下した。

受贈者が資産の取得に要する費用は控除されるべきであるとする解釈は，同項の立法趣旨を踏まえた適正なものであるといえる。

その後，所得税基本通達60－2が，贈与等により譲渡所得の基因となる資産を取得した場合において，当該贈与等に係る受贈者等が当該資産を取得するために通常必要と認められる費用を支出しているときには，当該資産の取得費に算入することができると定めていることは，納税者の予測可能性の視点から評価することができる。もっとも，本来は取得費の範囲の明確化は立法によるべきであろう。

本事案におけるゴルフ会員権の名義書換手数料の「資産の取得費」該当性の問題に限られるわけではない。ゴルフ会員権の名義書換手数料以外にも，譲与により資産を取得するために支出した費用が取得費を構成するといえる。

なお，平成26年度税制改正において，ゴルフ会員権が同法69条2項にいう「生活に必要ではない資産」に追加されたことから，平成26年4月1日以降のゴルフ会員権の譲渡により生じた損失を他の所得と損益通算することはできない。

【引　用】

谷口智紀『税』（ぎょうせい）75巻9号106頁（2020年）

【谷口　智紀】

028　土地に関する賃貸契約の解除に伴う建物の無償譲渡

最高裁第三小法廷平成18年10月3日判決
平成17年（行ヒ）第384号・更正賦課決定取消請求上告受理申立事件
【掲　載】ＴＫＣ：25451180／ＴＡＩＮＳ：Ｚ256－10522
【判　示】土地に関する賃貸借契約の解除に伴い借主が建築した店舗用建物を解体することなく
　　　　　地主に無償譲渡した場合に，地主に発生するのは不動産所得ではなく，一時所得である
　　　　　とした事例
〔第1審〕名古屋地判平成17年3月3日・平成16年（行ウ）第9号〕
〔控訴審〕名古屋高判平成17年9月8日・平成17年（行コ）第22号〕

【解　説】

　所得税法（以下「法」という）26条1項は，「不動産所得とは，不動産，不動産の上に存する権利，船舶又は航空機（以下「不動産等」という）の貸付けによる所得をいう。」（括弧書省略）と規定している。不動産等の貸付け「の」所得ではなく，不動産等の貸付け「による」所得とされているから，不動産所得に含まれる収入には，単に不動産等を貸付けて得られる賃貸料だけでなく，不動産等の貸付けを原因として得られる頭金や更新料など，不動産等の貸付けの開始から終了までの間に不動産等を使用させた対価として得られるすべての収入が含まれると解される。

　法施行令94条1項2号は，不動産所得を生ずべき業務に関し，当該業務の全部又は一部の休止，転換又は廃止その他の事由により当該業務の収益の補償として取得する補償金その他これに類するもので，その業務の遂行により生ずべきこれらの所得に係る収入金額に代わる性質を有するものも，不動産所得に係る収入金額とすると規定している。

　すなわち，これらの性質に当たらない収入は，不動産所得以外の所得と判断されるべきとなる。

【事案の概要と経緯】

　納税者は，不動産賃貸業等を営んでいるところ，昭和52年ころＣ社との間で仮設モーターショップ及びモータープールの用地（以下，「Ｔ土地」という）として一時使用目的で賃貸する旨の契約を締結した。Ｃ社は同地上に建物を建築してＡ店として営業を開始した。その後，納税者とＣ社とは上記契約を更新して，平成12年4月30日に①賃貸期間を3年間，②賃料を月額62万円とする旨の借地一時使用契約を締結した。

　Ｃ社は，平成12年8月ころ，Ａ店を閉鎖して業務を縮小すべく，納税者に対して賃貸契約の中途解約について協議を申し入れ，平成12年9月5日付けで，申入文書を作成し，交付した。申入文書には，①Ｃ社が，建物における営業を，平成12年9月末日をもって休止し，閉店する予定であること，②平成13年2月分までは現行の賃料を支払うが，その間に新賃借人が現れたときは，建物を新賃借人に譲渡したいと思っていること，③平成13年1月末日までに新賃借人が現れないときは，納税者の指示に従いＴ土地を明け渡すつもりであることの内容が記載されている。

　その後，中古車買取販売業者であるＤ社がＴ土地を建物付きで借り受けたいと申入れてきたため，納税者及びＣ社は，平成12年11月14日に，①賃貸契約を同月15日限り解約すること，②支払済みの賃料のうち，解約日以降の賃料に相当する部分及び保証金をＣ社に返還すること，③Ｃ社は，建物を納税者に無償譲渡することなどを内容とする中途解約の合意をした。

　納税者は，無償譲渡により取得した建物に係る利益を一時所得として確定申告を行ったが，所轄税務署は不動産所得に当たるとした。これに対し，納税者は当該課税処分の取消しを求めた。

【判決要旨】

①　不動産所得は，あくまでも，貸主が借主に対して一定の期間，不動産等を使用又は収益させる対

価としての性質を有する経済的利益，若しくはこれに代わる性質を有するものに限定される。

② 建物の譲渡の話は，納税者側にとって，本来の収去義務の履行と比較して，より多くの利益をもたらすものではなかったこと，もっとも，たまたま新賃借人候補となったD社が，建物をそのまま借り受けたいとの意向を示したことから，C社と納税者の利害関係が一致し，賃貸契約の中途解約を内容とする合意の中で，建物の無償譲受けが約されたこと，以上の経緯が明らかである。

③ そうすると，建物の無償譲受けは，専ら同契約の終了に伴う原状回復義務の履行を賃借人が免れる（軽減する）ことを目的として行われたものであるから，何らかの意味で賃貸借の目的物を使用収益する対価（あるいはこれに代わるもの）たる性質を有するものでないといわざるを得ない。

④ 申入文書は，新賃借人が見付からない場合でも，C社は平成13年２月分までの賃料を支払い，その時点で賃貸契約を解約するとの契約存続の最終期限を提示したものと解釈するのが相当である。

⑤ そうすると，納税者が，平成12年11月16日，D社との間で賃貸借契約を締結し，T土地をC社の使用収益に供することを廃止した以上，C社に対する同日以降の賃料等の債権は発生し得ないから，平成13年２月分までの賃料等債権に代わるものとして建物の無償譲渡が行われたとの所轄税務署の主張は，金銭評価において両者が釣り合っていないことをさておいても，採用の余地がない。

⑥ 以上のとおり，建物の無償譲渡は，賃貸借契約の終了に伴ってなされたものであるが，不動産所得の意義に該当しないから，不動産所得に当たらない。

【検　討】

裁判所は，納税者の建物の取得はT土地の賃貸借から生じるものではなく，あくまでも賃貸借契約とは別個の合意に基づく建物の取得にすぎず，土地の貸付による所得とはいえないから当該契約の直接の因果関係のある所得とはいえないとしている。

しかしながら，建物の無償譲渡による合意は賃貸借契約の終了が前提となっており，納税者はD社に土地建物を貸すことを希望し，C社から取得した建物を貸付けることにより継続して不動産所得を得られているのであるから，建物の無償取得が，不動産等の賃貸借により付随した「不動産等の貸付を原因として」得た所得として捉えることも可能であり，従前の賃貸借取引と全くの別の取引と考えることが困難な面も有する。

控訴審である名古屋高裁判決は，「もっとも，当初から賃貸借契約の内容として，契約の終了時に建物を無償譲受けする旨を合意し，それが地代等に反映している場合などでは，不動産所得と解する余地もあり得る。」と判示しており，本事案のような建物の無償取得を，一義的に一時所得という結論に導くことは好ましくない。あくまでも，賃貸借契約書の内容や具体的事情を慎重に考慮した上で，「不動産等の貸付を原因として」得た所得であるのか否かを十分に検討すべきである。

なお，一時所得は，法34条１項において，「一時所得とは，利子所得，配当所得，不動産所得，事業所得，給与所得，退職所得，山林所得及び譲渡所得以外の所得のうち，営利を目的とする継続的行為から生じた所得以外の一時の所得で労務その他の役務又は資産の譲渡の対価としての性質を有しないものをいう。」と規定している。すなわち，一時所得は，利子所得から譲渡所得のいずれにも該当しないもので，非営利性，非継続性，非対価性という要素を持つ。不動産所得の本来の意義に該当すれば不動産所得と判断され，そうでなければ一時所得に該当することとなる。不動産所得と一時所得の区分の手順については，まずは不動産所得該当性の検討を行うべきであるから，納税者の得た収入が，不動産等の貸付を原因として得られた所得であるか否かが第一の判断基準として用いられるべきであり重要となる。

【引　用】

林　仲宣『実務に役立つ租税基本判例精選100』（税務経理協会，2019年）79頁

【道重　拓矢】

所得税法の基礎理論 ─── 65

029　居宅サービス利用の対価と医療費控除

鳥取地裁平成20年９月26日判決

平成18年（行ウ）第５号・所得税更正処分取消請求事件

【掲　載】ＴＫＣ：25463156／ＴＡＩＮＳ：Ｚ258－11038

【判　示】身体障がい者及び要介護状態の認定を受けた妻のデイサービスセンターで受けた介護サービスは，医療費控除の対象となる「療養上の世話」には当たらないとした事例

〔控訴審：広島高判平成21年７月10日・平成20年（行コ）第７号〕

〔上告審：最決平成21年11月13日・平成21年（行ツ）第283号，平成21年（行ヒ）第367号〕

【解　説】

　医療費控除の対象となる医療費の範囲について，所得税法施行令207条は，次に掲げる①医師又は歯科医師による診療又は治療，②治療又は療養に必要な医薬品の購入，③病院，診療所又は助産所へ収容されるための人的役務の提供，④あん摩マッサージ指圧師，はり師，きゅう師等に関する法律に規定する施術者又は柔道整復師法に規定する柔道整復師による施術，⑤保健師，看護師又は准看護師による療養上の世話，⑥助産師による分べんの介助，⑦介護福祉士による社会福祉士及び介護福祉士法に規定する喀痰吸引等又は認定特定行為業務従事者に係る特例に規定する特定行為の対価のうち，その病状その他財務省令で定める状況に応じて一般的に支出される水準を著しく超えない部分の金額とすると例示している。

　医療費控除の対象となる医療費の範囲は，一般的に医療に係る費用負担として理解できる支出を，おおむね網羅しているといっていい。ところが，医療費控除の対象となる行為については，適用範囲が広げられている現状がある。

【事案の概要と経緯】

　納税者の妻Aは，平成14年５月に脳梗塞になり，その後遺症に加え糖尿病も発症し，入院をするなどして治療を受けていた。Aは同年８月には介護保険法19条１項に規定する要介護認定を受けた。また，この脳梗塞に起因する右上肢と右下肢の機能障害のため，平成15年３月に身体障害者１級の認定を受け，その後，平成16年２月に要介護状態区分３の認定を受けている。

　納税者は，主治医に，介護保険制度下のサービスの受給を勧められたことから，指定居宅介護支援事業者である社会福祉法人B町社会福祉協議会と利用契約を締結し，医師から提出された意見書を参考にして居宅サービス計画を作成した。以後，Aは，B町社会福祉協議会が運営するデイサービスセンターDで，各年度の居宅サービス計画書に基づき，介護保険制度下で通所介護，介護福祉用具の貸与及びレンタルとされる各種の居宅サービスの提供を受けた。

　納税者は，利用料及びインフルエンザ予防接種代1000円を含む42万3702円を医療費として控除し，課税総所得金額を58万5000円として所得税の確定申告をしたところ，税務署長は，利用料及びインフルエンザ予防接種代につき医療費控除を認めず，医療費控除の額を24万6286円，課税総所得金額76万2000円とする更正処分を行った。

【判決要旨】

①　「療養上の世話」は看護師の本来的業務であり，医師の指示を必要とするものではないが，そうであるとしてもこれのみ切り離して医療サービスを提供することはできず，状況に応じて医学的な知識に基づく判断が必要となるものであるという考えが一般的であること，また，介護福祉士の行う介護業務は，比較的状態が安定しているものの日常生活を営むのに支障がある要介護者に対して施されるものとして「療養上の世話」とは区別されるが，在宅医療においては医療的色彩の強い看護業務と福祉的色彩の強い介助業務とを明確に区別することは困難であると考えられていることが

それぞれ認められる。

② 所得税法施行令207条5号の「療養上の世話」を看護師等によるもの以外に拡張するとしても，基本的には，医学的管理の状況や看護師等による専門的な世話の状況といった介護保険法等から窺われる区分も踏まえて個別に検討するのが相当である。

③ 平成12年6月8日付課所4－11「介護保険制度下での居宅サービスの対価に係る医療費控除の取扱いについて」は，通所介護等のサービスの費用についても，個別通達が定義する医療系居宅サービスと併せて利用する場合には，療養上の世話として医療費控除の対象となることを認めているが，個別通達は，一般的に通所介護等のサービスが療養上の世話に当たることを認めたものではなく，一般には通所介護等のサービスが療養上の世話に当たらないことを前提にして，一定の条件を満たす場合のみその対象費用を医療費控除の対象と認めたものであると解するのが相当であり，Dセンターにおける通所介護等の実情により「療養上の世話」に当たるか否かを判断すべきである。

④ 平成16年にAに対しDセンターにおいて行われていた通所介護（食事の提供を含む。）及び福祉用具の貸与の各サービスについては，いずれも所得税法施行令207条5号の「療養上の世話」に当たると認めることはできず，通所介護費用（食費を含まない。）及び福祉用具の貸与費用については医療費と認められない。また，食費については，同費用に対応するサービスが認められない以上，医療費に当たらないことは明らかである。

【検　討】

納税者の感覚からすれば，主治医からすすめられ受け始めた療養の一環としての通所介護が，療養上の世話には当たらない，とされたのは驚きだっただろう。脳梗塞による重い後遺障害のあった者が，医学的管理のために通所介護という方法をとっていたことが，療養として認められなかったことになる。療養上の世話に当たるかどうかは個別実情により判断する，といいながら医療費控除の範囲をかなり限定的にとらえた判断となった。

実施サービスが医療費控除の対象となる「療養上の世話」に該当するか否かという問題であるが，実施サービスのうち，福祉用具貸与にかかる費用及び食費は控除対象とならないことは明らかである。また，受けていた通所介護サービスは，「介護保険制度下での通所介護，介護福祉用具の貸与等の各居宅サービスであり，いわゆる医療系サービスは伴っていない」ものであった。本判決の論理構造は，個別通達について，「一般的に通所介護等のサービスが療養上の世話に当たらないことを前提にして，一定の条件を満たす場合のみその対象費用を医療費控除の対象と認めたものであると解するのが相当」であるとし，実施サービスの内容を踏まえ「療養上の世話」に該当しないと判示した。これは，本来医療費控除の対象とならないサービスが緩和通達によって医療費控除の対象とされるのであって，そのような緩和通達を根拠とした納税者の主張は認めることはできないと判断したことが推測される。

本判決は，厳格な文理解釈ではないにしても所得税法施行令207条の制度趣旨に沿った判断を下している。本判決が認定した事実や上記解釈から鑑みるに，租税法律主義の下において，実施サービスは「療養上の世話」に当たらないとする判示は妥当といえる。

医療とは，傷病・疾病の治療を目的とする行為である。完治・治癒という見地では考えることが難しい，いわゆる老化現象に対処する介護に係る費用を，医療費に包含することはいささか疑問も出てくる。やはり，医療費控除は改廃するなどして，介護費用を控除する所得控除を創設したほうが時代に即した税制であることを本事案は示している。

【引　用】

有賀美保子『税』（ぎょうせい）76巻1号104頁（2021年）

【有賀　美保子】

030 支払済の金員が外注費ではなく給与等とされた事例

最高裁第二小法廷平成20年10月10日判決
平成20年（行ツ）第251号・平成20年（行ヒ）第287号・消費税及び地方消費税更正処分取消等請求上告及び上告受理申立て事件
【掲　載】ＴＫＣ：25470951／ＴＡＩＮＳ：Ｚ258－11048
【判　示】業務に従事していた者に支払った金員が外注費ではなく，雇用契約又はこれに類する原因に基づく労務の対価である給与等に該当するとした事例
〔第１審：東京地判平成19年11月16日・平成18年（行ウ）第213号〕
〔控訴審：東京高判平成20年４月23日・平成19年（行コ）第427号〕

【解　説】

　給与所得については，所得税法28条１項において，俸給，給料，賃金，歳費及び賞与並びにこれらの性質を有する給与に係る所得と規定している。一方，事業所得については，同法27条１項において，農業，漁業，製造業，卸売業，小売業，サービス業その他事業で政令で定めるものから生ずる所得と規定している。本来，これらの規定のように，給与所得も事業所得もその性質を異にしているため，その範囲を見誤ることは考えにくい。しかし，同じ労務に対する支払いであっても，その支払先が従業員なのか，もしくは外注なのかによって，消費税の仕入税額控除に関する取扱いが異なるため，形式的な労務の形態による判断ではなく実質的な判断を行い，経理処理を行う必要がある。

　本事案では，納税者の業務に従事していた者に対し支払った金員が，外注費に当たるか，給与に当たるかが争われた。

　外注費であるとした場合，納税者の消費税の計算において，当該外注費の支払いにつき仕入税額控除が認められる。一方，当該支払いが給与であると認定された場合，消費税の仕入税額控除が認められないばかりか，給与支払額に対する源泉所得税の徴収漏れの問題も生じるのである。

　こうした判断を行う際は，外注費として計上するだけの形式的な形態が整っているか否かといった判断だけではなく，従業員と同様に納税者の指揮命令に従っていたか等，個別に確認を行うこととなる。

【事案の概要と経緯】

　電気工事の設計施工等を業とする納税者が，納税者の業務に従事していた者６人に対して支払った金員につき，これらを請負契約に基づいて支出した外注費に当たるとして，課税仕入れに係る支払対価の額として計上し，源泉所得税を納付することなく消費税及び地方消費税の確定申告等をしたところ，当該支払いは給与等であり，消費税法上，課税仕入れに係る支払対価の額に該当せず，源泉所得税も徴収納付しなければならないとして，更正処分並びに各賦課決定処分を受けるとともに，源泉所得税に係る納税告知処分及び不納付加算税賦課決定処分を受けたため，処分の取消を求めた事案である。

【判決要旨】

① 各（外注）支払先は，納税者から指定された各仕事先において納税者の代表者等の指示に従い，基本的に午前８時から午後５時までの間，電気配線工事等の作業に従事し，１日当たりの「基本給」に従事日数を乗じた金額，約２割５分増しの「残業給」に従事時間を乗じた金額及び５割増しの夜間の「基本給」に従事日数を乗じた金額の合計額から遅刻による減額分を差し引かれた金員を労務の対価として得ていたこと，この間，納税者に常用される者として他の仕事を兼業することがなかったこと，納税者が各（外注）支払先に係る定期健康診断の費用を負担していたこと，納税者が福利厚生費として計上した費用をもって各（外注）支払先に無償貸与する作業着を購入していたことな

どを総合的に考慮すると、その労務の実体は、いわゆる日給月給で雇用される労働者と変わりがないものと認めることができるから、各（外注）支払先について、自己の計算と危険において独立して電気配線工事業等を営んでいたものと認めることはできない。

② 各（外注）支払先は、納税者に対し、ある仕事を完成することを約して（民法632条）労務に従事していたと認めることはできず、労働に従事することを約して（民法623条）労務に従事する意思があったものと認めるのが相当であり、各（外注）支払先は納税者の代表者等の指揮命令に服して労務を提供していたことが認められることなどから、納税者による報酬の支払は、雇用契約又はこれに類する原因に基づき、空間的又は時間的な拘束を受けつつ、継続的に労務の提供を受けていたことの対価として支給されていたものと認めるのが相当である。

③ 所得を事業所得、給与所得等に分類し、その種類に応じた課税を定めている所得税法の趣旨及び目的や、他の給与所得者との租税負担の公平の観点等に照らし、各（外注）支払先に対する支出金の支払は、所得税法28条1項に規定する給与等に該当するものと認めることができる。

上記の通り、納税者の請求はいずれも理由がないとして棄却された。

【検　討】

本事案は、納税者の業務に従事している者に対して支払った金員が、外注費に該当するか、給与等に該当するかについて争われた事例である。当該支払いが外注費に該当するか、又は給与に該当するかといった点については、業務に従事する者の実態により個別に判断を行うことになるが、どのような点が判断のポイントになったのか、参考となる事例である。

例えば、どのような状況下で業務を行い、また、他の従業員と同様の勤務状況にあったか否かといった点も判断材料となる。そうした個々の事情の判断により、形式的には外注先としていたとしても、実質的に従業員と同じであるとの判断を受けることにも繋がる。

納税者は、当該支払いは外注費に該当すると判断し、支払った内容について課税仕入れに係る支払対価の額に該当するものとして消費税及び地方消費税の確定申告を行った。これに対し、課税庁は、納税者が外注先としている者は、各仕事先において納税者の指示に従い作業に従事しており、雇用契約又はこれに類する原因に基づき、空間的又は時間的な拘束を受けているなど、実質的に所得税法28条1項に規定する給与等に該当するものとして、消費税法上、課税仕入れに該当しないものとする更正処分を行った。

支払先が外注費に該当するか否かについては、古くて新しい問題である。この問題点は、主には消費税及び地方消費税の仕入税額控除を受けることができるか否かといった点にある。つまり、同じ支払いであっても、相手先を外注費とすることで、消費税の一般（原則）課税による申告を行っている場合、仕入税額控除が増える分、納税者の消費税及び地方消費税の納税額が減少するのである。

しかし、外注先といっても他の従業員と同様に毎日出社し、経営者の指揮命令に従っているなど、実質的に従業員と変わりがないと判断された場合、当該支払いは外注費ではなく給与として判断されることとなる。つまり、請求書や領収書等において形式的な外形を整えただけでは認められず、実際にどのように業務に従事しているのかといった点が判断のポイントとなる。

仮に、外注費ではなく給与であると認定を受けた場合、消費税及び地方消費税の更正を受けるだけではなく、支給額に相当する金額を給与とみなした際に、源泉所得税の徴収漏れの問題も同時に生じることとなる。そうした認定を受けた場合、源泉所得税の不納付加算税等も賦課されるため、注意が必要である。

令和5年10月よりインボイス制度が導入され、こうした外注先としている者にインボイス番号がなければ、仕入税額控除は経過措置を経て段階的に縮小され、最終的には仕入税額控除を受けることができなくなる。そのため、今後こうした問題は従前よりも少なくなることが予想される。

【四方田　彰】

031　遠洋マグロ漁船の乗組員の住所の判定

東京地判平成21年1月27日判決
平成20年（行ウ）第419号・各所得税決定処分等取消請求控訴事件
【掲　載】ＴＫＣ：25451090／ＴＡＩＮＳ：Ｚ259-11126
【判　示】遠洋マグロ漁船の乗組員が外国法人から得た所得が居住者に該当すると判断された事例
〔控訴審：東京高判平成21年6月25日・平成21年（行コ）第70号〕
〔上告審：最決平成21年11月10日・平成21年（行ツ）第304号〕

【解　説】

　国内に住所を有し，又は現在まで引き続いて1年以上居所を有する個人は，居住者として，所得税を納める義務がある。また，非居住者は，国内源泉所得を有するときなどの一定の場合には，所得税を納める義務がある。

　住所とは，民法22条で，「各人の生活の本拠をその者の住所とする。」と定めている。法令で人の住所について法律上の効果を規定している場合，反対の解釈をすべき特段の事由のない限り，その住所とは，各人の生活の本拠をいい，ある場所がその者の住所であるか否かは，職業，家族，財産，滞在日数及び社会通念に照らし，その場所が客観的に生活の本拠たる実体を具備しているか否かによって判断される。

　国内外を頻繁に移動している個人で，住所の判定が難しいときには，国内に住所を有する者と推定する場合（所得税法施行令14条）として，①その者が国内において，継続して1年以上居住することを通常必要とする職業を有すること，②その者が日本の国籍を有し，かつ，その者が国内において生計を一にする配偶者その他の親族を有することその他国内におけるその者の職業及び資産の有無等の状況に照らし，その者が国内において継続して1年以上居住するものと推測するに足りる事実があることにより判定され，居住者と判定される。

【事案の概要と経緯】

　遠洋マグロ漁船を運行する外国（台湾）の法人等に雇用された納税者ら（甲，乙，丙，丁）が，その乗組員として稼働して得た金員について，所轄税務署が，納税者らがいずれも所得税法2条1項3号が定める「居住者」であり，上記金員が給与所得に該当するとして，納税者らにそれぞれ所得税の決定処分を行い，納税者乙には無申告加算税賦課決定処分を行ったところ，納税者らは，納税者らが所得税法2条1項5号が定める「非居住者」であり，国内源泉所得ではない上記金員に課税するのは違法であると主張して，それぞれに対してされた所得税の決定処分等の取消を求めた事案である。

【判決要旨】

①　所得税法2条1項3号の「住所」の意義について民法22条の「住所」と異なる解釈をすべき特段の事由があるとは認め難いことからすれば，所得税法2条1項3号の「住所」の意義は，社会通念に照らし，その場所が客観的に生活の本拠たる実体を具備しているか否かによって判断されるべきである。この点につき，所得税基本通達2-1は，「法に規定する住所とは各人の生活の本拠をいい，生活の本拠であるかどうかは客観的事実によって判定する。」と規定しているのは，これと同趣旨であると解され，その取扱いには合理性があると認められる。

②　長期間国外で運航する船舶の乗組員は，通常その船舶内で起居し，その生活の相当部分を海上や外国において過ごすことが多いと考えられるところ，その者の生活の本拠が国内にあるかどうかの判断に当たっても，国内の一定の場所がその乗組員の生活の本拠の実体を具備しているか否かを，その者に関する客観的な事実を総合考慮し，社会通念に照らして判断するべきである。具体的には，その乗組員が生計を一にする配偶者や家族の居住地がどこにあるかなどの客観的な事実を総合して

判断することが相当であると解される。所得税基本通達３－１が，「船舶又は航空機の乗組員の住所が国内にあるかどうかは，その者の配偶者その他生計を一にする親族の居住している地又はその者の勤務外の期間中通常滞在する地が国内にあるかどうかにより判定するものとする。」と規定しているのは，上記と同趣旨をいうものと解され，その取扱いには合理性があると認められる。

③ 納税者甲は，台湾の法人に雇用されて給与の支払を受けていることから，台湾で給与所得に課税されている可能性もある。仮に，納税者甲が台湾で居住者として取り扱われていたとしても，わが国と台湾は租税条約を締結していないから，租税条約の実施に伴う所得税法，法人税法及び地方税法の特例等に関する法律６条の規定が適用されて甲がわが国で非居住者とみなされることはなく，甲がわが国の居住者であるか否かの判定に影響を及ぼすものではない。

④ 納税者らは，住民登録をしている市に土地建物又は建物を所有し，そこに生計を同一にする家族が居住し，納税者らは，まぐろ漁船から降りてわが国に滞在するときは，相当期間，そこで家族と一緒に生活をしており，また，近隣の銀行の支店に，給与の振込みや各種支出のために利用する銀行口座を有しているなど，上記で認定した各客観的事実を総合考慮して，社会通念に照らして判断するならば，まぐろ漁船は納税者らにとって勤務場所であり，生活の本拠は生計を同一にする家族が居住するそれぞれの住宅の所在地であると解するのが相当である。

⑤ 納税者らには，所得税法施行令15条１項１号の規定，すなわち，国外に居住することとなった個人が，国外において継続して１年以上居住することを通常必要とする職業を有する場合には，その者は，国内に住所を有しない者と推定するとする規定が適用されると主張する。しかしながら，上記規定は，国外に居住することになった個人について，いかなる場合に国内に住所を有しない者と推定するかについて規定したものであり，そもそも上記のとおりわが国に住所を有する居住者であると認められる納税者らについて，上記の推定規定が適用される余地はない。

【検　　討】

非永住者である居住者については，すべての国内源泉所得及び国外源泉所得のうち，国内払いのもの又は国内に送金されたもののみが課税対象となる（所得税法７条１項１号）が，非居住者と認定される場合は，国内源泉所得のみが課税対象となる（所得税法５条２項）。

所得税基本通達２－１において，法に規定する住所とは各人の生活の本拠をいい，生活の本拠であるかどうかは客観的事実によって判定する。所得税基本通達３－１では，船舶又は航空機の乗組員の住所が国内にあるかどうかは，その者の配偶者その他生計を一にする親族の居住している地又はその者の勤務外の期間中通常滞在する地が国内にあるかどうかにより判定するものと具体的に規定されている。

納税者は，日本国内に土地建物を所有し，その建物に生計を一にする家族が居住し，乗船しない期間中は，納税者はその建物に滞在していることなどの客観的事実から納税者の生活の本拠は国内にあるといえる。外国法人に雇用され，遠洋まぐろ漁船内で起臥寝食をしていたとしても，所得税法施行令14・15条の住所の推定規定は，住所が明確に判断できない場合の規定であり，上記の客観的事実から認識できるときは，推定規定を適用する必要はないといえる。

【引　　用】

林 仲宣『実務に役立つ租税基本判例精選100』（税務経理協会，2019年）88頁

【小野 雅美】

032 所得と非課税所得の意義（商品先物取引和解金事件）

大分地裁平成21年7月6日判決

平成19年（行ウ）第6号・所得税更正処分等取消請求事件

【掲 載】ＴＫＣ：25440963／ＴＡＩＮＳ：Ｚ259－11239

【判 示】納税者と取引先会社との間で成立した訴訟上の和解に基づき支払われた和解金は，取引先会社らの先物取引における「突発的な事故」に類する不法行為によって生じた，収益の補償としての性質を有しない損害賠償金のため，所得税法上の非課税所得に該当するとされた事案

〔控訴審：福岡高判平成22年10月12日・平成21年（行コ）第33号〕

【解　説】

　所得税法9条1項16号では，物的損害に係る損害賠償金について「損害賠償金で，突発的な事故により資産に加えられた損害に基因して取得するものその他の政令で定めるもの」を非課税所得とする旨が規定されていた。

　所得税法施行令30条では，所得税法9条1項16号に規定する政令で定める保険金及び損害賠償金は，次に掲げるものその他これらに類するものとする，として細かい規定がなされている。なかでも2号では，損害保険契約に基づく保険金及び損害保険契約に類する共済に係る契約に基づく共済金で資産の損害に基因して支払いを受けるもの並びに不法行為その他突発的な事故により資産に加えられた損害につき支払いを受ける損害賠償金と定めている。

【事案の概要と経緯】

　納税者は，取引先会社Aとの間で商品先物取引の委託契約を締結し，取引を繰り返した結果，多額の損失を被った。この損失は，一度の取引において発生したものではなく，Aの従業員らが徴収する手数料を増やすことを念頭に，納税者が多額の損失を被る危険性を顧みることなく，取引をひたすら長期化及び大規模化させたことで発生したものであった。

　そこで，納税者はAらの不法行為により損害を受けたとして，大分地方裁判所に損害賠償請求訴訟を提起した。大分地裁はAらの不法行為責任を認め，損害賠償金及び遅延損害金の支払を命ずる判決を言い渡した。その後，訴訟上の和解が成立し，Aから納税者に対して和解金が支払われた。

　納税者は翌年に確定申告をしたが，和解金の額を総所得金額に含めなかった。これに対し税務署長は，和解金から必要経費を控除した額を雑所得に計上するものとし，納付すべき税額の更正を行うとともに，過少申告加算税を課する賦課決定をした。

【判決要旨】

① 所得税法上，「所得」について定義する規定はないが，同法9条ないし11条が多項目にわたって詳細に非課税所得を列挙していることなどからすれば，同法は，統一的，画一的な税務処理等の観点から，各人に発生した経済的利得は広く「所得」に当たるとした上で，非課税とすべきものは別途個別的に規定したものと解される。

② 和解金は，不法行為に基づく損害賠償請求及び遅延損害金請求を認容した大分地裁の判決を前提として，その控訴審で成立した訴訟上の和解により発生したものであるから，その実質は不法行為に基づく損害賠償金及び遅延損害金と認められ，納税者は，当該和解金を取得したことにより経済的利得を得たといえるのであるから，当該和解金は所得税法7条の「所得」に該当する。

③ 不法行為に基づく損害賠償金には，本来各種所得に該当するとして課税されるべき得べかりし利益を補てんする性質を有するものと，預け金の返金の受入れや貸付金の元金の受入れ等と同様に本来課税されるべきでない実損害を補てんする性質を有するものとが含まれているところ，本来，前

者については各種所得に該当するものとして課税され，後者については非課税とされるべきものである。

④　所得税法9条1項16号及び法施行令30条2号は，以下の結論を記載した昭和36年12月7日付け税制調査会答申の考え方に基づき制定されたことが認められる。

・物的損害に対する補償については，それが不法行為その他突発事故による損失であるか，それ以外の損失，すなわち契約，収用等による資産の移転ないし消滅に基づく損失であるかによって区分するとともに，さらに，その対象となる資産が生活用資産であるか，又はそれ以外の資産であるかどうかによって区別してその取扱いを定めるのが適当である。

・生活用資産に関する損害に対する補償金等については，これによって補てんされる利益は，その損害がなかったならば課税されなかったはずである資産の評価益等であるから，非課税とする。

⑤　不法行為により資産に加えられた損害に基因して取得する損害賠償金で，収益補償に当たらないものは，本来課税されるべきでない実損害を補てんする性質を有するものであるとの立法趣旨の下に，所得税法9条1項16号は，「突発的な事故」の中に「不法行為」が含まれることを前提として，突発的な事故により資産に加えられた損害に基因して取得する損害賠償金など政令で定めるものを非課税とする旨規定して，その定めを政令に委任し，これを受けた所得税法施行令30条2号が，収益補償に当たる同法施行令94条の規定に該当するものを除いた，不法行為その他突発的な事故により資産に加えられた損害につき支払を受ける損害賠償金が非課税となることを定めたものと解するのが相当である。

⑥　和解金の実質は不法行為に基づく損害賠償金及び遅延損害金であるところ，当該損害賠償金は，先物取引の売買差損等により納税者の生活用資産である金銭等の資産に加えられた損害に基因して取得した損害賠償金であり，収益補償ではないと認められるから，所得税法9条1項16号，同法施行令30条2号が規定する非課税所得に該当し，同法施行令30条2号括弧書，94条1項柱書，同項2号が規定する非課税所得の除外規定に該当しないといえる。

【検　　討】

第一審判決後，所轄税務署側は控訴したが，控訴審判決は本判決を支持し控訴を棄却した。これにより，不法行為に基づく訴訟上の和解金が生活用資産に加えられた損害を補てんするために支払われた場合には，所得税法上の非課税所得に該当するとして，所得税の賦課決定は取り消されることとなった。

本事案のように生活用資産が不法行為や突発的な事故により損害を受けた際に，その補てんとして金銭を受け取った場合，非課税所得となることは誰しも予想するところであろうが，そうした当たり前の感覚を明確に判示したことは第一審判決及びこれを支持した控訴審判決の特徴であるといえる。

本事案では，和解金として支払われたもののうち，遅延損害金に相当する部分についてもその取扱いが争われていたが，遅延損害金については得べかりし利益に対する損害賠償金であり，収益補償としての性格を有するため，所得税法上は課税所得とされた。同じ和解金として支払われたものでも取扱いが異なると一見混乱しそうではあるが，これについても，「賃金の利息には課税されるが，履行遅滞により遅延損害金になったら課税されなくなることの不合理を想定すれば明らかである」として，やはり実務上の一般的な感覚に沿った判示がなされている。

実務においては，和解金を課税所得とするかどうかを，元となる契約の内容と照らし合わせて慎重に判断すべきである。本事案において示されたように，明らかな不法行為による損失なのか，本来得られるはずであった利益に対する補てんなのか，実質的な内容を精査する必要がある。

【大久保 智旦】

033　ホステス源泉税徴収税額事案

最高裁第三小法廷平成22年3月2日判決
平成19年（行ヒ）第105号・所得税納税告知処分取消等請求事件
【掲　載】ＴＫＣ：25441824／ＴＡＩＮＳ：Ｚ260－11390
【判　示】所得税法施行令322条にいう「当該支払金額の計算期間の日数」は，ホステスの実際
　　　　　の稼働日数ではなく，当該期間に含まれるすべての日数を指すとした事例
〔第1審：東京地判平成18年3月23日・平成17年（行ウ）第8号〕
〔控訴審：東京高判平成18年12月13日・平成18年（行コ）第103号〕

【解　説】

　わが国では，多くのサラリーマンは所得税の源泉徴収義務の適用対象であり，勤務先が源泉徴収した所得税を納付し，年末調整に納税額の精算が行われるため，申告・納付は原則不要である。源泉徴収は，給与支払の場合に限らず，弁護士や税理士の報酬支払，利子配当の支払においても，所得税法上，その報酬等の支払者に対して源泉徴収義務を課している。

　源泉徴収を行うことにより，一般納税者は申告手続を省くことができ，租税行政庁は徴税コストを大幅に縮減できる利点はあるが，一方で，源泉徴収義務者の事務負担を負い，その負担に対する対価が支払われないこと，一般納税者においては納税意識が薄くなっているという指摘もある。

【事案の概要と経緯】

　パブクラブを経営する納税者は，毎月1日から15日まで及び毎月16日から月末までをそれぞれ一集計期間と定め，各集計期間ごとに各ホステスの報酬の額を計算し，毎月1日から15日までの報酬を原則としてその月の25日に，16日から月末までの報酬を原則として翌月10日に，各ホステスに対してそれぞれ支払っていた。

　納税者は，各ホステスに対して半月ごとに支払う報酬に係る源泉所得税を納付する際に，当該報酬の額から，所得税法205条2号，所得税法施行令322条所定の控除額として，5000円に半月間の全日数を乗じて計算した金額を控除するなどして源泉所得税を計算し，その金額に近似する額を各法定期限内までに納付していた。

　所轄税務署長は，各ホステスの本件各集計期間中の実際の出勤日数が施行令322条の「当該支払金額の計算期間の日数」に該当するとして，納税者に対し，源泉所得税について，納付額との差額の納税告知及び不納付加算税の賦課決定を行った。

　第一審の判決は，ホステス等の個人事業者は，事業所得者であり，収入金額と必要経費が対応していることから，源泉徴収により控除する基礎控除方式の趣旨を踏まえると，必要経費に近似する金額を源泉徴収すべきであるとして，「施行令322条の『当該支払金額の計算期間の日数』とは，『同一人に対し1回に支払われる金額』の計算要素となった期間の日数をさすものというべきである。」と判示し，出勤日数説を採用した。控訴審においても，一審の判断を維持し，納税者は敗訴していた。

【判決要旨】

① 　一般に，「期間」とは，ある時点から他の時点までの時間的隔たりといった，時的連続性を持った概念であると解されているから，所得税法施行令322条にいう「当該支払金額の計算期間」も，当該支払金額の計算の基礎となった期間の初日から末日までという時的連続性を持った概念であると解するのが自然であり，これと異なる解釈を採るべき根拠となる規定は見当たらない。

② 　租税法規はみだりに規定の文言を離れて解釈すべきものではなく，控訴審のような解釈を採ることは，文言上困難であるのみならず，ホステス報酬に係る源泉徴収制度において基礎控除方式が採られた趣旨は，できる限り源泉所得税額に係る還付の手数を省くことにあったことが，立法担当者

の説明等からうかがわれるところであり，この点からみても，控訴審のような解釈は採用し難い。

③　ホステス報酬の額が一定の期間ごとに計算されて支払われている場合においては，所得税法施行令322条にいう「当該支払金額の計算期間の日数」は，ホステスの実際の稼働日数ではなく，当該期間に含まれるすべての日数を指すものと解するのが相当である。

④　納税者は，各集計期間ごとに，各ホステスに対して1回に支払う報酬の額を計算してこれを支払っているというのであるから，本事案においては，上記の「当該支払金額の計算期間の日数」は，各集計期間の全日数となるものというべきである。

【検　討】

本事案は，「支払金額の計算期間の日数」の「期間」の文言をどう解釈するか，すなわち，納税者は，租税法律主義の下では文理解釈によるべきであるから，「期間」の意義について，通常言語の意味として理解すべきであり，「一定の時期から一定の時期までの間」等と定義されていることから全日数とすべき主張に対し，所轄税務署長は，「期間」の意義を，立法趣旨を踏まえて解釈すべきであるとして，各集計期間のうち各ホステスの出勤日数を指すと主張していた点に争点が集約される。

本事案のように，所得税法施行令322条に規定する「当該支払金額の計算期間の日数」の解釈をめぐる類似事案（東京高裁平成19年3月27日判決，東京高裁平成19年6月12日判決等がある）の下級審の判例の動向は判断が分かれており，租税法実務において混乱をまねく状況をもたらしていた。そのことから，本事案である最高裁が，この「期間」の解釈問題について統一的な判断を示した点に，極めて重要な意義がある。

租税法における解釈については，租税法は侵害規範であり，憲法84条に基づく法的安定性の要請が強く働くから，その解釈は原則として文理解釈によるべきであり，みだりに拡張解釈や類推解釈を行うことは許されないということが学説の通説となっている。

本事案においても，最高裁の判断は，「租税法規はみだりに規定の文言を離れて解釈すべきものではな」いとして，所得税法施行令322条にいう「期間の日数」は，ホステスの実際の稼働日数ではなく，当該期間に含まれるすべての日数をさせものと解するのが相当であるとして，全日数を採る判決を示した。このような解釈を採る理由は，①「『期間』とは，ある時点から他の時点までの時間的隔たりといった，時的連続性を持った概念であるから，所得税法施行令322条にいう『当該支払金額の計算期間』も，当該支払金額の計算の基礎となった期間の初日から末日までという時的連続性を持った概念であると解するのが自然である」こと，②「ホステス報酬に係る源泉徴収制度において基礎控除方式が採られた趣旨は，できる限り源泉所得税額に係る還付の手数を省くことにあったことが，立法担当者の説明からうかがわれるところであり，この点からみても，原審のような解釈は採用し難い。」ということであり，控訴審判決の文理解釈を軽視した租税法の解釈は是認できないとした。

最高裁における「期間」の解釈は，租税法律主義の下，「期間」の文言を忠実に解釈し，時的連続性を持った概念であることを根底におき，同時に立法趣旨を検討し，全日数を採用したことは，租税法解釈の原則であって，妥当な判断といえる。一方，第一審，控訴審における判決の論理は，文理解釈の過程を越え，制度趣旨を優先して導きだした結論といえる。

租税行政庁側が，趣旨解釈により条文等の文言を拡大解釈や縮小解釈するという事案は少なくない。本事案では，租税法律主義の下では，文理解釈が原則であり，その文理解釈の過程を飛躍した趣旨解釈は許されないといった租税法解釈の在り方に関して確認することができ，有益な事案と評価できる。

【引　用】

林　仲宣『実務に役立つ租税基本判例精選100』（税務経理協会，2019年）154頁

【東江　杜羅布】

034 共有家屋の一部取り壊し譲渡と3,000万円控除

東京高裁平成22年7月15日判決
平成21年（行コ）第372号・通知処分取消請求控訴事件
【掲　載】ＴＫＣ：25463663／ＴＡＩＮＳ：Ｚ260-11479
【判　示】土地を分割し，併せて建物も実質的に分割すべく，自らの居住部分のみを取り壊して
　　　　　その敷地を譲渡した者について，残存家屋部分が建物として残るとの理由だけで措置法
　　　　　35条１項の適用の余地を一切否定するのは，措置法35条１項とこれを受けた措置法通達
　　　　　35-2の趣旨に照らしても相当とはいえないとされた事例
〔第１審：東京地判平成21年11月４日・平成20年（行ウ）第578号〕

【解　説】

　租税特別措置法（以下「法」という）35条１項は，個人が自己の居住用財産を譲渡した場合には，
譲渡所得の金額から3000万円を控除した金額とすることを定めている。この規定が適用できる居住用
財産について，転居後に売却した場合には，住まなくなった日から３年を経過する日の属する年の12
月31日までに売却することが必要とされる（法35条２項２号）。災害により滅失した場合も同じく３
年を経過する日の年末が譲渡の期限となるが，家屋を取り壊して土地を売却した場合には，災害以外
の取り壊しであれば，取り壊しから１年以内に譲渡契約を結ぶ必要があり，更地を駐車場や資材置き
場等に転用していないことも要件（租税特別措置法関係通達35-2）とされる。

　収用や買換特例など，各種特例を受けている場合には，法35条の特別控除を受けることができない
ので，過去の適用関係に十分注意することが必要である。

【事案の概要と経緯】

　母と自らが住んでいた住居の持ち分１／４を納税者が相続し，持ち分３／４を兄から相続していた
兄嫁と土地・家屋を共有する関係となったが，分割協議の時点で，納税者は相続する土地の売却を念
頭においていたので，相続した土地を分筆登記し，分筆した土地の上にある部分の家屋を取り壊して，
更地とした土地の売却を行った。取り壊し後の家屋の残存部分は，引き続き兄嫁が居住することにな
るので，納税者が相続した家屋の１／４の共有持ち分は，登記の際に持分放棄とはせずに，３／４を
所有する兄嫁への贈与として登記した。確定申告に際し，居住用財産の譲渡で申告したいと税務署の
担当者と相談したが，建物の一部譲渡のため居住用財産の3000万円控除は認められないと指摘されて
いたため，控除を受けない申告書を提出したが，更正の請求が可能であるとの税理士からのアドバイ
スを受けて，後日に更正の請求書を提出した。地裁は家屋の取り壊し部分が独立した構造を持つ訳で
はなく，引き続き居住可能である点を重視して，請求を棄却した。

【判決要旨】

①　法35条１項に定める特別控除は，個人が自ら居住の用に供している家屋又はその敷地等を譲渡す
　るような場合は，これに代わる居住用財産を取得するのが通常であるなど，一般の資産の譲渡に比
　して特殊な事情があり，担税力も高くない例が多い。土地建物について共有持分を有する個人が，
　その居住の用に供している家屋部分の敷地に相当する部分を分割取得し，これに代わる居住資産を
　取得するために，居住の用に供している家屋部分を取り壊し，そのうえで分割取得した土地を更地
　で譲渡した場合についても，個人が自ら居住の用に供している家屋又はその敷地等を，これに代わ
　る居住用財産を取得するために譲渡するという点では同じであり，一般の資産の譲渡に比して特殊
　な事情があり，担税力も高くないということができる。

②　共有建物にあっては，共有建物を分割し区分所有建物として譲渡する場合や，共有持分自体を消
　滅させるような場合を想定すると，一棟の建物のうちの一部の譲渡であっても，これがその敷地部

分の譲渡との関係で単独所有建物の譲渡ないしは取り毀しと同視できる場合があるというべきであって，そのような場合には，法35条1項の要件に該当すると解すべきである。土地上に一棟の建物が存する場合において，土地建物それぞれについて共有持分を有し，同建物に居住する者同士が，お互いの共有持分に相当する土地部分の分割に加え，建物についてもお互いの取得する土地上の建物部分についてこれを建物として区分することに合意し，そのうえで一方が自らが分割取得した共有土地部分上に存する建物部分を取り壊したうえで，その敷地に相当する共有土地部分を譲渡し，他の共有者が同じく分割取得した土地上の残存家屋について単独で所有権を取得し，その結果，分割取得した共有土地部分を譲渡した共有者が建物の共有持分を喪失したと認められる場合においては，これを全体としてみる限りは，共有者の一人が自らの土地上に存する自らが所有し居住する建物を取り壊したうえで，その敷地部分を譲渡した場合と同視することができる。

③　法35条3項が規定する「やむを得ない事情」とは，天災その他本人の責めに帰すことができない客観的事情があって，居住用財産の譲渡所得の特別控除の制度趣旨に照らし，納税者に対して，その適用を拒否することが不当又は酷となる場合をいう。

④　納税者は再三税務署を訪れ，担当官に対して，法35条1項の適用を望む旨伝え，相談したが，建物の一部譲渡であるから認められないとの回答がなされた。税理士からは，判例も前例もない難解な問題であることであり，法律の解釈が不明であるために加算税が課せられることを避けるために税務署の見解に従った申告をせざるを得なかった場合にも，1年以内であれば更正の請求を行うことができるとの助言を得て，更正の請求をしたことが認められる。

⑤　原審と当審は判断を異にするものであり，このような法律解釈の難しさに加え，更正の請求をするに至った経緯に照らすと，特別控除の適用を受けようとする旨を記載した確定申告書を提出しなかったことについては，「やむを得ない事情」があったと認めるのが相当である。

【検　討】

居住用建物の一部を取り壊してその敷地を譲渡することに関しては，法35条1項の特別控除の適用はないというのが通説である。区分所有建物であれば区分所有の持分全部を売却あるいは，その取り壊し売却をするなどこちらも特段の問題はない。本事案は，共有土地建物を分割後に取り壊して売却した事例である。

土地は自己の持分割合に応じた面積で売却が可能（無道路とか建築不能以外）なように分筆すればよいので明確であるが，建物に関しては，面積で単純な按分をするということがまず不可能である。玄関，水回りなど分割がし難い部分がどうしても生じてしまう。共有者である兄嫁は分割後も既存家屋に居住していたことから，地裁は一部取り壊しなので適用不可と判断したが，高裁では，共有物分割による共有状態の清算解消という行為に注目した結果，登記原因が実態を表していない簡便な方法ではあったが，共有から単独に移管した土地，建物を売却したものとして取り扱ったのである。

共有物件の清算売却に関しては，有為な判例となるので記憶しておきたいが，登記原因には持分放棄としておいたほうがよい。贈与で登記してしまうと，この事例のようにいらぬ誤解を招くことになりかねない。一方「やむを得ない事情」の判断は，本事案だけの個別事例と思われる。地裁と高裁で判断が異なるほどの事案だから納税者が判断できなくてもやむを得ないとするものであり，これを他の納税者が利用するのはいささか難しい。

【小野木　賢司】

035　破産管財人の源泉徴収義務

最高裁第二小法廷平成23年1月14日判決

平成20年（行ツ）第236号・源泉徴収納付義務不存在確認請求事件

【掲　載】ＴＫＣ：25443042／ＴＡＩＮＳ：Ｚ261－11593

【判　示】破産者と雇用関係のあった者に対する給与等の雇用関係に基づく債務に対する配当で
　　　　あっても，これらの者と破産管財人とは雇用関係にないため源泉徴収義務はないとした
　　　　事例

〔第1審：大阪地判平成18年10月25日・平成16年（行ウ）第146号〕

〔控訴審：大阪高判平成20年4月25日・平成18年（行コ）第118号〕

【解　　説】

　源泉徴収制度は，徴税コストを抑えるために設けられた制度であるが，源泉徴収義務者には源泉徴収を行う事務的負担が生じる。

　破産前であれば，被雇用者に対する給与や退職金にかかる所得税の源泉徴収義務は，雇用主である法人にある。しかし，その法人が破産した後，破産管財人が管理する破産財団から配当として破産前の雇用関係に基づき請求される退職債権について，破産管財人は源泉徴収義務を負うのだろうか。

　仮に，破産手続き開始前の労務の対価である退職金等の債権に対する配当に源泉徴収義務があるとした場合は，年末調整までをも含め膨大な事務負担が破産管財人に求められる可能性もある。

【事案の概要と経緯】

　Ａ社（以下，「破産会社」という）は，平成11年，大阪地裁において破産宣告を受け，破産管財人に選任された弁護士である上告人が，破産法（平成16年法律第75号による廃止前のもの。以下，「旧破産法」という）の下において，破産管財人の報酬の支払をし，破産債権である元従業員らの退職金の債権に対する配当をしたところ，所轄税務署から，上記支払には所得税法204条1項2号の規定が，上記配当には同法199条の規定がそれぞれ適用されることを前提として，源泉所得税の納税の告知及び不納付加算税の賦課決定を受けた。

　そのため，上記源泉所得税及び不納付加算税の納税義務が存在しないことの確認を求めた事案である。

　第1審及び控訴審はいずれも破産管財人の報酬にも，元従業員らの退職金の債権に対する配当にも破産管財人の源泉徴収義務を認めた。

【判決要旨】

① 弁護士である破産管財人が支払を受ける報酬は，所得税法204条1項2号にいう弁護士の業務に関する報酬に該当するものというべきところ，同項の規定が同号所定の報酬の支払をする者に所得税の源泉徴収義務を課しているのは，当該報酬の支払をする者がこれを受ける者と特に密接な関係にあって，徴税上特別の便宜を有し，能率を挙げ得る点を考慮したことによるものである。

② 破産管財人の報酬は，破産財団を責任財産として，破産管財人が，自ら行った管財業務の対価として，自らその支払をしてこれを受けるのであるから，弁護士である破産管財人は，その報酬につき，所得税法204条1項にいう「支払をする者」に当たり，同項2号の規定に基づき，自らの報酬の支払の際にその報酬について所得税を徴収し，これを国に納付する義務を負うと解するのが相当である。

③ 所得税法199条の規定が，退職手当等（退職手当，一時恩給その他の退職により一時に受ける給与及びこれらの性質を有する給与をいう。以下同じ。）の支払をする者に所得税の源泉徴収義務を課しているのも，退職手当等の支払をする者がこれを受ける者と特に密接な関係にあって，徴税上

特別の便宜を有し，能率を挙げ得る点を考慮したことによるものである。

④　破産管財人は，破産手続を適正かつ公平に遂行するために，破産者から独立した地位を与えられて，法令上定められた職務の遂行に当たる者であり，破産者が雇用していた労働者との間において，破産宣告前の雇用関係に関し直接の債権債務関係に立つものではなく，破産債権である上記雇用関係に基づく退職手当等の債権に対して配当をする場合も，これを破産手続上の職務の遂行として行うのであるから，このような破産管財人と上記労働者との間に，使用者と労働者との関係に準ずるような特に密接な関係があるということはできない。また，破産管財人は，破産財団の管理処分権を破産者から承継するが（旧破産法7条），破産宣告前の雇用関係に基づく退職手当等の支払に関し，その支払の際に所得税の源泉徴収をすべき者としての地位を破産者から当然に承継すると解すべき法令上の根拠は存しない。そうすると，破産管財人は，上記退職手当等につき，所得税法199条にいう「支払をする者」に含まれず，破産債権である上記退職手当等の債権に対する配当の際にその退職手当等について所得税を徴収し，これを国に納付する義務を負うものではないと解するのが相当である。

【検　　討】

本事案は，破産管財人はどこまで源泉徴収義務を負うのかが争点となった事案である。本判決は，本事案でいう元従業員らのような担税者と特別な関係を有する源泉徴収義務者に源泉徴収義務を課すことは憲法14条に違反しないと判断した最高裁昭和37年2月28日大法廷判決を引用した上で，破産管財人と相手方との間に特に密接な関係がある場合には源泉徴収義務を負うとした。

源泉徴収制度では，源泉徴収義務者の事務負担にかかる問題について議論されるが，破産管財人と元従業員らの間に，使用者と労働者との関係に準ずるような特に密接な関係があるということはできないとして，元従業員らの退職金債権に対する配当には，源泉徴収義務は認められないとした本判決には意義があるといえる。

一方で，破産管財人報酬については源泉徴収義務が認められた。破産管財人の報酬は，破産管財人が自ら支払い自ら受け取るため，特に密接な関係があると判断されたのである。

元従業員らが受け取った退職金債権は，労務の提供の対価としてもともと破産会社から受け取るはずだった退職金であるため，元従業員らが破産管財人から当該退職金債権を受け取ったとしてもその性質は変わるものではない。しかし，破産管財人と元従業員らとの間には雇用関係等の密な関係はないのであり，破産管財人からみれば，退職金債権の配当とその他債権に対する分配に差はないものと考えられる。

地裁，高裁においては，所得税法上の「支払をする者」は，本来の債務者である破産会社であり，破産管財人はこれと同視しうるので，破産会社が負う源泉徴収義務を，すべて破産管財人も負うと判断した。

従来の実務では源泉徴収されてこなかったが，この下級審の判断を受けて，国税庁の質疑応答集にも同様の解説が掲載されるなど，実務上少なからず混乱のあった事案であるが，最高裁が元従業員らの退職金債権に対する源泉徴収義務はないとし，結果として従来の実務を追認するかたちとなった。

破産管財人が源泉徴収をすべき者としての地位を破産者から当然に承継すると解すべき法令上の根拠は存しない，とした本判決には大きな意義がある。

【引　　用】

林　仲宣『実務に役立つ租税基本判例精選100』（税務経理協会，2019年）157頁

【安本　真子】

036 職務発明に関する和解金の所得区分

大阪高裁平成24年4月26日判決
平成23年（行コ）第152号・所得税更正請求に対する通知処分取消請求控訴事件
【掲　載】ＴＫＣ：25444955／ＴＡＩＮＳ：Ｚ262－11941
【判　示】職務発明について当時の使用者に対し特許法35条3項の相当の対価の支払を求める訴えを提起し，和解金を受領した納税者が，譲渡所得にあたるとして更正請求をしたところ，所轄税務署から，和解金は雑所得に該当し譲渡所得には該当しないとして更正すべき理由がない旨の通知処分を受けたため，その通知処分の取消しを求めたが，権利移転の機会に実現した所得が譲渡所得に該当し，移転時に確定していなかった相当の対価は譲渡所得に該当するということはできないとして，控訴を棄却した事例
〔第1審：大阪地判平成23年10月14日・平成21年（行ウ）第155号〕

【解　説】

　知的財産権については，特許権，著作権など実際のモノが目に見えるわけではない。課税問題が顕在化することが多くなかったために，わが国では知的財産取引課税に関する規定はほとんど準備されておらず，他の有形資産と同様の取扱いとなることが多い。

　譲渡所得の対象となる資産とは，土地，株式などの資産から，配偶者居住権，特許権，著作権といった知的財産権なども含まれる。譲渡とは，資産を移転させる行為をいうのであり，有償か無償かは問わない。

【事案の概要と経緯】

　納税者は，昭和43年4月にAに入社し，平成19年9月に退職した。納税者は，Aの高周波開発部に所属していた昭和58年頃に職務発明をし，Aは同年11月，職務発明につき特許の出願をした。この職務発明は，日本において平成4年6月にA名で特許の設定登録がされ，その後外国においても設定登録がされた。

　Aは昭和44年3月以降に従業員がした発明でその性質上会社の業務範囲に属し，その発明をするに至った行為がその従業員の現在又は過去の職務に属する職務発明については，発明考案等取扱規定及び発明報償金規定を定めている。

　Aは各規定に基づき，納税者に対し昭和58年から平成17年までの間に，16回にわたり，職務発明についての報償金を支払った。納税者は，職務発明に関するロイヤリティ報償金163万1300円が特許法35条3項の相当の対価の額に満たないなどとして，平成17年7月にAにロイヤリティ収入と遅延損害金の支払を求める訴えを提起した。平成18年6月に納税者とAの間で訴訟上の和解が成立して終了した。和解により，納税者は和解金3000万円を受領し，その収入を最初雑所得として申告した後，譲渡所得に当たるとして更正請求をした。これに対して所轄税務署長から，和解金は雑所得に該当し譲渡所得には該当しないとされた事案である。

　納税者は，所轄税務署及び第1審は，譲渡所得税が資産の増加益（キャピタルゲイン）に対して課税する趣旨であるとするが，譲渡所得税が増加益に対する課税であることから，譲渡所得税に当たるためには資産の所有権等が相手方に移転する機会に一時に実現した所得であることを要することにはならない。ある資産を譲渡した際，その所得が段階的に実現する場合であっても，当該所得が資産の価値を実現したもの（対価）である限り，それらはすべて資産の値上がり益と評価されるのであって，これを譲渡所得とすることが，増加益課税の趣旨に合致するとし，和解金は譲渡所得に当たると主張した。

【判決要旨】

① 所得税法33条1項は，譲渡所得について資産の譲渡による所得と規定するが，その意味内容は，条文の文理のみならず，制度の趣旨，他の規定との整合性等を総合的に勘案して解釈によってこれを確定するのが相当である。

② 譲渡所得課税は，資産の増加益に対しその資産が所有者の支配を離れて他に移転するのを機会に，これを清算して課税する趣旨のものと解されるものである。そして，所得税法は，譲渡所得の計算上控除すべき費用が複数年度にわたる場合の規定を置いていないから，同一の原因に基づく譲渡所得が複数年度にわたって計上されることを想定していないと解され，また収入金額の権利確定の時期（所得税法36条）は，資産の所有権その他の権利が相手方に移転する時であるとし，贈与等の場合には譲渡所得の金額の計算については，その事由が生じた時に，その時における価額に相当する金額により資産の譲渡があったものとみなす（所得税法59条1項）としている。譲渡所得とは，譲渡に基因して譲渡の機会に生じた所得と解するのが相当である。

③ Aが和解時の判断で，職務発明以外の職務発明についてもロイヤリティ報償金を支払うこととしたとしても何ら不自然ではない。また，和解金を職務発明及びそのほかの職務発明の相当の対価の趣旨として支払ったからといって，納税者の主張するように相当の対価の性質が承継時におけるその権利の適正な金額であり，権利の客観的交換価値のみによって定まるものとは必ずしも解されない。

④ 納税者は，Aに特許を受ける権利を譲渡して1000円と相当の対価請求権を取得したところ，その時点で金額が未確定であった後者が和解で確定したのであるから，この金額が譲渡所得に当たると主張する。資産の所有権その他の権利が相手方に移転する時にその内容が確定して生じた所得が譲渡に基因して譲渡の機会に生じた所得である譲渡所得に該当するのであって，相当の対価請求権を取得したことが，権利移転時の譲渡所得に当たるということはできない。

【検　討】

譲渡所得となった場合は，長期譲渡所得として，その金額の2分の1に対して課税されることとなる。

発明をした従業員や役員に対して使用者から支給される報奨金や賞金が，所得税法上でいかなる所得区分となるかについて，国税庁ホームページでは，特許権などの権利を使用者が承継することにより支給するものについては，権利の承継に際し一時に支給されるものは譲渡所得，権利を承継した後において支給されるものは雑所得とされている。職務発明による特許を受ける権利を使用者があらかじめ取得したときは，使用者から利益を受ける権利に基づいて支給されたものは，雑所得となるとされている。

特許法では，契約，勤務規則その他の定めにより職務発明について使用者等に特許を受ける権利を取得させ，使用者等に特許権を承継させたときなどの場合において，専用実施権が設定されたものとみなされたときは，相当の金銭その他の経済上の利益を受ける権利を有するとしている。そして，契約，勤務規則その他の定めにおいて相当の利益について定める場合には，相当の利益の内容を決定するための基準の策定に際して使用者等と従業者等との間で行われる協議の状況，策定された当該基準の開示の状況，相当の利益の内容の決定について行われる従業者等からの意見の聴取の状況等を考慮して，相当の利益を与えることが不合理であると認められるものであってはならないとしている。

本事案で納税者は，特許を受ける権利を譲渡して1000円と相当の対価請求権を取得したのは昭和58年であるが，平成18年に受け取った和解金は，まさに権利の承継の対価として受け取ったものであり，和解金は譲渡所得に該当すると主張した。裁判所は，収入金額の権利確定の時期は，資産の所有権その他の権利が相手方に移転する時であり，譲渡所得とは譲渡に基因して譲渡の機会に生じた所得であるため，和解金は譲渡所得には当たらないと判断した。

【初鹿　真奈】

037　弁護士会役員として支出した交際費等の経費性

東京高裁平成24年９月19日判決
平成23年（行コ）第298号・更正処分取消等請求控訴事件
【掲　載】ＴＫＣ：25482739／ＴＡＩＮＳ：Ｚ262−12040
【判　示】弁護士会役員として支出した交際費等の経費性を認め必要経費の範囲を広義に示した
　　　　　事例
〔第１審：東京地判平成23年８月９日・平成21年（行ウ）第454号〕
〔上告審：最決平成26年１月17日・平成25年（行ヒ）第92号〕

【解　説】

　所得税法（以下「法」という）37条１項は，「その年分の不動産所得の金額，事業所得の金額又は雑所得の金額の計算上必要経費に算入すべき金額は，別段の定めがあるものを除き，これらの所得の総収入金額に係る売上原価その他当該総収入金額を得るため直接に要した費用の額及びその年における販売費，一般管理費その他これらの所得を生ずべき業務について生じた費用（償却費以外の費用でその年において債務の確定しないものを除く。）の額とする。」と規定している。

　事業所得の必要経費は，本質的には法人税法の規定と差異はないものと考えられるが，法人が専ら営利を追求するのに対し，個人の場合は，事業による所得追求と同時に家庭生活を営んでいるので，必要経費として認定する際は業務との対応が厳しく解釈される傾向にある。法は必要経費について，「業務について生じた費用」であることを求めており，業務関連性が問われる。業務関連性を文字通り解釈し業務に関連して支出したものと解するのか，厳密に解し業務遂行上に不可欠な支出と解するかでその範囲は異なってくる。

　法37条１項は，必要経費に算入すべき額を，直接対応の必要経費と一般対応の必要経費に区別している。これらのうち，後者の一般対応の必要経費には「直接」という文言は付されていない。一般対応の必要経費に「直接」の文言を付すと，その範囲は狭く解されることになり，必然的に所得が増加することになる。

【事案の概要と経緯】

　弁護士業を営み，仙台弁護士会会長や日本弁護士連合会副会長等の役員を務めた納税者が，これらの役員としての活動に伴い支出した懇親会費等を事業所得の金額の計算上必要経費に算入し，所得税の確定申告をしたところ，所轄税務署長が，これらの費用については，法37条１項に規定する必要経費に算入することはできないとして，更正処分を行った。納税者は，これらの支出の大部分が事業所得の金額の計算上必要経費に当たると主張して，上記各処分の一部の取消しを求めている事案である。

　第１審では，納税者が支出したものが，納税者の事業所得の金額の計算上必要経費として控除されるためには，その各支出が納税者の事業所得を生ずべき業務と直接関係し，かつ，その業務の遂行上必要であることを要するとして納税者の主張を棄却した。

　控訴審では，「直接」という文言の意味も必ずしも明らかではないとして，業務の遂行上必要な支出であったということができるのであれば必要経費に含まれるとして，納税者の主張を一部容認した。最高裁は，上告不受理を決定したため，控訴審の判断が確定した。

【判決要旨】

① 所得税法施行令96条１号が，家事関連費のうち必要経費に算入することができるものについて，経費の主たる部分が「事業所得を……生ずべき業務の遂行上必要」であることを要すると規定している上，ある支出が業務の遂行上必要なものであれば，その業務と関連するものでもあるというべきである。それにもかかわらず，これに加えて，事業の業務と直接関係を持つことを求めると解釈

する根拠は見当たらず，「直接」という文言の意味も必ずしも明らかではない。

② 弁護士会等の役員等としての活動が「事業所得を生ずべき業務」に該当しないからといって，その活動に要した費用が弁護士としての事業所得の必要経費に算入することができないというものではない。なぜなら，弁護士会等の役員等として行った活動に要した費用であっても，弁護士として行う事業所得を生ずべき業務の遂行上必要な支出であれば，その事業所得の一般対応の必要経費に該当するからである。

③ 弁護士会等の活動は，弁護士に対する社会的信頼を維持して弁護士業務の改善に資するものであり，弁護士として行う事業所得を生ずべき業務に密接に関係するとともに，会員である弁護士がいわば義務的に多くの経済的負担を負うことにより成り立っているものであるということができるから，弁護士が人格の異なる弁護士会等の役員等としての活動に要した費用であっても，弁護士会等の役員等の業務の遂行上必要な支出であったということができるのであれば，その弁護士としての事業所得の一般対応の必要経費に該当する。

④ 弁護士会等の目的やその活動の内容からすれば，弁護士会等の役員等が，所属する弁護士会等又は他の弁護士会等の公式行事後に催される懇親会等，弁護士会等の業務に関係する他の団体との協議会後に催される懇親会等に出席する場合であって，その費用の額が過大であるとはいえないときは，社会通念上，その役員等の業務の遂行上必要な支出であったと解するのが相当である。

⑤ 弁護士会等の役員等が，自らが構成員である弁護士会等の機関である会議体の会議後に，その構成員に参加を呼び掛けて催される懇親会等に出席することは，それらの会議体や弁護士会等の執行部の円滑な運営に資するものであるから，これらの懇親会等が特定の集団の円滑な運営に資するものとして社会一般でも行われている行事に相当するものであって，その費用の額も過大であるとはいえないときは，社会通念上，その役員等の業務の遂行上必要な支出である。

【検　　討】

納税者は，法37条に定める必要経費のうち一般対応の必要経費については，その文言及び性質上，支出と収入の直接関連性は必要とされていないから，会務活動の伴う支出はいずれも必要経費に該当すると主張した。これに対し所轄税務署長は，一般対応の必要経費に該当するか否かは，当該事業の業務と直接関係を持ち，かつ，専ら業務の遂行上必要といえるかによって判断するべきであるから，支出はいずれも必要経費に該当しないと主張した。

法37条は一般対応の必要経費について「直接」とは規定しておらず，そのように解釈するとの根拠もない。弁護士として事業を行っていく上で，弁護士会等の活動は，事業所得を生ずべき業務に密接に関係するといえ，会員である弁護士が，義務的に多くの経済的負担を負うことにより成り立っているものである。そうであるならば，弁護士会等の役員等として活動に要した費用のうち業務の遂行上必要な支出は，弁護士としての事業所得の計算上一般対応の必要経費として認めるというのが裁判所の判断である。このように，裁判所は一般対応に必要経費の該当性について，この判断基準を用いて，納税者の弁護士会の役員としての活動に伴う各支出について判定することを示した。

租税法は侵害規範であるため，租税法律主義の下で厳格な文理解釈がなされるべきである。つまり，租税法の解釈は，条文の根拠，条文に付された文言に基づいてなされるべきものであり，条文上に存在しない文言を用いて恣意的に解釈されると，納税者の予測可能性が害されることになるため，文理解釈で意味が明らかにできるにもかかわらず，文言から離れた縮小解釈や拡大解釈がなされてはならない。

【引　　用】

林　仲宣＝谷口智紀『税務弘報』（中央経済社）61巻2号142頁（2013年）

【加瀬　陽一】

038 診療報酬の不正請求に係る返還債務の必要経費算入時期

最高裁第一小法廷平成24年9月27日判決
平成24年（行ツ）第51号・所得税更正処分取消等請求上告及び上告受理事件
【掲　載】ＴＫＣ：25503570／ＴＡＩＮＳ：Ｚ262−12055
【判　示】社会保険診療報酬の不正請求に係る返還債務のうち未履行の額は，必要経費に算入できないとされた事例
〔第１審：東京地判平成22年12月17日・平成21年（行ウ）第626号〕
〔控訴審：東京高判平成23年10月６日・平成23年（行コ）第26号〕

【解　説】

　本事案は，社会保険事務局等の監査等により，不正に社会保険診療報酬の請求をしていたことが発覚し，その診療報酬の不正請求分の返還債務を負った納税者が，所得税の申告において，事業所得の金額の計算上，その返還債務のうち未履行債務の金額を総収入金額から控除し，又は必要経費に算入することができるかどうか争われた事例である。

　すなわち，社会保険診療報酬の不正請求に係る返還債務の必要経費算入時期が争点となっている。

【事案の概要と経緯】

　納税者は，平成17年10月，道社会保険事務局等に対し，不正請求分等について，返還の対象となる平成13年２月診療分から同17年２月診療分までの診療報酬の金額を該当する保険者へ直接返還することに同意する旨の変換同意書を提出した。なお，不正請求分に係る返還すべき金額の合計額は，同18年11月半ばの時点では約10億円であるとされた。

　納税者は，平成17年10月以降，不正請求及び不当請求に係るその返還債務を順次返済し，同20年10月23日までに約4165万円を履行した。これを受けて納税者は，平成16年中における不正請求等の金額を平成16年分の収入金額から減算して同16年分の所得を計算し，平成17年３月15日に還付する旨の同16年分の所得税の確定申告書を提出した。

　また，平成17年中における不正請求等の金額を平成17年分の収入金額から減算し，同13年から同15年までの不正請求等の金額と同13年分から同17年分の不正請求金額に加算される加算金を前期損益修正損として同17年分の必要経費に算入して同17年分の所得を計算し，翌年以後に繰り越す純損失を約７億8000万円とする同17年分所得税の確定申告書を同18年３月15日に提出した。

　これに対して，税務署長は，返還債務のうち現実に履行していない部分の金額を総収入金額から控除し又は必要経費に算入することはできず，加算金の金額を必要経費に算入することもできないとして，上記各年分につきそれぞれ更正処分等をした。

　なお，納税者は平成17年９月20日をもってこの病院を廃業し，この病院の勤務医であるＡに対し，この病院の営業譲渡を行い，その営業を引き継いだ。

【判決要旨】

①　所得税法36条１項の「収入金額とすべき金額」又は「総収入金額に算入すべき金額」とは，その収入の基因となった行為が適法であるか否かを問わないものとして取り扱われている（所基通36−１）。この取扱いは，課税所得は専ら経済的に，又は実質的に把握すべきものであり，その原因となる行為が有効なものか無効なものか等には関係なく，現実にその利得を支配管理し，自己のためにそれを享受して，その担税力を増加させている以上は，担税力に即した公平な税負担の配分という見地から，課税の対象とすべきであるとの考え方によるものと解される。すなわち，税法の見地においては，課税の原因となった行為が，厳密な法令の解釈適用の見地から客観的評価において不適法又は無効とされるかどうかは問題ではなく，当該行為が関係当事者の間で有効なものとして扱

われ，これにより，現実に課税の要件事実が満たされていると認められる場合である限り，当該行為が有効であることを前提として租税を賦課徴収することは何ら妨げられないものである。

② したがって，納税者が平成16年分並びに同17年1月分及び同年2月分の診療報酬として請求した金額のうち不正請求等に係る部分であるとする金額についても，納税者は，現実にその利得を支配管理し，自己のためにそれを享受して，その担税力を増加させたといえるから，納税者の上記各年分の所得税における事業所得の計算上，総収入金額に計上すべきもので，これを控除することはできないというべきであり，ただ，後日これに係る経済的成果が失われた場合には，必要経費に算入することができることになるにとどまるものと解するのが相当である。

③ 所得税法51条2項，同法施行令141条3号は，事業所得等の金額のうちに含まれていた無効な行為により生じた経済的成果がその行為の無効であることに基因して失われたことにより生じた損失の金額は，その損失の生じた日の属する年分の事業所得等の金額の計算上，必要経費に算入する旨規定しているところ，これは，無効な行為により生じた経済的成果も課税の対象とされることを前提に，後日それが失われた場合には，必要経費への算入により，これに対応した税額の調整を行うこととしているものであるということができる。

④ 納税者が返還債務を負っていることは，当事者間において既に確認されているものといえるのであるが，このことのみで，納税者が診療報酬の不正請求等をしたことにより生じた経済的成果が失われたということはできないのであり，納税者が返還債務を現実に履行した場合に初めて，その部分についてその経済的成果が失われたものとして，その履行した日の属する年分の事業所得等の金額の計算上，必要経費に算入することができるものというべきである。

⑤ 納税者は，偽りその他不正の行為によって診療報酬の支払を受けたものとして，加算金を課されたのであるから，加算金は，所得税法45条1項7号，同法施行令98条の2にいう故意又は重大な過失によって他人の権利を侵害したことによる損害賠償金又はそれに類するものに該当するというべきである。

【検　　討】

争点は，返還債務のうち未返還の部分を総収入金額から控除できるか，そして賦課された加算金を必要経費に算入できるかである。

納税者は，所得税法37条が必要経費に算入すべき額は債務の確定した金額と定めているから，未履行債務の金額も含めて必要経費に算入することができると主張した。

裁判所は，返還債務は，納税者がこれに現実に履行した場合にその部分について経済的効果が失われ，これにより生じた損失の金額を必要経費に算入することができるにとどまるのであって，未履行債務の金額を含めた返還債務の総額が，所得税法37条1項にいう「事業所得を生ずべき業務について生じた費用の額」に当たるということはできないとした。

本事案において，そもそも納税者が得た不当な利得の返還請求であり，平成17年9月をもって病院を廃業し営業譲渡していることから，必ずしも未履行債務の金額がすべて履行されるとは限らないことを鑑みると，不正請求等が発覚した時点でただちに債務が確定したから必要経費に算入できるということは判断しがたいところである。

【引　　用】

林　仲宣＝髙木良昌『税務弘報』（中央経済社）60巻8号120頁（2012年）

【角田　敬子】

039　遺産分割の際の弁護士費用と譲渡所得の取得費

最高裁第二小法廷平成25年6月14日決定
平成23年（行ツ）第248号，平成23年（行ヒ）第276号・所得税更正処分取消等請求上告及び上告
受理申立事件
　【掲　載】ＴＫＣ：25506389／ＴＡＩＮＳ：Ｚ263－12232
　【判　示】遺産分割調停及び審判事件における納税者の代理人に対する報酬は，譲渡所得の計算
　　　　　　上取得費に算入できないとされた事例
　〔第１審：東京地判平成22年４月16日・平成21年（行ウ）第336号〕
　〔控訴審：東京高判平成23年４月14日・平成22年（行コ）第190号〕

【解　　説】

　土地や建物を売った時の譲渡所得は，土地や建物を売った金額から取得費と譲渡費用を差し引いて計算する。譲渡費用とは，土地や建物を売るためにかかった費用をいい，取得費は所得税法38条で「別段の定めがあるものを除き，その資産の取得に要した金額並びに設備費及び改良費の額の合計額とする。」とされている。

　相続により取得した財産を譲渡した場合における取得費は，被相続人がその土地建物を買い入れたときの購入代金や購入手数料などを基に計算し，業務に使われていない土地建物を相続により取得した際に相続人が支払った登記費用や不動産取得税の金額も取得費に含まれる。

　この取得費に，遺産分割の際に支払った弁護士報酬が含まれるか。

【事案の概要と経緯】

　Ａは昭和41年に死亡したＢの法定相続人の１人であった。遺産分割は難航し，Ａや他の相続人から遺産分割の調停の申し立てがされたが，調整が成立するには至らなかった。

　そこでＡは，昭和48年，Ｃ法律事務所に所属する弁護士との間で委任契約を締結し，同弁護士を各遺産分割調停事件の代理人とした。遺産分割調停事件は審判事件に移行し，平成16年６月18日確定の審判により，Ａは土地や現金他の遺産等を取得することとなった。その後Ａは遺産分割調停及び審判事件の弁護士報酬としてＣ法律事務所へ約1300万円を支払った。

　Ａは平成17年に相続した土地を株式会社Ｅへ１億500万円で譲渡し，分離長期譲渡所得の金額の計算において，Ｃ法律事務所に対して支払った弁護士報酬のうち土地に対応する金額である989万181円を土地の譲渡に係る取得費として控除して確定申告を行った。

　所轄税務署はＡの平成17年分所得税について，上記弁護士報酬を取得費に算入することはできないとして更正処分等をした。

【判決要旨】

①　所得税法は，相続による資産の所有権移転の場合には，限定承認のときを除き，その段階において譲渡所得課税を行わず，相続人がその資産を譲渡したときに，その譲渡所得の金額の計算についてその者が当該資産を相続前から引き続き所有していたものとみなすと規定しており，被相続人が当該資産を取得するのに要した費用は相続人の譲渡所得金額の計算の際に取得費としてその譲渡収入金額から控除されることとなる。これは，相続（限定承認を除く。）の時点では，資産の増加益が顕在化しないことから，その時点における増加益に対する課税を留保し，その後相続人が資産を譲渡することによってその増加益が具体的に顕在化した時点において，これを清算して課税することとしたものであり，この規定の本旨は，増加益に対する課税の繰延べにあると解される。

②　そうすると，相続人が相続した不動産を譲渡した場合の譲渡所得の金額の計算において譲渡収入金額から控除される取得費のうちの「資産の取得に要した金額」は，被相続人と相続人の両者につ

いて，その不動産を取得したときにおける，(1)その不動産の客観的価格を構成すべき取得代金の額と，(2)その不動産を取得するための付随費用の額を合算すべきことになる。このうち，相続人については，相続は被相続人の死亡という事実に基づいて何らの対価なくして財産の承継が生ずるものであるから，(1)は考えられず，相続により取得した不動産の所有権移転登記手続等をするために要する費用（登録免許税等）が，(2)の付随費用に当たるものである。本事案においては，遺産分割に要する費用が，相続人の上記(2)の付随費用に当たるかどうかが，問題となる。

③　遺産分割は，共同相続人が，相続によって取得した共有に係る相続財産の分配をする行為であり，これによって個々の相続財産の帰属が定まり，相続の開始の時にさかのぼって，各相続人が遺産分割により定められた財産を相続により取得したものとなるのである。

④　このような法的性質に照らして考えると，遺産分割に要した費用が当該資産の客観的価格を構成すべきものではないことが明らかである。そして，遺産分割は，資産の取得をするための行為ではないから，これに要した費用（例えば，遺産分割調停ないし同審判の申立手数料）は，資産を取得するための付随費用ということもできないといわざるを得ない（これに対し，例えば，既に共同相続人の共有名義の相続登記がされているときに，遺産分割の結果に基づいて単独名義に持分移転登記手続をするために要する費用は，単独で相続したことを公示するために必要な費用であるから，単独名義の相続登記をする費用と同様に，資産を取得するための付随費用に当たるというべきである。）。したがって，遺産分割の手続について弁護士に委任をした場合における弁護士報酬は，相続人が相続財産を取得するための付随費用には当たらないものというべきである。

【検　討】

遺産分割の際の弁護士報酬がその遺産分割により取得した資産の取得費となりうるかが争われた事案である。裁判所は，遺産分割は資産を取得するための行為ではないから，これに要した費用は資産を取得するための付随費用には含まれないとした。

本事案においては，相続開始後遺産分割が完了するまでに40年弱もかかっており，まさに争族といえる事案である。確かに遺産分割は資産を取得するための行為ではないが，弁護士の代理がなければ相続はまとまらず，Aは土地を取得することはできなかった。そういった観点からは，必要な費用といえるのではないだろうか。

資産の多少にかかわらず，相続が争族となってしまい代理人を立てざるをえなくなる，という状況はそれほど珍しいものではない。そのような場合の当事者たちは，やむを得ず支出した費用であり必要な費用だった，と認識しているケースが多い。相続財産を取得するために要した費用と考えるのが人情ともいえ，取得費とできないか相談をうける税理士も多くなるのではないだろうか。

遺産分割で争いとなってしまった場合に，弁護士に委任することが少なくないということは裁判所も認めてはいるが，裁判所の論理としては，遺産分割が資産を取得する行為に当たらない以上，その費用は資産を取得するための費用とはならない。遺産分割を弁護士に依頼するのが当たり前となったとしても，本事案におけるような弁護士費用は，税法上考慮される機会のない費用ということになる。

「資産の取得に要した金額」には，当該資産の客観的価格を構成すべき取得代金の額のほか，登録免許税，仲介手数料等の当該資産を取得するための不随費用の額も含まれるが，他方，当該資産の維持管理に要する費用等居住者の日常的な生活費ないし家事費に属するものはこれに含まれない。この取得費の要件を再確認しつつ，現状では遺産分割に係る弁護士費用は相続財産を取得するための不随費用とはいえず，取得費に含めることはできないという点について留意しなければならない。

【引　用】

林　仲宣＝髙木良昌『税務弘報』（中央経済社）59巻10号52頁（2011年）

【髙木　良昌】

所得税法の基礎理論　——————　87

040　所 得 区 分（一時所得と雑所得）

最高裁第三小法廷平成27年３月10日判決
平成26年（あ）第948号・所得税法違反被告事件
【掲　載】裁判所ＨＰ／ＴＫＣ：25447123／ＴＡＩＮＳ：Ｚ999−9136
【判　示】ＰＡＴ口座を利用し，ソフトに馬券を自動購入させ利益を得ていた場合の競馬の払戻
　　　　金に係る所得は，一時所得ではなく雑所得であるとした事例
〔第１審：大阪地判平成25年５月23日・平成23年（わ）第625号〕
〔控訴審：大阪高判平成26年５月９日・平成25年（う）第858号〕

【解　　説】

　競馬の払戻金にかかる所得は，一律一時所得であるとされてきた。一時所得とされた場合，「その収入を得るために支出した金額」として控除すべき金額は，当たり馬券の購入金額のみとなる。この取扱いについて，馬券の購入が窓口でしか行うことができず匿名性が高かった時代は実際に課税することも難しく問題とされてこなかった。しかし，現在ではインターネットで購入することも可能であり，本事案の納税者のようにソフトを使用し大量反復的に自動購入するようなことも可能となった。

【事案の概要と経緯】

　納税者は，競馬予想ソフトを用いて過去約10年分の競馬データを分析して，独自に考え出したユーザー得点及びユーザー抽出条件を設定し，ＰＡＴ口座の残高に応じた購入金額で馬券を自動購入し，払戻金の受取等を行っていた。

　ＰＡＴ口座の利用とは，下級審判決によれば，日本中央競馬会（ＪＲＡ）が提供する競馬購入システムであり，①パソコン，携帯電話及びプッシュホン電話により馬券を購入することができ，利用時の馬券の購入金の支払い及び払戻金の受領等の決済は全て，加入時に開設したＡ−ＰＡＴ専用の銀行口座（ＰＡＴ口座）を通じて行われるＡ−ＰＡＴ方式と，②携帯電話により馬券を購入することができ，利用時の馬券の購入金額の支払い及び払戻金の受領は全て，加入時に登録した特定の銀行口座を通して行われ，馬券の発売時間帯にも入出金が可能である即ＰＡＴ方式という２種類のサービスを利用する方法である。

　納税者は，競馬に使用する資金を100万円と決め，ＰＡＴ口座の残額が増えた場合にはそれに応じて馬券の購入金額を増やし，ＰＡＴ口座の残額が減ればそれに伴い購入金額も小さくなるような金額式を作成し，想定外の連敗が続いたとしてもＰＡＴ口座の残高がすぐに底をつくことがないようにした。以上のようにして納税者は，ＰＡＴ口座の残額に応じて，収支の安定を図り，かつ効率よく残高を増やすことができるような金額式を作成した。

　納税者は適宜，この予想ソフトの改変をしつつ，ソフトを使用して勝馬投票券（馬券）を購入し続けた結果，長期的には収支はプラスになり，平成19年から21年までの３年間で約28億７千万円分の馬券を購入し，約30億１千万円の払い戻しを受け，差引約１億４千万円の黒字となっていた。

　納税者はこの利益を申告してなかったところ，馬券の払戻金に係る所得は一時所得であり，「その収入を得るために支出した金額」として控除すべき金額は，的中した馬券（当たり馬券）の購入金額のみであるから，平成19年から21年の３年間で払い戻しを受けた額から当たり馬券の購入費のみを控除した約28億８千万円が所得であり，約５億７千万円を脱税したとして検察から起訴された。

【判決要旨】

①　所得税法上，営利を目的とする継続的行為から生じた所得は，一時所得ではなく雑所得に区分されるところ，営利を目的とする継続的行為から生じた所得であるか否かは，文理に照らし，行為の期間，回数，頻度その他の態様，利益，発生の規模，期間その他の状況等の事情を総合考慮して判

断するのが相当である。

② 検察官は，営利を目的とする継続的行為から生じた所得であるか否かは，所得や行為の本来の性質を本質的な考慮要素として判断すべきであり，当たり馬券の払戻金が本来は一時的，偶発的な所得であるという性質を有することや，馬券の購入行為が本来は社会通念上一定の所得をもたらすものとはいえない賭博の性質を有することからすると，購入の態様に関する事情にかかわらず，当たり馬券の払戻金は一時所得である，また，購入の態様に関する事情を考慮して判断しなければならないとすると課税事務に困難が生じる旨主張する。しかしながら，所得税法の沿革を見ても，およそ営利を目的とする継続的行為から生じた所得に関し，所得や行為の本来の性質を本質的な考慮要素として判断すべきであるという解釈がされていたとは認められない上，いずれの所得区分に該当するかを判断するに当たっては，所得の種類に応じた課税を定めている所得税法の趣旨，目的に照らし，所得及びそれを生じた行為の具体的な態様も考察すべきであるから，当たり馬券の払戻金の本来的な性質が一時的，偶発的な所得であるとの一事から営利を目的とする継続的行為から生じた所得には当たらないと解釈すべきではない。また，画一的な課税事務の便宜等をもって一時所得に当たるか雑所得に当たるかを決するのは相当でない。

③ 納税者が馬券を自動的に購入するソフトを使用して独自の条件設定と算式に基づいてインターネットを介して長期間にわたり多数回かつ頻繁に個々の馬券の的中に着目しない網羅的な購入をして当たり馬券の払戻金を得ることにより多額の利益を恒常的に上げ，一連の馬券の購入が一体の経済活動の実態を有するといえるなどの事実関係の下では，払戻金は営利を目的とする継続的行為から生じた所得として所得税法上の一時所得ではなく雑所得に当たる。

④ 雑所得については，所得税法37条1項の必要経費に当たる費用は同法35条2項2号により収入金額から控除される。本事案においては，外れ馬券を含む一連の馬券の購入が一体の経済活動の実態を有するのであるから，当たり馬券の購入代金の費用だけでなく，外れ馬券を含む全ての馬券の購入代金の費用が当たり馬券の払戻金という収入に対応するということができ，外れ馬券の購入代金は同法37条1項の必要経費に当たると解するのが相当である。

【検　討】

本事案では，納税者の馬券の購入は娯楽の域にとどまるものではなく，一連の行為としてとらえるべきであり，営利を目的とする継続的行為から生じた所得として，一時所得ではなく雑所得と解するのが相当であるとされた。下級審の判断は，実際の馬券の購入形態等を考慮した妥当な判断であったといえる。

営利性の判断は，いわば当事者の内心の問題である。きっかけが趣味でも道楽であっても，損を覚悟で馬券を購入するはずもなく，一攫千金を夢見ることは，商売における金儲けと差はない。年1度年末に，「買わなきゃ当たらない」として，宝くじを購入することも，営利を追求することに他ならない。

ただし，留意すべきことは，裁判所は払戻金を直ちに雑所得と認定したのではなく，その継続性，恒常性に注目して本事案の払戻金は雑所得と認定したのであり，通常の払戻金は一時所得であるとしている点には注意が必要である。

従来から，匿名性の強い払戻金は，実際に課税されるというようなことはほとんどなかったはずである。しかし，本事案の納税者がそうであったように，インターネットを介した馬券の購入はその履歴が残ることから，技術上課税することは困難ではない。

【参考文献】

林 仲宣『実務に役立つ租税基本判例精選100』（税務経理協会，2019年）82頁

【林　仲宣】

041 債務免除益が給与所得に該当するか否か

最高裁第一小法廷平成27年10月8日判決

平成26年（行ヒ）第167号・納税告知処分等取消請求上告事件

【掲　載】ＴＫＣ：25447491／ＴＡＩＮＳ：Ｚ265－12733

【判　示】権利能力のない社団の理事長及び専務理事の地位にあった者が当該社団からの借入金
　　　　　債務の免除を受けることにより得た利益が，所得税法28条１項にいう賞与又は賞与の性
　　　　　質を有する給与に当たるとされた事例

〔第１審：岡山地判平成25年３月27日・平成24年（行ウ）第６号〕

〔控訴審：広島高判平成26年１月30日・平成25年（行コ）第９号〕

〔差戻控訴審：広島高判平成29年２月８日・平成27年（行コ）第30号〕

〔差戻上告審：最判平成30年９月25日・平成29年（行ヒ）第209号〕

【解　説】

　所得税法183条１項は，「居住者に対し国内において第28条第１項（給与所得）に規定する給与等（以下「給与等」という）の支払をする者は，その支払の際，その給与等について所得税を徴収し，その徴収の日の属する月の翌月10日までに，これを国に納付しなければならない。」と規定している。しかし，所得税法上は「支払」の意義は定義づけられていない。

　源泉徴収制度は，その性質上，課税標準の金額又は数量が明らかであり，税額を容易に計算できることを理由に導入されているが，文言が広義的に解釈されることで，支払者である源泉徴収義務者に苛酷な負担が課される可能性がある。

【事案の概要と経緯】

　本事案は，法人（被上告人）が，その理事長であったＡに対し，Ａの法人に対する借入金の債務を免除したところ，所轄税務署から，上記債務免除益にかかる経済的利益がＡに対する賞与に該当するとして，給与所得にかかる源泉所得税の納税告知処分及び不納付加算税の賦課決定処分を受けたため，法人は上記債務免除時においてＡは資力喪失状態であり，改正前の所得税基本通達36－17の適用があり，Ａに係る源泉所得税額の計算上これを給与等の金額に算入することはできず，源泉徴収義務はないなどと主張して，同債務免除等に係る平成19年12月分の源泉所得税の納税告知処分及び不納付加算税の賦課決定処分の取消しを求めた事案である。なお，第一審，控訴審は共に法人の主張を容認していた。

【判決要旨】

① 給与所得は，労務の直接の対価に限定されず，労務を提供する地位に基づいて支給されるものも含むものであるが，法人の役員については，その業務内容は包括的かつ広範であり，法人の業務全般に及ぶものであることから，その給与の支給は指揮命令を受けて労働する従業員の賃金とは性格を異にし，その役務の対価性等を判断するに当たって具体的かつ個々的な業務を観念することは困難であり，厳密に判断することも不可能である。

　そうであれば，役員に対して給付された金銭ないし経済的利益は，法人から見て当該法人の役員の立場と全く異なる純然たる第三者との取引ともいうべき態様によるものであるなどの特段の事情がない限り，労務（役務）の対価又は役員の地位に基づいて給付されたものとして，給与所得に該当すると解すべきである。

② そのため，法人の役員に対する債務免除が，所得税法28条１項の「給与等」に当たらないというためには，単に債務免除を行った法人の主観的な動機のみではなく，当該役員の客観的な資力等の事実に基づき，客観的にみても「資力喪失により弁済が著しく困難である」と評価される場合でな

ければならないというべきであり，そうでなければ，債務免除が純然たる第三者に対して行う場合と同様のものであるということはできず，経済的利益をこれらの者に与えたことになるから，当該債務免除は，役務の対価又は役員の地位に基づいて給付されたものとして，「給与等」に当たるというべきである。

③　債務者であるAは，資力を喪失して債務を弁済することが著しく困難であったとはいえず，債務免除益は，その全額が，所得税法36条1項にいう「経済的な利益」に該当するから，源泉所得税額の計算上給与等の金額に算入されるべきである。

この点をおくとしても，Aの資産は，33億9583万9141円あり，これを相手方以外の債権者に対するAの負債の合計額である4億4084万2857円の弁済に充てたとしても，残りの資産は29億5499万6284円となり，この部分は，少なくとも，Aが債務の弁済に充てることができたものであり，この部分の弁済を免れたことにより，担税力が増加したということができる。したがって，債務免除益のうち，少なくとも29億5499万6284円の部分は，所得税法36条1項にいう「経済的な利益」に該当することから，源泉所得税額の計算上給与等の金額に算入されるべきである。

【検　討】

本事案の争点は，債務免除益が給与所得に該当するか否か，また，給与所得に該当する場合，債務免除益を源泉所得税額の計算上給与等の金額に算入すべきか否かという点に集約される。

第一審及び控訴審は，債務免除はAが資力を喪失したことを理由として行われたものであり，Aが役員であることを理由に行われたものではないとして，債務免除益は給与所得に該当しないと判断した。

これに対し最高裁は，債務免除益が給与所得に該当しないというためには，債務免除が法人から見て純然たる第三者と同様の取引であると認められる場合でなければならないとし，本事案における債務免除益は給与所得に該当すると判断した。

最高裁は，原判決を破棄し，差し戻した。差戻控訴審では本事案における債務免除益は給与所得であり，Aの資産状況も，資力喪失状態とはいえないため，債務免除益の一部については経済的利益となり，この経済的利益は給与所得に該当するため，法人には源泉徴収義務があるとした。

本事案は，多額の債務免除益が給与所得に該当することで，源泉徴収義務者である支払者の負担は苛酷なものとなり，源泉徴収制度の趣旨の観点から重要な事例である。

本事案は，給与所得における賞与の意義を明確に定義し，法人がAに行った債務免除の性質を鑑み，債務免除益の性質がAへの役員賞与であると判示した点に意義がある。

しかしながら，債務免除益が給与所得となると，給与支払者は源泉徴収義務を負うが，「支払」を認識することが困難であるという問題がある。所得税法上では「支払」の意義は定義づけられていない。「支払」の解釈により，支払者の源泉徴収義務の存否は左右されるため，拡大解釈を行うことは，支払者の予測可能性の観点，租税法律主義の課税要件明確主義の観点からも容易に許容できるものではない。「支払」の意義を文言どおりに解釈し，その解釈ができない場合に限って源泉徴収制度の趣旨に照らして解釈するべきである。

さらに，債務免除益は原則として所得を構成するものとして課税の対象となるが，例外的に，資力を喪失して債務を弁済することが著しく困難である場合には，担税力の欠如を理由に，収入金額に含めないという取扱いが認められている。そして，債務免除益の所得区分は，個別具体的に事実を認定し，あてはめることで10種類の所得のうちいずれかに該当するかを判断することとなる。そのうえで資力喪失要件を満たすか否か，給与所得に該当するか否か，さらに源泉徴収義務を負うか否かについて，これらのすべてを支払者が判断することは困難であり，源泉徴収義務者に苛酷な負担を課すこととなる。

【安本　真子】

042　福利厚生目的の養老保険と必要経費

広島高裁平成28年４月20日判決
平成27年（行コ）第26号・所得税更正処分等取消請求事件
【掲　載】ＴＫＣ：25561751／ＴＡＩＮＳ：Ｚ266－12846
【判　示】従業員を被保険者とする保険料の一部を福利厚生費とは認められないとした事例
〔第１審：広島地判平成27年７月29日・平成23年（行ウ）第38号〕

【解　説】

　納税者らがそれぞれ雇用する従業員を被保険者とする保険契約の保険料の一部を所得税法37条１項に規定する費用として確定申告したところ，所轄税務署長が費用として認めず，更正処分及び過少申告加算税の各賦課決定処分をしたことから，これら処分の取消しを求めた事案において，各賦課決定処分は適法であるとして，納税者らの請求を棄却した事例である。

【事案の概要と経緯】

　眼科医院を経営する納税者Aは，H生命保険株式会社との間で，各従業員を被保険者とする年金支払型特殊養老保険契約を締結するとともに，既往症により保険審査で外れた２人を除く全ての従業員を被保険者とする終身がん保険契約を締結した。

　納税者A，Bは，各年度における養老保険契約に係る保険料支払額を，当該保険料から特別保険料を除いた金額の２分の１に相当する「積立部分」の金額と，それを除く「必要経費算入部分」の金額とに区別し，必要経費算入部分の金額と終身がん保険契約に係る保険料支払額を合算し，納税者A，Bの従業員に係る人件費の割合により按分して算出した金額を福利厚生費として，それぞれの事業所得の計算上，必要経費に算入した。

　地裁は，保険契約が従業員の福利厚生のためであるといえるだけの必要な整備がとられておらず，現実にも福利厚生のために利用がなされていないとして，各保険料は必要経費に該当しないとした。養老保険契約に係る保険料の一部が家事関連費に該当するとしても，福利厚生目的である部分を明らかに区分することができず，必要経費に算入できないと判示した。

【判決要旨】

① 　所得税の算定において，事業者である個人が行った支出が必要経費に該当するかを判断するに当たり，その支出の目的を考慮すべきであり，その目的を判断するに当たっては，事業者その他関係者の主観のみならず，客観的事実に基づいてしなければならないと判断する。

② 　納税者らが従業員に各養老保険契約の保険証券の写しを交付するなどしておらず，従業員にその契約内容を的確に把握できる手段を講じていないことからすれば，死亡保険金の受取人及び高度障害保険金の代理請求人が従業員の家族であるとしても，その受給が保障されているとはいえない。また，各養老保険契約の満期保険金や各がん保険契約の給付金，保険金の受取人が納税者と指定されている以上，これを受給するためには被保険者の署名，実印による押印等が必要であるとしても，従業員らの協力を要することを示すに過ぎず，従業員らへの支給が法的に保障されているとはいえない。

③ 　従業員に退職金が支給されてきたという実績が存在しても，その退職金が各保険契約の解約返戻金を原資とするものでなければ，各保険契約が福利厚生目的であることの裏付けにはならないところ，解約返戻金が退職金の原資に充てられていなかった。

④ 　納税者は，保険会社に対し，退職金の補償基準の整備に努める旨繰り返し申し入れながら，退職金規定に保険金や解約返戻金の取扱に関する定めを設けておらず，退職金規定による退職金の要支給額は，解約返戻金等の額を大きく下回っており，このような退職金の要支給額と解約返戻金の額

の差異についての合理的な説明もない。そうすると，各養老保険契約の満期保険金等で従業員間の
金額をそろえたことをもって，福利厚生目的を有するものと認めることはできない。

⑤　各がん保険についても，保険金受取人がいずれも納税者であり，保険証券を納税者が保管し，そ
の写しを従業員に交付することもしていないことを考慮すれば，たとえ死亡保険金等の金額が各従
業員間で統一されていても，福利厚生目的であると認められることはできない。

⑥　各保険契約が福利厚生目的とは認められないのであり，各保険契約に基づき納税者らが支払った
保険料は，いずれも事業の遂行上必要な費用とは認められないから，必要経費とは認められない。

⑦　各養老保険契約が，死亡保険金受取人を被保険者である従業員の親族，高度障害保険金の受取人
を被保険者である従業員自身とする内容を含む点を捉えて，各養老保険契約に係る保険料が福利厚
生費としての性質を含有すると解したとしても，その保険料は，所得税法45条１項１号及び所得税
法施行令96条所定の必要経費に算入されない家事関連費に該当し，必要経費に算入することはでき
ないと判断する。

⑧　各養老保険契約は，納税者らが多額の解約返戻金等のある保険契約を締結し，実質的に自己資金
を留保しつつ，その保険料を必要経費に算入することを企画したもの認められるのであるから，各
養老保険契約が被保険者を従業員とし，死亡保険金の受取人を従業員の家族としているために福利
厚生費の性質を帯びていることを考慮しても，支払保険料全体が家事関連費に該当するというほか
ないし，危険保険料負担部分が各養老保険の２分の１であると認めることができないばかりか，支
払保険料の中で業務の遂行上必要な部分として明らかに区分することができるとは認められない。

【検　　討】

　各保険料が所得税法37条に規定する必要経費に該当するか否かをめぐって，当該支出が従業員の福
利厚生目的であるか否かが争点となった。

　納税者らは，養老保険契約の被保険者は従業員全員であり，死亡保険金の受取人は従業員の指定し
た従業員の遺族であること等から，福利厚生目的であると主張した。これに対して，所轄税務署長は，
各保険契約は福利厚生目的ではなく，各養老保険契約に係る保険料が家事関連費に該当するとしても，
必要経費に算入した保険料には合理性がないと主張した。

　高裁は地裁判決を踏襲して，①従業員に各養老保険契約の保険証券の写しを交付していなかったこ
と，②解約返戻金が退職金の原資に充てられていなかったこと，③退職金規程に保険金や解約返戻金
の取扱いが定められておらず，退職金規程による退職金の要支給額が，解約返戻金等の額を大きく下
回っていたこと等から，保険料の支出は事業の遂行上必要な経費とはいえず，必要経費に該当しない
とした。また，支払保険料全体が家事関連費に該当するとしても，危険保険料負担部分が各養老保険
料の２分の１であるとはいえず，支払保険料のうち業務の遂行上必要な部分を明らかに区分すること
ができず，必要経費に算入できないとした。

　納税者らは，退職金規程に保険金や解約返戻金の取扱いに関する定めを設けていない。退職金規定
による退職金の要支給額は解約返戻金等の額を大きく下回っており，解約返戻金が退職金の原資に充
てられたとはいえない。

　納税者らは，退職金規程等の明細を定め，主観のみならず，客観的事実に基づいて必要経費に該当
するかを判断するべきである。

【引　　用】

林　仲宣『実務に役立つ租税基本判例精選100』（税務経理協会，2019年）100頁

【小澤　英樹】

043　他に職業を有する者に対する青色事業専従者給与

東京地裁平成28年９月30日判決

平成26年（行ウ）第355号・所得税更正処分等取消請求控訴事件

【掲　載】ＴＫＣ：25536344／ＴＡＩＮＳ：Ｚ266－12909

【判　示】関連会社の役員として従事する配偶者は，他に職業を有するものであるから青色事業
　　　　専従者給与は認められないとした事案

〔控訴審：東京高判平成29年４月13日・平成28年（行コ）第370号〕

【解　説】

　所得税法では，生計を一にしている配偶者その他の親族が納税者の経営する事業に従事している場合，納税者がこれらの人に支払う給与は原則として必要経費としないが，白色申告者には事業専従者控除の特例を，青色申告者には青色事業専従者給与の特例を認めている。

　青色事業専従者給与として認められるためには，①青色申告者と生計を一にする配偶者その他の親族で，その年の12月31日現在で年齢が15歳以上であり，その年を通じて６月を超える期間を青色申告者の営む事業に専ら従事していること，②「青色事業専従者給与に関する届出書」を納税地の所轄税務署長に提出していること，③届出書に記載されている方法により支払われ，しかもその記載されている金額の範囲内で支払われたものであること，④給与の額は，労務の対価として相当であると認められる金額であること，が要件となる（所得税法57条，所得税法施行令165条）。

【事案の概要と経緯】

　税理士である納税者は，関連会社Ａの代表取締役・関連会社Ｂ及びＣの取締役を務める妻に対し，所長代理として税務会計業務に従事させ，平成21年は675万円，平成22年は572万円，平成23年は530万円の専従者給与を支払い，必要経費に算入していた。同時に妻は，関連会社３社から合計で平成21年は960万円，平成22年は920万円，平成23年は960万円の役員報酬を受けていた。

　税務署は，妻は他に職業を有しており納税者の営む事業に専ら従事するとは認められず，青色事業専従者に該当しないとし，給与の額は必要経費に算入することはできないとして更正処分等を行ってきた。納税者はこれを不服として，異議申立て，審査請求を行ったところ，いずれも棄却されたため，更正処分等の取消しを求めて提訴したという事案である。

【判決要旨】

①　所得税法施行令165条１項は，所得税法57条１項に規定する居住者と生計を一にする配偶者その他の親族が専らその居住者の営む同項に規定する事業に従事するかどうかの判定は，事業専従期間がその年を通じて６か月を超えるかどうかによる旨を定め，所得税法施行令165条２項は，同条１項の場合において，同項に規定する親族につき次の各号の一に該当する者である期間があるときは，当該期間は，事業専従期間に含まれないものとし，２号として，「他に職業を有する者（その職業に従事する時間が短い者その他当該事業に専ら従事することが妨げられないと認められる者を除く。）」を定めている。

②　所得税法施行令165条２項２号の規定は，居住者の営む事業に従事する同条１項の親族につき，「他に職業を有する者」である期間は，原則として事業専従期間に含まれないとしつつ，それらの者のうち「その職業に従事する時間が短い者その他当該事業に専ら従事することが妨げられないと認められる者」を例外的に除くものとしているところ，上記のような規定によれば，かかる例外に該当するかどうかについては，他の職業に従事する時間がおよそ短く，当該事業に専ら従事することが妨げられないことが一見して明らかであるかどうか，さらには，上記に当たらない場合を含め，当該事業及び他の職業の性質，内容，従事する態様その他の諸事情に照らし，実質的にみて当該事業

に専ら従事することが妨げられないと認められるかどうかによって判断するのが相当である。

③　これを本事案についてみると，妻は，平成21年ないし平成23年において，事業に従事するほか，これらの期間を通じて，関連会社のＡ社代表取締役，Ｂ社及びＣ社の取締役として，関連会社の業務に従事していたのであって，上記の期間を通じて「他に職業を有する者」であったことは明らかであるから，妻が「その職業に従事する時間が短い者その他当該事業に専ら従事することが妨げられないと認められる者」に該当しない限り，事業専従期間は存在しないことになる。

④　妻の関連会社の業務は，代表取締役を務めるＡ社の業務を中心として，種々の事務について相応の業務量があったものというべきであるが，納税者の事業は，税理士事務所における納税者の税理士業務であって，妻は，納税者の「所長代理」ないし「所長補佐」として，同事務所の税務，会計業務に従事していたというところ，妻は，関連会社の業務と税理士事務所の事業に係る業務とを，主として自宅又は税理士事務所において行っていたことになるのであるから，各業務の性質，内容，従事する態様等に照らし，妻の関連会社の業務について，納税者の事業に専ら従事することが妨げられないものであったとまでは認め難いというべきである

⑤　以上によれば，妻は，「その職業に従事する時間が短い者その他当該事業に専ら従事することが妨げられないと認められる者」に該当するとはいえず，平成21年ないし平成23年の各期間を通じて「他に職業を有する者」であったことになるから，事業に係る事業専従期間があった期間が６か月を超える年はなく，したがって，各係争年分のいずれにおいても，事業に係る青色事業専従者には該当しないというべきである。

【検　　討】

本事案は，税理士が他に職業を有する妻に対して支出した給与が，青色事業専従者給与には当たらないとされたものである。

税務調査では必ずと言っていいほどチェックを受ける専従者給与であるが，専従者が他に職業を有する場合には，要件のなかでも「事業に専ら従事」していたといえるかどうかが争われるケースが多い。専従者が他に職業を有する場合には，その職業を有する期間は事業に専ら従事する期間に含まれないが，「その職業に従事する時間が短い者その他当該事業に専ら従事することが妨げられないと認められる者」（所得税法施行令165条２項かっこ書き）は専従者として認められる。

青色事業専従者給与の争点は，事業として行われているか，事業に専ら従事しているか，適正な金額か，生計を一にしているかに集約される。本事案では，所得税法施行令165条２項２号のかっこ書きに該当するかどうかの判断の基準が示されたが，事業への影響力と負担の重さを考慮して社会通念に従って判断されたともいえる。士業は専門的な資格職業であるから，所長代理といえども無資格の専従者は事業主と同じ業務を行うことはできない。専従者給与が不相当に高額と指摘されないためにも，従業員と比較して格別の業務を行っていたことを立証し主張できなければならない。例えば，税理士の場合には，会計法人を営むなど，事業に関連する法人を設立することが少なくない。このような関連法人で働いている親族については，関連法人での勤務が少ないなど，事業に専ら従事することが妨げられないといえなければ，専従者給与を支給することは難しいといえよう。

【引　　用】

有賀美保子『旬刊速報税理』（ぎょうせい）第40巻第５号26頁（2021年）

【有賀　美保子】

044　サプリメントの医療費控除該当性

最高裁第三小法廷平成28年10月18日判決
平成28年（行ツ）第75号・所得税更正処分取消等請求上告及び上告受理申立て事件
【掲　載】ＴＫＣ：25561818／ＴＡＩＮＳ：Ｚ266－12918
【判　示】不妊治療のために医師の指導に基づき購入したサプリメントが医療費控除の対象にならないとされた事例
〔第１審：東京地判平成27年５月12日・平成25年（行ウ）第355号〕
〔控訴審：東京高判平成27年11月26日・平成27年（行コ）第205号〕

【解　説】

　医療費控除における医療費とは，医師又は歯科医師による診療又は治療，治療又は療養に必要な医薬品の購入その他医療又はこれに関連する人的役務の提供の対価のうち通常必要であると認められるものとして政令で定めるものをいう，と規定している（所得税法73条２項）。施行令では，医療費の対価の額として，医師又は歯科医師による診療又は治療，治療又は療養に必要な医薬品の購入等の対価として一般的に支出される水準を著しく超えない部分の金額とされている（同法施行令207条）。

　税務の取扱いでは，同法施行令207条に規定する医薬品とは，医薬品，医療機器等の品質，有効性及び安全性の確保等に関する法律（旧薬事法）２条１項《医薬品の定義》に規定する医薬品をいうのであるが，同項に規定する医薬品に該当するものであっても，疾病の予防又は健康増進のために供されるものの購入の対価は，医療費に該当しない，と明らかにしている（所得税基本通達73－5）。

【事案の概要と経緯】

　納税者の妻は，平成19年12月20日から，東京都渋谷区所在のクリニックに通院し，不妊症の治療のため，医師の診療を受けるようになった。このクリニックにおいては，薬事法上の医薬品の服用を希望しない者が患者となっており，サプリメントの摂取により体全体を健康にして病気を治療する方針が採られている。納税者の妻は，医師に胃腸障害による重度の栄養失調のため卵巣機能不全となっていることが不妊症の原因であると診断され，血液検査，尿検査等を受けた上で，医師の指導に基づきサプリメントを服用するようになった。納税者は，クリニック又は医師の親族が経営する法人から，サプリメントを購入した。納税者は，生計を一にする妻の不妊症の治療のために医師の指導に基づき購入したサプリメントの購入費用を医療費控除の対象となる医療費に含めて，納税者の平成21年から平成23年分までの所得税の確定申告書等を提出した。

【判決要旨】

① 　所得税法73条２項及び同法施行令207条２号の「医薬品」が薬事法２条１項の「医薬品」の概念を借用したものであることから，それぞれの医薬品の意義，内容も当然に同一のものとして解さなければならないということになるものではない。同法は，医薬品等について，その品質，有効性及び安全性の確保等のために必要な規制を行うことなどを目的とし，同法２条１項の「医薬品」は，以上の規制の対象となるものとして定義され，医薬品の製造販売を業として行うには，医薬品の種類に応じて厚生労働大臣の許可を受けることを必要とし，また，医薬品の製造業の許可を受けた者でなければ業として医薬品の製造をしてはならないとしているうえ，医薬品を製造販売しようとする者は，品目ごとにその製造販売についての同大臣の承認を受けなければならず，そのほか医薬品として不適当なものとして厚生労働省で定める場合に該当するときには，承認は与えないものとされ，これらの規制に違反して医薬品を製造販売する者に対しては罰則を設けて，上記の目的の実現を図っている。

② 　医療費控除制度は医薬品の購入費用を含め，多額な医療費の支出による担税力の減殺を調整し，

所得税の公平な負担を図る目的で，通常必要と認められるものについて政策的に調整を行うものとして導入されたものであり，薬事法が目的とする医薬品の規制を取り込むものではないが，同法が定める規制に違反する医薬品の製造販売は許されず，したがってそれを購入することも許されないと解することからすると，そのような医薬品の購入費用，すなわち，同法の医薬品の定義に該当し，同法の規制の対象となるべきものでありながら，正当な理由なく同法の規制を免れているものの購入費用は，社会通念上，そもそも医療費控除制度が控除の対象として予定する通常必要と認められるものに当たらないと解するのが相当であり，そのような医薬品の購入費用について控除の対象性を認めるのは，同法の趣旨，目的に反する結果となるだけでなく，医療費控除制度の趣旨に反するものというべきである。

③　以上のことに鑑みると，所得税法73条2項及び同法施行令207条2号の「医薬品」というのは，薬事法2条1項所定の「医薬品」の概念を借用するものではあるが，薬事法の趣旨，目的と医療費控除制度の趣旨，目的との違いからそれぞれの「医薬品」の意義，すなわち，それぞれが対象とする医薬品の範囲にも自ずから違いがあるというべきであり，課税上の法的安定性及び公平の観点に照らすと，所得税法73条2項及び同法施行令207条2号の「医薬品」は，薬事法2条1項に該当し，同法の規制の下に厚生労働大臣の承認を受けて製造販売されている医薬品をいうものと解するのが相当である。

④　サプリメントは，いずれも薬事法上の医薬品の製造販売に係る厚生労働大臣の承認を受けていない物と認められるから，所得税法73条2項及び同法施行令207条2号の「医薬品」には該当しないというべきである。

【検　討】

不妊症治療の一環として購入したサプリメントの購入費用が医療費控除の対象に含まれるか否かが争われた事案である。第1審判決では，所得税基本通達73-5の，医療費控除にいう医薬品を薬機法上の医薬品と定義する内容について，施行令の解釈として合理的な内容であると判断し，薬機法の承認を経ずに置かれている物品（サプリメント）を，医師の指導があるという理由又は成分が医薬品と同等という理由で，医薬品に類するものとすることは薬事法にそぐわず，又は不妊治療の一環として購入されたものであったとしても，その購入自体が医師又は歯科医師による診療又は治療の対価に該当しないから，医療費控除の対象にならないと判断した。

控訴審においても，医薬品の概念について薬機法から借用するものであるが，それぞれの趣旨，目的の違いから，意義，内容について当然に同一のものと解さなければならないということになるものではないとしながらも，薬機法上の医薬品に該当し同法の規制の対象となるべきものでありながら，正当な理由なく規制を免れているものの購入費用は，社会通念上，そもそも医療費控除の対象として予定する通常必要と認められるものに当たらないとして，サプリメントの購入費用が医療費控除に該当しないと判断している。最高裁でも，上告棄却で納税者敗訴となっている。

医療費の範囲は，医師等に直接支払う診療報酬のほか，診療を受けるために直接必要な費用を含まれるとして，比較的限定せず解釈しているが，医薬品については，薬機法の承認を受けて販売されている医薬品をいうと限定的な解釈を示している。

サプリメントの成分表示を見ると，○○（成分名）含有食品と表示されていたりする。成分が類似していても，医薬品に該当する場合とそうでない場合があるため，注意が必要である。

【引　用】

小林由実『旬刊速報税理』（ぎょうせい）38巻31号16頁（2019年）

【小林　由実】

045　スワップ取引による金地金の交換と譲渡所得

名古屋高裁平成29年12月14日判決
平成29年（行コ）第74号・所得税更正処分等取消請求控訴事件
【掲　載】ＴＫＣ：25560873／ＴＡＩＮＳ：Ｚ267－13099
【判　示】スワップ取引による金地金の交換・保管取引は，実質的には寄託（混蔵寄託）契約であり，所得税法33条１項の「資産の譲渡」に該当しないと判断した事例
〔第１審：名古屋地判平成29年６月29日・平成28年（行ウ）第78号〕

【解　説】

　譲渡所得の本質は，資産の値上がりにより当該資産の所有者に帰属する増加益である。所得税法33条１項にいう「資産の譲渡」とは，有償無償を問わず資産を移転させる一切の行為をいい，交換取引も購入時から交換時までのキャピタルゲインが顕在化すると考えられ課税対象となる。スワップ取引と混蔵寄託が一体不可分の形で行われる取引も，交換取引として「資産の譲渡」に該当するのか。

【事案の概要と経緯】

　納税者は平成９年に4905万円余りで購入した金地金36㎏を平成23年に貴金属製造販売会社Ａ社に持ち込み，金の購入保管契約を結んだ。この購入保管契約とは，Ａとスワップ取引を行い取得したＡが製錬した金地金36㎏をＡに保管を委託する，というものであった。その際納税者はスワップ取引手数料90万円（同日の金地金の店頭での販売価格である１ｇ当たり4147円と買取価格との差額25円に36㎏を乗じた額），年会費5250円及び年間保管料４万2000円を支払った。

　Ａとのスワップ取引とは，顧客が金地金を持ち込み，Ａが純度99.99％以上の純金であると判定した場合に，顧客がスワップ取引手数料を支払った上で，同社にて製錬された金地金と交換する取引，とＡの契約約款に定められている。

　その後所轄税務署は，Ａと納税者の間で結ばれた保管契約は，スワップ取引及び保管契約からなる，交換契約と寄託契約の混合契約であり，スワップ取引をした時点で金の交換であり，譲渡所得が発生すると指摘し，当時の金地金の時価から，金地金の取得費及び譲渡所得の特別控除額を控除した金額の２分の１に相当する金額（4941万8450円）が譲渡所得に当たるとして，更正処分等を行った。

　第１審では所轄税務署の主張が認められ納税者は敗訴している。

【判決要旨】

① 　納税者とＡとの取引は，Ａとの間で契約を締結すると同時に，顧客が所有する金地金を初回のスワップ取引により同社が製錬した金地金と交換し，当該交換した金地金について保管取引を行うという交換・保管取引であったと認められる。約款の定めによれば，交換取引と保管取引を切り離して個別に取引をすることはできず，両取引が一体となって行われる取引であると認められるから，契約のうち，交換・保管取引に係る部分の法的性質は，顧客とＡとが互いの金地金の所有権を相手方に移転する民法上の交換と，顧客がこれにより取得した金地金の保管を同社に委託する民法上の寄託（混蔵寄託）とを組み合わせた混合契約であると認められる。

② 　もっとも，金地金をすでに所有している顧客が，契約を締結して交換・保管取引を行うということの目的についてみるに，約款によれば，Ａが交換・保管取引に応じるのは，顧客が持ち込んだ金地金がＬＢＭＡブランドで純度99.99％以上の純金であると判定された場合であり，Ａが顧客からの求めに応じて引き渡す金地金は，顧客が寄託した交換後の金地金そのものではなく，同質かつ同重量の金地金であることが認められる。したがって，交換・保管取引における交換の対象となる顧客所有の金地金とＡ所有の金地金は等価値であり，将来顧客が引き渡しを受ける金地金は，顧客が持ち込んだ金地金及び交換を受けた金地金そのものではなく，これと同質かつ同重量のものという

ことになる。

③　そうすると，契約を締結し，交換・保管取引を行う顧客からみれば，ＬＢＭＡブランドで純度99.99％以上の純金からなる一定の重量の金地金をＡに預けて保管し，将来これと同質かつ同重量の金地金の返還を受けるというのと同じであるから，契約を締結し，交換・保管取引を行う顧客の目的は，特定の金地金をＡに預けて保管してもらうというのと等しい。

④　交換・保管取引は，交換と寄託（混蔵寄託）からなる混合契約の形をとっているものの，スワップ取引部分に係る交換は，寄託（混蔵寄託）をするための単なる準備行為にすぎず，交換・保管取引は，実質的には寄託（混蔵寄託）契約であると認めるのが相当である。なお，約款によれば，交換・保管取引のうち，スワップ取引部分については，顧客がスワップ取引手数料を支払う必要があるところ，これはＡにおいて顧客が持ち込んだ金地金を比重計測等の手段によりＬＢＭＡブランドで純度99.99％以上であるか否かを判定するためなどに要する費用にすぎないと考えられるから，交換・保管取引が実質的には寄託（混蔵寄託）契約であるという結論を左右するものとはいえない。

⑤　交換・保管取引は，実質的には寄託（混蔵寄託）契約であり，所得税法33条１項に規定する「資産の譲渡」に該当しない。したがって，納税者がスワップ取引により金地金を交換したことは，「資産の譲渡」に該当しない。

【検　　討】

手数料を支払い，金地金を預けただけと考えていた納税者が，譲渡所得が発生していると指摘を受けた事案である。交換取引は譲渡となる，ということは税務の世界では常識だが，納税者としては持っていた金を預けただけ，という意識だったはずである。所轄税務署から取引が交換であり譲渡所得が課税されるとの指摘を受け驚愕したことだろう。

金地金保管サービスには，本事案のように他社製金地金を預かるような業者は珍しく，保管業者から金地金を購入することが一般的なようである。金地金という現物を預かるため，その管理上なんでも預かるというわけにはいかない，ということであろう。そのため，本事案のＡ社もスワップ取引としているが，当日の売り相場買い相場の差額を手数料として，一度他社製の金地金を引き取り，Ａ社の金地金に交換した上で預かる，としている。

資産の値上がり益である増加益は，未実現の経済的利得として所得税の課税対象とされておらず，原則として，当該資産の譲渡により増加益が所得として実現したときに所得税の課税対象となる。本事案の契約は実質的には寄託契約であり，金地金36kgという資産を預けただけで増加益は実現したといえない。

裁判所は所轄税務署の，契約締結の目的がどうであっても交換が含まれるという法的性質は左右されない，という主張に対し，所得税法33条１項の「資産の譲渡」に該当するか否かについて，資産を移転させる契約ないし行為の法的性質を，実質的な観点から判断・認定することが許されないということはできない，と示し納税者勝訴で確定している。

金地金は，一定以上の純度があれば，重量のみで価値が決まり，刻印の違いやバーナンバーの違いは価値に影響しない。本事案の契約は，管理上他社製金地金の保管はできないため寄託の前提として同重量の自社製金地金に交換が行われただけである。そこに担税力はなく，ましてキャピタルゲインに対する課税関係を清算する必要も見いだせず裁判所の判断は当然といえる。

金地金という現金同等ともいえるようなある種特殊な財産だからこその事案ともいえるが，実質的な観点から判断する，という視点は忘れてはならない。

【引　　用】

林　仲宣＝髙木良昌『税務弘報』（中央経済社）66巻10号56頁（2018年）

【髙木　良昌】

所得税法の基礎理論 ─────── 99

046　航空機リース事業の終了に伴う債務免除益の所得区分

東京高裁平成28年2月17日判決

平成27年（行コ）第215号・所得税更正処分取消等，各更正の請求拒否通知処分取消請求控訴事件

【掲　載】ＴＫＣ：25448156／ＴＡＩＮＳ：Ｚ266－12800

【判　示】民法上の組合を組成した上で航空機リース事業を営んでいた組合員が当該事業を終了する際の債務免除益が，不動産所得または雑所得ではなく一時所得に該当するとされた事例

〔第１審：東京地判平成27年5月21日・平成24年（行ウ）第459号，462号－461号〕

〔上告審：最判平成29年12月19日決定（不受理）〕

【解　説】

　所得税法上の所得は，その性質や発生原因の違いにより利子所得から雑所得の10種類の所得に分類している。

　本事案では，不動産所得（所轄税務署の主意的主張），一時所得（納税者らの主張），又は雑所得（所轄税務署の予備的主張）のいずれかに該当するかが問題となる。雑所得に該当するためには，不動産所得及び一時所得のいずれにも該当しない所得であることが要件となり（所得税法35条1項），一時所得に該当するためには，除外要件との関係で，不動産所得に該当しないことが要件となる（所得税法34条1項）。そのため，まず不動産所得に該当するか否かを検討することになる。

　各所得は，その所得計算方法が異なることからどの所得に該当するかにより納税額に差が生じることになる。すなわち，発生した各債務免除益が不動産所得に該当すると，航空機の貸付による所得にその全額が合算されることになるが，一時所得では，債務免除益の所得計算において所得金額の2分の1に相当する金額を合算して総所得金額を計算することになり納税額が大きく異なることになる。

【事案の概要と経緯】

　納税者は，他の出資者と共に民法上の組合を組成した上，組合の業務執行者に組合員による出資金及び金融機関からの借入れで航空機を購入し航空会社に賃貸するという航空機リース事業を営んでいた。航空会社の経営悪化に伴い航空機を売却してリース事業を終了することとなった際に，①航空機の購入原資の一部となった借入金に係る債務（ローン債務）の免除を組合が受けたことによる経済的利益（ローン債務免除益），及び②組合の業務執行者に対して支払うべき手数料の一部についての債務の免除を組合が受けたことによる経済的利益（手数料免除益）が発生した。これらの各債務免除益が雑所得や不動産所得に該当するとして，所轄税務署から更正をすべき理由のない旨の通知又は更正及び過少申告加算税賦課決定を受けた。そのため，納税者は，各債務免除益はいずれも一時所得に該当すると主張して処分の取消しを求めた事案である。

　第一審では，各債務免除益は，一時所得であるとの納税者からの主張を認容した。所轄税務署は，控訴審において，ローン債務免除益についての主張を変更し，主位的には不動産所得に該当すると主張し，雑所得に当たるとの従前の主張を予備的なものとした。

【判決要旨】

① 租税法律主義の原則に照らすと，租税法規はみだりに規定の文言を離れて解釈すべきものではない。

② 所得税法26条1項は，「不動産所得とは，不動産，不動産の上に存する権利，船舶又は航空機の貸付けによる所得をいう。」と定めており，また，所得税法施行令94条1項2号は，不動産所得を生ずべき業務の全部又は一部の休止，転換又は廃止その他の事由により当該業務の収益の補償とし

て取得する補償金その他これに類するものについて，その業務の遂行により生ずべき不動産所得に係る収入金額に代わる性質を有するものは，不動産所得に係る収入金額とすると定めている。これらの規定によると，不動産所得とは，賃貸人が賃借人に対して一定の期間，不動産等を使用収益させる対価として受け取る利益又はこれに代わる性質を有するものと解するのが相当である。

③　ローン債務免除益は，融資銀行が借入金の残債務を免除したというローン債務免除行為によって発生したものであるところ，融資銀行は，航空機の賃借人ではなく，航空機を使用収益していたわけではない。

④　ローン契約に基づく借入金の借入れが組合事業（航空機の貸付業務）を営むに当たり必要な行為であったことは認められるし，借入金に係る返済債務が航空機の貸付業務の遂行と関連して発生したということもできるが，ローン債務免除益は，組合が行っていた営利を目的とする継続的行為である航空機の賃貸自体によって発生したものではないし，航空機を使用収益させる対価又はこれに代わる性質を有するものでもないから，ローン債務免除益を不動産所得に該当するものということはできない。

【検　討】

本事案の争点は，航空機リース事業の終了に際してのローン債務免除益が，不動産所得や雑所得又は一時所得のいずれにあたるかである。

判決では，まず，第一審判決の一時所得に該当するための要件である条文の規定と先行判例が示した判断基準に則した，ノン・リコース条項の内容とローン債務免除益の発生過程等の事実について総合的に検証した結果を引用して一時所得に該当すると判示している。

控訴審で，所轄税務署は所得税法26条の不動産所得には，不動産等の貸付の対価たる性質を有するもの又はこれに代わるものに限らず不動産等の貸付業務の遂行により生ずべき付随収入も含まれ，各債務免除益は不動産所得に該当すると主張している。

所得税法26条1項では，不動産所得とは，不動産，不動産の上に存する権利，船舶又は航空機の貸付による所得をいうと規定されているため「貸付による所得」について文理解釈により狭く解釈するか否かの問題となる。すなわち，所得税法26条の規定を広く解釈することにより，不動産所得には，不動産等の貸付業務の遂行により生ずべき付随収入も含まれ，納税者が営む組合事業とローン契約での借入れ行為は密接不可分の関係にあり，ローン債務免除益も不動産所得に該当することになる。

判決では，租税法の法規定を解釈適用する際の憲法原則である租税法律主義（憲法30条・同法84条）の原則から，租税法規はみだりに規定の文言を離れて解釈すべきものではないことを最高裁判例から確認し，所得税法26条1項，所得税法施行令94条1項2号の規定から，不動産所得の定義が判示されている。

そして，納税者から主張された事実関係を詳細に評価し，①融資銀行は，航空機の賃借人ではなく，航空機を使用収益していたわけではない。②ローン債務免除益は，組合が行っていた営利を目的とする継続的行為である航空機の賃貸自体によって発生したものではないし，航空機を使用収益させる対価又はこれに代わる性質を有するものでもないことを根拠として，各ローン債務免除益が不動産所得に該当しないと判示している。

本事案の特殊な背景である米国の9.11同時多発テロ等による偶発事象の影響による航空機リース事業からの撤退に際しての各債務免除益への所得区分について，本事案のビジネスモデルを実現するため予め盛り込まれた機能的な契約内容とノン・リコース条項による債務免除益についての偶発性と本来のリース事業収入との関連性について詳細な事実評価を主張した納税者の立証活動による事例判決である。納税者の行為を評価する場合には，納税者の行為に添う形で法規の趣旨目的を踏まえた解釈適用が求められている。

【竹内　進】

047 馬券払戻金の所得区分（競馬予想ソフト）

横浜地裁平成28年11月９日判決

平成26年（行ウ）第13号・所得税更正処分取消請求事件

【掲　載】ＴＫＣ：25544819／ＴＡＩＮＳ：Ｚ266－12930

【判　示】納税者の馬券購入行為は，「対価を得て」継続的に行う事業といえないというだけで
なく，社会通念に照らし，事業所得を生じさせる「事業」に該当するということはできず，
競馬所得が，事業所得に該当すると認めることはできないとした事例

〔控訴審：東京高判平成29年９月28日・平成28年（行コ）第428号〕

〔上告審：最決平成30年８月29日・平成30年（行ヒ）第46号〕

【解　説】

　所得税法（以下「法」という）は，課税所得の性質や発生の態様によって課税所得の担税力が異な
ることを前提に，その相違に応じて所得区分を設けて，各種所得の源泉ごとに計算方法及び課税方法
を定める（所法21条１項）。

　そのうち，一時所得は，偶発的・恩恵的利得であり，いわゆる棚ぼた的所得である。その典型は，
懸賞，富くじの賞金や賭博の払戻金である。もっとも，特定の利得が特定の所得に該当するものと定
式化されたものであっても，直ちに妥当するとは限らない。所得区分該当性は，利得発生の態様等の
事実を確定し，各種所得の法律要件該当性を検証する作業に回帰する必要があるからである。

　法21条１項１号は，各種所得を並列の関係で捉え，10種の源泉の所得を同一の階層で区分すること
を定める。そのうえで，一時所得は，利子ないし譲渡所得以外の所得のうち，営利を目的とする継続
的行為から生じた所得以外の一時の所得で，労務その他の役務又は資産の譲渡の対価としての性質を
有さないもの（所法34条１項）と定め，一時所得の階層を示す。同規定は，利子ないし譲渡所得の階
層と一時所得の階層を分け，前者の各種所得該当性の判断を第一に求める。雑所得は，利子ないし一
時所得のいずれにも該当しない所得（所法35条１項）と定義する。そうすると，一時所得と雑所得は
異なる階層にあるから，各種所得の所得区分該当性判断において，各種法律要件該当性は，三階層の
検証をすることが法解釈論で予定されるといえる。

【事案の概要と経緯】

　納税者は，競馬の買い目を予想するコンピュータプログラムを開発・利用して期待値が高い馬券を
選んで購入していたほか，要所で自身の判断を入れて馬券を購入した。そして，的中馬券の払戻金で
得た競馬所得が事業所得に当たるとして所得税の確定申告をした。税務署長は，競馬所得は一時所得
であり，外れ馬券の購入代金を経費として計上できないとして所得税の各更正処分を行った。

【判決要旨】

① 　法27条の「事業」とは，対価を得て継続的に行う事業をいう。事業所得にいう「事業」に当たる
かどうかは，一応の基準として，自己の計算と危険において独立して営まれ，営利性，有償性を有
し，かつ反覆継続して遂行する意思と社会的地位とが客観的に認められる業務に当たるか，具体的
には，営利性及び有償性の有無，反復継続性の有無に加え，自己の危険と計算においてする企画遂
行性の有無，その者が費やした精神的及び肉体的労力の有無及び程度，人的及び物的設備の有無，
その者の職業，経験及び社会的地位，収益の状況等の諸般の事情を考慮し，社会通念に照らして，「事
業」として認められるかどうかによって判断すべきである。社会的客観性をもって「事業」として
認められるためには，相当程度の期間継続して安定した収益を得られる可能性がなければならない。

② 　収入は，競馬予想プログラムを用いてレース結果を分析，予測し，自らの設定する条件に見合う
期待値の高い馬券を抽出する作業をしていたとしても，その作業（役務）は馬券購入の相手方であ

る JRA に提供されたものではなく，また，払戻金は，馬券を購入し，レースの結果という偶然の事情により購入した馬券が的中することで初めて発生するものであるから，納税者の馬券購入行為は，「対価を得て」継続的に行う事業に当たるとはいい難い。

③　納税者は，競馬予想プログラムを用いて自身の判断で期待値が高い馬券を選んで購入していたほか，その購入態様は，購入規模は別として，一般的な競馬愛好家による馬券の購入態様と質的に異なるものではない。

④　納税者が，馬券の購入履歴や収支に関して帳簿等の作成を行っておらず，JRA 入出金機に入金及び最終精算時に交付を受けた金額を記載した JRA の発行する各利用控えを保存している他には，購入履歴に関する資料等を保存していないことから，納税者の馬券購入行為は，払戻金の発生に関する偶発的な要素が相当程度減殺され払戻金により相当程度の期間継続して安定した収益を得られる可能性が客観的にあったとまでは認めることはできない。

⑤　納税者には競馬所得以外の所得の存在が窺えないことを踏まえ説示した事情を総合的に考慮すると，社会通念に照らし，事業所得を生じさせる「事業」に該当するということはできず，競馬所得が，事業所得に該当すると認めることはできない。

【検　　討】

法27条1項は，事業所得の法律要件を定め，事業の範囲を委任する。これを受けた法施行令63条12号は，各号に列挙する各種事業の他に対価を得て継続的に行う事業と定め，事業の持つ性質を掲げる。

第1審は，法27条1項等を解釈し，事業該当性の基準につき，最高裁昭和56年4月24日判決の独立性，営利有償性，反復継続性，それを遂行する意思と社会的地位，そして客観性の各要件を一応の基準と位置づける。具体的には，独立的かつ企画遂行性，精神的肉体的労力，人的物的設備，社会的地位，収益の状況等の諸般の状況から社会通念基準ともいうべき判断基準に照らして，客観的に事業として認められるか，という先例の基準に依ることを確認した。しかし，本判決では，相当程度の期間継続して安定した収益を得られる可能性という基準と同視し強調する。

第1審は，納税者の馬券購入行為は，一般的な態様と差異がないばかりか，JRA に役務として提供されておらず，また，払戻金が馬券の的中による偶発的結果を減殺し安定性が確保できていないことを認定し，対価性と事業該当性を否定した。さらに，行為形態の認定に納税者による馬券所得の帳簿等の作成及び収支に関する資料等の保存の不存在の事実が，購入規模の存在の事実を打ち消すほどの事実であると捉えている。

控訴審は，馬券購入行為が，競馬所得一般にみられる偶発的な要素を排除して継続かつ安定した収益を得られる可能性を有すると認められないとして雑所得該当性を排斥した。

裁判所は，法21条等の序列規定及び事業所得該当性につき，裁判規範の各要件に該当する事実の有無で判断すべきであった。一時所得該当性及び雑所得該当性の判断を視野に入れたために，もっぱら，相当程度の期間の継続性及び安定した収益の獲得の可能性を説示しており，事業所得該当性の適正な判断がなされたとはいい難い。

事業性の判断基準とされる継続性，営利性，安定性はいずれも客観的な数値として示されないことから主観的な基準とならざるを得ない。競馬等の所得は，匿名性を前提に税務対策が講じられるが，納税者は，銀行口座を経由してネット購入システムで馬券を購入し，コンピュータプログラムを駆使した予測を基に馬券を購入している。これは，従来の馬券購入と異なる手段・方法であり，同時に，この手段・方法は，今日では特異な行為ではない。根底に趣味娯楽的意思を備えるとしても，発生する利得は棚ぼたではなく，計算された結果といえる。

【引　　用】

林　仲宣＝山本直毅『税理』（ぎょうせい）63巻12号192頁（2020年）

【山本　直毅】

048 同族不動産管理会社へのリフォーム支払と経費性

最高裁第三小法廷令和元年５月24日判決

平成31年（行ヒ）第104号・所得税更正及び加算税賦課決定一部取消等請求上告受理事件

【掲　載】ＴＫＣ：25590155／ＴＡＩＮＳ：Ｚ269－13274

【判　示】不動産貸付業を営む納税者がその同族関係会社と締結した物件管理委託契約に基づき同族関係会社に支払われた修繕積立金は，納税者の同族関係会社に対する支払債務が確定していないとして必要経費に算入することができないとされた事例

〔第１審：東京地判平成30年４月12日・平成28年（行ウ）第164号〕

〔控訴審：東京高判平成30年11月15日・平成30年（行コ）第162号〕

【解　説】

　本事案は，所得税法37条の必要経費該当性をめぐって「債務の確定」があったか否かが争われた事例である。同条１項は，いわゆる債務確定主義であることを明らかにしている。本事案は，不動産所得の金額の算定に関して，納税者が必要経費に算入した５つの支出の必要経費性が争点とされた。

【事案の概要と経緯】

　不動産貸付業を営む納税者は，不動産賃貸，管理及びリフォーム業務等を目的とする同族会社Ａ社を設立した。

　納税者は，Ａ社との間で，所有する賃貸不動産について各貸室に係る賃貸借契約書を解約した際の退室時の立会い，原状回復費用の負担割合の決定及び清算に関する業務等を委託する旨の賃貸管理委託契約を締結していた。Ａ社に支払う業務委託料として定額である月額59万8700円とする旨を定め，その内訳は〔1〕「賃貸業務管理料」として月額37万8700円，〔2〕「賃貸リフォーム代金」として月額22万円とされていた。納税者は，平成22年分，平成23年分の所得税について，その業務委託料を不動産所得の必要経費に算入して確定申告をした。

　これに対して，税務署長は，〔1〕必要経費に算入することができない修繕費や修繕積立金等を必要経費に算入したこと，〔2〕不動産の減価償却費を過大に必要経費に算入したこと，〔3〕総収入金額に算入すべき敷金を算入していないことなどを理由に更正処分等をした。

【判決要旨】

① リフォーム工事等の実施に関し契約上具体的な定めがないことに照らせば，Ａ社がリフォーム工事等を実施する義務を負うためには，納税者とＡ社が別途その実施に係る合意をする必要があるというべきであり，Ａ社は賃貸管理委託契約に基づき当然に各物件の貸室についてリフォーム工事等を実施する義務を負うものではなく，納税者もこれに対応する費用支払債務を負うものではないと解するのが相当である。したがって，賃貸管理委託契約に基づいて納税者からＡ社に支払われる賃室リフォーム代金は，納税者とＡ社との別途の合意によるリフォーム工事等の実施がされ，その費用の支払に係る債務が確定するまでは，将来のリフォーム工事等の実施に備えてＡ社に預けられているものにほかならず，このような個々の費用支払債務が確定したときに，これらの合計額が当該年分の必要経費に算入すべきものとなると解される。

② リフォーム工事等をすることについて個別具体的な合意をした事実が認められるか否かが問題となるところ，これを直接に裏付ける合意書等の証拠は見当たらない。もっとも，Ａ社が納税者の設立した非公開会社であり，納税者及びその妻のみがその取締役であることに照らすと，Ａ社が現実に貸室のリフォーム工事等を施工業者に依頼して実施した事実や，その実施の都度にこれらの施工業者に対しその報酬を支払った事実が認められるのであれば，これらの工事がＡ社と納税者との個別の合意（黙示的なものを含む）に基づかずに行われるとか，リフォーム工事等の実施後にＡ

社から納税者への費用支払請求がされないまま放置されるなどの事態は通常想定し難いから，これらの例外的な事態の発生をうかがわせる事情が認められない限り，当該リフォーム工事等はA社と納税者との合意に基づき行われ，かつ，リフォーム工事等の都度，その費用が納税者に請求されていたものと認めるのが相当である。

③　これらの書証によれば，A社が各施工業者に依頼して各物件のリフォーム工事等を行ったことが認められる。また，振込明細書は請求書に対する支払をした際のものであると認められるから，リフォーム工事等に要した費用はこれらの振込明細書に記載された金額であると認めるのが相当であり，その合計額は，平成22年分につき150万8646円，平成23年分につき110万7366円である。そして，A社が納税者との合意に基づかずにこれらのリフォーム工事等を行ったことや，その実施後に納税者に対する費用支払請求がされなかったことをうかがわせる事情は認められないことからすると，A社が行ったリフォーム工事等については，納税者との合意に基づいて行われ，かつ，リフォーム工事等の都度，その費用が納税者に請求されていたものと推認するのが相当である。

④　納税者が管理委託契約に基づきA社に支払った賃室リフォーム代金のうち，平成22年分の150万8646円及び平成23年分の110万7366円については，平成22年又は平成23年中に〔1〕納税者のA社に対するリフォーム工事等の費用支払債務が確定し，〔2〕その債務に基づいて具体的な給付をすべき原因となる事実（A社によるリフォーム工事等の実施）が発生し，かつ，〔3〕その金額は以上のとおりリフォーム工事等の実施を裏付ける証拠により合理的に算定することができるものであるから，納税者の不動産所得の金額の計算上必要経費に算入すべきものである。

【検　　討】

本事案の主な争点は，管理委託契約により毎月定額で支払った修繕費や修繕積立金の支出が不動産所得の計算上必要経費に算入されるかどうかである。

納税者は，清算を伴わない固定委託費一括請負契約に基づく支払であるから，修繕費は債務が確定しており，必要経費に算入できると主張した。

これに対して，裁判所は，納税者により個別具体的に指示がなされ，A社が修繕を履行した時点で支払債務が確定するのであるから，単に契約が締結されただけでは債務が確定しているとはならないとして，納税者の主張を斥けている。

すなわち，修繕費を必要経費として認められるのは，修繕の指示と履行がその年度の12月31日までになされているか否かが「債務の確定」の判断の要件となるとした。

なお，A社が行ったリフォーム工事等については，納税者との合意に基づいて行われ，かつ，リフォーム工事等の都度，その費用が納税者に請求されていたものと認めるのが相当であるとして，納税者が管理委託契約により毎月定額で修繕費としてA社に支払ったもののうち，実際にA社が修繕のために支出したリフォーム代金についてのみ，債務が確定しているとして必要経費の算入が認められた。

そもそも実務において，不動産の所有者が不動産管理会社と不動産管理委託契約を締結することは通常のことであるが，修繕費の支払い義務が発生していないにもかかわらず，その管理委託契約により毎月定額で修繕費や修繕積立金を支払うというケースはあまり聞いたことはない。同族会社が故に行われた行為であったのでないかと想定される。

契約に基づく支払であるからといって直ちに修繕費の支払義務が発生するものでないから，A社に対する単なる前払金にすぎず，実際に修繕のために支出した部分以外は債務が確定していないから必要経費として認めらないのは当然といえる。

【引　　用】

林　仲宣＝髙木良昌『税務弘報』66巻13号58頁（2018年）
林　仲宣＝谷口智紀『税務弘報』67巻5号116頁（2019年）

【角田　敬子】

049　ＬＰガス等の燃料小売業者が同族会社へ支払った
　　　業務委託費

最高裁第三小法廷令和元年７月16日判決

事件番号不明・所得税更正処分取消請求上告及び上告受理事件

【掲　載】ＴＫＣ：25590164／ＴＡＩＮＳ：Ｚ269－13294

【判　示】燃料小売業を営む納税者が，自身が代表を務める法人に支払った外注費は，必要経費
　　　　　該当性の判断基準における必要性要件を欠くものとして事業所得に係る必要経費には該
　　　　　当しないとされた事例

〔第１審：大阪地判平成30年４月19日・平成27年（行ウ）第393号〕

〔控訴審：大阪高判平成30年11月２日・平成30年（行コ）第59号〕

【解　　説】

　本事案は，個人事業主である納税者が，自ら代表を務める法人に業務委託したとして支払った外注
費名目の費用が事業所得の計算上，必要経費に算入すべきか否かの判断が争われた事例である。

　必要経費については，誰の判断に従って必要性が認定されるのかという問題がある。すなわち，納
税者の主観的な見地から判断してもよいのかということである。

　本事案では，必要経費の要件として「関連性要件」と「必要性要件」の２つを挙げ，必要経費要件
該当性の詳細な判断基準が示されている。

【事案の概要と経緯】

　Ａの屋号でＬＰガス，Ａ重油，灯油等の燃料小売業を営む納税者が，平成22年分から同24年分まで
の所得税の確定申告において，納税者が自ら代表者を務める同族会社Ｂ社に業務を委託したとして，
その外注費名目の金員を事業所得の計算上，必要経費に算入して申告したところ，税務署長は，外注
費を必要経費に算入することはできないとして更正処分等をした。

　納税者は，この取引に基づく外注費の支払いは，先代の父がＡの屋号で事業をしていたころから
行われているものであり，納税者がＡと自ら代表を務める法人との間の取引は父の事業を承継する
前から存在し，その当時から法人から派遣されて配達販売に従事していたもので，先代から事業を継
承した後もそれまでの状況が維持されていたにすぎないから，外注費の必要経費該当性が否定される
理由はないと主張した。

　なお，Ｂ社は昭和58年２月23日に設立されたもので，その会社の目的は，上下水道，給排水，衛生
設備及び浄化槽設計施工，冷暖房及びポンプ設計施工，空調機器設計施工，消防施設工事設計施工，
土木工事業等であり，ＬＰガス等の配達，運搬，保守等のＡの事業の配達販売や労働者派遣は含まれ
ていない。

　また，納税者は平成18年１月１日に納税者の父からＡの事業を承継し，その事業主となった。

【判決要旨】

①　ある支出が事業所得の金額の計算上必要経費として控除されるためには，その支出が事業所得を
　生ずべき業務と合理的な関連性を有し（関連性要件），かつ，その業務の遂行上必要であること（必
　要性要件）を要すると解するのが相当である。

②　必要経費該当性（関連性要件及び必要性要件）の判断に当たっては，関係者の主観的判断を基準
　とするのではなく，客観的な見地から判断すべきであり，また，その支出の外形や名目等から形式
　的類型的に判断するのではなく，その業務の内容，その支出及びその原因となった契約の内容，支
　出先と納税者との関係など個別具体的な諸事情に即し，社会通念に従って実質的に判断すべきであ
　る。

③　納税者は，期間において，自己の個人事業に係る業務全般を，自己の保有する設備，車両等や資格を用いて，日常的に，自己の経験と判断に基づき，自己の労力及び経費負担をもって遂行していた。そして，取決め又は取引については，契約書等の書面が作成されておらず，契約の重要な要素についても明確に定められていないなど，一般的な事業者間の業務委託契約や労働者派遣契約とは明らかに異質のものであることも考慮すると，納税者による委託業務の遂行の実質は，B社による役務の提供（業務委託）や労働力の提供（労働者派遣）といったものではなく，正に，納税者が自らAの事業主として主体的にその業務を遂行していたものというほかはない。

④　Aの業務に関し，Aたる納税者がB社に対し配達販売を委託し，B社がこれを遂行し，納税者からB社に対し外注費が支払われたという形式及び外観が存在するものの，その実質は，納税者が自らAの事業主としてその業務を遂行する一方で，取決めに基づく取扱いを継続することにより，本来支払う必要のない事業主自身の労働の対価（報酬）を「外注配達費」や「人夫派遣費」という名目で外注費としてB社に支払っていたものといわざるを得ない。

【検　討】

　本事案の主たる争点は，①外注費は納税者の事業所得に係る必要経費に該当するか，②取引が所得税法157条１項の規定による同族会社の行為計算否認の対象となるか，である。

　第１審はまず，事業所得の必要経費に該当するためには，①その支出が事業所得を生ずべき業務と合理的な関連性を有し（関連性要件），かつ，②その業務の遂行上必要であること（必要性要件）の２つの要件を満たすことが必要であるとした。その上で，納税者がAの事業を承継するまでの経緯，承継した後の経緯，さらに争いになった期間に関する事情等の事実認定を行った結果，外注費について，社会通念上，個人事業の業務の遂行上必要であるとはいえず，必要経費該当性の判断基準における「必要性要件」を欠くものとして，納税者の事業所得に係る必要経費には該当しないと判断した。

　控訴審も，外注費の支出は業務との関連性は認められるものの，配達販売は納税者が自ら個人事業主として主体的に遂行していたと評価される以上，外注費の全額について業務遂行上の必要性が認められないのは当然である等，納税者の控訴審における主張に対する判断を付加するほかは，第１審の判決を是認した。

　裁判所は，外注費との業務との関連性を認めつつ，業務遂行上の必要性は認められないとした。つまり，関連性要件を満たすが，必要性要件は満たさないと判断したのである。

　事業を営む個人には，日常生活において，事業活動に伴う支出のほかに，日常生活に伴う支出もあるため，事業上の必要経費と家事費が混在している。

　したがって，事業所得における必要経費に関する基本的な考え方は，事業上の必要経費と家事費とを明確に識別する必要があるため，関連性要件及び必要性要件の２要件を有する。

　裁判所は，必要経費該当性（関連性要件及び必要性要件）の判断に当たっては，関係者の主観的判断を基準とするのではなく，客観的な見地から判断すべきであり，また，その支出の外形や名目等から形式的類型的に判断するのではなく，その業務の内容，その支出及びその原因となった契約の内容，支出先と納税者との関係など個別具体的な諸事情に即し，社会通念に従って実質的に判断すべきであるとしている。

　また，所轄税務署は，外注費を必要経費に算入することは，納税者の所得税の負担を不当に減少させる結果となるとして，同族会社の行為計算否認を指摘したが，本事案の取引のケースを考えると，不動産所得において，不動産賃貸業を営む個人が，不動産管理を目的とする同族会社に不動産管理を委託して不動産管理料を支払うという取引に類似しているように思われる。

　なお，裁判所は，本事案の取引が同族会社の行為計算否認の対象となるかについては，外注費が納税者の事業所得に係る必要経費に該当しない以上，判断する必要がないとしている。

【角田　敬子】

所得税法の基礎理論 ──────── 107

050 居住者の判定，多国間を移動する役員の生活の本拠

東京高裁令和年元11月27日判決（棄却・確定）

令和元年（行コ）第186号・源泉所得税納税告知処分取消等請求事件

【掲　載】ＴＫＣ：25565072／ＴＡＩＮＳ：Ｚ269－13345

【判　示】シンガポールに滞在し，主な拠点として他の国への渡航を繰り返して海外法人の業務に従事していた者の滞在日数が年間の約４割に上っていた場合，就業活動はシンガポールを本拠として行われており，生活の本拠が日本にあったとはいえず，所得税法２条１項３号に定める「居住者」に該当するとは認められないとした事例

〔第１審：東京地判令和年元５月30日・平成28年（行ウ）第434・435・436号〕

【解　説】

　所得税法２条１項３号（平成25年法律第５号による改正前のもの）は，「居住者　国内に住所を有し，又は現在まで引き続いて一年以上居所を有する個人をいう。」と規定し，所得税法２条１項５号は，「非居住者　居住者以外の個人をいう。」と規定している。所得税法では，住所についての定義規定がないことから，民法上の住所概念を借用することとなる。民法22条は，「各人の生活の本拠をその者の住所とする。」と規定しているため，「生活の本拠」についての解釈が問題となる。「生活の本拠」とは，その者の生活に最も関係の深い一般的生活，全生活の中心を指すものであり，一定の場所がある者の住所であるか否かは，客観的に生活の根拠たる実態を必要としていると解されている。

【事案の概要と経緯】

　世界各国（シンガポール・日本・米国・インドネシア・中国等）においてラジエーターの製造及び販売を行っている企業グループ各社の代表者である納税者が，自らが所得税法２条１項５号の「非居住者」に該当するとの認識のもと，平成21年分から平成24年分について，いずれも確定申告期限までに所得税の申告をせず，シンガポールに税務申告していた。そのため，同法同項３号の「居住者」に該当するとして所轄税務署から期限後申告を勧奨されたため，各年分の所得税について期限後申告を行った上で，平成23年及び平成24年分の所得税について更正の請求をしたが，所轄税務署から，いずれも更正をすべき理由がない旨の通知を受け，さらに各年分の所得税の無申告加算税に係る各賦課決定処分を受けた。

　また，納税者が代表取締役を務める複数の株式会社は，納税者に対して支払った役員報酬について，納税者が同項５号の「非居住者」に該当するとの前提で所得税を源泉徴収して納付していたところ，所轄税務署から，納税者が同項３号の「居住者」に該当するとして，平成21年11月から平成24年12月までの各月分の源泉徴収に係る源泉所得税の納税告知処分及び不納付加算税の各賦課決定処分を受けた。

　納税者等は，各納税告知処分及び各賦課決定処分の取消しを求め，第一審は納税者が勝訴し，課税庁が控訴したが，これを棄却されたのが本事案である。

【判決要旨】

① 　納税者は，所得税法２条１項３号の「居住者」に該当するとは認められないから，「居住者」であることを前提になされた各処分は違法であると判断する。

② 　納税者は，経営する会社の活動を日本から海外に広げ，日本と海外に複数の居所を有し，海外滞在日数が徐々に増加していったのであるから，通常の引越しのように，特定の日又は期間に目に見える形で生活の本拠が日本から海外に移転するというイベント的なものが存在しないのは当たり前のことである。このような者に対して，過去に日本にあった生活の本拠たる実体が時系列的にみて日本から海外に移転したかどうかを精緻に時系列的に検討することは，検討手法として時代遅れで

108

ある。所轄税務署の主張を採用するには無理がある。

③　納税者は，インドネシア等への渡航の利便性をも考慮して，定住できる態勢の整った居宅をシンガポールに構えていたから，シンガポールをハブ（拠点）とする他国への短期渡航はシンガポール滞在と実質的に同一視する方が経済社会の実態に適合する。以上によれば，滞在日数の比較から，納税者の生活の本拠が日本国内にあったことを積極的に基礎づけることはできないものというべきである。よって，課税庁の主張を採用するには無理がある。

④　納税者は日本国籍を有し，生計を一にする妻らの生活の本拠も日本であったから，金額及びその質の面から日本国内の保有資産が大きくなるのは自然なことである。しかし，資産の所在は，それだけで居住者判定に大きな影響力を与える要素ではない。資産の大半をカリブ海の国又は地域で保有していても，主に日本に滞在し，主に日本で経済活動をしている者は，居住者である。各海外法人の業務への従事状況，シンガポールを中心とする日本国外滞在日数を考慮するとき，資産の所在を理由に日本国内の居住者と判定するには無理がある。

【検　討】

本事案の争点は，所得税法上の納税義務者に係る「居住者」の意義についてである。

納税者の仕事上の必要性から日本国内及び海外に業務の場がある場合の「居住者」該当性の判断が問題とされている。「居所」の判断に際しての，所轄税務署の主張は，日本とシンガポールの二者択一と考えて，滞在日数の比較，職業の内容，配偶者やその他の親族の居所，資産の所在等を根拠として納税者の「居住者」該当性は日本にあると主張している。

すなわち，①従前の納税者の生活の本拠は日本にあったところ，精緻に時系列的に検討しても，過去にあった生活の本拠たる実体が日本から移転したと認めるべき事情は存しない。②シンガポールの滞在日数にインドネシア等の滞在日数を合算して，日本の滞在日数と比較するのは誤りである。③金額だけでなく，その質からも，納税者は資産の多くを日本国内に保有しており，各年に日本国内の資産を増加させ，シンガポール国内の資産を減少させている等の主張である。

裁判所は，先行判例として，相続税の事案であるが，最高裁平成23年2月18日判決（武富士事件）で示された「住所」についての解釈基準を引用して，納税者の「生活の本拠」がどこにあるのかを具体的にかつ総合的に考察して判断している。

すなわち，業務の必要性から年間を通じて日本や海外の拠点を移動しながら仕事をし生活をしている納税者について，「過去に日本にあった生活の本拠たる実体が時系列的にみて日本から海外に移転したかどうかを精緻に時系列的に検討することは，検討手法として時代遅れである。」と述べ，「所轄税務署の主張を採用するには無理がある。」と判示している。

納税者は，節税目的のために香港に居住したことが日本国内と香港のどちらの国に「住所」があるのかについて争われた武富士事件とは異なり，各国に点在する複数の会社を経営するために各国を移動している。納税者は，「インドネシア等への渡航の利便性をも考慮して，定住できる態勢の整った居宅をシンガポールに構えていたから，シンガポールをハブ（拠点）とする他国への短期滞在はシンガポール滞在と実質的に同視する方が経済社の実態に適合する。」と判示している。すなわち，まさに航空会社が航路設計をする際のハブ空港の設定と類似しており，シンガポールを活動拠点としことが地政学的にも合理的理由とその妥当性が認められることになる。

したがって，仕事上及び私生活上の「住所」が複数に分散している納税者についての居住実態をその国への滞在日数の比較から形式的に判断するのではなく，「生活の本拠」の解釈に際して経済社会の実態に適合する形で事実評価することが求められている。

【引　用】

竹内　進『税』（ぎょうせい）71巻5号172頁（2016年）

【竹内　進】

051　取引相場のない株式の譲渡時の時価

最高裁第三小法廷令和２年３月24日判決

平成30年（行ヒ）第422号・所得税更正処分取消等請求事件

【掲　載】ＴＫＣ：25570798／ＴＡＩＮＳ：Ｚ270－13404

【判　示】取引相場のない株式の譲渡に係る所得税法59条１項の「その時における価額」について，譲渡所得課税の下では相続税等を前提とする財産評価基本通達の定めをそのまま用いることはできず，少数株主に該当するか否かの判断の前提となる同族株主に該当するか否かの判断に係る所得税基本通達59－６の定めは，所得税法の趣旨に即して，当該株主を譲渡した株主について判断すべきことをいう趣旨のものであるとした事例

〔第１審：東京地判平成29年８月30日・平成24年（行ウ）第185号〕

〔控訴審：東京高判平成30年７月19日・平成29年（行コ）第283号〕

〔差戻控訴審：東京高判令和３年５月20日・令和２年（行コ）第95号〕

【解　説】

　所得税法（以下「法」という）は，個人の実質的な担税力の増加を測定する要素の一つとして収入金額の概念を用いる（法33条３項，36条１項）。収入金額の評価の原則（法36条２項）は，金銭以外の経済的利益の価額は，それを取得し又は享受する時における価額と定める。同条と関連性を有する法59条１項も「その時における価額」と定め，時価を求めるべきことを求めるが，租税法は，評価の原則を定めるのみで，時価を確定するための物差しや手続に関する評価手法の原則規定を定めていない。

　時価は，不特定多数の独立当事者間の自由な取引において通常成立すると認められる客観的交換価値である。わが国では，課税標準確定の法的手当がされていないために，通達に依存せざるを得ない問題がある。いうまでもなく，通達は租税法の法源ではない。通達は，上級行政庁から下級行政庁に対して，法律の解釈及び運用等の指針を示達するための行政命令である（行政組織法14条２項）。下級行政庁は，これに拘束されることはあっても，納税者も裁判所もこの通達に拘束されることはない。

　しかし，通達は，法の執行に関する具体的な基準等を明記することから，事実上重要な役割を果たしていることもまた確かである。申告納税制度の下で，法律の明確な定めがない領域では，紛争の回避を目的とする納税者は，予め公表された通達に依存せざるを得ないのが実情である。通達に依拠して租税法解釈等の問題が落着することも少なくない。この実情が通達課税といわれる所以でもある。

【事案の概要と経緯】

　被相続人Ｂは，Ａ株式会社の代表取締役社長の地位にあり，有限会社Ｃに対して自己の保有するＡの株式のうち72万5000株を，配当還元方式による評価額と同額の１株当たり75円の合計5437万5000円で譲渡した。納税者は，Ｂの所得税の納税義務を承継し，株式の譲渡に係る譲渡所得の収入金額を譲渡対価と同一金額で申告した。これに対して，税務署長が，当該譲渡対価は類似業種比準方式で算定したその時の株式の価額の２分の１に満たないから，法59条１項２号に定める著しく低い価額の対価に該当するとして更正処分等をしたため，納税者がその処分の取消しを求めた。

【判決要旨】

① 　譲渡所得課税は，資産の譲渡は課税の機会にすぎず，その時点に所有者である譲渡人の下に生じている増加益に対して課税されるところ，法59条１項は，同項各号に掲げる事由により譲渡所得の基因となる資産の移転があった場合に当該資産についてその時点において生じている増加益の全部又は一部に対して課税できなくなる事態を防止するため，「その時における価額」に相当する金額により資産の譲渡があったものとみなすこととしたものと解される。

② 「その時における価額」につき，所得税基本通達59－6は，譲渡所得の基因となった資産が取引相場のない株式である場合には，同通達59－6の(1)～(4)によることを条件に評価通達の例により算定した価額とする旨を定める。評価通達は，株式を取得した株主の議決権の割合により配当還元方式を用いるか否かを判定するものとするが，これは，相続税や贈与税は，相続等により財産を取得した者に対し，取得した財産の価額を課税価格として課されるものであることから，株式を取得した株主の会社への支配力に着目したものということができる。

③ 株式の譲渡に係る譲渡所得課税では，当該譲渡における譲受人の会社への支配力の程度は，譲渡人の下に生じている増加益の額に影響を及ぼすものではないのであって，譲渡所得課税の趣旨に照らせば，譲渡人の会社への支配力の程度に応じた評価方法を用いるべきものと解される。

④ 譲渡所得課税の場面では，相続税や贈与税の課税の場面を前提とする評価通達の前記の定めをそのまま用いることはできず，所得税法の趣旨に則し，その差異に応じた取扱いがされるべきである。同通達59－6は，取引相場のない株式の評価につき，少数株主に該当するか否かの判断の前提となる「同族株主」に該当するか否かは株式を譲渡した個人の当該譲渡直前の議決権の数により判定すること等を条件に，評価通達の例により算定した価額とする旨を定めているところ，この定めは，譲渡所得課税と相続税等との性質の差異に応じた取扱いをすることとし，少数株主に該当するか否かも当該株式を譲渡した株主について判断すべきことをいう趣旨のものということができる。

【検　討】

本事案では，法59条1項2号の法人に対する「著しく低い価額の対価」の判断の基礎となる株式の譲渡の時価が争われ，所得税基本通達59－6の条件下における財産評価基本通達188の議決権割合の判定方法に焦点が当たった。譲渡資産の時価の評価手法の適正性をめぐって，通達による課税標準の認定，そしてその使い分けの問題が露呈した事案である。

控訴審は，租税法律主義の課税に関する納税者の信頼及び予測可能性の確保の見地から，通達の意味内容を忠実に解釈するのが相当であり，評価通達188の「株主が取得した株式」等の文言を「株主が譲渡した株式」などと読み替えることは許されず，少数株主該当性の判定につき，同通達の文言どおり株式の取得者に係る取得後の議決権の割合で判定すべきであると判示した。最高裁は，通達の内容の読み替えについて，第1審の判断を支持した。

納税者の評価額は，契約自由の原則が支配する経済市場で取引相場のない株式の価額が，独立事業者間取引で通常成立する適正時価として肯定されない限り，結果的に通達で否認されることとなる。

憲法84条は，国家による恣意的な課税権の行使から納税者の権利を保護するために存在する。法律の根拠のない課税標準の確定では，国家による恣意性の介入を排除できない。適正時価を求める課税標準の確定を目的とする評価手法の原則規定の不存在は，課税標準の適正性を判断するための評価手法それ自体の法適合性を検証できない。

通達の内容及び取扱いは，法律の趣旨目的及びその解釈によって導出される内容に合致する取扱いに限って，法律に適合した取扱いであると肯定されるにすぎない。適正に法律に従属しない通達は，違法な取扱いとして否定される。最高裁が，通達の内容等が，課税根拠となる法律の解釈及び内容に合致しなければ，課税上の取扱いの適法性が否定されるとの判断は，租税法律主義の下で当然である。第一審及び差戻控訴審では，時価の算定で適正に算定できない特別の事情として，譲渡の目的が相続税負担の回避にあることを認定して，譲渡対価が客観的交換価値として認められないと判示する。しかし，譲渡所得が譲渡者の主観的目的に左右されない利得で構成されるとの理論と整合性がとれない事態を招いている。適正な時価を求めるための評価方法は，法律で定められるべきである。

【引　用】

林　仲宣＝山本直毅「取引相場のない株式の譲渡時の時価」『法律のひろば』74巻9号67頁（2021年）

【山本　直毅】

052　取引相場のない株式の時価とみなし譲渡

東京高裁令和３年５月20日判決（差戻控訴審）
令和２年（行コ）第95号・所得税更正処分取消控訴事件
【掲　載】ＴＫＣ：25591780／ＴＡＩＮＳ：Ｚ271－13564
【判　示】所得税法59条１項２号の適用につき，取引相場のない株式の譲渡の時における価額を
　　　　算定するに当たり，各規定中のそれぞれの読替えをした上で財産評価基本通達を適用す
　　　　る限りにおいて，それらの財産評価基本通達も所得税法59条１項が定める譲渡所得に対
　　　　する課税の趣旨に合致し，一般的な合理性を有することになり，本件株式の対価はその
　　　　２分の１に満たないから，株式の譲渡は同号の低額譲渡に当たるとした事例
〔第１審：東京地判平成29年８月30日・平成24年（行ウ）第185号〕
〔控訴審：東京高判平成30年７月19日・平成29年（行コ）第283号〕
〔上告審：最判令和２年３月24日・平成30年（行ヒ）第422号〕

【解　説】

　所得税法（以下「法」という）33条１項は，譲渡所得を「資産の譲渡」による所得と定義する。譲渡所得課税の趣旨は，資産の値上がりによりその資産の所有者に帰属する増加益を所得として，その資産が所有者の支配を離れて他に移転するのを機会に，これを清算して課税するものであると解されている。譲渡所得は，資産の移転時に課税対象が実現し，総収入金額に納税者に帰属した増加益が顕在化することが予定される（法33条３項）。しかし，契約自由の原則の下で，納税者が，その資産に帰属する増加益の全部又は一部を総収入金額に顕在化させないように無償又は低額の対価による譲渡をした場合，総収入金額に適正にその増加益が転換されない問題が生じる。

　みなし譲渡所得課税規定（法59条１項）は，法人への低額譲渡等に該当する場合，時価に相当する金額により譲渡したものとして総収入金額を擬制する。同規定の低額譲渡の範囲は，時価の２分の１に満たない金額での資産の譲渡（法施行令169条）である。同規定の趣旨は，納税者が譲渡所得課税を回避することを防止し，課税の公平を実現することにあり，租税回避行為の個別否認規定として創設された。

【事案の概要と経緯】

　納税者は，被相続人Ｂの所得税の納税義務を承継した。Ｂは，Ａ株式会社の代表取締役社長の地位にあり，有限会社Ｃに対して，自己の保有するＡの株式のうち72万5000株を，配当還元方式による評価額と同額の１株当たり75円の合計5437万5000円で譲渡した。納税者は，株式の譲渡に係る譲渡所得の収入金額を譲渡対価と同一金額で申告した。税務署長は，当該譲渡対価は類似業種比準方式により算定したその時の株式の価額の２分の１に満たないから，法59条１項２号に定める著しく低い価額の対価に該当するとして更正処分等をしたため，納税者がその処分の取消しを求めた。

【判決要旨】

①　法59条１項２号の低額譲渡があった場合には，譲渡者の譲渡所得等の金額の計算については，その譲渡があった時に，その時における価額に相当する金額により，当該資産の譲渡があったものとみなす旨を定めている。「その時における価額」とは，当該譲渡の時における当該資産の客観的交換価値，すなわち，それぞれの資産の現況に応じ，不特定多数の独立当事者間の自由な取引において通常成立すると認められる価額（時価）を意味するものと解される。また，同項が譲渡時までに既に生じている増加益を課税の対象としていることからすれば，「資産の現況」とは，当該資産の譲渡直前の状況に基づいて判断される。

②　取引相場のない株式について，所得税基本通達59－６が定める条件の下に適用される評価通達に定められた評価方法が，当該株式の譲渡に係る譲渡所得の収入金額の計算で当該株式のその譲渡の

時における客観的交換価値を算定する方法として一般的な合理性を有するものであれば，その評価方法によってはその客観的交換価値を適正に算定することができない特別な事情がある場合でない限り，その評価方法によって算定された価額は，当該譲渡に係る取引相場のない株式についての法59条1項にいう「その時における価額」として適正なものであると認めるのが相当である。

③　譲渡所得課税の趣旨を踏まえ，評価通達を譲渡所得の収入金額の計算の趣旨に則して用いることを可能にするためのものであると解され，このような考え方は，合理性を有するものと認められる。当該譲渡における譲受人の会社への支配力の程度は，譲渡人の下に生じている増加益の額に影響を及ぼすものではないので，譲渡所得課税の趣旨に照らせば，譲渡人の会社への支配力の程度に応じた評価方法を用いるべきであり，相続税や贈与税の課税の場面を前提とする評価通達の定めをそのまま用いず，法の趣旨に則し，その差異に応じた取扱いをし，少数株主に該当するか否かについても当該株式を譲渡した株主について判断すべきである。

④　当該株式のその譲渡の時における価額を算定するに当たり，評価通達188の(1)～(4)の定めを適用する場合には，各規定中に「株式取得後」とあるのを「株式譲渡前」と，「取得した株式」とあるのを「譲渡した株式」と，それぞれ読み替え，各規定中のそれぞれの議決権の数を，当該株式の譲渡直前の議決権の数と読み替えるのが相当であって，かかる読替えをした上で評価通達188の(1)～(4)を適用する限りにおいて，それらの評価通達も法59条1項が定める譲渡所得課税の趣旨に合致し，一般的な合理性を有する。当該株式は，評価通達188の株式のいずれにも該当しないから，評価通達178本文，179の(1)により類似業種比準方式により評価すべきこととなる。

【検　討】

第1審と最高裁が，租税法律主義の要請を踏まえ，譲渡所得課税の趣旨に適合するように借用された評価通達を修正することで法律に適合する取扱いとなると判断し，差戻前控訴審は，租税法律主義の納税者の信頼の保護及び予測可能性の観点から，評価通達の修正を否定する構図であった。

差戻控訴審は，最高裁の論理を踏襲した。差戻控訴審は，評価通達の評価方法が，法59条1項の適用で当該評価対象の譲渡時の客観的交換価値を算定する方法として一般的な合理性を有するものであれば，その評価方法では客観的交換価値を適正に算定できない特別の事情がある場合でない限り，その評価方法により算定される価額は，当該評価対象の時価として適正なものであると認められると述べて，通達による評価方法が適正時価の確定手法に適合するか否かの判断基準を示している。

法59条1項の時価は，法36条2項の時価と関連性を有することから，経済的利益の評価手法が適正時価確定のための手法として正当性を有するか否かの判断で当該基準が準用される可能性がある。

裁判所は，個別税法の制度趣旨の相違に応じて評価通達の読み替えを肯定し，その評価通達の適用を認めるが，やはり，法律に基づかない課税標準の確定を通達により正当化することは，大きな困難を覚えざるを得ない。租税回避行為の個別否認規定としてみなし譲渡所得課税規定は存在し，当該規定の適用基準は，時価である。適正時価を確定できないことを前提に，時価の一定の幅の存在を肯定する。しかし，時価の確定手法は法定されるべきで，個別否認規定の発動要件が評価通達に依存せざるを得ない現状は，租税法律主義の観点から問題がある。

裁判所は，法人税法22条2項の受贈益課税とみなし譲渡所得課税の適用で，同一物であっても，各個別税法の趣旨・目的に照らして，適正時価が異なることを示す。個別税法の制度趣旨の相違から，一つの物の適正時価の確定が，評価方法の相違によって複数導出されことは否定できないが，課税標準の確定で適正な評価手法が法律で明定されず，通達に依存せざるを得ない現状こそが，問題の根底にあることは指摘すべきである。

【引　用】

山本直毅『課税所得の認識原理の研究』（成文堂，2020年）71頁

【山本　直毅】

053 寡夫控除と憲法14条１項の「法の下の平等」

東京高裁令和４年１月12日判決
令和３年（行コ）第166号・更正処分取消等請求控訴事件
【掲　載】ＴＫＣ：25572733／ＴＡＩＮＳ：Ｚ888−2441
【判　示】所得税法２条１項31号に規定する「寡夫」が同項30号イに規定する「寡婦」にはない
　　　　　所得要件を設けていることは合理的であり，憲法14条１項に違反しないとした事例
〔第１審：東京地判令和３年５月27日・令和元年（行ウ）第236号〕

【解　説】

　憲法14条１項の「法の下の平等」規定を法的根拠とする租税公平主義が要請する担税力に応じた課税の考え方は，具体的には，同じ状況にある者に対しては同じ租税負担を求めること（水平的公平），異なる状況にある者に対しては異なる租税負担を求めること（垂直的公平）を意味している。

　個人単位主義を採用している所得税では個々人の諸事情に着目し，担税力を測定することが求められるはずである。それにもかかわらず，担税力の減殺要因を考慮するために所得税法に設けられた所得控除制度には，長年にわたり「寡夫」と「寡婦」という性別に着目して分類した控除制度が設けられていた。

【事案の概要と経緯】

　３人の子の父親である納税者は，妻と離婚し，子らと生計を一にしていた。納税者は，平成24年から同29年までの各年分の合計所得金額はいずれも500万円を超えていたが，自身が令和２年改正前の所得税法２条１項31号の「寡夫」に該当することを前提に，同法81条に定める寡夫控除を適用し，寡夫控除の金額を27万円と記載して平成24年分から同26年分までの所得税等の各確定申告をした。また，寡夫控除の金額を記載せずに申告をした平成27年分から同29年分までの確定申告について，寡夫控除を適用すべきことを理由とする更正の請求をした。

　これに対して，税務署長は，合計所得金額が500万円以下という所得要件を満たさないから，寡夫控除は認められないとして各更正処分等をし，また，更正をすべき理由がないとして各通知処分をした。

　納税者は，「寡夫」に「寡婦」にはない所得要件を設けていることは性別による差別として憲法14条１項に違反しており，所得要件に係る部分は無効であるから，所得要件を満たさない納税者にも寡夫控除を適用すべきであると主張して，各更正処分等の取消しを求めて訴えを提起した。

【判決要旨】

① 　租税法の定立については，国家財政，社会経済，国民所得，国民生活等の実態についての正確な資料を基礎とする立法府の政策的，技術的な判断に委ねるほかはなく，裁判所は，基本的にはその裁量的判断を尊重せざるを得ない。そうすると，租税法の分野における所得の性質の違い等を理由とする取扱いの区別は，その立法目的が正当なものであり，かつ，当該立法において具体的に採用された区別の態様が上記目的との関連で著しく不合理であることが明らかでない限り，その合理性を否定することができず，同法14条１項の規定に違反するものということはできない。

② 　上記の理由は，所得税法における所得控除の対象となる者について，その属性の違いを理由とする取扱いの区別をする場合についても当てはまる。

③ 　性別も所得控除の対象となる者に係る属性の一つであって，その生活や所得に影響を及ぼすこととなる要素の一つであることは否定できないのであるから，区別が性別によって租税法上の扱いを区分するものであるという一事をもって，租税法の定立に関する政策的，技術的な判断の必要がなくなるわけではなく，立法府の裁量的判断を尊重すべきことは性別以外の属性の違いを理由とする

取扱いの区別の場合と異なるものではない。

④　立法経緯等からすると，規定が寡夫について所得税法２条１項30号イの寡婦（扶養親族のある寡婦）にはない所得要件を設けることとした目的は，母子世帯の母親と父子世帯の父親との租税負担能力の差異等に鑑みて，財源面での制約を考慮しつつ，寡婦にのみ認められていた所得控除を必要な範囲で寡夫にも及ぼすことにあったものと解されるから，その立法目的は正当なものである。

⑤　財源面での制約を考慮しつつ寡婦にのみ認められていた所得控除を必要な範囲で寡夫にも及ぼすという立法目的に照らすと，寡夫控除について所得要件を設けること自体は何ら不合理なものではない。

⑥　同号イの寡婦（扶養親族のある寡婦）のうち基準超過層にあるものについて，これを寡婦控除の対象から除外する旨の立法的手当てを行わず，母子世帯と父子世帯の総体的な租税負担能力の差異等を重視した制度を維持することにも，相応の合理性があった。

⑦　同号イの寡婦にはない所得要件を寡夫について設けている部分が，憲法14条１項に違反し無効であるとはいえない。

【検　討】

本事案の争点は，所得税法２条１項31号の「寡夫」について，同項30号イの「寡婦」にはない合計所得金額が500万円以下とする所得要件が，憲法14条１項に違反し無効であるか否かである。

納税者は，所得税法２条１項31号が同項30号イの「寡婦」にはない所得要件を設けていることは性別による差別として憲法14条１項に違反しており，所得要件に係る部分は無効であるから，所得要件を満たさない納税者にも寡夫控除を適用すべきであると主張した。

税務署長は，区別の真の立法目的が，もっぱら寡夫控除導入時の財政事情が理由であり，寡夫と寡婦との租税負担能力の差異等を考慮したものではなく，区別は，父子世帯と母子世帯の差異等を考慮したものであり，著しく不合理であるとは認められないから，規定のうち所得要件を定める部分は同法14条１項に違反しないと主張した。

裁判所は，租税法の分野における所得の性質の違い等を理由とする取扱いの区別は，その立法目的が正当なものであり，かつ，採用された区別の態様が目的との関連で著しく不合理であることが明らかでない限り，その合理性を否定することができず，同法14条１項に違反しないとし，この基準は，所得税法における所得控除の対象となる者について，その属性の違いを理由とする取扱いの区別をする場合についても用いられるべきであるとした。そして，所得要件についての立法目的は正当であり，区別の態様として合理性があるとして，所得要件を満たさない納税者に対して寡夫控除を認めないとした処分は適法であるとの判断を下した。

納税者は，所得要件を課す区別は性別を理由としたものであることから，より厳格な基準により審査されるべきであると主張したが，裁判所は，性別を理由とする取扱いの区別をする場合であっても，租税立法の内容を審査する際には立法府の裁量を尊重すべきであることから合理性の基準により審査すべきであるとしている。立法の内容の審査に合理性の基準が用いられる場合には，その違憲性を問うハードルが極めて高いことはこれまでの裁判例からも明らかである。

令和２年度税制改正において抜本的な見直しが行われ，ひとり親控除が創設され，その対象となる，扶養親族のある寡婦についても，寡夫や婚姻歴のないひとり親と同様，一律に500万円以下という所得要件が定められることとなった。この改正自体は，社会情勢や国民の価値観を踏まえたものとして評価することができるが，一方で，女性のみを対象とする寡婦控除は存続することから，性別を理由とする所得控除の区別の問題が解消されたわけではない。

【引　用】

林　仲宣＝谷口智紀『税務弘報』（中央経済社）70巻12号152頁（2022年）

【谷口　智紀】

054 親子間の土地使用貸借契約後の不動産所得の帰属

大阪高裁令和4年7月20日判決
令和3年（行コ）第64号・所得税更正処分等取消請求控訴事件
【掲　載】ＴＫＣ：25593721／ＴＡＩＮＳ：Ｚ888－2426
【判　示】親子間での土地の使用貸借契約は有効に成立していると認められるが，子らは単なる
　　　　名義人であって，その収益を支配していたのは親であるから，子らはその収益を享受せず，
　　　　土地の所有者である親に収益が帰属するとした事例
〔第1審：大阪地判令和3年4月22日・平成31年（行ウ）第51号〕

【解　説】

　所得税法において，実質所得者課税の原則がある。これは，資産又は事業から生ずる収益の法律上
帰属するとみられる者が単なる名義人であって，その収益を享受せず，その者以外の者がその収益を
享受する場合には，その収益は，これを享受する者に帰属するものとして，この法律の規定を適用す
る（所得税法12条）という内容である。

　本事案では，親子間の土地使用貸借契約後の不動産所得が誰に帰属するものか争われた。

【事案の概要と経緯】

　納税者（昭和6年5月6日生まれ）は，平成25年頃当時，農業に従事していた者であり，多数の不
動産を所有し，Ｐ土地及びＲ土地（以下，「各土地」とする。）をはじめとして賃料収入を得ていた。
納税者の妻は既に死亡しており，子は長男と長女のみである。

　納税者と長男を作成者とする，平成26年1月25日付けの，Ｐ土地についての「使用貸借契約書」と
題する契約書が存在する。また，納税者と長女を作成者とする，同日付けの，Ｒ土地についての「使
用貸借契約書」と題する契約書が存在する。

　納税者は，平成26年1月25日，長男又は長女との間で，Ｐ土地上に敷設されたアスファルト舗装・
車止め・フェンス又はＲ土地上に敷設されたアスファルト舗装を贈与する旨の各贈与契約を締結した。
なお，各贈与契約書には，贈与物件上において営む「駐車場賃貸契約」については，長男又は長女が
その地位を引き継ぐこととし，納税者は，「当該賃借人各人からの預かり保証金額」を長男又は長女
に現金で引き渡した旨の記載がされ，納税者と長男又は長女の署名・押印がされている。

　長男は，平成26年2月1日以降，Ｐ土地の各区画の賃借人が賃貸借契約の更新又は変更をする際，
それらの賃借人との間で，賃貸人を長男とする旨のＰ土地賃貸借契約書を締結した。長女は，平成26
年1月31日，Ｒ土地の賃貸人を長女，賃借人をＤとし，賃貸借期間を同年2月1日から2年として以
後2年ごとに更新する旨のＲ土地賃貸借契約を締結した。

　納税者は，平成27年3月9日，所轄税務署長に対し，平成26年分の所得税等について，確定申告書
を提出したが，その際に提出した収支内訳書の「不動産所得の収入の内訳」欄において，各土地の賃
貸借契約期間が，いずれも平成26年1月の1か月間であるとして不動産所得に係る収入を算定してい
た。その後税務調査があり，所轄税務署は，平成26年2月以降も，各土地の収益は納税者に帰属する
として，更正処分等を行った。

　第1審判決では，使用貸借契約により長男又は長女へ使用収益権を与えられていることは有効であ
るとして，納税者の主張を認めた。

【判決要旨】

① 不動産所得である各土地の駐車場収入は，各土地の使用の対価として受けるべき金銭という法定
　果実であり（民法88条2項），駐車場賃貸事業を営む者の役務提供の対価ではないから，所有権者
　がその果実収取権を第三者に付与しない限り，元来所有権者に帰属すべきものである。

116

② そして，長男又は長女が各土地の法定果実を収取できる根拠は使用借権（民法593条）であるが，使用借主は，その無償性から，本来使用貸主の承諾を得ない限り，法定果実収取権を有しないところ（民法594条2項），既に各土地の所有権に基づき駐車場賃貸事業を営んで賃料収入を収取していた納税者が，長男及び長女に各土地を使用貸借し，法定果実の収取を承諾して，その事業を長男及び長女に承継させたというのであるから，各取引は，納税者が各土地の所有権の帰属を変えないまま，何らの対価を得ることもなく，そこから生じる法定果実の帰属を長男及び長女に移転させたものと評価できる。しかも，使用貸借における転貸の承諾，すなわち法定果実収取権の付与は，その無償性から，その承諾を撤回し，将来に向かって付与しないことができると考えられることからすると，そもそも納税者から使用貸借に基づく法定果実収取権を付与されたことで，当然に実質的にも本件各土地からの収益を享受する者と断ずることはできないというべきである。

③ 各取引がなされた経緯についてみると，長男は，税理士法人に納税者の相続に係る相続税対策について相談し，長男及び長女が納税者の財産を相続する際，相続税の納付のために遺産（不動産）の売却を余儀なくされるような事態を避けるため，納税者及び長女に対してもその趣旨を説明の上，各使用貸借契約を含む各取引を締結して，納税者が従前から営んでいた賃料収入の蓄積による同人名義の将来の遺産の増加を抑制することを企図するとともに，当面の所得税の節税をも企図したものであることが認められる。

④ そして，各取引の結果，納税者から各使用貸借に基づく法定果実収取権を付与され，各土地上で駐車場賃貸事業を営むことになった長男及び長女は，各取引等に関し，特段の出捐をしたと認めるに足りないし，納税者が管理業務を有償で委任していた管理会社に引き続き同業務を有償で委任したことにより，その管理に必要な役務を提供したとも認めるに足りない。

⑤ 各取引は，納税者の相続にかかる相続税対策を主たる目的として，納税者の存命中は，各土地の所有権はあくまで納税者が保有することを前提に，各土地による納税者の所得を長男及び長女に形式上分散したものに過ぎないものと認められる。

⑥ したがって，たとえ，各取引後，各土地の駐車場の収益が長男及び長女の口座に振り込まれていたとしても，そのように納税者が長男及び長女に対する各土地の法定果実収取権の付与を継続していたこと自体が，納税者が所有権者として享受すべき収益を子に自ら無償で処分している結果であると評価できるのであって，やはりその収益を支配していたのは納税者というべきであるから，平成26年2月以降の各駐車場の収益については，長男及び長女は単なる名義人であって，その収益を享受せず，納税者がその収益を享受する場合に当たるというべきである。

【検　討】

親が所有する貸駐車場の土地を子らに使用貸借契約を締結することで，駐車場収入を子らの所得とすることが認められるか否かが争点となった。

第1審では，使用貸借契約は有効であり，長男又は長女はその土地の使用収益権を収受しているから，その収益の基因となる資産の真実の権利者は，使用収益権を有する長男又は長女であるとして，長男又は長女が駐車場賃貸収入を享受していると判断された。控訴審では，使用貸借契約を締結し単に収益権の名義を長男又は長女に付け替えただけで，法定果実である不動産収益を支配していたのは，実質的な土地の所有者である納税者であるとして，逆転して所轄税務署側の主張を認めた。

土地の使用貸借契約や賃貸借契約の名義などの形式で判断するのではなく，土地の法定果実である駐車場収入が，実質的には土地所有者の支配下にあることを示唆しているといえる。

【小林　由実】

055　同族会社の行為計算の否認規定

最高裁第一小法廷昭和33年5月29日判決
昭和27年（オ）第6号・租税処分取消並びに不当利得返還請求事件
【掲　載】ＴＫＣ：21010090／ＴＡＩＮＳ：Ｚ026－0618
【判　示】吸収合併前の被合併会社の株式買収をめぐって，旧法人税法28条に規定する同族会社
　　　　　の行為計算の否認規定の適用が違法とされた事例
〔第１審：東京地判昭和26年4月23日・昭和23年（行）第60号〕
〔控訴審：東京高判昭和26年12月20日・昭和26年（ネ）第1166号〕

【解　説】

　所有と経営が同一主体である同族会社では，もっぱら税負担の減少のみを目的とする行為などがなされるおそれがあり，この行為などを租税法上で容認した場合には，担税力に応じた公平な課税が歪められることになりかねない。所得税法や法人税法などの各個別租税法には，税負担を不当に減少する同族会社の行為又は計算を否認し，通常用いられる法形式に引き直して課税することを，租税行政庁に授権する規定が置かれている。

　大正12年に設けられた同族会社の行為計算の否認規定は，その後に度重なる修正を経て，昭和25年改正の規定が，現行の法人税法132条として維持されている。

　旧法人税法28条は，「同族会社ノ行為又ハ計算ニシテ法人税逋脱ノ目的アリト認メラルルモノアル場合ニ於テハ其ノ行為又ハ計算ニ拘ラズ政府ハ其ノ認ムル所ニ依リ所得金額及資本金額ヲ計算スルコトヲ得」と規定していた。

【事案の概要と経緯】

　株式会社である納税者は，昭和16年6月20日に，訴外Ａ株式会社の株主より，Ａ社の全株式9960株（一株当たり50円）を448万2000円で買収した。納税者は，同年8月1日の合併契約に基づいて，同年11月26日にＡ社を吸収合併し，同年12月6日に登記手続を完了した。

　これに対して，税務署長は，税金逋脱の目的でＡ社の全株式を買収したとして，旧法人税法28条を適用して，株式買収行為を否認し，株式買収代金を合併交付金とみなして，清算所得金額及び清算純益金額をそれぞれ381万801円と決定をするとともに，法人税及び営業税合計74万3106円15銭の支払の告知をした。

【判決要旨】

① 　原判示は，要するに，本事案において当事者間に争いのない株式の買収，会社の合併，及び増資なる一連行為からしては直ちに税金逋脱の目的があるものと認め難いのみならず，買収代金を以て合併交付金と認定すべき証拠上の根拠も認められないから，株式の買収は法条に基づくいわゆる否認の対象となるべき行為ではなかったと判断した上，更に買収代金を課税の対象とするが如きは昭和19年2月法律7号による臨時租税措置法1条の33の如き特別な規定の施行されていなかった当時としては税体系上許されないところであるとしている。

② 　以上の原判示は，原判文に掲げられている当事者双方の主張及び原判決が事実認定に供した証拠に照し，当裁判所もこれを正当として是認する。

【検　討】

　本事案の争点は，旧法人税法28条に規定する同族会社の行為計算の否認規定の適用の可否であり，具体的には，同規定を適用して，株式買収行為を否認し，株式買収代金を合併交付金とみなすことができるか否かが争われている。

　納税者は，合併当時Ａ社の全株式を所有しており，合併の際には株式の割当及び合併交付金の授受

はなされていないことから，合併による清算所得と清算純益はなく，決定は違法であると主張した。

　これに対して，税務署長は，XがA社の全株式を買収したのは，合併契約のわずか40日前であり，XもA社もともに訴外個人Bの同族会社であったとした。Xが税金逋脱の目的でA社の全株式を買収したことは明白であり，株式買収代金は経済的実質的には合併交付金にほかならず，Xの株式買収行為は同条に基づいて否認されるべきであると主張した。

　地裁は，同族会社の行為計算の否認規定は，同族会社を非同族会社よりも不利益に取り扱うためのものではなく，同族会社は税金逋脱の目的で非同族会社では通常なし得ないような行為計算をするおそれがあることから，その場合には，その行為計算を否認して，非同族会社が通常なすであろう行為計算に引き直して課税するためのものであるとした。吸収合併前にA社の全株式を買収することは必ずしも同族会社であるがゆえになしうるような，純経済上より見て不合理な行為ではなく，当該行為を選択する可能性は同族会社であるか否かにより差異がないことからは，同条を適用して当該行為を否認することはできないとした。

　一方で，高裁は，徴税官庁が行為計算の否認規定を発動できる場合には，同族会社の行為計算に法人税逋脱の目的が認められる場合でなければならないとしたうえで，本事案の一連の行為から法人税逋脱の目的があると認められるためには，税金逋脱の目的を抜きにして見た場合には，純経済人の選ぶ行為形態として不合理なものであると認められる場合でなければならないとした。同族会社の場合であるか否かにかかわらず，純経済人としては概して損得の打算に深慮を払い，努めて課税の対象とならない行為形態を選ぶことは当然のことであり，これを不合理であるとすることはできないことから，本事案の一連の行為を以て直ちに税金逋脱の目的があると認めることはできないとした。

　否認の対象とされる同族会社の行為計算とは何かをめぐっては，二つの考え方がある。一つは，非同族会社では通常なしえないような行為計算，すなわち同族会社であるがゆえに容易になしうる行為計算を意味するとする考え方（非同族会社対比説）であり，もう一つは，純経済人の行為として不合理・不自然な行為計算を意味するとする考え方（合理性基準説）である。両判決は納税者勝訴の判断を下したが，地裁は非同族会社対比説を，高裁は合理性基準説を採っており，判断の基準が異なる。

　最高裁は，どちらの考え方を採用すべきかを明示していないが，高裁判決を是認していることから，合理性基準説の考え方を採ったものと理解されている。学説の通説的見解も，同族会社であるがゆえに容易になしうる行為計算は何かを判断することは困難であるとして，同説の考え方に立っている。

　本事案の一連の行為からは，納税者が税負担を回避するために株式買収行為と吸収合併行為との間に時間を置いたように見えたとしても，租税行政庁の恣意性の排除を目的とする租税法律主義の下では，同族会社の行為計算の否認規定の適用にあたっては，当該行為の合理性の有無が厳格に判断されなければならない。

　現在では，租税回避の個別否認規定が整備されたことにより，同族会社の行為計算の否認規定の適用が争われる事例は以前と比べると必ずしも多くはない。一方で，同規定の解釈・適用をめぐっては，租税回避の意図が，同規定の適用要件の一つとされるべきであるか否かという問題が議論されている。

　租税回避の意図の認定における租税行政庁の恣意性が厳格に排除されることが担保されない限りは，租税法律主義の視点から，租税回避の意図を同規定の適用要件の一つとすることには否定的であるべきである。

　また，同規定の適用要件は，当該行為又は計算に租税回避以外に正当な合理的な理由や事業目的があったと認められるか否かであり，納税者の主観的側面である租税回避の意図は，合理的な理由や事業目的がないことを明らかにする間接事実の一つとして位置づけられるべきである。

【引　用】

谷口智紀『税』（ぎょうせい）74巻4号186頁（2019年）

【谷口　智紀】

056　フリンジ・ベネフィット海外慰安旅行

大阪高裁昭和63年3月31日判決

昭和61年（行コ）第32号・第33号・法人税更正処分取消請求上告事件

【掲　載】ＴＫＣ：22002453／ＴＡＩＮＳ：Ｚ163－6088

【判　示】会社が1人当たり約2万9千円の費用を負担して行われた従業員の2泊3日の香港慰安旅行が社会通念上一般に行われているレクリエーション行事にあたるとして，会社の右費用負担は所得税法上課税されるべき給与の支払に当たらないとされた事例

〔第1審：京都地判昭和61年8月8日・昭和59年（行ウ）第17号〕

【解　説】

　所得税法上，法令より認められる各種非課税所得の中に，給与所得者である従業員の受ける付随的給付として「現物給与」ないしは，「フリンジ・ベネフィット」と称されるものがある。具体例として，出張費，通勤手当など，その職務の遂行に必要な給付は非課税とされている（所得税法9条1項4－6号）。従業員の慰安を目的とした，使用人主催のレクリエーション等の行事に係る費用について，フリンジ・ベネフィットとして，福利厚生費に当たる場合は，使用者は支出金額を損金計上でき（法人税法22条3項2号），従業員が受けた経済的利益は，給与所得とならず課税対象とされない。他方，フリンジ・ベネフィットに当たる場合は，使用者は，支出金額を損金計上でき（法人税法22条3項2号），従業員分は，給与所得に計上される。そのため，使用者は，給与所得の増加に応じて，源泉徴収義務を負うとともに，場合によっては，追徴課税の問題が生じることとなる。

　旧所得税基本通達36－30は，「課税しない経済的利益……使用者が負担するレクリエーションの費用については，課税しない。」と規定していた。基本通達にいう社会通念上一般的に認められる範囲内のレクリエーション行事であれば，納税者が負担した旅行の費用は，従業員に対する経済的利益（給与）として課税されないこととなる。

【事案の概要と経緯】

　電子部品の製造等を行う株式会社である納税者は，昭和56年12月に，従業員数約450人のうちの従業員171人が2泊3日の香港旅行を実施し，1人当たりの費用8万2771円のうち2万9578円を負担した。そのため，香港旅行は，社内の親睦を図り，従業員の勤労意欲を高めることをも目的として行われたレクリエーションである為，納税者が負担した金額を福利厚生費として損金算入して確定申告を行った。しかし，課税庁は，納税者の支出をした当時では，従業員の慰安旅行としての海外旅行は，未だ一般的となっていなかったことは明らかであると考えるとともに，会社が従業員1人当たり2万9578円の費用を負担したことは，従業員に対する給与の支払であって所得税が課せられるべきものと判断し昭和55年3月から昭和57年10月までの源泉所得税について，昭和58年4月30日付で源泉告知処分等賦課決定処分をした。

【裁判所の判断】

① 　従業員の慰安旅行として昭和56年12月に行われた香港旅行の費用負担額は1人当たり費用8万2771円のうち，納税者の負担額は，2万9578円にすぎない。

② 　旅行は，使用人が自ら企画立案し，全従業員を対象にして参加者を募集した上，納税者である会社内の親睦と従業員の勤労意欲向上を目的として行われたレクリエーション行事で，旅行の日程は2泊3日であり，行先は比較的近距離の香港であるが，海外旅行であることから，行事としての目的にかなう面がある。

③ 　参加は，従業員450名中171名（38％）で，右の目的を達成するのに支障のない程度の数である。

④ 　このことは，旅行が旧所得税基本通達36－30（課税しない経済的利益，使用者が負担するレクリ

120

エーションの費用）の適用を受けるか否かの判断に当たって重視されるべきであり，納税者の費用負担割合は，35％となるが低率に過ぎるということもできない。

⑤　以上を総合考慮すると，旅行が海外旅行であるからといって特別視する必要はなく，「レクリエーションのために社会通念上一般的に行われていると認められる」行事であると認定するのが相当であり，旅行についての納税者の負担額である２万9578円宛の旅行費用一部負担は従業員に対する給与の支払として右通達により所得税法上課税の対象となるものではないと解される。

【検　　討】

本事案の争点は，経済的利益の判断基準として，従業員の２泊３日の香港への慰安旅行において，会社が従業員１人当たり２万9578円の費用を負担したことが旧所得税基本通達36－30の「社会通念上一般に行われている旅行等の費用負担」といえるか否かである。

第１審，控訴審ともに，この会社が社員旅行として実施した香港旅行への一部負担金は旧所得税基本通達36－30（昭和63直法６－９）が規定する旅行等に該当すると判示している。

所得税基本通達36－30は，所得税法36条の収入金額に関する通則について解釈している国税庁の指針である。これにより，課税実務の統一性を図っている。ある時点における，通達の内容が，その後の社会経済状況の変化に即していない場合には，本事案のように，所轄税務署により納税告知処分を受けることになるが，国民生活の変化を受けて海外旅行が贅沢なものではなくなりつつあった当時の状況を前提とすれば，高裁で判示された結論は妥当であると考える。

租税法律主義の観点からは，所得税法において，フリンジ・ベネフィットについての具体的な要件を規定しなければならない。しかし，課税実務では，解釈指針として通達に具体的な事例についての形式基準を規定し，この要件を充足した場合には，給与所得について非課税として取り扱っているにすぎない。

しかし，裁判になれば，所得税法における所得課税本来の包括的所得概念に立ち返り，法を解釈・適用することになる。したがって，通達の取扱いは，レクリエーション行事の参加者の受ける経済的利益の額，すなわち使用者の負担額を重視し，その額が少額不追求の範囲内であることを前提に強いて課税しないこととしたものと解されている。そのため，経済的利益の額が多額であれば，社会通念上一般的と認められる範囲を逸脱していることになり，課税をしないものとして取り扱うべき根拠を失うこととなる。したがって，レクリエーション行事の参加者の受ける経済的利益の額は，その全額が所得税法28条に規定する給与等として課税されることになる。

本事案の一審判決後，国税庁は，所得税基本通達36－30の運用について「法令解釈通達」を昭和63年５月25日，平成元年３月10日，平成５年５月31日に課法８－１・課所４－５による最終改正を行っている。

税務の取扱いでは，「使用者が，従業員等のレクリエーションのために行う旅行の費用を負担することにより，これらの旅行に参加した従業員等が受ける経済的利益については，当該旅行の企画立案，主催者，旅行の目的・規模・行程，従業員等の参加割合・使用者及び参加従業員等の負担額及び負担割合などを総合的に勘案して実態に即した処理を行うこととするが，……の要件も満たしている場合には，原則として課税しなくて差し支えないものとする。」と規定している。

しかし，税務の現場では，通達に従業員１人当たりの使用者負担額が明示されていないことから，納税者や旅行代理店等により催行される高額な社員旅行については，所轄税務署との間で争いとなる恐れがあり注意が必要となる。

【引　　用】

竹内　進『税』（ぎょうせい）73巻４号184頁（2018年）

【竹内　進】

057 萬有製薬事件

東京高裁平成15年9月9日判決

平成14年（行コ）第242号・法人税更正処分取消請求控訴事件

【掲　載】ＴＫＣ：28082672／ＴＡＩＮＳ：Ｚ253－9426

【判　示】英文添削費用の差額が交際費に該当しないとした事例

〔第1審：東京地判平成14年9月13日・平成11年（行ウ）第20号〕

【解　説】

　租税特別措置法（以下「措法」とする）61条の4において「交際費等」の損金不算入について規定されており，同条6項において，交際費等とは，交際費，接待費，機密費その他の費用で，法人が，その得意先，仕入先その他事業に関係のある者等に対する接待，供応，慰安，贈答その他これらに類する行為のために支出するものとしている。

　ここでいうところの「得意先，仕入先その他事業に関係のある者等」の範囲については，直接当該法人の営む事業に取引関係のある者だけでなく間接に当該法人の利害に関係ある者及び当該法人の役員，従業員，株主等も含むものとされている（措法通達61条の4(1)－22）。

　原審では，英文添削費用の差額が「交際費等」に該当するか否かについて，①「支出の相手方」が事業関係にある者といえるか否か，②「支出の目的」が接待，供応，慰安，贈答その他これらに類する行為（旧措法61条の4第3項，措法61条の4第6項）に加えて，事業関係者との間の親睦の度を密にして取引関係の円滑を図るためであるか否かにより判断される二要件（新二要件説）としており，英文添削の差額負担が，交際費等に該当すると判示している。

　これに対し控訴審では，①「支出の相手方」，②「支出の目的」に加え，③「行為の形態」が接待，供応，慰安，贈答その他これらに類する行為であることとする三要件が，交際費等としての必要条件であるとしており，英文添削の差額負担は交際費等に該当しないと判示した。

【事案の概要と経緯】

　納税者は医家向医薬品の製造販売を業とする株式会社であり，医薬品を販売している大学病院の医師らから，医学論文が海外の雑誌に掲載されるようにするための英訳文につき，英文添削の依頼を受け，海外の添削事業者2社に外注を行っていたところ，所轄税務署は当該医師らが納税者の「事業に関係ある者」に該当し，負担額の支出の目的が医師らに対する接待等のためであって，当該負担額が交際費等に該当し，損金に算入されないとして更正処分を行った。

　原審は，当該英文添削による差額負担額は，添削の依頼をした研究者との「交際費等」に該当すると判示し，納税者の請求を棄却した。

　これら原審の判断につき，納税者は，当該英文添削の差額負担額は，交際費等ではなく寄附金であるとする主張を中心に，更正処分の取消しを求めた事案である。

【判決要旨】

① 納税者のような製薬会社にとって，医師は旧措法61条の4第3項（措法61条の4第6項）にいう「事業に関係のある者」に該当するというべきである。また，英文添削を行った中に，医療に携わらない講師や海外からの留学生も含まれていたことは事実であるが，当該研究者らが大学病院内では中枢的な地位にあり，医薬品の購入や処方権限を有する者も含まれていたことから，当該研究者らが「事業に関係のある者」に該当する可能性は否定できない。

② 納税者が行っていた英文添削自体，そもそも若手研究者らの研究発表を支援する目的で始まったものであり，英文添削の差額負担の合計金額自体をみれば相当に多額なものではあるが，その一件当たりの金額は決して高いものとはいえず，当該差額負担は，事業関係者との親睦の度を密にし，

取引関係の円滑な進行を図るという接待等の目的でなされたと認めるのは困難である。

③　英文添削の差額負担によるサービスは，研究者らが海外の医学雑誌等に発表する原稿の英文表現を添削し，指導するというものであって，学問の成果，貢献に対する寄与であり，学術奨励という意味合いが強いものと考えられることから，当該差額負担が，相手方の歓心を買って，見返りを期待するような場合に当たらないことは明らかである。

④　英文添削のサービスをする際，その料金がサービスを提供するのに必要な額を下回る場合，当該差額は，金銭の贈答に準ずるものとする場合もあるが，研究者らには，そのような差額相当の利得があることについて明確な認識がないから，金銭の贈答の場合に準ずるものとは考えられない。

⑤　英文添削が研究者らの名誉欲等の充足に結び付く面があるとしても，その程度は希薄であり，これをもって，英文添削の差額負担が，直接研究者らの歓心を買い，その欲望を満たすような行為であるということもできない。

⑥　英文添削の差額負担は，通常の接待，供応，慰安，贈答などと違い，直接相手方の歓心を買えるというような性質の行為ではなく，学術奨励という意味合いが強く，その態様等からしても，金銭の贈答と同視できるような性質のものではなく，研究者の名誉に結びつく面も希薄な点からも，当該差額負担が，「接待，供応，慰安，贈答その他これらに類する行為」に該当すると考えることは困難である。

以上から，英文添削の差額負担は，措法61条の4第1項に規定する「交際費等」には該当しない。

【検　　討】

原審では，英文添削の差額負担について，交際費等に該当するか否かの判断において，①「支出の相手方」，②「その支出の目的」に加えて，事業関係者との間の親睦の度を密にして取引関係の円滑を図るためであるか否かにより判断する二要件（新二要件説）を採用しているのに対し，控訴審では，当該差額負担について，①「支出の相手方」，②「その支出の目的」，③「行為の形態」により判断を行っており，この三要件が交際費等としての必要条件であるとしている点は，すでに述べたとおりである。従来，交際費等の判断の基準とされてきた二要件については，「旧二要件説」と「新二要件説」が存在し，旧二要件説では，①「支出の相手方」，②「接待等の目的」により判断されており，新二要件説では旧二要件説に加え，事業関係者との間の親睦の密にし，取引関係の円滑化を図る「意図」の有無について求められていた。つまり，新二要件説は旧二要件説に比べ，交際の「意図」がどうであったかといった主観的要素が問われていたものと考えられる。

これに対し，控訴審で判断の基準とされた三要件では，二要件と比較すると「行為の形態」を追加しており，その意味では交際を行った者の主観的要素ではなく，客観的な要素を重視する判断基準を示したのではないかと思われる。英文添削による差額負担について，裁判所は交際費等ではないと判断した点は評価に値する。もちろん，本事案と類似した事例がどの程度存在するかといった点については疑問を呈する意見もあるが，それでも画期的な判断であったことは肯定的に捉えることができる。

裁判所は，学術奨励という意味合いが強いとして，交際費等ではないとの判断に結びつけている。しかし，営利企業がまったくの見返りを期待せずに，資金を支出する事は考えにくく，その点は予め考慮に入れておかなければならない。仮に，支出の内容が寄附金であるとされた場合は，損金算入の範囲についても予め確認しておく必要があるものと考察する。

【引　　用】

四方田　彰「英文添削費用の差額が交際費に該当しないとした事例」『税法学』554号125頁（2005年）

林　仲宣ほか「判例・裁決例に学ぶ交際費課税（第6回）英文添削費用の差額負担」『税経通信』60巻12号233頁（2005年）

【四方田　彰】

058 興銀事件

◇◇
最高裁第二小法廷平成16年12月24日判決

平成14年（行ヒ）第147号・法人税更正処分等取消請求事件

【掲　載】ＴＫＣ：28100148／ＴＡＩＮＳ：Ｚ254－9877

【判　示】住宅金融専門会社の設立母体である銀行が，住宅金融専門会社の経営が破綻したため
　　　　　放棄した貸付債権について，その全額が，当時回収不能であることは明らかとなっており，
　　　　　債権相当額は事業年度の損失の額として損金の額に算入されるべきであるとした事例

〔第１審：東京地判平成13年３月２日・平成９年（行ウ）第260号〕

〔控訴審：東京高判平成14年３月14日・平成13年（行コ）第94号〕
◇◇

【解　説】

　貸倒損失の計上について，法人税法上に明確な規定はなく，法人税法22条３項３号に定める当該事業年度の損失の額として損金の額に算入される。そのため，貸倒損失は事実認定の問題となる場合が多く，どのような場合に貸倒損失とされるかの判断は，実務上は法人税基本通達（９－６－１，９－６－２，９－６－３）を参考にすることが多い。

　法人税基本通達９－６－１は，法律上の貸倒れといわれるものである。

⑴　更生計画認可の決定又は再生計画認可の決定があった場合において，これらの決定により切り捨てられることとなった部分の金額

⑵　特別清算に係る協定の認可の決定があった場合において，この決定により切り捨てられることとなった部分の金額

⑶　法令の規定による整理手続によらない関係者の協議決定で次に掲げるものにより切り捨てられることとなった部分の金額

　　イ　債権者集会の協議決定で合理的な基準により債務者の負債整理を定めているもの

　　ロ　行政機関又は金融機関その他の第三者のあっせんによる当事者間の協議により締結された契約でその内容がイに準ずるもの

⑷　債務者の債務超過の状態が相当期間継続し，その金銭債権の弁済を受けることができないと認められる場合において，その債務者に対し書面により明らかにされた債務免除額

　法人税基本通達９－６－２は事実上の貸倒れといわれるものであり，法人の有する金銭債権につき，その債務者の資産状況，支払能力等からみてその全額が回収できないことが明らかになった場合には，その明らかになった事業年度において貸倒れとして損金経理をすることができるというものである。

【事案の概要と経緯】

　Ａに対し残高合計3760億5500万円の貸付債権を有していた納税者が，平成８年３月29日に債権を放棄し，平成７年４月１日から平成８年３月31日までの事業年度の法人税について，債権相当額を損金の額に算入して欠損金額を132億7988万7629円とする申告をしたところ，所轄税務署から，上記の損金算入を否認された。

　Ａは，母体行と呼ばれる銀行が中心となって設立された住宅金融専門会社の一つであり，昭和51年６月，Ｂ，Ｃ，証券会社３社等が発起人となって設立された。住宅金融専門会社各社は，バブル経済の崩壊により事業者向け融資債権が不良債権化する等の影響を受け，平成３年以降，財務状況が急激に悪化した。Ａは，新規事業計画の破綻により多額の債権について回収不能な状況に陥っていた。その後，内閣は，住専処理機構を設立して住宅金融専門会社の資産等を引き継ぐこととし，回収不能な不良債権に係る損失見込額約６兆2700億円及び欠損見込額約1400億円を処理すること，母体行に，住専に対する債権約３兆5000億円の全額放棄並びに住専処理機構への出資及び低利融資を要請すること

など複数の閣議決定をした。

　母体５社は，平成８年３月，Ｂ，Ｄ及び一般行の債権放棄額を確認し，Ｂ及びＤは，Ａ社の営業譲渡の日までに債権放棄額に対応する貸出債権を全額放棄するものとすることを確認する旨の書面を作成した。Ｂは，Ａとの間で債権放棄約定書を取り交わし，Ａの営業譲渡の実行及び解散の登記が平成８年12月末日までに行われないことを解除条件として貸付債権を放棄する旨の合意をした。

　第１審においては納税者の主張が認められたが，控訴審においては所轄税務署の主張が認められ，納税者が上告した。控訴審では，平成８年３月末時点においてＡの資産からは少なくともその借入金総額の約40％に相当する１兆円の回収が見込まれていたから，貸付債権が全額回収不能であったとはいえない。貸付債権には回収不能部分があったが，解除条件付きで債権の放棄がされたものであり，事業年度の損金として確定したとはいえず，また，行政機関等のあっせんによる関係当事者間の住専処理に係る協議が成立したのは翌事業年度であり，債権相当額を損金の額に算入することはできないとした。

【判決要旨】

①　法人の各事業年度の所得の金額の計算において，金銭債権の貸倒損失を法人税法22条３項３号にいう事業年度の損失の額として事業年度の損金の額に算入するためには，金銭債権の全額が回収不能であることを要すると解される。

②　債権の全額が回収不能であることは客観的に明らかでなければならないが，そのことは，債務者の資産状況，支払能力等の債務者側の事情のみならず，債権回収に必要な労力，債権額と取立費用との比較衡量，債権回収を強行することによって生ずる他の債権者とのあつれきなどによる経営的損失等といった債権者側の事情，経済的環境等も踏まえ，社会通念に従って総合的に判断されるべきものである。

③　平成８年３月末までの間に社会通念上不可能となっており，当時のＡの資産等の状況からすると，債権の全額が回収不能であることは客観的に明らかである。このことは，債権の放棄が解除条件付きでされたことによって左右されるものではない。

【検　　討】

　裁判所は，金銭債権の貸倒損失を法人税法22条３項３号の事業年度の損失の額として損金の額に算入するための要件は，債務者側の事情だけでなく，債権者側の事情，経済的環境等をも踏まえ，社会通念に従って総合的に判断すべきであるとし，貸付金の貸倒損失として損金算入されるべきであるとした。

　事実上の貸倒れは，債権の全額を回収できないことが明らかになった場合であり，回収できないとはいかなる場合か，回収できないことが明らかになったのはいつの時点かという事実認定が問題となる。また，損金経理が要件であるため，回収できないことが明らかになった時期が異なる事業年度で損金算入することができない。債務者の資産状況，支払能力等からみてその全額が回収できないことが明らかになったのはいつの時点であるのかということを明確にしておく必要がある。

　本事案は，事実上の貸倒れに該当する事案であり，納税者の住宅金融専門会社への貸付金について，全額が回収できないことが明らかであるかどうかが問題となった。裁判所は，Ａの資産状況，債務能力の検討だけでなく，債権者である納税者の事情，経済的環境も踏まえて判断すべきとしている。

　事実上の貸倒れや形式上の貸倒れについては，法律上の貸倒れのような客観的に明らかな根拠があるものではないため，税務調査でも貸倒損失を損金算入する時期についての指摘は多い。債務者の資産状況，債務能力とあわせて債権者の状況も踏まえて判断されるとした本事案は，リーディングケースとして評価できる。

【初鹿　真奈】

059 司法書士の同族会社に対する業務委託契約の性格

広島高裁平成17年5月27日判決（差戻控訴審）
平成16年（行コ）第13号・所得税更正処分取消等請求控訴事件
【掲　載】裁判所HP／TKC：25420185／TAINS：Z255－10040
【判　示】司法書士の同族会社に対する業務委託契約は，人材派遣契約とはいえず，請負契約に類似する契約であるとされた事例
〔第1審：広島地判平成13年10月11日・平成9年（行ウ）第25号〕
〔控訴審：広島高判平成16年1月22日・平成13年（行コ）第16号〕
〔上告審：最判平成16年11月26日・平成16年（行ツ）第121号〕

【解　説】

　中小企業の大半を占める同族会社は，経営がお手盛りで行われる傾向にあり，恣意的な経理操作が行われやすいため，通常なしえない行為や計算によって租税の負担を不当に減少させていると認められる場合には，その行為や計算を否認して税額を計算することができる。これが，各税法に規定される同族会社の行為計算否認規定（所得税法157条，法人税法132条など）である。

　この同族会社の行為計算否認規定は，租税回避防止規定として課税庁にとって伝家の宝刀ともいわれており，曖昧で不明確な規定内容は納税者への公平性や予測可能性を欠き，課税庁に広範な裁量権を与えるものではないかとの批判もある。

【事案の概要と経緯】

　納税者は，司法書士であり，青色申告事業主である。納税者及びその妻が全額出資した同族会社は，納税者が受任した司法書士業務の一部を更に委託する目的で設立し，納税者は，自己の受任した司法書士業務の一部を，受任報酬額の6割の委託料で同族会社に委託し，それ以来，委託手数料を支払ってきた（業務委託に関する契約書は作成されていない）。

　これに対して，税務署長は，委託手数料が著しく高額であり，所得税法が定める同族会社の行為計算否認規定により，必要経費に算入することはできないとして所得税の更正処分を行った。同族会社への委託手数料が著しく高額か否かの判断基準として，オフィス業務に係る労働者を派遣する労働派遣会社を比準会社として選定して人件費倍率比準法を用いた。

　第1審は，同族会社と比準会社は，経済的，取引的観点からみて，一般通念上，両者の業務に類似性がないとはいえず，計算方法は合理性があり，更正処分を適法であるとした。

　控訴審は，税務署長が支払手数料の高額性の判断に用いた人件費倍率比準法の算定となった比準会社が，同族会社といずれも事業内容及び事業規模等において相当な類似性を備えているとは認められないから，比準会社としての基礎的要件に欠けるものから算定した人件費倍率には合理性がないとして，更正処分を違法であるとして，第1審判決を変更し，納税者の請求を一部容認した。

　最高裁は，所得税法所定の同族会社の行為計算否認規定の適用の主張と争点の対象となった他の経費が，事業との関連性，事業遂行上の必要性，家事費・家事関連費の判定など，との主張とは別個の経費を内容とするものであり，それぞれ独立して必要経費に当たるかどうかが判断されるべきものであって，同族会社の行為計算否認規定の適用の主張が失当であっても，それだけでは，納付すべき税額を超える部分の一部が違法であるにとどまり，各部分が直ちに違法となるものではないとして，控訴審判決の一部に理由不備の違法があるとして，控訴審に差し戻した。

　差戻控訴審は，税務署長が，同族会社の行為計算否認規定の適用に当たり採用した比準会社に類似性が認められないとして更正処分を取り消した。

【判決要旨】

① 同族会社の従業員は，複雑困難な事案を除くものについて，司法書士の資格を持っていなければできない業務以外の業務を行っていたものであるが，同族会社は，業務処理のために自動車，パソコン，プリンターなどを所有し，リース物件についてのリースレンタル料を負担していたほか，図書教育費，ガソリン代，消耗品費，保険料，水道光熱費，地代家賃などの従業員人件費以外の必要経費を自ら負担していた。

② 人材派遣業における経費としては，派遣労働者の人件費及び管理費等であって，派遣労働者が派遣先で使用する器具類等の経費は派遣先が経費として負担することとなり，人材派遣業者は経費として負担しない。そうとすると，業務委託契約において，同族会社は，その従業員の人件費以外に，その使用するパソコン等や自動車の経費の負担をしており，人材派遣業とは明らかに，経費として負担するものが異なっており，業務委託契約は，人材派遣契約とはいえず，むしろ，請負契約に類似する契約であると考えるのが相当である。

③ 比準会社は，いずれも主にオフィス業務に係る労働者を契約先企業等に派遣して収入を得ている人材派遣会社であり，労働者の給与以外の費用は限定されているが，Aの業務内容は，司法書士である納税者の業務の委託であって，従業員の給与，管理費以外の必要経費を負担しており，比準会社と同族会社には個別条件の相違を超えた違いがある。また，弁論の全趣旨によれば，比準会社は，相当程度の規模の人材派遣会社であり，同族会社とは，事業規模においてもかなりの差異が認められ，その経費率においても異なっているものと認められる。以上によれば比準会社は，いずれも事業内容及び事業規模等において相当な類似を備えているとは認められない。したがって，比準会社としての基礎的要件に欠けるものから算定した人件費倍率は合理性が認められない。

④ 同族会社の行為計算否認規定の適用に当たっては，株主等の所得税の負担を不当に減少させる結果となることが要件とされているが，本事案の場合，不当に減少させる結果となるかどうかの基準とした同業者比準には，合理性が認められないから，これによって受託手数料が納税者の所得税の負担を不当に減少させるとした各更正処分は，法令の適用を誤ったものであって，違法であると認められる。

【検　討】

法人税法の分野では，損金の高額性の判断において，同業同規模同地域に存在する比準会社において支出されている金額の平均値を基礎に選定した基準値と比較して適正額を判定する手法を課税庁が提示することが多い。なかでも役員給与や役員退職金の支給額など所得計算に大きな影響を及ぼす支出については事例が目立つ。これもお手盛り経営と揶揄される同族会社ならではの傾向といえる。

本事案においては，課税庁は，納税者の業務委託契約が人材派遣契約と類似するとして，人材派遣会社を比準会社に選定して計算を行っていた。裁判所は，業務委託契約は，人材派遣契約とはいえず，むしろ，請負契約に類似する契約であると考えるのが相当である，と判示した。課税庁が抽出した比準会社の業種業態を否定したことは興味深い。

比準会社は，いずれも主にオフィス業務に係る労働者を契約先企業等に派遣して収入を得ている納税者の負担していたパソコンや自動車といった経費が，人材派遣会社における経費の範囲を超えていたという点においても，大きな差異が認められる。不当に減少させる結果の判断基準とした同業者比準の対象が納税者の事業形態と規模が異なるとして，その合理性が否認された。納税者が勝訴するという，極めて珍しい結果をもたらしている。

【参考文献】

林　仲宣『実務に役立つ租税基本判例精選100』（税務経理協会，2019年）169頁

【林　仲宣】

法人税法の基礎理論

060 収益事業の判断基準（ペット葬祭事件）

最高裁第二小法廷平成20年９月12日判決

平成18年（行ヒ）第177号・法人税額決定処分等取消請求事件

【掲　載】ＴＫＣ：28141940／ＴＡＩＮＳ：Z258－11023

【判　示】宗教法人である納税者が行うペット葬祭業が，法人税法２条13号等所定の収益事業であるとした事例

〔第１審：名古屋地判平成17年３月24日・平成16年（行ウ）第４号〕

〔控訴審：名古屋高判平成18年３月７日・平成17年（行コ）第31号〕

〔上告審：最判平成20年８月27日・平成18年（行ツ）第156号〕

〔上告審：最判平成20年８月27日・平成18年（行ヒ）第177号〕

【解　説】

　内国法人は，法人税法４条１項の定めるところにより法人税を納める義務があるが，同項ただし書において，内国法人である公益法人等については，収益事業を営む場合に限って法人税を納める義務があることが規定されている。ここにいう収益事業は，同法２条13号において，「販売業，製造業，その他政令で定める事業で，継続して事業場を設けて行われるものをいう。」とされており，さらに法人税法施行令５条１項各号において，「物品販売業」，「不動産販売業」をはじめとして，「請負業」，「倉庫業」等34業種（最高裁判決当時は33業種）が限定列挙されている。また，これら34業種に性質上附随して行われる行為も収益事業に含まれることとされている。

　本来，公益法人等において原則的に非課税とされているのは，公益法人等が専ら公益を目的として設立され，営利を目的としないという公益性と，公益法人等が得る利益は，特定の個人に帰属するものではないとの考え方によるものとされる。

　しかし，公益法人等が行う事業と同種の事業を行う営利法人との競合が問題とされ，課税の公平性の観点から，営利法人が行う事業と原則として同種の事業とされるものを，法人税法独自の34業種として限定列挙したものと解されている。

　したがって，公益法人等が，法人税法上の収益事業に該当する事業を行っている場合には，たとえその事業が公益法人等の本来の目的である事業であったとしても，当該事業から生ずる所得については法人税が課されることになる。

　本事案は，公益法人等に含まれる宗教法人が行う宗教的活動としての性格を有する事業について，その収益事業該当性が問題とされたものである。

　最高裁判決においては，宗教法人の宗教活動に伴う事業における法人税課税の可否について一定の基準を示すとともに，収益事業課税の法律的な問題点を明確にする重要な判決であった。

【事案の概要と経緯】

　納税者は，嘉暦元年（1326年ころ）から続く古刹であり，昭和44年に設立された宗教法人である。昭和58年ころからは人の葬祭に加えてペット葬祭業として，ペットの葬儀・火葬，法要，死体の引取り，埋蔵・納骨等を執り行っていた。

　納税者は，ペット葬祭事業について，ペットの飼い主からの依頼を受けて供養等を行い，金員を受け取った行為は宗教的行為であり，法人税法上の収益事業に該当しないものとして取り扱っていた。これに対し所轄税務署から，ペット葬祭業は法人税法に定める収益事業にあたるとして，法人税の決定処分及び無申告加算税賦課決定処分を受けたため，その取消しを求めた訴訟である。

【判決要旨】

① 最高裁は，まずペット葬祭業を外形的にみると，請負業，倉庫業及び物品販売業並びにその性質

上これらの事業に附随して行われる行為の形態を有するものと認められると確認した。

② さらに，法人税法上の公益法人等において収益事業課税が行われる趣旨は，公益法人等の所得のうち収益事業から生じた所得について，同種の事業を行うその他の内国法人との競争条件の平等を図り，課税の公平を確保するなどの観点から行われていることを確認している。

③ そうなると，公益法人等である宗教法人の行う事業が法人税法施行令5条1項10号の請負業等に該当するか否かについては，事業に伴う財貨の移転が役務等の対価の支払として行われる性質のものか，それとも役務等の対価でなく喜捨等の性格を有するものか，また，当該事業が宗教法人以外の法人の一般的に行う事業と競合するものか否か等の観点を踏まえた上で，当該事業の目的，内容，態様等の諸事情を社会通念に照らして総合的に検討して判断するのが相当であるとして，「対価性」及び「営利企業との競合性」という2つの判断基準を示した。

④ そして，最高裁はこれを納税者の行うペット葬祭業に照らし，納税者の提供する役務等に対して料金表等により一定の金額が定められ，それに基づいて依頼者がその金額を支払っているものとみられることを確認している。したがって，これらに伴う金員の移転は，納税者の提供する役務等の対価の支払として行われる性質のものとみるのが相当であり，依頼者において宗教法人が行う葬儀等について宗教行為としての意味を感じて金員の支払をしていたとしても，いわゆる喜捨等の性格を有するものということはできないとして「対価性」を有するものとした。また，ペット葬祭業は，その目的，内容，料金の定め方，周知方法等の諸点において，宗教法人以外の法人が一般的に行う同種の事業と基本的に異なるものではなく，これらの事業と競合するものといわざるを得ないとして「営利企業との競合性」も認め，納税者の行うペット葬祭業はいずれも収益事業に該当すると判示した。

【検　討】

法人税法上の収益事業は，法人税法施行令5条1項各号において，34業種が列挙されているが，その多くは業種名のみの列挙であり，その詳細は通達に委ねられている。

すなわち，明確な収益事業の範囲が法律によって示されていないことから，かねてからその解釈の根拠があいまいであるという問題があった。さらに同項10号の「請負業」は，「事務処理の委託を受ける業」が含まれることから，民法上の請負の概念と比べきわめて範囲が広い。したがって，公益法人等は法人税法上原則的に非課税とされているにもかかわらず，公益法人等の行う事業の大半が外形的に法人税法上の収益事業に該当するという問題がある。

最高裁判決が強調したのは，宗教法人の行う宗教的活動が，直ちに法人税法上の収益事業該当性の判断基準となるものではなく，外形的に法人税法上の収益事業に該当したうえで，「対価性」，「営利法人との競合」という点を踏まえ，「事業の目的，内容，態様等の諸事情を社会通念に照らして総合的に検討」するとしている点にある。

この判断は，公益法人等全体としてとらえた場合にも，法人税法上の収益事業該当性の判断は公共性や公益性の多寡によって行われるのではなく，「対価性」，「営利法人との競合性」という2つの新たな基準を示したものとして評価する意見もある。ただ，実務においては，対価性及び競合性の詳細な線引きは不明確なままであり，収益事業該当性における予測可能性は確保されていない。

最高裁判決は，公益法人等の法人税法上の収益事業課税の解釈について法律的な問題点を明確にしたことから，そもそも非営利法人に収益事業課税を行うことの是非においても注目された。

公益法人等の活動に密接に関連のある収益事業課税のあり方についての議論が不可欠であることを示したという点において有用な判決であったといえる。

【引　用】

茂垣志乙里『税』（ぎょうせい）75巻8号132頁（2020年）

【茂垣　志乙里】

061　ＮＴＴドコモ中央事件

◇◇
最高裁第三小法廷平成20年９月16日判決
平成18年（行ヒ）第234号・法人税更正処分等取消請求上告事件
【掲　載】ＴＫＣ：28141988／ＴＡＩＮＳ：Ｚ258−11032
【判　示】ＰＨＳの基地局と電話回線網とを接続するエントランス回線利用権は，一般的・客観
　　　　　的には，１回線で，基地局とＰＨＳ接続装置との間の相互接続を行うという機能を発揮
　　　　　することができるものであるから，その取得価額は，エントランス回線１回線の単価で
　　　　　あると認めるのが相当であり，また，エントランス回線の利用権は，電気通信施設利用
　　　　　権として，減価償却資産に該当するから，少額減価償却資産に該当するとされた事例
〔第１審：東京地判平成17年５月13日・平成15年（行ウ）第312号〕
〔控訴審：東京高判平成18年４月20日・平成17年（行コ）第160号〕
◇◇

【解　説】

　法人が取得した少額の減価償却資産は，事業の用に供した事業年度において，その取得価額に相当する金額を損金経理した場合には，損金算入される。ここでいう少額の減価償却資産とは，その資産の使用状況などからみて消耗性のものであり，使用可能期間が１年未満のもの又は取得価額が10万円未満のものとされる。10万円は通常１単位として取引される単位ごとに判定される。一つ10万円未満の資産を複数，大量に購入したときの通常１単位として取引される範囲がどこまでをいうかがしばしば争点となる。

【事案の概要と経緯】

　納税者（株式会社エヌ・ティ・ティ・ドコモ）は，平成10年12月１日，Ａ（エヌ・ティ・ティ中央パーソナル通信網株式会社）からＰＨＳ事業の営業譲渡を受け，ＰＨＳ事業を開始した。納税者のＰＨＳ事業は，Ｂ（日本電信電話株式会社，いわゆるＮＴＴ）の設置するＰＨＳ接続装置，電話網等の機能及びデータベースを活用する方式によるものであり，この方式における通信経路をみると，例えばＰＨＳ事業者との契約により同事業による電気通信役務の提供を受けるＰＨＳ利用者がＢの固定電話利用者，携帯電話利用者等と通話等をする場合，そのＰＨＳ端末から発信された音声等の情報は，無線電信によりＰＨＳ事業者の設置する基地局において受信され，Ｂの設置するエントランス回線（基地局とＢの設置するＰＨＳ接続装置との間を接続する有線伝送路設備），ＰＨＳ接続装置及び電話網等を介して，固定電話や携帯電話等に送信されるという経路をたどる。エントランス回線が１回線あれば，その回線が接続する基地局のエリア内のＰＨＳ端末とＢ社の固定電話又は携帯電話等との間で，双方向の通話等が可能になる。

　納税者は，営業譲渡に伴い，Ａからエントランス回線利用権を１回線に係る権利一つにつき７万2800円の価格で合計15万3178回線分譲り受け（その譲受価格の総額は111億5135万8400円），その後，必要に応じて，１回線単位でエントランス回線の設置の申込みをし，Ｂがこれを承諾して設置工事をするごとに設置工事及び手続に関する費用として１回線当たり合計７万2800円を支払って，新設された回線に係るエントランス回線利用権を取得した。納税者は，以上のとおり取得したエントランス回線利用権をそのＰＨＳ事業の用に供した。納税者は，エントランス回線利用権は，１回線を１単位とする資産であり，１回線当たりの取得価額は10万円未満であるから，少額減価償却資産に該当し，事業の用に供した事業年度の損金の額に算入することができると主張した。それに対し所轄税務署は，購入価額の全額が取得価額となり，その取得価額は10万円を超えるから，その全額を損金の額に算入することはできないとし，また減価償却資産は法人の事業において収益を生み出す源泉として機能することをその本質的要素とするところ，権利一つでは納税者のＰＨＳ事業において収益を生み出す源

泉としての機能を発揮することができないと主張した。

　電気通信施設利用権に当たるエントランス回線利用権が法人税法施行令133条の取得価額が10万円未満である少額減価償却資産に当たるかどうかが争われた事案である。

【判決要旨】

①　エントランス回線利用権は，エントランス回線1回線に係る権利一つを1単位として取引されているということができる。

②　所轄税務署は，減価償却資産は法人の事業において収益を生み出す源泉として機能することをその本質的要素とするところ，権利一つでは納税者のPHS事業において収益を生み出す源泉としての機能を発揮することができない旨主張する。減価償却資産は法人の事業に供され，その用途に応じた本来の機能を発揮することによって収益の獲得に寄与するものと解されるところ，一般に，納税者のようなPHS事業者がエントランス回線利用権をそのPHS事業の用に供する場合，エントランス回線利用権の用途に応じた本来の機能は，特定のエントランス回線を用いて事業者の設置する特定の基地局とBの特定のPHS接続装置との間を相互接続することによって，基地局のエリア内でPHS端末を用いて行われる通話等に関し，Bをして事業者の顧客であるPHS利用者に対しBのネットワークによる電気通信役務を提供させることにある。

③　エントランス回線が1回線あれば，基地局のエリア内のPHS端末からBの固定電話又は携帯電話への通話等，固定電話又は携帯電話からエリア内のPHS端末への通話等が可能であるというのであるから，この権利は，エントランス回線1回線に係る権利一つでもって，納税者のPHS事業において，上記の機能を発揮することができ，収益の獲得に寄与するものということができる。

④　エントランス回線1回線に係る権利一つをもって，一つの減価償却資産とみるのが相当であるから法人税法施行令133条の適用にあたっては，上記の権利一つごとに取得価額が10万円未満のものであるかどうかを判断すべきである。納税者は，この権利をエントランス回線1回線に係る権利一つにつき7万2800円の価格で取得したというのであるから，その一つ一つが少額減価償却資産にあたるというべきである。

【検　　討】

　裁判所は，エントランス回線利用権が1回線に係る権利一つを1単位として取引されているということができること，エントランス回線1回線に係る権利一つでもって，納税者のPHS事業において，通話等の機能を発揮することができ，収益の獲得に寄与できることを確認している。そして，エントランス回線1回線に係る権利一つをもって，一つの減価償却資産とみるのが相当であるから，少額の減価償却資産の判定にあたっては，権利一つごとに取得価額が10万円未満のものであるかどうかを判断すべきとして納税者の主張を認めた。

　少額の減価償却資産の取得価額の判定については，通常1単位として取引されるその単位ごとに判定する。よく目にするのは，応接セットの場合であり，通常，テーブルと椅子が1組で取引されるものであるため，1組で10万円未満になるかどうかを判定する。この考え方は，一括償却資産の判定でも同様である。

　エントランス回線利用権一つの金額は7万2800円であるが，総額は111億を超える金額となる。この金額すべてを損金に算入できるか否かは法人税の納税額に大きな影響を及ぼすため，1単位の判定は取得した資産ごとに慎重に行うべきである。

　なお，令和4年4月1日以後に取得などをした取得価額が10万円未満の減価償却資産については，貸付け（主要な事業として行われるものを除く）の用に供したものは除かれる。この改正はドローンなどの少額資産を大量に購入して損金の額に算入し，その資産を貸し出すといった事案に対応したものといわれるが該当する場合がないか注意する必要がある。

【初鹿　真奈】

法人税法の基礎理論 ──── 131

062　粉飾した過年度棚卸資産の過大計上分に係る損金性

東京地判平成22年9月10日判決
平成21年（行ウ）第380号・法人税更正処分取消等請求事件
【掲　載】ＴＫＣ：25470385／ＴＡＩＮＳ：Ｚ260-11505
【判　示】過去に過大に棚卸資産を計上する方法で粉飾決算を行っていた法人が，特別損失として棚卸過大計上損として計上した金額は，損失が生じているわけではないから当該事業年度の損失には該当しないとされた事例
〔控訴審：東京高判平成23年3月24日・平成22年（行コ）第325号〕
〔上告審：最決平成23年10月11日・平成23年（行ヒ）第263号〕

【解　説】

　企業が取引先企業や融資元金融機関といった利害関係者に対し，自社の経営状況を良く見せようとして粉飾決算を行うことがある。あたかも利益が出ているかのように見せかける決算を組むことにより，本来であれば不要な納税額が生じることになる。過大に申告納付した場合は，更正の請求をすることで取り戻すことができるが，仮装経理に基づく過大申告納付の場合について，法人税法ではそこに一定の制限を課している。仮装経理を行った場合には，修正経理をし，かつ修正経理を行った事業年度の確定申告書を提出するまでの間は，税務署長は更正をしないことができるとされている（法人税法129条1項）。また，減額更正がされた場合であっても，直ちに還付されず，更正の日の属する事業年度開始の日前1年以内に開始する事業年度の確定法人税額の金額に制限される（同法135条2項）。残額は，更正の日の属する事業年度開始の日から5年以内に開始する各事業年度の法人税額から順次控除される（同法70条）。なお，5年目まで順次控除しても控除しきれない金額がある場合には，その事業年度に還付されることになる（同法135条3項）。

　このような一連の仮装経理をめぐる法人税法の規定は，昭和40年前後に相当数あった粉飾決算に基づく過大申告納付を抑制するための税制上の措置として，昭和41年度の税制改正で導入されたものである。立法趣旨として，財政の安定を図ると同時に粉飾決算を未然に防止することをも目的としている措置である。

【事案の概要と経緯】

　納税者は，過去に過大に棚卸商品を計上するいわゆる粉飾決算を行っていたことから，平成14年12月期の損益計算書の特別損失の項目に棚卸商品の過大計上損の科目で粉飾決算に係る金額を計上し，同金額を損金に算入して確定申告を行った。所轄税務署は，棚卸商品過大計上損の金額を損金に算入することはできないとして平成14年12月期の更正処分を行い，これに連動して平成16年12月期の更正処分等を行ったため，納税者が各処分の取り消しを求めた。

【判決要旨】

① 利益がないにもかかわらず利益があるように仮装する経理処理（仮装経理）を行ういわゆる粉飾決算をした法人が，仮装経理に基づく過大申告をした場合については，法人税法129条2項は，税務署長は，当該法人がその後の事業年度の確定した決算において修正の経理をし，これに基づく確定申告書が提出されるまで更正しないことができることとし，また，減額更正処分がされた後の還付方法についても，法人税法70条及び134条の2において，全額を一時に還付することなく，更正の日の属する事業年度前1年間の各事業年度の法人税相当額だけ還付し，残額はその減額更正を行った事業年度の開始の日以後5年以内に開始する事業年度の法人税額から順次控除することとされている。これは，粉飾決算をして，意識的に多く収めた税金を，還付加算金を付して一時に還付するということは，数年間の税金を一時に還付するという点において財政を不安定にするおそれがある

のみならず，申告納税制度の本旨からみても好ましくないこと，また，粉飾決算をなくして真実の経理公開を確保しようという要請とも相容れないものであることから，粉飾決算をした法人が自ら仮装経理状態を是正するまでは減額更正を留保し，また，還付についても通常の場合より不利に扱うことにするとともに，その是正方法も一定の厳格な方法によって過去の事業年度の経理を修正した事実を明確に表示することを義務付け，その負担により，財政の安定を図ると同時に粉飾決算を未然に防止することをも目的とするものと解される。

② 内国法人の各事業年度の所得の金額の計算上当該事業年度の損金に算入すべき金額については，法人税法22条３項が規定しており，同項１号は，「当該事業年度の収益に係る売上原価」を損金に算入すべきものとしているところ，本件損失は，平成10年９月期から平成14年９月期までの各事業年度の売上原価で当該各事業年度において損金に算入しなかったものであるから，「平成14年12月期の収益に係る売上原価」に該当しないことは明らかである。また，納税者が平成14年12月期において，本件損失すべてを棚卸商品過大計上損として計上する財務会計上の修正の経理をしたとしても，当該事業年度においてこれに相当する損失が生じているわけではないから，本件損失は，同項３号にいう「当該事業年度の損失」には該当しない。したがって，本件損失は平成14年12月期の損失に該当せず，これを当該事業年度の損金に算入されるべきものではないとした処分行政庁の判断は正当なものであると認めることができる。

③ 平成16年12月期更正処分は，関係法令をみても，問題となっている事業年度における繰越欠損金額の算定に当たって，更正処分のされていないそれ以前の事業年度における申告に係る繰越欠損金の額を前提として算定しなければならない旨を定めた規定はない。さらに，更正処分のされていない事業年度の繰越欠損金の額を法令に従った正当なものに計算し直すことが，当該事業年度の法人税について更正処分をしたことにはならないことはいうまでもない。弁論の全趣旨によれば，平成16年12月期更正処分は適法なものと認められる。

【検　討】

本事案は，法人税法上，過去の粉飾決算による棚卸資産に係る過大計上額を当期の損失として一括で損金算入することが認められるかどうかという事案である。過年度の棚卸資産に係る過大計上額は，計上された各事業年度の売上高に対応する売上原価を構成するものであるため，粉飾が発覚した事業年度に一括して損失計上することは適切ではない。法人税の過大納付税額の還付を受けるためには，過年度に遡って修正経理を行い（前期損益修正損），別表四に加算調整をした事業年度の申告書を提出しなければ減額更正されないため，修正経理を行った事実を明らかにしておく必要がある。

法人住民税及び事業税については，それぞれ法人税額，所得金額を課税標準としていることから，法人税において更正処分が行われた場合には，連動してこれらの税目についての更正が行われる。実務上の更正の手続きについては，自治体ごとで取扱いが異なることもある。自主的に行うべきか，職権による更正を待つべきか確認したほうがよい。また，法人税と同様に，仮装経理に基づく過大申告の場合の更正による過納金については，すぐには還付・充当されないこととされている（地方税法53条54項，72条の24の10，321条の８第54項）。

なお，仮装経理に基づく過大申告納付が，法人税のみならず消費税の申告においても生じているような場合について，消費税法上，法人税法と同様のペナルティー的な規定は存在しない。これは所得税法においても同様である。そのため，所得税法と消費税法については，通常の更正の請求で対応することになる。

【齋藤　樹里】

法人税法の基礎理論 ———— 133

063　福利厚生費と海外への慰安旅行

東京地裁平成24年12月25日判決
平成23年（行ウ）第385号・所得税納税告知処分等取消請求控訴事件
【掲　載】ＴＫＣ：25498715／ＴＡＩＮＳ：Ｚ262－12122
【判　示】各従業員に対する慰安旅行に係る経済的利益の供与は所得税法28条１項の「給与等」
　　　　の支払に該当するかについて判示された事例
〔控訴審：東京高判平成25年５月30日・平成25年（行コ）第31号〕
〔上告審：最判平成25年11月８日・平成25年（行ツ）第397号〕

【解　説】

　所得税法28条１項には，給与所得については，俸給・給与・賃金・歳費及び賞与並びにこれらの性質を有する給与に係る所得をいうと規定されている。

　給与所得における課題の一つに金銭以外の経済的利益である現物給与がある。なかでも従業員らに対するレクリエーションに係る費用負担が争点となる。その理由として，所得税と法人税の関係性が密接であり，例えば，①慰安旅行に参加した従業員の経済的利益として給与と見なされ課税される場合があること，②交際費の範囲が明確ではなく，かつ，費用として支出されても，交際費は損金算入の額が制限される規定があるため，全額損金と認められないこと，③福利厚生費であれば全額損金算入となることから，納税者と国税局の見解の相違や対立が表面化しやすいことなどが，原因といえる。

　また，所得税基本通達36－30では，使用者が役員又は使用人のレクリエーションのために社会通念上一般的に行われていると認められる行事の費用を負担することにより，これらの行事に参加した役員又は使用人が受ける経済的利益については，課税しなくて差し支えないとされている。この「社会通念上一般的に行われていると認められる行事の費用」の範囲の判断により，過去多くの争いがある。

【事案の概要と経緯】

　納税者（鉄道線路工事請負会社）は，平成21年１月10日から同月12日まで，納税者の代表者，従業員10人，納税者の外注先の従業員等21人の合計32人が参加するマカオへの２泊３日の慰安旅行を実施した。納税者は，旅行会社の担当者に宿泊先は一流ホテルに１人１部屋で宿泊するとともに，食事は全６食を最高の食事とするという指示を出し，この指示に従い，マカオで最高級のホテルを宿泊先として選定するなどした。納税者は予算については特に指示をしていなかったため，旅行の費用はマカオを渡航先とする一般的な旅行と比べて割高な合計800万円の全額を納税者が負担した。

　納税者の従業員に係る１人当たり24万1300円の合計241万3000円を福利厚生費として処理した。これに対し，所轄税務署は，各従業員に対する旅行に係る経済的利益の供与は，所得税法にいう「給与等」に該当するとして源泉所得税34万7472円とする納税告知及び不納付加算税の額３万4000円とする賦課決定をした。

【判決要旨】

①　「給与等」とは，俸給，給料，賃金，歳費及び賞与並びにこれらの性質を有する給与（所得税法28条１項），すなわち，雇用契約又はこれに類する原因に基づき使用者等の指揮命令に服して提供した非独立的な労務の対価として受ける給付をいうものであると解される。36条１項において，各種所得の金額の計算上収入金額とすべき金額の中には金銭以外の物又は権利その他経済的利益も含まれるものとしていることによれば，上記「給与等」の支払に当たるものというべきである。

②　本件旅行は，納税者が各従業員や外注先の従業員等を慰労し，併せて，相互の親睦を深め，今後の業務の遂行をより円滑なものとする目的をもって，企画立案したものであり，実際にも，マカオ及びその周辺地域の観光に終始し，指揮命令系統を強化するための研修などは一切行われなかった

と認めることができるのであって，旅行は，専ら各従業員ほかのレクリエーションのための観光を目的とする慰安旅行であったものであると認めるのが相当である。そうすると，各従業員は，納税者から，雇用契約に基づき納税者の指揮命令に服して提供した非独立的な労務の対価として，旅行に係る経済的な利益の供与を受けたものであり，納税者は，各従業員に対し旅行に係る経済的な利益を供与し，所得税法28条１項の「給与等」の支払をしたものであるということができる。

③　所得税基本通達36－30が，使用者が「役員又は使用人のレクリエーションのために社会通念上一般的に行われていると認められる」行事の費用を負担することにより，これらの行事に参加した役員又は使用人が受ける経済的な利益については，課税しなくて差し支えないものとするのは，上記のような行事は簡易なものであることが多く，それに参加することにより享受する経済的な利益の額は少額であることに鑑み，少額不追及の観点から強いて課税しないこととするのが相当であるためであると解されるところ，旅行の費用は，マカオを渡航先とする一般的な旅行と比べて，割高なものとなったことは認定したとおりであり，各従業員が供与を受けた経済的な利益の額は各従業員分旅行費用の額すなわち24万1300円となるとするのが相当である。旅行は，それに参加することにより享受する経済的な利益の額が少額であるものであると認めることができない。各従業員に対する旅行に係る経済的な利益の供与が「給与等」の支払に該当するとすることが課税の公平に反するということはできないものというべきである。

【検　討】

従業員に対するレクリエーションのために行う旅行の費用に係る通達は，昭和61年に個別通達を発遣し，①２泊３日以内，②当該費用の50％以上を使用者が負担，③参加する従業員等の数が全従業員等の50％以上であることの要件を満たしている場合に限り，課税しなくて差し支えないとしている。その後，昭和63年に「当該旅行の企画立案，主催者，旅行の目的・規模・行程・従業員等の参加割合・使用者及び参加従業員等の負担額及び負担割合などを総合勘案して実態に即した処理を行うこととする」が挿入され，平成元年には，「２泊３日」が「３泊４日」に改められた。平成５年の税制改正では，統合的な経済対策の一環として，非課税の対象となる従業員レクリエーション旅行の一層の拡充が求められ，同年の通達改正において，「使用者が役員又は使用人のレクリエーションのために社会通念上一般的に行われていると認められる会食，旅行，演芸会，運動会等の行事の費用を負担することにより，これらの行事に参加した役員又は使用人が受ける経済的利益については，使用者が，当該行事に参加しなかった役員又は使用人（使用者の業務の必要に基づき参加できなかった者を除く。）に対しその参加に代えて金銭を支給する場合又は役員だけを対象として当該行事の費用を負担する場合を除き，課税しなくて差し支えない。」とされている。そして現在では，(1)旅行の期間が４泊５日以内であること（海外旅行の場合には，外国での滞在日数が４泊５日以内であること），(2)旅行に参加した人数が全体の人数の50％以上であること（工場や支店ごとに行う旅行は，それぞれの職場ごとの人数の50％以上が参加することが必要）の２条件が充足されたものであるときは，原則として，その旅行の費用を旅行に参加した人の給与としなくてもよいこととされている。

慰安旅行の会社負担額が給与に該当するか否かが争われた事案は数多くあり，その多くが，昭和63年３月31日大阪高裁判決に準じて，所得税基本通達36－30を根拠に判断している。

慰安旅行費用が多寡であるかどうかは，昨今の判例で判断された「社会通念上一般的な金額」を目安にした上で，「基本通達の形式基準」を満たしていること，「慰安行事の実態」を総合的に判断することが，必要であろう。

【引　用】

小野雅美『税』（ぎょうせい）76巻８号102頁（2021年）

【小野　雅美】

064　取引価格の変更と寄附金の意義（セキスイボード事件）

東京地裁平成26年1月24日判決
平成20年（行ウ）第738号・法人税更正処分取消等請求事件
【掲　載】ＴＫＣ：25517562／ＴＡＩＮＳ：Ｚ264－12394
【判　示】法人税法37条でいう，「贈与又は無償の供与」とは，民法上の贈与に限られず，経済的にみて贈与と同視し得る資産の譲渡又は利益の供与も含まれる。通常の経済取引として是認できる合理的理由が存在する取引は寄附金には該当しないと判断された事例

【解　説】

　法人税法37条は，寄附金について損金算入限度を設けており，限度を超えた額は損金とすることはできない。企業間取引においては経済事情により多様な価格変更がなされる，密接な関係にある関係会社間の取引においては，購入側が原価情報を入手していることも当然にありうる。本事例は，親子事業者間取引において，期首から半年は一定の暫定取引価額で取引を行い，半期末毎に実際原価に差異分析等で得られた情報を加味した利益を加算した単価に取引価額を減額修正したことが，寄附金に該当するとして争いとなった。

【事案の概要と経緯】

　B社は100％親会社のS社に外壁部材を製造して販売している。争点となった取引契約の基本条項は以下のように定められていた。

第1条　S社は本契約の定めるところに従い，B社よりB社の製造する「外壁部材」を継続的に購入し，B社はS社に売り渡すものとする。

第2条　B社はS社の定めた製品規格に合致する「外壁部材」を製造するものとする。

第3条　「外壁部材」の購入価格及び支払方法については，別途覚書で定める。

覚書　第1条

1　S社がB社より購入する「外壁部材」の価格は，原則として合理的な原価計算の基礎に立ち，S社・B社協議の上，決定する。

2　S社の発注量の大幅な増減，経済事情の著しい変動が生じた場合は，S社・B社協議の上，購入価格を決定出来るものとする。

第8条　B社はS社に売り渡す「外壁部材」と同一又は類似のものをS社以外の第三者のために製造加工又は販売してはならない。

　上記のような契約内容の元で，S社グループ各社では，9月と3月に生産会社方針検討会を開催し，期初の前日までに，取引価格を書面にて通知していた。その後，コスト検討会においてコスト低減の要否が検討され，S社はB社が各半期に低減すべき原価の金額を書面により通知した。

　S社は，外壁の代金として，当初取引価格による金額を支払い，B社はこれを売上として処理した上，平成15年3月期上期から同16年3月期上期までは，各半期の期末において，期末調整額につき，売上値引きの処理を行い，平成16年3月期下期から同17年3月期下期までは，各半期の期末前2か月から3か月の間において，期中調整額につき，単価変更又は売上値引きの処理をした。

　この売上値引き及び単価変更による売上の減額が寄附金に該当するとして，税務署が賦課決定処分を行ったのに対し，B社が，期初に設定された取引価格は暫定的な価格であり，販売価格は期末に決定されるものであると主張して，取消しを求めた。

【判決要旨】

① 法人税法37条7項にいう「贈与又は無償の供与」とは，民法上の贈与に限られず，経済的にみて贈与と同視し得る資産の譲渡又は利益の供与も含まれると解される。そして，ここでいう「経済的

にみて贈与と同視し得る資産の譲渡又は利益の供与」とは，資産又は経済的利益を対価なく他に移転する場合であって，その行為について通常の経済取引として是認できる合理的理由が存在しないものを指す。

② 当初取引価格は，予算計画を策定するための基準となるものとして利用されることが予定されている数値にすぎず，S社とB社との間で，販売契約上の契約価格として合意されていたとするには相当疑義があるといわざるを得ない。

③ B社がS社に対して販売する外壁につき，各半期の期末又は期中においてそれまでの実績に基づいて行われる原価計算によって算定される実際原価（実績見込原価）を基礎として，それに一定の損益算定方法（「差異分析」等）により導かれる損益を加算するという手法により，取引価格を決定するという内容の契約を締結することは，企業の事業活動の在り方として一概に不合理であるとまでは断ずることはできず，その原価計算及び損益算定方法の内容において不合理な点がなく，税負担を逃れるための恣意的な利益調整ではないと評価されるものであれば，本件覚書1条1項の「合理的な原価計算の基礎に立ち，S社・B社協議の上決定する」との定めに合致するものと解することが相当である。B社が差異分析の手法を転用し，その上で取引価格を決定したことは，不合理なものではなく，税負担を逃れるための恣意的な利益調整であるとは認められない。

④ 販売契約における契約価格，すなわち「合理的な原価計算の基礎に立ち，B社とS社間で協議の上決定した価格」は，各半期における期末決定価格又は期中決定価格であると認められる。以上と異なり，販売契約において合意された契約価格を当初取引価格と認めた上，その後に債権放棄又は取引価格変更合意があったと認めるべきとする税務署の主張は，真実の法律関係から離れて法律関係を構成するものであり，採用することができない。

【検　討】

売上値引き及び単価変更に係る金額が，法人税法37条に規定する寄附金に該当するのか否かが争われた事例である。具体的には，合意されたとみるべき外壁の契約価格は，当初取引価格なのか，実際原価に差異分析情報を加味した利益を加算して算出された期末決定価格なのか，売上値引き及び単価変更は，単にB社の利益をS社に付け替えるだけのものであって，通常の経済取引として是認できる経済的な合理性を有しないものか否かが争点となった。

この判例は，以下のような特定の条件に合致する法人間取引においては有効な事例となりうる。すなわち，①100％親子間法人の取引である。②子会社は親会社と専属取引を行っており他社には一切販売していない。③完全受注生産で見込み生産を行っておらず在庫を保有していない。裁判所はこの3つの条件に合致したからこそ，寄附金ではなく経済的合理性のある単価変更であると判断した。②の専属取引という条件下での事業となるとB社も主張していたが売上金額は「総コストカバー方式」が最低金額となる。これ以下で受注すると他社への販路のないB社は倒産してしまう。③の完全受注生産で在庫がないということは積み上げた原価が当期の総原価と一致することとなり，その上で，販売数量の増加はB社から100％購入したS社が他社へ販売した努力の成果であるから，販売増加分の利益は全額S社へ付ける，材料の仕入先との価格交渉もS社がしていたので，全額S社に付ける，原価低減活動は両者の貢献度に応じて付ける等の分析を行って納入単価の変更を決定していた。他社への販路もあるような通常の親子間取引において，本事例のような価格決定をすると経済的合理性の根拠がないと判断され寄附金と認定されかねない。この事例は小規模零細企業においては汎用的ではないが，大手企業グループ間では該当する例もあるであろう。

【引　用】

林　仲宣『実務に役立つ租税基本判例精選100』（税務経理協会，2019年）190頁

【小野木　賢司】

065　役員の事前確定届出給与に対する行政指導

東京地裁平成26年7月18日判決

平成24年（行ウ）第536号・法人税更正処分取消等請求事件

【掲　載】ＴＫＣ：25520387／ＴＡＩＮＳ：Ｚ264－12510

【判　示】税務調査による修正申告書提出後，事前確定届出給与に係る手続きの不備について，当初は「指導にとどめおく」とされたが，後日，撤回され課税対象とされた事例

〔控訴審：東京高判平成26年11月19日・平成26年（行コ）第309号〕

〔上告審：最決平成28年3月8日・平成27年（行ツ）第75号他〕

【解　説】

　税務調査の過程において，納税者の申告内容や経理処理，また法令解釈について調査官が疑義を示したにもかかわらず，最終的には，「指導にとどめおく」という結論が出されることがある。修正申告をする必要はないが，今後は改善・変更すべきという示唆といえる。数年後に行われる税務調査においても再度，顛末等を確認されることもあるので留意すべき場合も少なくない。

　もっとも，後日，「署内で検討した結果」とか「上役が認めないので」というような理由で白紙に戻されることもあるが，この調査官の言動は，広い意味での行政指導の一環といっていい。

【事案の概要と経緯】

　建物の管理及び保守請負業務等を行う株式会社である納税者は，取締役会の決議を受けて，法人税法34条1項2号に基づいて，税務署長に対して，「事前確定届出給与に関する届出書」を届け出ていた。納税者の法人税の申告について税務調査が行われたが，納税者の事業年度の所得の金額の計算上，損金の額に算入されない交際費等の額に誤りがあったとの指摘があった。調査官が法人税の修正申告の慫慂を行ったところ，納税者は，それに応じて修正申告を行った。

　修正申告後，調査官らは，平成20年12月10日に役員らに支給された給与に係る届出額と支給額とが相違していることに気付いた。その事実関係を確認するために納税者に電話したところ，これを認める旨の回答を得たことから，調査担当職員らは，納税者の役員らに対し，平成20年12月10日支給日の役員給与の支給額が届出額と異なるが，今回は，この点に係る更正処分をせずに行政指導にとどめるとの発言があった。そこで，調査官の求めにしたがって，納税者は，支給額を届出額と同額に修正し，書類を提出した。

　その後，調査官らは，税務署として改めて検討した結果，支給額が届出額と異なる以上，所得の金額の計算上，役員給与の全額が損金の額に算入できないことは法人税法上明らかであるから，行政指導にとどめることはできないと説明した上で，法人税の修正申告の慫慂を行った。しかしながら，納税者の役員らは，調査官らに対して，既に調査官らから行政指導にとどめる旨の発言がなされており，調査官らの求めに応じて修正した書類を提出しており，修正申告する意思はないと回答した。

　税務署長は，納税者が修正申告を行わなかったことから，役員給与の全額が損金の額に算入できないとして，更正処分等を行った。これに対して，納税者が，調査官らが行政指導にとどめると発言したにもかかわらず，それに反して行われた更正処分等は，信義則に反して違法であるなどと主張して，処分の取消し等を求めた。

　第1審及び控訴審のいずれも納税者の主張を斥け棄却した。最高裁は上告不受理を決定したため納税者の敗訴が確定した。

【判決要旨】

①　事前確定届出給与が，支給時期及び支給額が株主総会等により事前に確定的に定められ，その事前の定めに基づいて支給する給与であり，政令で定めるところにより納税地の所轄税務署長に事前

の定めの内容に関する届出がされたものであることからすれば，その支給については役員給与の支給の恣意性が排除されており，その額を損金の額に算入することにしても，課税の公平を害することはない。

② 実際に支給された役員給与が事前確定届出給与の要件を満たすためには，当該役員給与の支給が所轄税務署長に対する届出に係る事前の定めのとおりにされたものであることを要する。役員給与のうち12月10日に支給されたものの額はいずれも各届出額のうち支給時期を同日とするものとは異なっていたのであるから，役員給与の支給は全体として定めに基づくものではなかった。役員給与に関しては，その全額について，法人税法34条1項2号の規定の適用があるとはいえず，納税者の事業年度の所得の金額の計算上，損金の額に算入されない。

③ 役員給与については，法人税法の規定に従えば，その支給額の全額が，納税者の事業年度の所得の金額の計算上，損金の額に算入されないものというべきなのであるから，税務署長が，納税者との間で，この点を不問に付すような和解ないし合意をしたとしても，そのことによって左右されるものではない。

④ 調査官らがした発言及びそれに引き続く差し替えの要請は，調査官らが，調査の過程において，相違について，税務官庁の一担当者としての見解ないし処理方針を示したものにすぎないというべきであって，税務署長その他の責任ある立場にある者の正式の見解の表示であると認めるに足りる証拠ないし事情は見当たらない。

【検　討】

納税者の交際費等の額について既に修正申告を行った後に，調査官が役員給与の届出額と支給額とが相違していることに気づいた。本来は，法人税法34条1項2号（事前確定届出給与）の要件を充足しないことから損金算入できない。しかし調査官は，一旦は，今回は行政指導にとどめると発言していたにもかかわらず，その後に，事前確定届出給与の要件を充足しない以上は，役員給与の全額が損金の額に算入できないとして修正申告の慫慂を行った。

裁判所は，役員給与が企業会計上は費用として処理されるものであるが，法人税法34条1項が損金の額に算入される場合を限定していることを確認した上で，同規定による取扱いの合理性を確認した。つまり，支給額と届出額が異なっていたのであるから，役員給与の全額について，事前確定届出給与の規定を適用することができず，損金の額に算入できないとの判断を下した。同時に，判決では，税務署長が，納税者との間で，申告の不備を不問に付すような和解ないし合意をしたとしても，法律の適用には影響を与えず，法律にしたがって課税がなされるとした。

税法は，講学的にいう強行法である。そのため税法の規定にしたがった税額が徴収されることは当然であり，事前確定届出給与の規定を充足しない役員給与は損金の額に算入できないとした裁判所の判断は妥当であるといえる。税務手続上の不備に起因するが，結果として本来納付すべき税額が確定したのであるから，納税者が被る損害は附帯税となる。しかし，庶民感覚からすれば，当初の発言を撤回した調査官の言動に納税者が不信感をもつことも否定できない。

納税者は，過去の言動に反した言動をしてはならない，または信頼を損ねてはならないという信義則の適用を主張しているが，裁判所は，調査官の発言が，正式な見解ではない，いわゆる公的見解論という定説により排斥している。判決でも言及しているように正式な見解とは，税務署長等による表示としているから，極めて非現実的な論理であるが，仮に税務署長の表示であっても税法の規定には及ばないと明言していることは，評価できる。

【引　用】

林　仲宣『税』（ぎょうせい）77巻12号103頁（2022年）

【林　仲宣】

066　自己株式の取得と同族会社の行為計算否認規定の適用の可否（ＩＢＭ事件）

最高裁第一小法廷平成28年2月18日決定
平成27年（行ヒ）第304号・各法人税更正処分取消等，通知処分取消請求事件
　【掲　載】ＴＫＣ：25542527／ＴＡＩＮＳ：Ｚ266－12802
　【判　示】上告受理申立てが受理されなかった事例
〔第1審：東京地判平成26年5月9日・平成23年（行ウ）第407号〕
〔控訴審：東京高判平成27年3月25日・平成26年（行コ）第208号〕

【解　説】

　法人税法（以下「法」という）132条1項は，法人の行為又は計算で，これを容認した場合には法人税の負担を不当に減少させる結果となると認められるものがあるときは，その行為又は計算にかかわらず，税務署長の認めるところにより，その法人に係る法人税の課税標準若しくは欠損金額又は法人税の額を計算することができる旨を規定している。同規定の趣旨は，同族会社が少数の株主又は社員によって支配されているため，当該会社の法人税の税負担を不当に減少させる行為や計算が行われやすいことに鑑み，税負担の公平を維持するため，当該会社の法人税の負担を不当に減少させる結果となると認められる行為又は計算が行われた場合に，これを正常な行為又は計算に引き直して当該会社に係る法人税の更正又は決定を行う権限を税務署長に認めたものである（最高裁昭和53年4月21日判決・訟務月報24巻8号1694頁）。

　法132条1項は，「不当に減少させる」との不確定概念を用いているが，税負担を不当に減少させる場合とは，その行為計算が経済的合理性を欠いている場合であり，その行為又は計算を行ったことに租税回避以外の正当な理由ないし事業目的が存在しないと認められる場合であると解されてきた。

【事案の概要と経緯】

　Ｄの100％子会社であり外国法人であるＡにより全持分を取得された納税者（内国法人である同族会社）は，平成14年4月，ＡからＢの発行済株式全部（153万3470株）を代金1兆9500億円で購入し（以下「株式購入」という），その後，平成14年12月，平成15年12月及び平成17年12月の3回にわたり同株式の一部をＢに代金総額約4298億円（1株当たりの譲渡価額は本件株式購入における取得価額と同じ）で譲渡した（以下併せて「各譲渡」という）。

　納税者は，平成14年12月期，平成15年12月期及び平成17年12月期の法人税について，各譲渡によりＢから交付を受けた譲渡代金額からみなし配当の額を控除した額を譲渡対価の額とし，これと譲渡原価の額との差額を各譲渡に係る譲渡損失額（総額約3995億円）として各譲渡事業年度の所得の金額の計算上損金の額にそれぞれ算入し，欠損金額による確定申告をした。また，納税者は，平成20年1月1日連結納税の承認を受け，同年12月期連結期の法人税について，納税者の各譲渡事業年度の欠損金額を含む欠損金額を翌期に繰り越す連結欠損金額として確定申告をしたところ，税務署長が，法132条1項の規定を適用して，各譲渡に係る上記の譲渡損失額を各譲渡事業年度の所得の金額の計算上損金の額に算入することを否認する旨の更正処分等をした。

【判決要旨】

① 　同族会社の行為又は計算が，法132条1項にいう「これを容認した場合には法人税の負担を不当に減少させる結果となると認められるもの」か否かは，経済的合理性を欠く場合と認められるか否かという客観的，合理的基準に従って判断すべきものであり，経済的合理性を欠く場合には，独立当事者間の通常の取引と異なっている場合を含むものと解するのが相当である。

②　Dは，納税者が中間持株会社となった後は，納税者がBから利益の還元を受ける方法として，配当を受けるとしても，又は自己株式の取得による金銭の交付を受けるとしても，いずれの方法によっても，D（直接はA）が負担する日本の源泉徴収税額は同じように軽減されることを前提とした上で，その資金需要の必要性や資金効率の改善という観点から，Bからの利益の還元が，いかなる時期，規模，方法によることが望ましいかを判断していたことが明らかである。

③　そうすると，各譲渡が，税額圧縮（Cグループが日本国内において負担する源泉所得税額を圧縮しその利益をDに還元すること）の実現のため，納税者の中間持株会社化（Aによる納税者の持分取得，増資，融資及び株式購入）と一体的に行われたという国税局の主張は，全証拠によっても認めることができないというほかない。

④　各譲渡が，税額圧縮の実現のため，それ以外の一連の行為と一体的に行われたという国税局の主張を採用することはできないから，一連の行為が，独立当事者間の通常の取引と異なり全体として経済的合理性を欠くのであれば，本件一連の行為を構成する各譲渡を容認した場合には，納税者の法人税の負担を「不当に」減少させる結果となるとする国税局の主張は，その前提を欠くもので失当であり，また，納税者が行った各譲渡が，それ自体で独立当事者間の通常の取引と異なるものであり経済的合理性を欠くとの国税局の主張も認められない。そうすると，各譲渡による有価証券の譲渡に係る譲渡損失額が各譲渡事業年度において納税者の所得の金額の計算上損金の額に算入されて欠損金額が生じたことによる法人税の負担の減少をもって，法132条１項にいう「不当」なものと評価することはできないというべきである。

【検　　討】

本事案の争点は，各譲渡による有価証券の譲渡に係る譲渡損失額が，各譲渡事業年度において納税者の所得の金額の計算上損金の額に算入されて欠損金額が生じたことによる法人税の負担の減少が，法132条１項にいう「不当」なものと評価することができるか否かである。

納税者は，同族会社の行為又は計算が経済的合理性を欠く場合とは，当該行為又は計算が，異常ないし変則的であり，かつ，租税回避以外に正当な理由ないし事業目的が存在しないと認められる場合であることを要すると主張した。第一審は，納税者をDの中間持株会社としたことに正当な理由ないし事業目的がなかったとはいいがたいとし，各譲渡を含む一連の行為についても，租税回避の意図が認められる旨の評価根拠事実として国税庁が挙げる事実をいずれも採用せず，納税者の請求を認容した。

所轄税務署は，法人税の負担の減少は，一連の行為を構成する個々の行為を一体的に行ったからこそ得られたものであり，各行為は互いに他の行為の前提となっているから，一連の行為が独立当事者間の通常の取引と異なり全体として経済的合理性を欠くのであれば，一連の行為を構成する各譲渡を容認した場合には，納税者の法人税の負担を不当に減少させる結果となると認められるというべきであると主張した。

裁判所は，法132条１項の改正の経緯及び趣旨から，同規定の適用において租税回避目的の存在は要求されないと判断している。また，一連の行為全体として経済的合理性を欠くかどうかで判断すべきではなく，各譲渡がそれ自体で経済的合理性を欠くか否かによって不当性を判断すべきであるとしている。そして，通説的見解と異なり，経済的合理性を欠く場合には，独立当事者間取引と異なっている場合を含むと解しており，最終的に行われた取引の確定に至るまでの譲渡価額や譲渡株式数の修正等の事情は，それ自体では，最終的に行われた取引が，独立当事者間の通常の取引とは異なる取引であることを基礎付ける評価根拠事実にはなり得ないとしている。納税者の主張は通説的見解に沿ったものであったが，裁判所はこれを採用せず，法132条１項の適用基準を緩やかに解したといえる。

【横井　里保】

067　組織再編成を利用した租税回避行為の否認（ヤフー事件）

最高裁第一小法廷平成28年２月29日判決
平成27年（行ヒ）第75号・法人税更正処分取消請求事件
【掲　載】ＴＫＣ：25447796／ＴＡＩＮＳ：Ｚ266－12813
【判　示】甲社が乙社の発行済株式全部を買収して乙社を完全子会社とし，その後乙社を吸収合
　　　　　併した場合において，甲社の代表取締役社長が上記買収前に乙社の取締役副社長に就任
　　　　　した行為が，法人税法（平成22年法律第６号により改正前のもの）132条の２にいう「法
　　　　　人税の負担を不当に減少させる結果となると認められるもの」に当たるとされた事例
〔第１審：東京地判平成26年３月18日・平成23年（行ウ）第228号〕
〔控訴審：東京高判平成26年11月５日・平成26年（行コ）第157号〕

【解　説】

　法人税法（以下「法」という）132条の２は，合併等（合併，分割，現物出資若しくは現物分配又
は株式交換等若しくは株式移転）に係る①合併等をした法人若しくは合併等により資産及び負債の移
転を受けた法人，②合併等により交付された株式を発行した法人，又は③上記①若しくは②に掲げる
法人の株主等である法人の行為又は計算でこれを容認した場合には，合併等により移転する資産及び
負債の譲渡に係る利益の額の減少又は損失の額の増加，法人税の額から控除する金額の増加，①又は
②に掲げる法人の株式の譲渡に係る利益の額の減少又は損失の額の増加，みなし配当金額の減少その
他の事由により法人税の負担を不当に減少させる結果となると認められるものがあるときは，その行
為又は計算にかかわらず，税務署長の認めるところにより，その法人に係る法人税の課税標準若しく
は欠損金額又は法人税の額を計算することができる旨定めている。

　法132条の２は，法人の組織再編成に係る租税回避否認規定として平成13年に設けられた。本事案は，
同条の適用に関して初めて争われた事例である。

【事案の概要と経緯】

　本事案の組織再編成の手順は４段階で構成されており，その概要は，①Ｃ社が新設分割により簿価
34億円の新会社を設立する，②Ｃ社が納税者（情報処理サービス業等を目的とする株式会社）に対し
新会社の発行済株式全部を174億円で譲渡し，Ｃ社は新会社の株式譲渡益140億円を平成14年３月期分
及び同15年３月期分の未処理欠損金額の一部と相殺する，③Ｂ社が納税者に対しＣ社の発行済株式全
部を700億円で譲渡する，④納税者が平成21年３月31日までにＣ社を吸収合併し，Ｃ社の未処理欠損
金額の残額を承継し，納税者の事業収益と相殺する，というものであった。

　納税者は，Ｂ社から，Ｂ社の完全子会社であったＣ社の発行済株式全部を譲り受けた後，平成21年
３月30日，納税者を合併法人，Ｃを被合併法人とする合併を行った。納税者は，同年６月30日，合併
の際に納税者の代表取締役社長であった丙がＣの取締役副社長に就任していたため，合併は法人税法
施行令112条７項５号の特定役員引継要件を満たしており，同項１号の事業関連性要件も満たしてい
ることから，法57条３項のみなし共同事業要件に該当するとして，同条２項に基づき，欠損金額を納
税者の欠損金額とみなして，同条１項に基づきこれを損金の額に算入し，事業年度に係る法人税の確
定申告を行った。

　これに対し，税務署長は，納税者の一連の行為は，特定役員引継要件を形式的に満たし，法人税の
負担を不当に減少させる結果となると認められるとして，法132条の２に基づき，欠損金額を納税者
の欠損金額とみなすことなく納税者の事業年度に係る所得金額を計算し，更正処分等をした。

【判決要旨】

①　法132条の２にいう「法人税の負担を不当に減少させる結果となると認められるもの」とは，法

人の行為又は計算が組織再編税制に係る各規定を租税回避の手段として濫用することにより法人税の負担を減少させるものであることをいい，その濫用の有無の判断に当たっては，(1)当該法人の行為又は計算が，通常は想定されない組織再編成の手順や方法に基づいたり，実態とは乖離した形式を作出したりするなど，不自然なものであるかどうか，(2)税負担の減少以外にそのような行為又は計算を行うことの合理的な理由となる事業目的その他の事由が存在するかどうか等の事情を考慮した上で，当該行為又は計算が，組織再編成を利用して税負担を減少させることを意図したものであって，組織再編税制に係る各規定の本来の趣旨及び目的から逸脱する態様でその適用を受けるもの又は免れるものと認められるか否かという観点から判断するのが相当である。

② 納税者の代表取締役社長丙が買収前にC社の取締役副社長に就任した行為は，C社の利益だけでは容易に償却し得ない多額の未処理欠損金額を上記の買収及び合併により納税者の欠損金額とみなし，納税者においてその全額を活用することを意図して，上記合併後に丙が納税者の代表取締役社長の地位にとどまってさえいれば法人税法施行令112条7項5号の要件が満たされることとなるよう企図されたものであり，法132条の2にいう「法人税の負担を不当に減少させる結果となると認められるもの」に当たる。

③ 法132条の2にいう「その法人の行為又は計算」とは，更正又は決定を受ける法人の行為又は計算に限られるものではなく，「次に掲げる法人」の行為又は計算，すなわち，同条各号に掲げられている法人の行為又は計算を意味するものと解するのが相当である。したがって，副社長就任は，更正処分等を受けた納税者の行為とは評価し得ないとしても，合併の被合併法人（同条1号）であるC社の行為である以上，同条による否認の対象となるものと解される。

【検　　討】

本事案は，納税者が合併に際して3か月という短期間の副社長就任を実施して特定役員引継要件を充足したことを理由に，組織再編成が不合理であるとして法132条の2が適用できるか否かが争点とされた。具体的には，同条に基づいて丙のC社取締役副社長就任を否認することによって，特定役員引継要件の充足を否定し，C社の未処理欠損金額を納税者の欠損金額として損金の額に算入できないとした処分の適法性が争われている。

法57条3項において，企業グループ内の適格合併が行われた事業年度開始の日の5年前の日以後に特定資本関係が発生している場合については，「当該適格合併等が共同で事業を営むための適格合併等として政令で定めるもの」（みなし共同事業要件）に該当する場合を除き，特定資本関係が生じた日の属する事業年度前の各事業年度において生じた欠損金額等を引き継ぐことができないものとされている。

法人税法施行令112条7項（現行3項）はみなし共同事業要件として5つの要件を定めており，第5号において，適格合併に係る被合併法人の当該適格合併の前における特定役員（社長，副社長等）である者のいずれかの者と当該合併法人の当該適格合併の前における特定役員である者のいずれかの者とが当該適格合併の後に当該合併法人の特定役員となることが見込まれていること（特定役員引継要件）が定められている。

裁判所は，丙の副社長就任は，特定役員引継要件において想定されている特定役員の実質を備えていたということはできず，税負担の減少以外に合理的な事業目的はなかったとして，特定引継要件の充足を否認した。期間の長短は条文に明記されておらず，法132条の2の運用における所轄税務署の裁量は広がることとなる。組織再編税制上で不当と判断される納税者の行為は極めて不明確であり，同条の適用範囲についてはさらなる検討が必要である。

【引　　用】

林　仲宣＝谷口智紀『税理』（ぎょうせい）62巻12号124頁（2019年）

【横井　里保】

068 役員給与の損金算入（残波事件）

東京地裁平成28年4月22日判決
平成25年（行ウ）第5号・法人税更正処分取消等請求事件
　【掲　載】ＴＫＣ：25543030／ＴＡＩＮＳ：Ｚ266－12849
　【判　示】役員給与の損金算入の一部を否定した事例
　〔控訴審：東京高判平成29年2月23日・平成28年（行コ）第205号〕
　〔上告審：最決平成30年1月25日・平成29年（行ツ）第208号〕

【解　説】

　納税者が，所轄税務署長から，4年間の各事業年度において，役員4名に支給した役員報酬ないし役員給与及び代表取締役を退任したＡに対して支給した退職給与について，いずれも不相当に高額な部分の金額があり，当該金額は各事業年度の所得の金額の計算上，損金の額に算入されないとして各事業年度の法人税についての更正処分を受けるとともに，過少申告加算税の賦課決定処分を受けたことについて，役員報酬ないし役員給与及び退職給与の支給額はいずれも適正であるとして，各更正処分の一部，各賦課決定処分の取消しを求めた事案において，納税者の請求が一部認容，一部棄却された事例である。

【事案の概要と経緯】

　酒類の製造及び販売を行う有限会社である納税者の設立時に取締役に就任したＡは，平成6年10月25日，代表取締役に就任し，平成21年6月30日，辞任した。Ａの長男であるＢ，妻であるＣ，次男であるＤは，平成15年1月20日，取締役に就任した。

　納税者は，役員4名に役員報酬ないし役員給与と，代表取締役を辞任したＡに退職慰労金（退職給与）を支給し，当該金額は各事業年度の所得の金額の計算上，損金の額に算入した。

　これに対して，所轄税務署長から，平成19年2月期から平成22年2月期までの各事業年度における役員らの給与及び退職給与には，いずれも不相当に高額の部分の金額があるから，当該金額は損金の額に算入できないとして法人税の更正処分等が行われた。

【判決要旨】

① 　旧法人税法34条1項は，内国法人がその役員に対して支給する報酬の額のうち不相当に高額な部分の金額として政令で定める金額は，その内国法人の各事業年度の所得の金額の計算上，損金の額に算入しない旨を定めている。この規定の趣旨は，役員報酬は役務の対価として企業会計上は損金の額に算入されるべきものであるところ，法人によっては実際は賞与にあたるものを報酬の名目で役員に給付する傾向があるため，そのような隠れた利益処分に対処する必要があるとの観点から，役務の対価として一般に相当と認められる範囲の役員報酬に限る必要経費として損金算入を認め，それを超える部分の金額については損金算入を認めないことによって，役員報酬を恣意的に決定することを排除し，実態に即した適正な課税を行うことにあると解される。

② 　旧法人税法34条1項は，平成18年法律第10号により改正されているところ，同改正は，会社法制や会計制度において，従前は利益処分として会計処理されてきた役員賞与について，費用として会計処理されることとなるなど制度が変更されたことを機にされたものである。

③ 　同改正後の法人税法34条は，内国法人がその役員に対して支給する給与について，同条1項において，定期同額給与，事前確定届出給与のうち一定のもの又は利益変動給与のうち一定のもののいずれにも該当しないものの額は，その内国法人の各事業年度の所得の金額の計算上，損金の額に算入しないものとし，同条2項において，同条1項の規定の適用があるものを除き，不相当に高額な部分の金額として政令で定める金額は，その内国法人の各事業年度の所得の金額の計算上，損金の

額に算入しない旨を定めているところ，これも旧法人税法34条1項と同様に，課税の公平性を確保する観点から，職務執行の対価としての相当性を確保し，役員給与の金額決定の背後にある恣意性の排除を図るという考え方によるものと解される。

④　役員らの職務の内容は，酒類の製造及び販売等を目的とする法人の役員として，一般的に想定される範囲内のものであり，特別に高額な役員報酬ないし役員給与を支給すべきほどの職務の内容であるとは評価しがたい。各事業年度における納税者の売上や収益について，それに見合う顕著な職務内容の増加も認められない。役員ら給料の額は，類似法人の中で役員報酬ないし役員給与の最高額をも上回るのであり，しかも類似法人は，納税者との比較においても，相当に経営状況がよいと評価することができる。役員ら給与には，不相当に高額な部分の金額があるというべきであり，少なくとも，類似法人の代表取締役及び取締役らの役員報酬ないし役員給与の最高額を上回る部分は，不相当に高額な部分の金額に該当する。

⑤　各比較法人がそれぞれ支払う代表取締役の給与のうちの最高額の分布及びその平均額等に鑑みると，その平均額については，比較法人間に通常存在する諸要素の差異やその個々の特殊性が写像され，平準化された数値であると評価することは困難であると言わざるを得ないから，Aに対する役員給与については，その職務の内容等が，納税者の経営や成長等に対する相応の貢献があったとは言えない程度のものであるなど，代表取締役として相応のものであるとはいえない特段の事情のない限り，比較法人の代表取締役に対する給与の最高額の平均額を超える部分をもって不相当に高額な部分の金額であるとすることはできない。各比較法人のうち代表取締役に対する給与額の最高額の高い上位2法人についてみると，不相当に高額な部分の金額の含まれる役員給与を支給しているということをうかがわせる事情は見当たらないことを考慮すると，最高額を超えない限りは不相当に高額な部分の金額があるとはいえないと解するのが相当である。

⑥　Aの納税者における従前の職務の内容等に照らすと，納税者の経営や成長等に対する相応の貢献があったというべきであって，その職務の内容等が代表取締役として相応のものであるとはいえない特段の事情があるとは認められないから，Aの代表取締役としての役員給与のうち，平均額を超える部分が，不相当に高額な部分の金額であるとすることはできない。

【検　　討】

役員報酬，役員給与及び退職給与が，高額であることから損金不算入とされるか否かが争点となった。

納税者は，役員らの具体的な職務内容及び経営成績に着目すると，役員らの給与及び退職給与は適正な金額であり，比較法人の抽出が不合理であると主張した。

これに対して裁判所は，「不相当に高額な部分の金額」があるか否かの判断基準として，類似法人の役員給与との比較を重視する判示をしている。

税務署だけが有する類似法人の役員給与等の水準を，納税者は具体的に知りえるすべを持たないため，予測可能性確保の観点から裁判所の判断には疑問が残る。

なお，改正後の法人税法34条1項は定期同額給与，事前確定届出給与，利益連動給与の3種類の役員給与の損金算入を規定する一方で，2項は「不相当に高額な部分の金額として政令で定める金額」の損金不算入を規定している。

【引　　用】

林　仲宣『実務に役立つ租税基本判例精選100』（税務経理協会，2019年）172頁

【小澤　英樹】

069　交際費と福利厚生費

福岡地裁平成29年4月25日判決
平成27年（行ウ）第15号・法人税更正処分等取消請求事件
【掲　載】ＴＫＣ：25560990／ＴＡＩＮＳ：Ｚ267－13015
【判　示】従業員等を対象とした「感謝の集い」について，慰安目的行事としての社会通念上の範囲を超えるものではなく，交際費等には当たらないと判断された事例

【解　説】

　交際費等の支出は，法人税法22条3項によって原則損金算入とされ，租税特別措置法61条の4による特例措置によって損金不算入となる部分が規定されている。また，租税特別措置法61条の4第4項に交際費等が定義されており，交際費等とは，「交際費，接待費，機密費その他の費用で，法人が，その得意先，仕入先その他事業に関係のある者等に対する接待，供応，慰安，贈答その他これらに類する行為のために支出するものをいう」旨を定めている。しかし，実際に何が交際費等に含まれ，何が交際費等に含まれないかを判断する基準が明確にされていない。そのため，個別具体的な判断基準については，租税特別措置法通達61条の4(1)－1～24にその取扱いが示されている。

　交際費等の損金不算入規定である租税特別措置法61条の4第6項1号は，「専ら従業員の慰安のために行われる運動会，演芸会，旅行等のために通常要する費用」を，損金不算入の取扱いを受ける「交際費等」から除外している。その理由は，専ら従業員の慰労のために行われる諸活動のために「通常要する費用」は，従業員の福利厚生費として法人が負担するのが相当であり，その全額につき損金算入を認めても法人の冗費・濫費抑制等の目的に反しないからであるとされている。

　福利厚生費と交際費等との区分について，税務の取扱いでは，社内の行事に際して支出される金額等で，①創立記念日，国民の祝日，新社屋落成式等に際し従業員等におおむね一律に社内において供与される通常の飲食に要する費用や，②従業員等又はその親族等の慶弔，禍福に際し一定の基準に従って支給される金品に要する費用―については交際費等に含まれないとしている（租税特別措置法通達61の4(1)－10）。

【事案の概要と経緯】

　養鶏事業，食肉等食料品の販売事業等を営む法人である納税者が，同法人の役員及び従業員，協力会社等の役員及び従業員の合計1000人程度が参加する「感謝の集い」を，年に1回の頻度で大型リゾートホテルの宴会場で行っていたところ，税務調査の結果，「感謝の集い」に要した費用は交際費等に該当するとして更正処分を受けた。そこで，審査請求の上，その取消しを求めた。

【判決要旨】

①　措置法61条の4第3項が，「専ら従業員の慰安のために行われる運動会，演芸会，旅行等のために通常要する費用」について，損金不算入の取扱いを受ける「交際費等」から除外したのは，従業員も「事業に関係のある者等」に含まれ，交際費の支出の相手方となるものの，専ら従業員の慰労のために行われる諸活動のために「通常要する費用」は，従業員の福利厚生費として法人が負担するのが相当であり，その全額につき損金算入を認めても法人の冗費・濫費抑制等の目的に反しないからであると解される。したがって，専ら従業員の慰安のために行われる行事に係る費用について，行事が，法人が費用を負担して行う福利厚生事業として社会通念上一般的に行われている範囲を超えており，行事に係る費用が社会通念上福利厚生費として認められる程度を超えている場合には，交際費等に当たり，損金算入が否定されることになると解するのは相当である。

②　そして，行事が福利厚生事業として社会通念上一般的に行なわれる範囲を超え，行事に係る費用が社会通念上福利厚生費として認められる程度を超えているか否かについては，交際費等の損金不

算入制度の趣旨及び目的に鑑み，法人の規模や事情状況等を踏まえた上で，行事の目的，参加者の構成（すなわち従業員全員参加を予定したものか否か），開催頻度，規模及び内容，効果，参加者一人当たりの費用額等を総合して判断するのが相当である。

③　本件行事の内容についてみるに，行事の目的，開催頻度，会場の性質，従業員の女性比率の高さ，日程の制約等に加えて，行事に参加するための従業員の稼働時間は往復3時間ないし6時間に及ぶことなどを考慮すれば，行事の内容として，県外への旅行等に代わる非日常的要素として，大型リゾートホテルにおける特別のコース料理やプロの歌手や演奏家によるライブコンサート鑑賞を含めることには，必要性，相当性があったものと認められ，納税者のような事業規模を有する優良企業が年1回の頻度で行う福利厚生事業として社会通念上一般的に行われている範囲を超えるものであると認めるのは困難である。

本件各福利厚生費は，措置法61条の4第1項の「交際費等」に該当するということは困難である。

【検　討】

交際費等と福利厚生費の区分については，これまで蓄積されてきた事例を概観すると納税者側に比較的厳しい課税処分が行われ，裁判所もそれを支持する傾向にあった。しかし，この事案で裁判所は，福利厚生費が交際費等に該当するかどうかの判断基準として，法人の規模や事業状況等を踏まえた上で，①行事の目的，②参加者の構成，③開催頻度，④規模，⑤内容，⑥効果，⑦参加者一人当たりの費用額等を総合して判断するのが相当であると判示して，その判断の枠組みを示した。裁判所が最も重視したのは①行事の目的であり，具体的な支出の目的があった上で，その目的達成との関係で会社が負担した費用が通常要する費用であったかどうかを判断している。また，行事の意義についても詳細な事実認定を行っており，行事の成果が業績にも反映されていると認められると判示していることからも，裁判官の心証を有利に導いたのかもしれない。

これまで実務上は，社内で行われる飲食を伴う行事（どの企業でも共通する行事として忘年会など）の場合，予算として一人当たり1万円程度のラインが福利厚生費と社内交際費の境界であるという感覚だったであろう。本事案はこれまでの感覚とは異なり，一人当たり約3万円近い金額からすると，通常要する費用とは言い難いようにも思えるが，行事の目的から②〜⑦をみており，立法趣旨に照らして交際費等に該当しない場合をみるという構成であった。また，裁判所も飲食を伴う行事としてではなく，慰安旅行として捉えている（企業としても日帰り慰安旅行として開催している）点からも，一人当たり約3万円の費用で飲食を伴う行事を行った時に同様の結論になるわけではない。

最近の各企業における会社行事の開催状況として，従業員の参加率を高めるためには，日常では体験できないような豪華さも必要な要素であるとされていることを踏まえると，実社会の現状に合った判断が示された判決であるといえる。ただし，一般論として交際費等課税の制度趣旨は，法人の冗費・濫費の抑制であるため，全従業員を対象とする慰安目的の行事であったとしても，その行事に係る費用が通常要する費用を超える場合には損金算入できない旨も判示されている。そのため，たとえ支出の目的が明確であったとしても，社会通念上一般的に行われている範囲を超えている場合は否認されるリスクがある。実務では注意が必要である。

【引　用】

齋藤樹里『税』（ぎょうせい）74巻10号132頁（2019年）

【齋藤　樹里】

070　地域統括業務とタックスヘイブン対策税制（デンソー事件）

最高裁第三小法廷平成29年10月24日判決
平成28年（行ヒ）第224号・法人税更正処分取消等請求事件
【掲　載】ＴＫＣ：25448977／ＴＡＩＮＳ：Z267-13082
【判　示】海外子会社が実体的な事業活動を行っているとして，タックスヘイブン対策税制の適用が除外された事例
〔第１審：名古屋地判平成26年９月４日・平成23年（行ウ）第116号〕
〔控訴審：名古屋高判平成28年２月10日・平成26年（行コ）第91号〕

【解　説】

　租税特別措置法（以下「措置法」という）66条の６第１項は，法人の所得に対する税負担が存在しないあるいは極端に低い国を通じて国際的経済活動を行うことによって，わが国の法人税負担を回避あるいは減少する企業に対処するためのタックスヘイブン対策税制を規定している。一方で，同税制は，租税回避の防止を目的とするものであるから，企業の海外における正常かつ合理的な経済活動を阻害しないために，一定の要件（適用除外要件）を充足する場合には適用されない。

　当時の適用除外要件は，措置法66条の６第３項及び４項に規定されており，①事業基準，②実体基準，③管理支配基準，④非関連者基準あるいは所在地国基準を充足する必要があった。本事案においては，Ａの主たる事業が株式の保有であれば，同条第３項の事業基準を充足せず，卸売業に該当する場合には，同条４項の非関連者基準を充足しない。Ａの主たる事業が株式保有ではなく，卸売業に該当せず，所在国基準によって判定される場合のみ，Ａは適用除外要件を充足することとなっていた。よって本事案では，「主たる事業」の判定方法が争われた。なお，平成22年度改正により適用除外要件が見直され，本事案で問題となった地域統括業務に関しては，株式等の保有を主たる事業とする外国関係会社の範囲から除外することとされた。

【事案の概要と経緯】

　自動車関連製品の製造・販売等を目的とする内国法人である納税者は，全世界で事業を展開し，200以上のグループ会社を有している。シンガポールに本店を置く納税者の100％子会社であるシンガポール法人Ａは，各事業年度において，ＡＳＥＡＮ（東南アジア諸国連合）地域に存する子会社及び関連会社の株式を保有しており，適用対象留保金額・課税対象留保金額を有していた。

　納税者は，各事業年度の法人税の確定申告書を提出したが，Ａが措置法66条の６第１項の適用除外要件を充足することを前提に，所得金額の計算をしていた。

　税務署長は，納税者に対して，Ａが同条１項の特定外国子会社に該当し，Ａの主たる事業は株式保有事業であり，同条４項の適用除外要件の前提となる同条３項の括弧書き（事業基準）を充たさないことから，同条１項が適用され，納税者の各事業年度の所得金額の計算上，課税対象留保金額に相当する金額が益金の額に算入されるなどとして更正処分等をした。

【判決要旨】

①　特定外国子会社等であっても，独立企業としての実態を備え，その所在する国又は地域において事業活動を行うことにつき十分な経済合理性がある場合にまで上記（措置法66条の６第１項）の取扱いを及ぼすとすれば，わが国の企業の海外における正常かつ合理的な経済活動を阻害するおそれがあることから，同条４項は，事業基準等の適用除外要件がすべて満たされる場合には同条１項の規定を適用しないこととしている。

②　各事業年度において，Ａの行っていた地域統括業務は，地域企画，調達，財務，材料技術，人事，情報システム及び物流改善という多岐にわたる業務から成り，豪亜地域における地域統括会社とし

て，集中生産・相互補完体制を強化し，各拠点の事業運営の効率化やコスト低減を図ることを目的とするものということができるのであって，個々の業務につき対価を得て行われていたことも併せ考慮すると，上記の地域統括業務が株主権の行使や株式の運用に関連する業務等であるということはできない。

③　措置法66条の6第3項及び4項にいう主たる事業は，特定外国子会社等の当該事業年度における事業活動の具体的かつ客観的な内容から判定することが相当であり，特定外国子会社等が複数の事業を営んでいるときは，当該特定外国子会社等におけるそれぞれの事業活動によって得られた収入金額又は所得金額，事業活動に要する使用人の数，事務所，店舗，工場その他の固定施設の状況等を総合的に勘案して判定するのが相当である。

④　総合的に勘案すれば，Aの行っていた地域統括業務は，相当の規模と実体を有するものであり，受取配当の所得金額に占める割合が高いことを踏まえても，事業活動として大きな比重を占めていたということができ，A各事業年度においては，地域統括業務が措置法66条の6第3項及び4項にいうAの主たる事業であったと認めるのが相当である。よって，Aは，A各事業年度において事業基準を満たすといえる。

【検　討】

国税局は，Aにおける地域統括業務は，Aが子会社等から受け取る配当収入を増加させるためのものであって，株式の保有によって多大な利益を生じさせるべく行われているものであるから，株式保有業が「主たる事業」であり，その一環として地域統括業務が行われていると主張した。一方で納税者は，株式保有事業に持株会社に係る事業が含まれるとしても，タックスヘイブンに所在することに経済的な合理性がある事業，国内からでは十分に営むことができない事業を取り込んで「主たる事業」を解釈することは立法趣旨に反する等主張した。

第一審では，特定外国会社等が複数の事業を営んでいる場合，固定施設の状況等の具体的かつ客観的な事業活動の内容を総合的に勘案して判定すべきであり，収入金額や所得金額という金額的な規模を示す判断要素のみを重視すべきではないとの判断基準を示し，認定事実に基づくと，Aは「主たる事業」は地域統括事業であり，措置法66条の6条1項の適用が除外されるとの判断を下した。

控訴審は，事業としての株式の保有は，単に株式を保有し続けることに限られず，株式発行会社を支配し管理するための業務もその事業の一部を成し，一定の地域内にある被支配会社を統括するための諸業務も株式の保有に係る事業の一部を成すから，地域統括業務は，株式の保有に係る事業に含まれる一つの業務にすぎず，別個独立の業務とはいえないため，Aは事業基準を満たさないと判断した。

裁判所は，判旨に加え，措置法66条の6第4項が株式の保有を主たる事業とする特定外国子会社等につき事業基準を満たさないとした趣旨は，株式の保有に係る事業はその性質上わが国においても十分に行い得るものであり，タックス・ヘイブンに所在して行うことについて税負担の軽減以外に積極的な経済合理性を見いだし難い点にあるとした。そして，この点，Aの行っていた地域統括業務は，地域経済圏の存在を踏まえて域内グループ会社の業務の合理化，効率化を目的とするものであって，当該地域において事業活動をする積極的な経済合理性を有することが否定できないから，これが株式の保有に係る事業に含まれると解することは上記規定の趣旨とも整合しないと判断した。

平成29年度改正では，適用除外要件は経済活動基準として整理されるなど大きく改正がなされた。現行の経済活動基準にも事業基準が設けられているため，「主たる事業」が何かをめぐって今後も争いが続くと思われるが，裁判所の示した判断基準が参考となるであろう。

【引　用】

林　仲宣＝谷口智紀『税理』（ぎょうせい）66巻1号122頁（2023年）

【横井　里保】

071　分掌変更役員の退職金

最高裁第三小法廷平成29年12月5日判決

取消請求上告及び上告受理事件（棄却・不受理）（確定）

【掲　載】ＴＫＣ：25563477／ＴＡＩＮＳ：Ｚ267－13093

【判　示】代表取締役退任後，職務内容が激変していないため退職給与が否認された事例

〔第1審〕東京地判平成29年1月12日・平成27年（行ウ）第204号

〔控訴審〕東京高判平成29年7月12日・平成29年（行コ）第39号

【解　説】

　役員退職金は，法人税法上，適正な額については，損金算入が認められる。原則として，株主総会決議等により退職金の額が具体的に確定した事業年度の損金に算入される。

　税務の取扱いにおいては，分掌変更役員に対する退職金も，以下のような退職と同様の事情である場合には退職給与として取り扱う旨の定めがある（法人税基本通達9－2－32）。

　⑴常勤役員が非常勤役員（実質的に経営上主要な地位を占めていると認められる者を除く）になったこと。⑵取締役が監査役（実質的に経営上主要な地位を占めていると認められる者等を除く）になったこと。⑶分掌変更等の後におけるその役員（経営上主要な地位を占めていると認められる者を除く）の給与が激減（おおむね50％以上の減少）したこと。

【事案の概要と経緯】

　納税者は平成2年に設立されたプラスチック製部品の製造販売等を営む株式会社である。Ａは納税者の設立当時から取締役の地位にあり，平成16年5月28日から平成23年5月30日までの間，代表取締役を務めていた。平成23年5月30日の株主総会決議により，Ａは取締役に再任し，営業部長であったＢがあらたに取締役に選任された。同日，取締役会においてＢは代表取締役に選任され，Ａは代表取締役を退任し，Ａの退職慰労金を5609万6610円とする旨の決議をしたほか，Ａが代表取締役を退任した後も引き続き代表権のない取締役である相談役として業務を行うことの確認をした。納税者は同年6月15日Ａに対し退職慰労金を支給し，30日付で退職金勘定に計上した。

　納税者は本件金員を損金の額に算入した確定申告書を当初申告し，その後本件金員を損金の額に算入しない修正申告を提出した。その後，本件金員が損金の額に算入すべきであったとして更正の請求をしたところ，所轄税務署は更正をすべき理由がない旨の通知処分をした。

【判決要旨】

①　Ｂは，平成23年6月，納税者の従業員に対し代表取締役に就任した旨の挨拶をしたほか，納税者の取引先に対しても，Ａと共に挨拶に赴き，又は挨拶状を送付し，納税者の代表取締役に交代があったことを伝え，同年7月29日に納税者のＥ銀行に対する銀行取引の債務についてＡからＢへの保証人変更手続きをするなど，代表取締役の交代に伴う対外的な周知や契約上の手続を行っている。

　しかしながら，代表取締役の交代の経緯についてみると，Ａは，前任の代表取締役から全く業務の引継ぎをしてもらえず，代表取締役に就任した際に苦労をした経験があったことから，68歳の定年まで3年を残していたものの，早めに代表取締役を退任して後任の代表取締役への引継ぎに当たろうと考えていたものであり，Ｂも，平成23年2月頃，Ａから代表取締役に就任することについての打診を受けたが，直ちに代表取締役の任務を果たせるかどうか自信を持てなかったことから，当分の間は退任前と同程度の業務内容により取締役として留任することをＡに求め，Ａが引き続き2年間は納税者に常勤することを条件として代表取締役への就任を承諾したものである。

②　実際に，Ａは，納税者の代表取締役を退任した後も，常勤の相談役として毎日出社をし，退任前と同じ代表取締役の執務室の席において執務をしていたのであり，Ｂの席はＡの席の隣に設けられ，

150

AとBが共同して納税者の経営に当たる執務環境が整えられていた。そして、Bは納税者の営業以外の業務や組織管理等の経営全般に関する知識や経験が少なかったことから、納税者の売上や粗利、従業員の成績の管理、棚卸し等に関する事項についてAから指導を受けたほか、従業員からの報告事項など様々な案件についてAに相談し、平成23年の夏季賞与の査定やその支払いのための借り入れ、同年の冬季賞与の査定、マシニングの管理や設置についても、案件ごとにAに確認を求め、その助言に従って業務を実施するなどしていたのであり、そのような状況は少なくとも同年12月頃まで継続していたものである。これらの事情に照らすと、Bは、代表取締役に就任した後、納税者の経営に関する法令上の代表権を有していたものの、Bが納税者の営業以外の業務や組織管理等の経営全般に関する経営責任者としての知識や経験等を十分に取得して自ら単独で経営判断を行うことができるようになるまでは、Aが納税者の経営についてBに対する指導と助言を行い、引き続き相談役として納税者の経営判断に関与していたものと認められる。この点については、Aも平成24年10月11日の税務調査において、代表取締役を退任した後も、退任前と同様の業務を継続しており、Bに対し引継ぎとして仕事を教えている旨述べているところである。

③　なお、取締役会は、Bの月額報酬を85万円、Aの月額報酬は代表取締役を退任する前の205万円から70万円に減額されているが、Aがその減額後もBと遜色のない月額報酬の支払いを受けていることや上記のとおり退任後も引き続き経営判断に関与してBへの指導や助言を続けていたことなどに照らすと、各取締役の変更後の月額報酬は、Aが引き続き経営判断への関与及びBへの指導や助言を続けていたことを前提として定められたものとみるのが相当である。

④　以上の諸事情にかんがみると、Aは代表取締役を退任した後も、その直後の本件退職金の支給及び退職金勘定への計上の前後を通じて、引き続き相談役として経営判断に関与し、対内的にも対外的にも納税者の経営上主要な地位を占めていたものと認められるから、Bが代表取締役に就任したころによりAの業務の負担が軽減されたといえるとしても、本件金員の支給及び退職金勘定への計上の当時、役員としての地位又は職務の内容が激変して実質的には退職したと同様の事情にあったとは認められないというべきである。

【検　　討】

地裁判決後、控訴棄却、上告不受理で納税者敗訴となった。退職金を支給した平成23年6月の時点で、Aが実質的に退職したと同様の状態にあったかどうかが争われた。役職名、登記上の肩書だけではなく、実際の業務内容が変化しているのかという点が注目された。AとBの認識においても、Aの退任後も引継ぎのため経営に関する助言を行い、2年は退任前の仕事をそのまま続けることに同意していたという点で一致しており、実質的に業務内容が激変していないから退職と同様の事情にないと判断された。

分掌変更役員に対する役員退職金支給の場合には、肩書や引継ぎという言葉だけでなく、実際に受給者が退職後にどのような職務を行うか、社内外への対応はどう変化するか、給与の金額など、聞き取りしたうえで退職金の支給時期を検討する必要がある。同族経営の場合、退任後も家族として近しい位置にいれば、経営に参加している、すなわち実質的に経営に従事していると判断されかねないケースが発生する可能性が高く、特に注意が必要である。

【小林　由実】

072　役員退職金の功績倍率（伊藤製作所事件）

東京高裁平成30年４月25日判決
平成29年（行コ）第334号・平成30年（行コ）第27号法人税更正処分等取消控訴，同附帯控訴事件
【掲　載】ＴＫＣ：25560510／ＴＡＩＮＳ：Ｚ268－13149
【判　示】役員退職金の算定に用いられた功績倍率が過大であるとされた事例
〔第１審：東京地判平成29年10月13日・平成27年（行ウ）第730号〕
〔上告審：最判平成31年２月21日・平成30年（行ヒ）第314号〕

【解　説】

　法人がその役員に対して支給する給与の額のうち，不相当に高額な部分の金額として政令で定める金額は，所得の金額の計算上，損金の額に算入しない，と規定されている（法人税法34条２項）。不相当に高額な金額として政令で定める金額とは，役員のその法人の業務に従事した期間，その退職の事情，その法人と同種の事業を営む法人でその事業規模が類似するものの役員に対する退職給与の支給の状況等に照らし，その退職した役員に対する退職給与として相当であると認められる金額を超える場合におけるその超える部分の金額（同法施行令70条１項２号），とされている。

【事案の概要】

　納税者は，昭和27年９月に設立されたミシン部品の製造及び販売等を目的とする株式会社である。亡乙は，昭和42年３月10日に納税者に事務職として入社したあと，昭和46年３月に当時の代表取締役社長であった丙と結婚し，昭和56年10月20日に取締役に就任し，平成15年10月20日に代表取締役に就任したが，平成20年10月死亡により代表取締役及び取締役を退任した。

　亡乙の死亡当時，納税者の役員退職慰労金規定には，退職慰労金は株主総会の決議に基づき支給すること，退任時に報酬月額がある場合の退職慰労金の額は「退任時報酬月額×役員在任期間×退職時役位係数」の範囲内とすること，代表取締役の退任時役位係数は5.0倍とすること，在任期間は１年を単位とし，１年に満たない端数は１年とすること，在任中特別に功労があったと認められるときはその30％を超えない範囲において功労加算を行うこと，が定められていた。

　納税者は，平成21年７月１日，臨時株主総会を開催し，亡乙の退職慰労金として４億2000万円を支給する旨の決議がされた。

　臨時株主総会の議事録には，役員退職給与に関し，次の計算式を記載した文書が添付されている。
240万円（最終月額給料）×27年（勤続年数）×５倍（役員倍数）×1.3（功労加算）＝４億2120万円

　納税者は平成20年８月21日から平成21年８月20日までの事業年度中に役員退職給与として４億2000万円を支給した。

【判決要旨】

⑴　第１審判決

①　同業類似法人間における平均功績倍率は，同業類似法人の抽出が合理的に行われる限り，役員退職給与として相当であると認められる金額を算定するための合理的な指標となるものであるが，あくまでも同業類似法人間に通常存在する諸要素の差異やその個々の特殊性を捨象して平準化した平均的な値であるにすぎず，本来役員退職給与が退職役員の具体的な功績等に応じて支給されるべきものであることに鑑みると，平均功績倍率を少しでも超える功績倍率により算定された役員退職給与の額が直ちに不相当に高額な金額になると解することはあまりにも硬直的な考え方であって，実態に即した適正な課税を行うとする法人税法34条２項の趣旨に反することにもなりかねず，相当であるとは言えない。

②　少なくとも所轄税務署側の調査による平均功績倍率の数にその半数を加えた数を超えない数の功

績倍率により算定された役員退職給与の額は，当該法人における役員の具体的な功績等に照らしその額が明らかに過大であると解すべき特段の事情がある場合でない限り，同号にいう「その退職した役員に対する退職給与として相当であると認められる金額」を超えるものではないと解するのが相当であるというべきである。

③　役員退職給与に係る功績倍率は6.49であり，平均功績倍率3.26にその半数を加えた4.89を超えるものであるところ，亡乙が納税者の取締役及び代表取締役として，借金の完済や売上金額の増加，経営者の世代交代の橋渡し等に相応の功績を有していたことがうかがえることからすると，亡乙の功績倍率を4.89として算定される役員退職給与の額について特段の事情があるとは認められないから，役員退職給与の額4億2000万円のうち，功績倍率4.89に亡乙の最終月額報酬額240万円及び勤続年数27年を乗じて計算される金額に相当する3億1687万2000円までの部分は，亡乙に対する退職給与として相当であると認められる金額を超えるものではないというべきである。

④　しかしながら，全証拠によっても，亡乙に上記の3億1687万2000円（功績倍率4.89）を超える退職給与を支給させるに値するほどの特別な功績があったとまでは認められないから，役員退職給与の額のうち上記の金額を超える1億312万8000円は「不相当に高額な部分の金額」に当たるというべきである。

(2)　控訴審判決

①　当該退職役員及び当該法人に存する個別事情であっても，法人税法施行令70条2号に例示されている業務に従事した期間及び退職の事情以外の種々の事情については，原則として，同業類似法人の役員に対する退職給与の支給の状況として把握されるべきものであり，同業類似法人の抽出が合理的に行われる限り，役員退職給与の適正額を算定するに当たり，これを別途考慮して功労加算する必要はないというべきであって，同業類似法人の抽出が合理的に行われてもなお，同業類似法人の役員に対する退職給与の支給の状況として把握されたとはいい難いほどの極めて特殊な事情があると認められる場合に限り，これを別途考慮すれば足りるというべきである。

②　役員退職給与の額のうち不相当に高額な部分の金額は2億875万2000円（4億2千万−2億1124万8千）であり，更正処分は適法である。

③　納税者の請求は理由がないから全部棄却すべきところ，これを一部認容した原判決は失当であり，控訴は理由があり，付帯控訴は理由がない。よって原判決中所轄税務署の敗訴部分を取り消したうえ，同部分につき納税者の請求を棄却して，付帯控訴を棄却する。

【検　討】

第1審判決では，同業類似法人間における平均功績倍率の数（3.26）にその半数を加えた数（4.89）を超えない数の功績倍率により算定された退職給与の額までは，不相当に高額な金額に当たらないとして，納税者の主張を一部容認する形で判決した。しかし，控訴審判決では，平均功績倍率の数にその半数を加えた数を超えない数の功績倍率により算定された額まで認容するという考えを否定し，同業類似法人間の平均功績倍率（3.26）までが相当な金額と位置付けた。すなわち，役員退職給与の支給において個別事情があるとしても，同業類似法人の抽出が合理的に行われている限り，別途加算する必要はない，と判断した。最高裁では，上告棄却で確定している。

本事案の納税者は，同業類似法人の役員退職金支給状況を考慮せず，法人と役員の間の任意の契約であるとして，役員倍数5として計算した退職金を支給していた。規定自体が相当かどうかという点も注意が必要であるが，規定を策定した当時には同業類似法人の支給状況を勘案した倍数であったとしても，実際の支給時期にその倍数が妥当かどうかはわからない。支給時における同業類似法人の支給状況を考慮する必要があることは，否定できないであろう。

【小林　由実】

073　現金仕入れに係る売上原価の主張立証責任

> 福岡高裁令和元年11月6日判決
>
> 事件番号不明・法人税更正処分等取消請求控訴事件
>
> 【掲　載】ＴＫＣ：25590207／ＴＡＩＮＳ：Ｚ269－13338
>
> 【判　示】現金仕入れのうち一部の取引については，これが架空のものであることの立証が十分にはされていないとして更正処分の一部が取り消し，その他については，架空の仕入れであると認定した事例
>
> 〔第1審：福岡地判平成30年5月24日・事件番号不明〕
>
> 〔上告審：最決令和2年6月26日・事件番号不明〕

【解　説】

　領収証は，取引の存在を示す原資証憑の基本的資料である。たしかに，これを納税者において，仮名や通称により作成することは取引の存在を疑わせる。しかしながら，取引相手との関係上，領収証を受け取ることができず，納税者において，領収証を作成し，形式だけは整えておきたいと考えることもあろう。

　租税訴訟において，ある支出が売上原価などの通常の経費として損金に算入されるべきか否かの主張立証責任は，課税庁が負うとされている。領収証が存在しない取引については，課税庁は，架空仕入れであることをいかに立証し，納税者は，仕入れがあったことをいかに立証すべきであろうか。

【事案の概要と経緯】

　水産魚介類等の卸及び小売業を目的とする株式会社である納税者は，本店のほか営業所を有している。納税者では，本社及び各営業所における商品の入庫数量，出庫数量等は，商品管理システムで一括して管理されている。一方で，各営業所の仕入れのうち，本社を介さず，各営業所が直接現金で行ったものは，商品管理システムではなく，各営業所に備え付けられた物品出納帳や物品受払簿等の名称の手書きの台帳で管理されている。

　各営業所における仕入れには，市場を通さずに漁師から直接に魚介類を購入する「浜買い」が含まれていた。この仕入れには，現金で支払われた代金の受領につき領収証が存在するが，領収証等は，各営業所長が取引先の名称に仮名を用いて作成したものであった。納税者は，物品出納帳で管理していた現金仕入れを売上原価に計上して，法人税及び消費税の申告をした。

　税務署長は，現金仕入れに係る領収証は，各営業所長らが仮名により作成したものであり，住所の記載がないこと等から，仕入れの裏付けがなく，仕入先が特定できない架空の仕入れであると認定して，現金仕入れに係る売上原価については，各事業年度の損金の額に算入することができないとする法人税の更正処分等をした。

【判決要旨】

① 現金仕入れは，売上原価に関するものであるから，その存否に係る主張立証責任は，課税庁が負うものと解すべきである。課税庁は，現金仕入れが全て架空であることを具体的に主張立証しなければならない。

② 課税庁が現金仕入れに係る取引の不自然性，不合理性を具体的に主張立証するのは，現金仕入れのうち約18.99％の取引にとどまり，その余の約81.01％については，具体的な主張立証をしていない。そうすると，この約81.01％の取引については，いわゆる事実上の推定が適用される前提を欠くものといえる。

③ 課税庁の主張は，納税者らがした反証の証明力が低いということをいうにとどまるものであって，課税庁側の具体的な主張立証に替わるものではない。そして，現金仕入れのうちその不自然性，不

合理性について具体的な指摘をしない約81.01％の取引については，その取引のために支払われた納税者らからの出金やその取引に基づく売上げについても具体的に争っていない。

④　現金仕入れのうちその不自然性，不合理性について具体的な指摘をしない約81.01％の取引については，これが架空のものであることの立証が十分にはされていないというほかなく，架空取引であるとして損金計上の対象としないことはできない。

⑤　領収証等は，各営業所長が架空名義で偽造したものであり，明らかに信用性に乏しい。そして，物品出納帳も，領収証等の記載を転記したにすぎないものであるし，在庫管理に利用しているのであれば当然記載されるべき日ごとの残在庫の記載がない。そして，納税者らにおいて手書きの物品出納帳が平成19年に作成されるに至ったのは，関与税理士の指導によるというのであるから，物品出納帳は課税対策のために作成された資料にすぎない。

⑥　約18.99％の取引については，基本的には，課税庁による具体的な主張立証がされており，これに対する納税者らの反証は十分でないと認められるから，架空の仕入れである。ただし，これらの取引のうち，現金仕入れによる仕入れの量がその仕入れ後の廃棄の量を大幅に上回っている場合，その差額に相当する現金仕入れが存在しないと説明することは困難であるから，その差額の部分に関しては現金仕入れが存在しないと認めることはできない。

【検　　討】

本事案では，各営業所における現金仕入れは架空のものか否かが争われている。

納税者は，現金仕入れの都度作成された領収証等は，現金仕入れの存在を示す証拠であり，領収証等の記載が物品出納帳の記載と一致することから，作成名義人が仮名である領収証の証明力は減殺されないとして，領収証等から現金仕入れの存在を認定できると主張した。これに対して，課税庁は，領収証は，売主である仕入先業者が作成したものではなく，買主である各営業所長が作成したものであり，かつ，仕入先業者の名前や名称を勝手に考えて仮名で記載したものであることから，現金仕入れは実態のない架空のものであると主張した。

福岡地裁は，領収証等及び物品出納帳の信用性は乏しく，これらに基づいて現金仕入れがされたことを認定することはできず，税務調査における納税者の代表者及び各営業所長等の供述からも現金仕入れがされたことを認めることができず，現金仕入れが架空取引であると推認されるとしていた。

これに対して，福岡高裁は，売上原価に関する現金仕入れの存否に係る主張立証責任は，課税庁が負うべきであるから，課税庁は，現金仕入れがすべて架空であることを具体的に主張立証しなければならないとした。その上で，現金仕入れのうちその不自然性，不合理性について具体的な指摘をしない約81.01％の取引は，架空取引として損金計上の対象としないことはできないとした。一方で，課税庁による具体的な主張立証がされており，納税者らの反証が十分でない約18.99％の取引は，架空仕入れであるとした。なお，後者のうち，現金仕入れによる仕入れの量が廃棄の量を大幅に上回っている部分に関しては，現金仕入れが存在しないと認めることはできないとした。

以上のとおり，福岡高裁は，主張立証責任の基本的な考え方を確認した上で，課税庁が現金仕入れに係る取引の不自然性，不合理性を具体的に主張立証する部分と，それ以外の部分に区別して，後者の現金仕入れは損金計上の対象としないことはできないとした。現金仕入れに係る取引は独立したものであるから，個別に取引の実態について課税庁が主張立証すべきであることは当然といえる。

取引相手に領収証等の作成を求めることで，その後の取引に影響を及ぼすおそれがあるなら，本事案のように継続的な取引相手と思われる場合には，せめて取引相手を確認照合できる画像等を保存する程度の努力は必要である。

【引　　用】

林　仲宣＝谷口智紀『税務弘報』（中央経済社）70巻2号150頁（2022年）

【谷口　智紀】

074　高額な役員給与と同業類似法人の最高額

東京地裁令和2年1月30日判決
平成29年（行ウ）第371号・法人税更正処分等取消請求事件
【掲　載】ＴＫＣ：25582011／ＴＡＩＮＳ：Ｚ270－13377
【判　示】同業類似法人の役員給与の支給状況等を把握するために課税庁が採用した抽出基準は
　　　　合理的であり，納税者が代表取締役に対して支給した役員給与には法人税法34条2項に
　　　　規定する「不相当に高額な部分」があるとされた事例

【解　説】

　法人は，株主総会において自由に役員給与等の額を決定し，支給することができるが，法人税の計算上は，法人税法34条に規定する役員給与の損金不算入の規定により損金の額に算入することができる範囲が制限されている。同条は，税負担の減少のために法人が役員給与等の額を恣意的に決定することを防止する租税回避行為の否認規定である。

　代表者に支給した役員給与の額に「不相当に高額な部分」がある否かを判定するには，同業類似法人である各抽出法人の役員給与と比較することになるが，比較対象としての妥当性の判断は難しい。同業類似法人をいかに抽出するかにあたっては，事案の特殊性を考慮しつつ，何を基準とすべきかを適切に決定することが求められる。

【事案の概要と経緯】

　自動車等の輸出入等を目的とする株式会社である納税者の代表者は，その設立以来，代表取締役を務めており，発行済株式の総数を保有している。

　納税者は，定時株主総会において承認可決された役員給与の月額に基づき，各事業年度において，代表者に対し，役員給与を同条1項1号に規定する定期同額給与として支給した。

　納税者は，各事業年度の法人税等について，代表者に対して支給した役員給与の全額を損金の額に算入して申告をした。これに対して，課税庁は，役員給与の額には同条2項に規定する「不相当に高額な部分」があり，その金額は損金の額に算入することができないなどとして，各更正処分等をした。

【判決要旨】

① 　役員給与は，同法22条3項2号に規定された費用の一種ではあるものの，法人と役員との関係に鑑みると，役員給与の額を無制限に損金の額に算入することとすれば，法人において役員給与の支給額をほしいままに決定し，法人の所得の金額を殊更に少なくすることにより，法人税の課税を回避するなどの弊害が生ずるおそれがある。そこで，同法34条は，別段の定めを設け，損金の額に算入される役員給与を上記のような弊害がないと考えられるものに限定することにより，役員給与の金額決定における恣意性の排除を図り，もって課税の公平性を確保したものと解される。

② 　課税庁は，15の税務署に対し，抽出基準に基づく法人の抽出を依頼し，同各署における機械的な抽出作業の結果，合計10法人（各抽出法人）が抽出されている。そして，その抽出過程において，抽出基準への当てはめを誤ったり，何らかの恣意が介在したりした様子はうかがわれないから，各抽出法人は，抽出基準に基づいて適正に抽出されたものと認められる。

③ 　納税者の役員給与の支給状況と各抽出法人の役員給与の支給状況とを比較すると，平成23年7月期に係る役員給与の額は，これに対応する調査対象事業年度における各抽出法人の最高額と比較しても約4倍，金額にして約2億円高額となっている。しかも，役員給与は各事業年度を通じて2～4倍増加したため，両者の較差は年度ごとに拡大し，平成27年7月期に係る役員給与の額は，各抽出法人の最高額の約10倍，金額にして約4億7000万円高額となるに至っている。このような役員給与の支給状況の較差は，代表者の職務内容や納税者の売上を得るために代表者が果たした職責等を

踏まえても，合理的な範囲を超えるものといわざるを得ない。

④　納税者における代表者の職務の内容は，中古自動車販売業を目的とする法人において営業や販売を担当する役員について一般的に想定される職務の範囲内にあるとはいえ，納税者の売上を得るために代表者が果たした職責及び達成した業績は相当高い水準にあった。

⑤　しかしながら，納税者の収益が，各事業年度を通じて減少傾向にあり，使用人に対する給与の支給額も横ばいないし緩やかな減少傾向にある中で，役員給与は，これに逆行する形で急増し，納税者の改定営業利益の大部分を占め，納税者の営業利益を大きく圧迫するに至っており，その額の高さ及び増加率は著しく不自然であるし，合理的な抽出過程により抽出された納税者の同業類似法人である各抽出法人の役員給与の最高額と比較しても，その較差は合理的な範囲を超えるものとなっている。

⑥　役員給与に「不相当に高額な部分」があることは明らかである。そして，その部分の金額は，納税者の売上を得るために代表者が果たした職責及び達成した業績が相当高い水準にあったことに鑑み，当該調査対象事業年度における各抽出法人の役員給与の最高額を超える部分がこれに当たる。

【検　　討】

本事案では，役員給与の額のうち，同条2項に規定する「不相当に高額な部分」があるか否か，そしてその金額が争われている。

納税者は，代表者の職務の内容は中古自動車販売等を目的とする一般的な法人の役員において想定される職務の範囲を超えているとともに，同業類似法人とは認められない各抽出法人を比較対象としたことは合理的な根拠を欠いており，役員給与の額には「不相当に高額な部分」はないと主張した。これに対して，課税庁は，代表者が現実に果たした役割，使用人との職務の違い，同業類似法人における役員の職務の内容等と多少の差異がありうること等を考慮しても，各抽出法人の代表取締役に対する役員給与の平均額を超える部分は「不相当に高額な部分」の金額に当たると主張した。

裁判所は，法人税法施行令70条1号イに従って，課税庁が抽出した各抽出法人は，抽出基準に基づいて適正に抽出されているとした上で，代表者が果たした職責及び達成した業績は相当高い水準にあったが，合理的な抽出過程により抽出された同業類似法人である各抽出法人の役員給与の最高額と比較しても，その較差は合理的な範囲を超えるとした。そして，代表者が果たした職責及び達成した業績が相当高い水準にあったことに鑑みると，各抽出法人の役員給与の最高額を超える部分は損金の額に算入することはできないとの判断を下した。

納税者は，創業者である代表者の精力的な活躍，とりわけ，外国出身である代表者が外国に居住し，納税者の主たる業務である外国への中古車の輸出業務を行ったことにより，大きな売上を得ることができたと考えている。たしかに，「自動車卸売業」として抽出した同業類似法人である各抽出法人の役員給与が，代表者に支給した役員給与の額に「不相当に高額な部分」があるか否かを判定するための比較対象として妥当であるかには疑問が残る。しかしながら，収益が下降傾向にある中で，代表者の役員給与が急増した点も看過することはできない。

一方で，課税庁は，各抽出法人の役員給与の平均額を超える額は「不相当に高額な部分」であると主張したが，裁判所は，納税者が主張する代表者の貢献度を踏まえて，最高額を基準として「不相当に高額な部分」を判定している。納税者の事業は「自動車卸売業」であるが，各抽出法人の主たる業務と，納税者の主たる業務である外国への中古車輸出業務との間には一定の違いが見られ，同業類似法人を抽出するのが難しいという本事案の特殊性を考慮し，最高額を基準としたものと推察される。

【引　　用】

林　仲宣＝谷口智紀『税務弘報』（中央経済社）69巻3号94頁（2021年）

【谷口　智紀】

075　役員退職慰労金の高額性と平均功績倍率

東京地裁令和２年２月19日判決
平成28年（行ウ）第588号・法人税更正処分等取消請求事件
【掲　載】ＴＫＣ：25584734／ＴＡＩＮＳ：270－13382
【判　示】不相当に高額な役員給与の判断基準を示した事例
〔控訴審：東京高判令和３年４月14日・令和２年（行コ）第69号〕
〔上告審：最決令和３年12月21日・判例集等未登載〕

【解　説】

　納税者が，法人税及び復興特別法人税につき租税特別措置法67条の３第１項２号に定める特例が適用されるなどとして申告をしたところ，所轄税務署長から法人税の青色申告の承認取消し処分，法人税及び復興特別法人税の各更正処分並びに重加算税の各賦課決定処分を受けたため，国に対し各処分の取消しを求めた事案において，その請求が棄却された事例である。

【事案の概要と経緯】

　納税者は肉用牛の飼育，肥育及び販売等を行う株式会社である。納税者は，平成25年２月７日に開催した臨時株主総会において，元代表者の退職慰労金として２億9920万円を支給する旨を決議し，同年３月１日に支給した。この役員退職給与は，元代表者の最終月額報酬額110万円を基礎とし，勤続年数を34年及び功績倍率を８倍として，これらを乗じて算定されていた。

　その後の税務調査において所轄税務署は，役員退職給与の相当額の算定には平均功績倍率法，すなわち，退職役員に退職給与を支給した当該法人と同種の事業を営む法人でその事業規模が類似するものの役員退職給与の支給事例における功績倍率の平均値に，退職役員の最終月額報酬額及び勤続年数を乗じて算定する方法を用いることが合理的であり，相当であるとした。同業類似３法人の平均功績倍率は1.06であり，最終月額報酬額110万円，勤続年数34年にこの平均功績倍率を乗じると3964万4000円となるから，これを超える部分の役員退職給与は「不相当に高額な部分の金額」に該当し，損金の額に算入されない，として更正処分等を行った。

　これを受けて納税者が，元代表者の功績の程度，報酬額が同業他社と比べて相当に低い水準にあることも考慮すると，最終月額報酬額（110万円）は元代表者の功績の程度を反映したものではないことが明らかである。平均功績倍率により算定された金額は，同業類似法人における平均的な役員退職給与の額にすぎないから，それを超える部分を不相当に高額な部分であるとすることは，「不相当に高額な部分の金額」という文言や退職給与のうち隠れた利益処分としての性質を有する部分について損金算入を認めないこととした趣旨に合致せずに妥当でない。「退職した役員に対する退職給与として相当であると認められる金額」とは，相当と認められる金額のうち最高額を意味すると解すべきである，などとしてその取消しを求めた事案である。

【判決要旨】

① 　所轄税務署は，役員退職給与のうち相当と認められる金額の算定方法として，平均功績倍率法を用いている。その算定要素のうち，まず，最終月額報酬額は，通常，退職役員の在任期間中における報酬の最高額を示すものであるとともに，退職役員の在任期間中における法人に対する功績の程度を最もよく反映しているものということができる。また，勤続年数は，法人税法施行令70条２号が規定する「当該役員のその内国法人の業務に従事した期間」に相当する。さらに，功績倍率は，これらの要素以外の役員退職給与の額に影響を及ぼす一切の事情を総合評価した係数であり，同業類似法人における功績倍率の平均値（平均功績倍率）を算定することにより，同業類似法人間に通常存在する諸要素の差異やその個々の特殊性が捨像され，より平準化された数値が得られるものと

いうことができる。このような各算定要素を用いて役員退職給与の相当額を算定しようとする平均功績倍率法は、その同業類似法人の抽出が合理的に行われる限り、法人税法34条2項及び法人税法施行令70条2号の趣旨に合致する合理的な方法というべきである。

② 功績倍率の平均値（平均功績倍率）を算定することにより、同業類似法人間に通常存在する諸要素の差異やその個々の特殊性が捨像され、より平準化された数値が得られることは上記のとおりである一方、功績倍率の最高値や勤続年数1年当たりの役員退職給与額の最高額は、それらに係る法人の特殊性等に影響されるものであって、指標としての客観性が劣るといわざるを得ない。また、本件において合理的と認められる抽出基準により同業類似法人を抽出した結果、3法人という相当数の法人が抽出されている上、これらの法人の功績倍率には極端なばらつきがないのであって、本件において役員退職給与の相当額を算定するための指標として平均功績倍率を採用することが相当でないとか、最高功績倍率等がより適切であるとみるべき事情は見当たらない。

③ 納税者においては元代表者の役員報酬月額が最も高額であったこと、平成10年頃からは現代表者が飼養管理部門、元代表者が財務、金融、人事等の管理部門を中心に担当しており、重要事項については2人で協議して決定していたこと、上記事実関係に関する元代表者の具体的な貢献の態度及び程度は必ずしも明らかではないことからすれば、通常当該役員の在職期間中における功績の程度を反映していると解される最終月額報酬額が、元代表者についてそうではなかったと認めるには足りないというべきである。

④ 以上によれば、本件役員退職給与の額である2億9920万円のうち、3964万4000円を超える2億5955万6000円については、「不相当に高額な部分の金額」に該当すると認められる。

【検　討】

納税者は、肉用牛の売却に係る仮装隠蔽で重加算税を課され青色申告の承認も取り消されている。当初の調査ではこれらのみの否認で役員退職慰労金についての指摘はなかったが、納税者が求めた再調査で役員退職慰労金も不相当に高額とされた。

納税者が用いた8倍というのも相当に高い倍率であるが、所轄税務署が採用し、裁判所が認めた1.06倍という数字も相当に低い倍率である。実務では3倍基準といわれたりもするが、そこから考えても3分の1という極めて低い倍率が認定された。

何をもって不相当に高額といえるか、納税者は相当と認められる最高額を超える部分と考えるべきと主張したが、裁判所は、平均功績倍率を算定することにより、同業類似法人間に通常存在する諸要素の差異やその個々の特殊性が捨像され、より平準化された数値が得られるとして、平均功績倍率法が合理的な方法であると判断している。

しかし、同業類似法人の平均功績倍率という指標は納税者には算定できないものであり、役員退職給与が不相当に高額と認定されてしまうと、平均功績倍率という納税者にとって不透明な基準が適用されることになるのが現状である。

【引　用】

林　仲宣＝髙木良昌『税務弘報』（中央経済社）69巻4号80頁（2021年）

【小澤　英樹】

076　土地の高額購入と売上原価

東京高裁令和２年12月２日判決

令和元年（行コ）第285号・更正処分等取消請求控訴事件

【掲　載】ＴＫＣ：25591587／ＴＡＩＮＳ：Ｚ270－13490

【判　示】法人が時価よりも高額の売買代金により不動産等の資産を購入した場合も，売買代金と時価の差額は，法人税法37条７項が定義する「寄附金の額」に該当することになるから，売買代金のうち時価を超える部分の金額は法人税法22条３項１号にいう「売上原価」として棚卸資産を売却した事業年度の損金の額に算入することはできないとされた事例

〔第一審：東京地判令和元年10月18日・平成30年（行ウ）第529号〕

【解　説】

　法人税法（以下「法」という）22条３項１号は，「当該事業年度の収益に係る売上原価，完成工事原価その他これらに準ずる原価の額」を，当該事業年度の損金の額に算入すべき金額と規定している。

　したがって，購入した棚卸資産の購入の代価はその販売の収益に係る売上原価として損金の額に算入されることになるが，時価よりも高額な売買代金による高額譲受けが行われた場合の購入の代価をどのように評価すべきかについて，法人税法に直接の規定は設けられていない。

　他方，法37条８項は，内国法人が資産の譲渡又は経済的な利益の供与をした場合において，その譲渡又は供与の対価の額が資産又は経済的な利益の時価に比して低いときは，対価の額と時価との差額のうち実質的に贈与又は無償の供与をしたと認められる金額は，寄附金の額に含まれると規定している。

　では，譲渡又は供与の対価の額が資産又は経済的な利益の時価に比して高いときも，対価の額と時価との差額のうち実質的に贈与又は無償の供与をしたと認められる金額は，寄附金の額に含まれるのであろうか。

【事案の概要と経緯】

　不動産業を営む納税者は，Ａ社に対し，１億6838万572円の貸付金及び未収入金等の債権を有しており，他方，Ａ社は，納税者に対し，１億8421万7112円の債務を負っていた。

　納税者は，Ａ社と１億8421万7112円でＡ社が所有する土地を購入する売買契約を締結し，売買に際し，納税者のＡ社に対する売買代金債務と納税者のＡ社に対する貸付金及び未収入金等の債権とを対当額で相殺する旨の合意をした。

　相殺処理により，差引1583万6540円分の売買代金債務が残ることとなったが，納税者は同額をＡ社に支払うことなく，受贈益として処理した。

　納税者がＡ社から購入した時点における土地の時価は7283万9889円であった。

　その後，納税者は，Ｂらに対し4913万9600円で土地を売却。土地購入代金の全額である１億8421万7112円を，棚卸資産である土地の売却に係る「売上原価」として損金の額に算入し確定申告を行った。

　税務署長は，納税者とＡ社間の売買代金１億8421万7112円と，その売買時点における時価7283万9889円との差額１億1137万7223円は，「売上原価」として損金の額に算入できないとし，納税者に対し更正処分等をした。

【判決要旨】

① 棚卸資産の「購入の代価」はその販売の収益に係る「売上原価」として損金の額に算入されることになるが，時価よりも高額な売買代金による高額譲受けが行われた場合，資産の「購入の代価」をどのように評価すべきかについて，法人税法や法人税法施行令に直接の規定は設けられていない。

② 法37条８項は，法人が資産の譲渡又は経済的な利益の供与をした場合に，その譲渡又は供与の対

価の額が資産又は経済的な利益の時価に比べて低いときは，対価の額と時価との差額のうち実質的に贈与又は無償の供与をしたと認められる金額は，「寄附金の額」に含まれると規定する。

　同項は，例えば時価よりも低額で法人所有の不動産等の資産を売却した場合に，売買代金と時価との差額は，売主である法人から買主に「供与」された「経済的な利益」であり，そのうち「実質的に贈与又は無償の供与をしたと認められる金額」については，「経済的な利益の……無償の供与」をした場合における「経済的な利益」の時価として，法37条7項が定義する「寄附金の額」に該当することから，当該金額が損金算入限度額を超えて損金の額に算入されないものであることを確認的に規定したものと解される。

③　法人が時価よりも高額の売買代金により不動産等の資産を購入した場合も，売買代金と時価との差額は，買主である法人から売主に「供与」された「経済的な利益」であり，そのうち「実質的に贈与又は無償の供与をしたと認められる金額」については，「経済的な利益の……無償の供与」をした場合における「経済的な利益」の時価として，法37条7項が定義する「寄附金の額」に該当することになるから，当該金額は損金算入限度額を超えて損金の額に算入されないこととなる。

④　そうすると，棚卸資産の高額譲受けにおいても，対価の額と資産の時価との差額については，その全部又は一部が「寄附金の額」と評価される場合には，法人税法の適用上，損金の額への算入が制限されるのであるから，そのような扱いを受ける差額は，資産の販売の収益に係る費用として当然に損金の額に算入される「売上原価」とは異質なものといわざるを得ず，「売上原価」とは異なる費用又は損失の額として別途損金該当性を判断すべきものというべきである。

⑤　控訴審において控訴人の請求は棄却されている。

【検　討】

　本事案の争点は，売買代金と時価との差額を売上原価として損金算入できるか否かである。

　納税者は，Ａ社の債務超過状態が相当期間継続し，納税者は債権の弁済を受けることができない状態にあり，差額は貸倒損失に該当するものであり，大きな損失を避けるために売買に応じざるを得なかったという合理的理由がある。また，回収不能な債権の放棄や，法人がその負担をしなければ逆により大きな損失を被ることが明らかであるためやむを得ず行う負担は，実質的にみると経済的利益を無償で供与したものとはいえず，「寄附金」に該当しないことから，「売上原価」として損金の額に算入されると主張した。

　これに対し，税務署長は，時価を超える対価により資産を譲り受けた場合には，その時価と譲渡の対価との差額を譲渡人に贈与したのと実質的には同じ経済的効果をもたらす。そしてその差額部分は無償の資産の譲渡に当たるというべきであり，「売上原価」の計算・評価に当たって差額を差し引くものであると主張した。

　裁判所は，まず，時価よりも低額で法人所有の不動産等の資産を売却した場合の売買代金と時価との差額は，売主である法人から買主に「供与」された「経済的な利益」であり，「寄附金の額」に該当することを確認した。そして，法人が時価よりも高額の売買代金により不動産等の資産を購入した場合も，売買代金と時価との差額は，買主である法人から売主に「供与」された「経済的な利益」であり，「寄附金の額」に該当することになるから，「売上原価」とは異質なものであるとの判断を下した。

　納税者が売買代金と時価との差額を「売上原価」として損金計上したことは強引な手段であり理解に苦しむ。納税者は本来の性質を見抜き，損失として計上することを検討すべきであった。

　時価よりも高額な売買価額により不動産等の資産を購入した場合は，貸倒損失の要件である債権の全額が回収不能であることに係る具体的な事情を客観的に明らかにし，貸倒損失として計上する可能性を注意深く検討していく必要があろう。

【岡崎　央】

法人税法の基礎理論

077 組織再編に伴うグループ会社からの借入
（ユニバーサルミュージック事件）

最高裁第一小法廷令和４年４月21日判決
平成２年（行ヒ）第303号・法人税更正処分等取消請求事件
【掲　載】ＴＫＣ：25572104／ＴＡＩＮＳ：Ｚ888－2411
【判　示】組織再編成に係る一連の取引の一環として行われた金銭の借入れが法人税法132条１項にいう「これを容認した場合には法人税の負担を不当に減少させる結果となると認められるもの」には当たらないとされた事例
〔第１審：東京地判令和元年６月27日・平成27年（行ウ）第468号〕
〔控訴審：東京高判令和２年６月24日・令和元年（行コ）第213号〕

【解　説】

　本事案は，企業グループにおける組織再編成に係る一連の取引の一環として，当該企業グループに属する内国法人（同族会社）である納税者が，同グループに属する外国法人から行った金銭の借入れが，法人税法（以下「法」という）132条１項にいう「これを容認した場合には法人税の負担を不当に減少させる結果となると認められるもの」に該当するか否かが争われた。

　第１審及び控訴審はともに，同族会社の行為又は計算が法132条１項に該当するか否かは，当該行為又は計算が経済的合理性を欠くか否かによって判断すべきとした。そして，借入れは法132条１項の不当性要件に該当せず，更正処分等は違法であるとして納税者の請求を認容した。

【事案の概要と経緯】

　納税者は，フランス法人であるＡを究極の親会社とする企業グループのうち，音楽部門に属する合同会社である。企業グループは，音楽部門法人の数が増加し，資本関係も複雑化したことから，組織再編成を行ってきたところ，その基本方針は，１つの国に１つの持株会社を設置し，その傘下に事業会社等を所属させ，法人の数を減らすとともに，各国の法人間で資本と負債のバランスを適正にするというものであった。

　企業グループは，日本の関連会社について組織再編成等を行うために策定された再編成等スキームに基づく取引を行った。具体的には，平成20年10月７日に納税者を設立し，同年10月29日，グループ内のフランス法人Ｃとの間で，無担保で866億6132万円を借入れる旨の金銭消費貸借契約（利息は年6.8%，一部は年5.9%）を締結し，同日交付を受けた。この資金等を用いて，納税者は，同日，グループ内の外国法人からＢの全発行済株式を代金1144億1800万円で購入する旨の売買契約を締結し，同額を支払って株式を取得する等した。

　納税者は，各事業年度において，Ｃからの金銭の借入れに係る，益金の額の過半に相当する支払利息の額を損金の額に算入して法人税の確定申告をしたところ，税務署長から，利息の損金算入は納税者の法人税の負担を不当に減少させるものであるとして，法132条１項に基づき，その原因となる行為を否認され，更正処分等を受けた。

【判決要旨】

① 当該一連の取引全体が経済的合理性を欠くものか否かの検討に当たっては，(1)当該一連の取引が，通常は想定されない手順や方法に基づいたり，実態とはかい離した形式を作出したりするなど，不自然なものであるかどうか，(2)税負担の減少以外にそのような組織再編成を行うことの合理的な理由となる事業目的その他の事由が存在するかどうか等の事情を考慮するのが相当である。

② 企業グループにおける組織再編成に係る一連の取引の一環として，当該企業グループに属する内国法人である同族会社が，当該企業グループに属する外国法人から行った金銭の借入れは，次の(1)

162

～(3)など判示の事情の下では，当該借入れに係る支払利息の額を損金の額に算入すると法人税の額が大幅に減少することとなり，また，当該借入れが無担保で行われるなど独立かつ対等で相互に特殊関係のない当事者間で通常行われる取引とは異なる点があるとしても，法132条１項にいう「これを容認した場合には法人税の負担を不当に減少させる結果となると認められるもの」には当たらない。

(1) 一連の取引は，上記企業グループのうち米国法人が直接的又は間接的に全ての株式又は出資を保有する法人から成る部門において日本を統括する合同会社として上記同族会社を設立するなどの組織再編成に係るものであった。

(2) 一連の取引には，税負担の減少以外に，上記部門を構成する内国法人の資本関係及びこれに対する事業遂行上の指揮監督関係を整理して法人の数を減らす目的，機動的な事業運営の観点から当該部門において日本を統括する会社を合同会社とする目的，当該部門の外国法人の負債を軽減するための弁済資金を調達する目的，当該部門を構成する内国法人等が保有する資金の余剰を解消し，為替に関するリスクヘッジを不要とする目的等があり，当該取引は，これらの目的を同時に達成する取引として通常は想定されないものとはいい難い上，その資金面に関する取引の実態が存在しなかったことをうかがわせる事情も見当たらない。

(3) 借入れは，部門に属する他の内国法人の株式の購入代金及びその関連費用にのみ使用される約定の下に行われ，実際に，同族会社は，株式を取得して当該内国法人を自社の支配下に置いたものであり，借入金額が使途との関係で不当に高額であるなどの事情もうかがわれず，また，当該借入れの約定のうち利息及び返済期間については，当該同族会社の予想される利益に基づいて決定されており，現に利息の支払が困難になったなどの事情はうかがわれない。

【検 討】

納税者は，組織再編取引は，グループ内の関連会社の関係を整理して事業を効率化するとともに財務上の利益を図るために実施されたものであり，組織再編取引等には経済的合理性があると主張した。これに対して，課税庁は，借入れは，その目的，効果等を考慮して適切に評価すれば，経済的，実質的見地から，純経済人の行為として不合理，不自然な行為であり，不当であると主張した。

裁判所は，ある企業グループにおける組織再編成に係る一連の取引全体が経済的合理性を欠くものか否かは，判旨①のとおり２つの判断基準によって判断するのが相当とした。本判決はこの点に意義がある。そして，組織再編取引等は，これを全体として見たときには，経済的合理性を欠くものであるとまでいうことはできず，借入れは，その目的において不合理と評価されるものではないと判断している。

本件と同様に，法132条１項の適用が争われたIBM事件（本書66事例）では，経済的合理性を欠く場合に同項が適用され，「経済的合理性を欠く場合には，独立当事者間の通常の取引と異なっている場合を含むものと解するのが相当である」との判断の枠組みを示している。本判決も経済的合理性基準を採用して判断を下しているが，IBM事件の判断枠組みとは異なる。すなわち，本判決は，借入れには独立当事者間取引と異なる点もあるものの，借入れは各内国法人の株式の購入代金及び関連費用にのみ使用される約定の下に行われ，実際に納税者は，株式を取得して各内国法人を自社の支配下に置いたものであり，借入金額が使途との関係で不当に高額であるとの事情もうかがわれず，不自然，不合理なものとはいいがたいとしている。本判決は，国際的企業グループの組織再編成という特殊性も加味した判断の枠組みを示しており，不当性要件をめぐる今後の判例の蓄積が注目される。

【引 用】

林 仲宣＝谷口智紀『税務弘報』（中央経済社）70巻８号166頁（2022年）

【横井 里保】

078 仮名帳簿と仕入税額控除

東京地裁平成9年8月28日判決
平成7年（行ウ）第232号・消費税更正処分取消請求事件
【掲　載】ＴＫＣ：28021531／ＴＡＩＮＳ：Z228－7973
【判　示】医薬品の卸売業を営む納税者が，消費税について，各課税期間中に行った課税仕入れ
　　　　　に係る消費税額を控除して確定申告をしたところ，所轄税務署長から，その課税仕入れ
　　　　　の税額の控除に係る帳簿に記載された仕入相手の氏名又は名称のうち仮名であると認め
　　　　　られる仕入取引に係る消費税額については控除を認めることができないとして，各年分
　　　　　の消費税についての更正及び過少申告加算税の賦課決定を受けたために，その決定の取
　　　　　消しを求めた事案において，消費税法は，仕入税額控除の要件として保存すべき帳簿には，
　　　　　課税仕入れの年月日，課税仕入れに係る資産又は役務の内容及び支払対価の額とともに
　　　　　真実の仕入先の氏名又は名称を記載することを要求しているというべきであるとして，
　　　　　納税者の請求が棄却された事例
〔控訴審：東京高判平成10年9月30日・平成9年（行コ）第128号〕
〔上告審：最判平成11年2月5日・平成10年（行ツ）第315号〕

【解　説】

　消費税法30条1項では，事業者が国内において課税仕入れを行った場合には，当該課税仕入れを行っ
た日の属する課税期間の課税標準額に対する消費税額から，その課税期間中に国内において行った課
税仕入れに係る消費税額を控除することが定められている。

　一方，消費税法30条7項は，事業者が当該課税期間の課税仕入れの税額の控除に係る帳簿又は請求
書等を保存していない場合には，当該帳簿等の保存がない課税仕入れに係る消費税額については同条
1項の規定を適用しないことを規定している。

　また，消費税法30条8項1号では，課税仕入れの相手方の氏名又は名称，課税仕入れを行った年月
日，課税仕入れに係る資産又は役務の内容及び同条1項に規定する課税仕入れに係る支払対価の額が
記載されている帳簿をもって法定帳簿であると定められている。

【事案の概要と経緯】

　東京都に本店を有し，医家向け専門の医薬品の現金卸売業を営んでいる青色申告の同族会社であり，
消費税法上の事業者に該当する納税者が，平成2年8月1日から平成3年7月31日までの課税期間及
び平成3年8月1日から平成4年7月31日までの課税期間の各年分の消費税について，各課税期間中
に行った課税仕入れに係る消費税額を控除して確定申告をしたところ，所轄税務署から，課税仕入れ
の税額の控除に係る帳簿に記載された仕入相手の氏名又は名称のうち仮名であると認められる仕入取
引に係る消費税額については控除を認めることができないとして，各年分の消費税についての更正及
び過少申告加算税の賦課決定を受けたために，本件各処分の取消しを求めた。

　所轄税務署による決定に至るまでには，納税者の本店事務所にて調査が行われており，取引相手の
氏名又は名称が真実でない仕入取引が多数みつかっていた。所轄税務署から，仕入税額控除が認めら
れるためには仕入先の真実の氏名等を記載した帳簿等の保存が必要であると伝えられ，その提出を求
められた納税者は，相手方が交付した納品書又は請求書等及び納税者備付けの現金仕入伝票といった
ものについては，提出すると真実の仕入先が明らかとなり，今後取引ができなくなると述べた。

　納税者が保管していた仕入伝票には，真実の氏名又は名称が判明しているにもかかわらず，敢えて
仮名を記載していたことが認められるものや，同一人とみられる同姓同名の取引先でありながら記載
されている住所が全て異なるもの，異なる氏名の相手方について同一の住所が記載されているもの等
があり，これらには相手方の名乗る氏名を信頼して記載したことや，相応の注意を払って記載したこ

164

とを推認させる事情は窺われなかった。

　以後，納税者は帳簿等の提出も修正申告も行わなかったため，更正の決定が行われた。

　裁判においては，主として，真実と異なる氏名又は名称が記載された仕入帳が法定帳簿に該当するか否かが争点となった。

【判決要旨】

① 　消費税法30条１項は，事業者の仕入れに係る消費税額の控除を規定するが，右規定は，消費税法６条により非課税とされるものを除き，国内において事業者が行った資産の譲渡等に対して，広く消費税を課税する結果，取引の各段階で課税されて税負担が累積することを防止するため，前段階の取引に係る消費税額を控除することとしたものである。その際，課税仕入れに係る適正かつ正確な消費税額を把握するため，換言すれば真に課税仕入れが存在するかどうかを確認するために，同条７項は，同条１項による仕入税額控除の適用要件として，当該課税期間の課税仕入れに係る帳簿等を保存することを要求している。

② 　消費税法施行令50条１項は，消費税法30条10項の委任に基づいて，同条１項の規定の適用を受けようとする事業者について同条７項に規定する帳簿等を整理し，当該帳簿についてはその閉鎖の日の属する課税期間の末日の翌日から２か月を経過した日から７年間，これを納税地又はその取引に係る事務所，事業所その他これらに準ずるものの所在地に保存しなければならないと規定する。

③ 　右のような消費税法30条７項の趣旨及び消費税法施行令において帳簿の保存年限が税務当局において課税権限を行使しうる最長期限である７年間とされていること及び保存場所も納税地等に限られていることからすれば，消費税法及び消費税法施行令は，課税仕入れに係る消費税額の調査，確認を行うための資料として帳簿等の保存を義務づけ，その保存を欠く課税仕入れに係る消費税額については仕入税額控除をしないこととしたものと解される。

④ 　そして消費税法30条８項が「前項に規定する帳簿とは，次に掲げる帳簿をいう。」と規定していることからすれば，同条７項で保存を要求されている帳簿とは同条８項に列記された事項が記載されたものを意味することは明らかであり，また，同条７項の趣旨からすれば，右記載は真実の記載であることが当然に要求されているというべきである。

⑤ 　すなわち，消費税法は，仕入税額控除の要件として保存すべき法定帳簿には，課税仕入れの年月日，課税仕入れに係る資産又は役務の内容及び支払対価の額とともに真実の仕入先の氏名又は名称を記載することを要求しているというべきである。

【検　　討】

　本判決は，仕入先の真実の氏名又は名称が記載された帳簿の保存がなければ，仕入税額控除は認められないという，制度の基本的な内容を明らかにし，確認したことに価値のある判決であるといえる。

　本事案の納税者は，医薬品の現金卸売業であり，不特定多数の取引先に「秘密厳守（お取引上の秘密事項は責任をもってお守り致します。）」などと書いたチラシを数万枚も配り，氏名及び名称をはじめとした取引情報を秘密にすることで仕入先を獲得するなどしていた。実務上，このようなケースへの関与が頻繁にあるかということは別にしても，仕入の担当者が出先での仕入の際に伝票に記載し損ねたり，お得意先だからと無記名の領収書のまま，流れで取引を行ったりするケースは考えられる。そのような場合には，関与先の経理担当者等から仕入の担当者等に対して，仕入先の氏名及び名称をしっかりと把握するよう指導をお願いすることが基本的な対応であるといえる。

　もっとも，令和５年10月１日から，消費税の仕入税額控除の方式として適格請求書等保存方式（インボイス制度）が開始されたため，仕入税額控除のためにはインボイスの保存が必要であり，インボイスが保存されているならば取引先の氏名及び名称は自明なはずであるため，今後は同様の問題が起こることも少なくなると予想される。

【大久保　智且】

079 消費税法上の事業概念（反復・継続・独立）

富山地裁平成15年5月21日判決
平成14年（行ウ）第5号・消費税及び地方消費税に対する処分取消請求事件
【掲　載】ＴＫＣ：28130650／ＴＡＩＮＳ：Ｚ253−9349
【判　示】消費税の事業の意義は，その規模を問わず，反復・継続・独立して行われるものであるという判断が示された事例
〔控訴審：名古屋高判平成15年11月26日・平成15年（行コ）第5号〕
〔最高裁：最決平成16年6月10日・平成16年（行ツ）第74号〕

【解　説】

　消費税法（以下「法」という）4条1項は，「国内において事業者が行った資産の譲渡等及び特定仕入れには，この法律により，消費税を課する。」（括弧書省略）と規定しており，事業者については法2条1項4号により「個人事業者及び法人」と定義付けされ，個人事業者は法2条1項3号により「事業を行う個人」とされている。さらに，資産の譲渡等について，法2条1項8号は「事業として対価を得て行われる資産の譲渡及び貸付け並びに役務の提供をいう。」（括弧書省略）と定義を置いている。

　すなわち，消費税の課税対象については，全ての取引が対象となるのではなく，①国内における，②事業者が行った，③事業として，④対価を得て行われる行為，に対して消費税が課される。

　事業について，法は一般的な定義規定は置いていないが，消費税に関する税務の取扱いとして，法基本通達5−1−1は，対価を得て行われる資産の譲渡及び貸付け並びに役務の提供が反復，継続，独立して行われることとしている。対して，所得税法における事業は，経済的行為の営利性，有償性，継続性，反復性，独立性などの要素を考慮して社会通念により事業に該当するか否かを判断する。

【事案の概要と経緯】

　納税者は，平成9年4月8日，納税者が代表者を務める有限会社Ａ社を設立し，それまで個人で営んでいた建設機械修理業を同社に引き継いだ。

　納税者は，平成10年1月1日から同年12月31日までの課税期間（以下，「本件課税期間」という。）中，Ａ社に対し，同社が工場等として使用する納税者所有の工場，倉庫，及び事務所各1棟合計3棟の建物を，その敷地も含め月額15万円で賃貸した。

　納税者は平成11年3月15日付けで，本件課税期間中の消費税額等について申告をして，平成12年3月31日に本件賃貸が法上の事業に該当しないとして，消費税の課税標準額は0円である旨の更正の請求を行ったが，所轄税務署は更正をすべき理由がない旨の通知処分をした。

　納税者は当該通知処分をしたことに対しその取消しを求めた。

　控訴審は，第一審同様，本件賃貸は法上の事業に当たると判示した。さらに，この判示を受け納税者は上告したが，納税者の主張は，その実質は単なる法令違反を主張するものであり，適法な上告理由に当たらないとして上告棄却の決定がなされ確定した。

【判決要旨】

① 法は，「事業」自体の一般的な定義規定を置いてはいない。そこで，「事業」の意義については，法の制定趣旨及び目的等に照らして解釈すべきものである。

② そこで，所得税法上の「事業」については，当該所得が事業所得に当たるか他の所得区分に当たるかを判断するにあたって，各所得区分間の担税力の相違を加味するとの所得税法の趣旨に照らし，解釈することになる。

③ そうすると，法と所得税法とは，着目する担税力や課税対象を異とするものであるから，このよ

うな性質の異なる両法の規定中に同一文言があるからといって，直ちに，それを同一に解釈すべきであるということにはならない。また，法が，消費に広く負担を求めるという観点から制定されたことに照らすと，その課税対象を，所得税法上の1課税区分を生じさせるに過ぎない「事業」の範囲における過程の消費について，限定的に定めたものということはできない。

④ 以上説示したとおり，消費税の趣旨・目的に照らすと，法の「事業」の意義内容は，所得税法上の「事業」概念と異なり，その規模を問わず，「反復・継続・独立して行われる」ものであるというべきである。

⑤ そこで，本件賃貸が，「事業」に当たるか否かについてみるに，本件賃貸は，納税者が，反復・継続・独立して，対価を得て行った資産の貸付けであるから，納税者は，法2条3号の「個人事業者」に，本件賃貸が法2条8号の「資産の譲渡等」にそれぞれ該当する。

【検　　討】

本事案の争点は，本件賃貸が法上の「事業」に該当するか否かである。

所轄税務署は，消費税は事業者の負担ではなく，事業者の販売する物品やサービスの価格に上乗せ・転嫁されて，最終的には消費者に負担を求める税であり，所得税と立法趣旨が異なることから，納税義務者である事業者か否かを判断するに際して，その行う事業の規模の大小を問わないことは当然であると主張した。

これに対して納税者は，「事業」という用語は社会通念に従い解釈されるとして，一般に法律用語の解釈においては，同一の用語は同一に解釈されるべきであると主張した。すなわち，所得税基本通達26−9が社会通念上事業と称する程度の規模での建物の賃貸を行っているかどうかにより判定すべきとしているところ，法においても，国民の一般的な認識により近い所得税基本通達の解釈と同様に解すべきであるとしている。

裁判所は，消費税の趣旨・目的と照らした上で，所得税法上の事業概念と異なる事業概念を法が採用することは妥当であるとして，本件賃貸は法上の事業であると判示した。

消費税は，本来消費者が負担すべき税であるとされるが，その徴収は，売上とともに消費税を受け取ったとされる事業者から徴収する手法がとられている。このように，消費税は，事業者が消費者から一時的に預かっていると考えられる面も有するから，消費税の納税義務者とされる事業者の範囲が，所得税法とは異なり，事業規模の大小を問うことなく広く要求されることに一定の妥当性は存在する。しかしながら，全ての一般納税者が，法の趣旨・目的を適切に把握し，消費税の性格をも踏まえて事業概念を導きだすことは困難であろう。

このような状況下から，一般的な定義付けがなされていない事業概念を押し付けられ，納税者の納めるべき税額の是正が行われることに，法的安定性と予測可能性の担保は保たれているのだろうか。納税者は，この点について，課税事業者の選択などの機会を奪われることの主張はしているが，租税法律主義の観点からの一層の強い主張を試みてもよかったかもしれない。

近年，事業概念については，所得区分（特に副業などが活発化してきたことに伴う事業所得と雑所得のいずれに該当するかの判断）においても注目を集めている。また，不動産所得は，不動産等の貸付が事業に該当する場合と該当しない場合で所得計算方法において違いが生じるなどの区別も生ずる。

消費税の適格請求書等保存方式の導入に伴い，法上の事業者であるならば，適格請求書発行事業者として登録を受けるか否かの判断も必要となってくる。

様々な事業概念が存在し制度が複雑化するなか，納税者が迷走しないよう，法だけでも事業の定義について立法化を図り，明確にすることも検討されるべきである。

【引　　用】

林　仲宣『実務に役立つ租税基本判例精選100』（税務経理協会，2019年）217頁

【道重　拓矢】

080 帳簿の不提示と仕入税額控除

最高裁第一小法廷平成16年12月16日判決
平成13年（行ヒ）第116号・課税処分取消請求上告事件
【掲 載】ＴＫＣ：28100112／ＴＡＩＮＳ：Ｚ254－9860
【判 示】仕入税額控除における帳簿及び請求書等の保存の意義には提示まで含まれるとされた事例
〔第１審：前橋地判平成12年５月31日・平成７年（行ウ）第４号〕
〔控訴審：東京高判平成13年１月30日・平成12年（行コ）第219号〕

【解 説】

言うまでもなく，仕入税額控除の適用を受ける場合には，課税期間の課税仕入れ等の税額の控除に係る帳簿及び請求書等を保存しなければならない。

本事案は，税務調査において帳簿及び請求書等を提示しなかった場合に，消費税法30条７項にいう「事業者が当該課税期間の課税仕入れ等の税額の控除に係る帳簿又は請求書等の保存をしない場合」に当たり，仕入税額控除の適用がないとされた事例である。

この仕入税額控除における帳簿及び請求書等の保存の意義について，税務調査の際の税務職員による帳簿等の提示を要求された場合の納税者による帳簿等の提示拒否が消費税法30条７項の「帳簿又は請求書等の保存をしない場合」に該当するのか否かが争点となったが，最高裁は，この「保存」には「提示」まで含まれるという解釈を示した。

【事案の概要と経緯】

納税者は，大工工事業を営む個人事業者であるが，平成２年１月１日から同年12月31日までの課税期間の消費税について確定申告をしなかった。また，納税者は，昭和63年分，平成元年分及び同２年分の所得税についてそれぞれ確定申告をしたが，その申告書に事業所得に係る総収入金額及び必要経費を記載せず，その内訳を記載した書類を添付しなかった。

所轄税務署の職員は，納税者が本件課税期間について納めるべき消費税の税額を算出するため，また，上記の所得税に係る申告内容が適正であるかどうかを検討するため，納税者の事業に関する帳簿書類を調査することとした。

上記職員は，平成３年８月下旬から納税者の妻と電話で数回話をするなどして調査の日程の調整に努めた上，その了承を得て，同年10月16日，同月25日，同年11月18日，平成４年１月21日及び同月31日の５回にわたり納税者の自宅を訪れ，納税者に対し，帳簿書類を全部提示して調査に協力するよう求めた。しかし，納税者は，上記の求めに特に違法な点はなく，これに応じ難いとする理由も格別なかったにもかかわらず，上記職員に対し，平成２年分の接待交際費に関する領収書を提示しただけで，その余の帳簿書類を提示せず，それ以上調査に協力しなかった。上記職員は，提示された上記の領収書312枚をその場で書き写したが，その余の帳簿書類については，納税者が提示を拒絶したため，内容を確認することができなかった。

そこで，所轄税務署は，納税者の本件課税期間に係る消費税につき，調査して把握した納税者の大工工事業に係る平成２年分の総収入金額に103分の100を乗じて得た消費税法（平成６年法律第109号による改正前のもの）28条１項所定の課税標準である金額に基づき消費税額を算出した上で，提示された上記の領収書によって確認された接待交際費に係る消費税額だけを同法30条１項により控除される課税仕入れに係る消費税額と認め，その余の課税仕入れについては，同条７項が規定する「事業者が当該課税期間の課税仕入れ等の税額の控除に係る帳簿又は請求書等を保存しない場合」に該当するとして，同条１項が定める課税仕入れに係る消費税額の控除を行わないで消費税額を算出し，平成４

年3月4日付けをもって決定処分及び無申告加算税賦課決定処分をした。

【判決要旨】

① 消費税法が事業者に対して上記のとおり帳簿の備付け，記録及び保存を義務付けているのは，その帳簿が税務職員による検査の対象となり得ることを前提にしていることが明らかである。そして，事業者が国内において課税仕入れを行った場合には，課税仕入れに関する事項も消費税法58条により帳簿に記録することが義務付けられているから，税務職員は，上記の帳簿を検査して上記事項が記録されているかどうかなどを調査することができる。

② 事業者が，消費税法施行令50条1項の定めるとおり，消費税法30条7項に規定する帳簿又は請求書等を整理し，これらを所定の期間及び場所において，同法62条に基づく税務職員による検査に当たって適時にこれを提示することが可能なように態勢を整えて保存していなかった場合は，同法30条7項にいう「事業者が当該課税期間の課税仕入れ等の税額の控除に係る帳簿又は請求書等を保存しない場合」に当たり，事業者が災害その他やむを得ない事情により当該保存をすることができなかったことを証明しない限り（同項ただし書），同条1項の規定は，当該保存がない課税仕入れに係る課税仕入れ等の税額については，適用されないものというべきである。

③ 事実関係等によれば，納税者は，所轄税務署の職員から帳簿書類の提示を求められ，その求めに特に違法な点はなく，これに応じ難いとする理由も格別なかったにもかかわらず，上記職員に対し，平成2年分の接待交際費に関する領収書を提示しただけで，その余の帳簿書類を提示せず，それ以上調査に協力しなかったというのである。これによれば，納税者が，同法62条に基づく税務職員による上記帳簿又は請求書等の検査に当たり，適時に提示することが可能なように態勢を整えてこれらを保存していたということはできず，本件は同法30条7項にいう「事業者が当該課税期間の課税仕入れ等の税額の控除に係る帳簿又は請求書等を保存しない場合」に当たり，本件各処分に違法はないというべきである。

【検　　討】

最高裁は，申告納税方式の下では，納税義務者のする申告が事実に基づいて適正に行われることが肝要であり，必要に応じて税務署長等がこの点を確認することができなければならないとし，そのために，事業者の帳簿等の保存義務（消費税法58条），税務職員の帳簿等の調査権限（旧消費税法62条〔平成23年法律第114号において削除〕），調査拒否等に対しする罰則（旧消費税法68条〔平成22年法律第6号において削除〕）があると示した。

そして，消費税法30条7項は，同法58条の場合と同様に，仕入税額控除に係る帳簿等が税務職員による検査の対象となり得ることを前提にしているものであり，事業者が帳簿を保存している場合において，税務職員が検査することにより課税仕入れの事実を調査することが可能であるときに限り，同条1項を適用することができると判示した。

仕入税額控除における帳簿・請求書の保存の意義については様々な見解があるが，最高裁は，この「保存」には税務職員に「提示」まで含むとする解釈を示した。

実務においては，インボイス制度が開始され，売手は，原則として，買手側から求められた場合は適格請求書を交付し，その写しを保存しなければならない。一方，買手は，仕入税額控除の要件として，原則として，売手側（適格請求書発行事業者）が発行した適格請求書の保存が必要となる。適格請求書発行事業者が発行した適格請求書を保存していない場合は，仕入税額控除の適用ができなくなる。今後は，ますます消費税の税務調査の機会が増えることが想定できる。この「保存」の解釈を踏まえると，より一層事業者への事務負担や税負担は重くなるばかりで懸念される。

【引　　用】

林　仲宣『実務に役立つ租税基本判例精選100』（税務経理協会，2019年）223頁

【角田　敬子】

消費税法の基礎理論 ──────── 169

081 税務調査時の帳簿等不提示による仕入税額控除の否認

東京地裁平成25年11月12日判決

平成24年（行ウ）第143号・消費税更正処分等取消請求事件

【掲　載】ＴＫＣ：25516355／ＴＡＩＮＳ：Ｚ263−12331

【判　示】税務調査時に帳簿等の提示を求めたところ，これに応じなかったことは，消費税法30条7項に定める帳簿等の保存が行われていないとして，仕入れ税額控除の否認等をされた事例

〔控訴審：東京高判平成26年3月27日・平成25年（行コ）第428号〕

〔上告審：最決平成27年4月17日・平成26年（行ツ）第262号〕

【解　説】

　消費税法（以下「法」という）は，税の累積を排除するための仕組みとして仕入税額控除（前段階税額控除）を採用している。仕入税額控除を受けるためには原則として，課税仕入れ等の相手方の氏名又は名称，課税仕入れ等の年月日，課税仕入れ等にかかる資産又は役務の内容，支払い対価の額等を帳簿に記載することを必要としており，法30条7項は，事業者が当該課税期間の課税仕入れ等の税額の控除に係る帳簿及び請求書等を保存しない場合には，当該保存がない課税仕入れ等の税額については，仕入税額控除を適用しないと規定しており，仕入税額控除を受けるためには，帳簿及び請求書等の保存が要件とされている。

　この保存の中に，帳簿書類を保管しているだけでなく，税務調査時に帳簿書類の提示に応じることが含まれているのかどうかが争われた。

【事案の概要と経緯】

　納税者は，各種塗料の販売等を業としている株式会社である。税務署の調査担当者らは，平成21年8月18日以降，納税者に対する法人税及び消費税等に係る税務調査を行った。調査担当者は，税務調査において帳簿書類等の提示を求めたものの，納税者はこれに応じなかった。調査の結果，納税者の法30条7項に規定する仕入税額控除の規定の不適用事由に該当すると判断し，平成22年9月8日付けで，納税者に対し，仕入税額控除等を否認した。

　これに対して，納税者は税務調査は違法であり，その税務調査に対する納税者の対応は法30条7項に規定する各事由には該当しないこと等を理由として，各処分が違法であると主張した事案である。

　第1審は，本件各処分は適法であるとして，納税者の請求をいずれも棄却した。控訴審は原判決の事実及び理由を引用し，納税者の請求を棄却した。最高裁は，上告を棄却し不受理として原判決が確定した。

【判決要旨】

① 　消費税法が採用する申告納税方式の下では，納税義務者のする申告が事実に基づいて適正に行われることが肝要であり，必要に応じて税務署長等がこの点を確認することができなければならないことから，事業者は，帳簿の備付け，記録及び保存を義務付けられており，その帳簿が税務職員による検査の対象となり得ることは明らかである。そして，事業者が国内において課税仕入れを行った場合には，課税仕入れに関する事項も同法58条により帳簿に記録することが義務付けられているから，税務職員は，上記の帳簿を検査して上記事項が記録されているかどうかなどを調査することができる。

② 　同法30条7項は，同法58条の場合と同様に，当該課税期間の課税仕入れ等の税額の控除に係る帳簿及び請求書等が税務職員による検査の対象となり得ることを前提にしているものであり，事業者が，国内において行った課税仕入れに関し，同法30条8項所定の帳簿及び同条9項所定の請求書等

を保存している場合において，税務職員がこれを検査することにより課税仕入れの事実を調査することが可能であるときに限り，同条1項を適用することができる。

③　同条7項の規定の反面として，事業者が帳簿及び請求書等を保存していない場合には同条1項が適用されないことになるが，このような法的不利益が特に定められたのは，資産の譲渡等が連鎖的に行われる中で，適正な税収を確保するには，帳簿及び請求書等という確実な資料を保存させることが必要不可欠であると判断されたためである。

④　事業者が，消費税法施行令50条1項の定めるとおり，帳簿及び請求書等を整理し，これらを所定の期間及び場所において，税務職員による検査に当たって適時にこれを提示することが可能なように態勢を整えて保存していなかった場合は，法30条7項にいう「事業者が当該課税期間の課税仕入れ等の税額の控除に係る帳簿及び請求書等を保存しない場合」に当たり，事業者が災害その他やむを得ない事情により当該保存をすることができなかったことを証明しない限り，同条1項の規定は適用されない。

【検　討】

本事案の主たる争点は，法30条7項の仕入税額控除規定の不適用事由該当性であるため，本争点を中心に検討する。消費税法は仕入税額控除を行うことにより税の累積を排除しており，その方式として，平成21年当時は帳簿方式が採用されている。そのため，仕入税額控除を行うためには帳簿及び請求書等の保存をすることが要件となっている。法30条7項は，災害その他やむを得ない事情の証明がある場合を除き，課税仕入れ等の税額控除に係る帳簿等を保存しない場合，その課税仕入れ等の税額に適しないとして，手続的要件を定めており，この帳簿の保存方法は，施行令50条において，帳簿等を整理し，所定の期間，取引に係る事務所等の所在地に保存しなければならないと規定している。

所轄税務署長は，「帳簿及び請求書等を保存」とは，単なる物理的な帳簿等の保存にとどまるものではなく，税務職員による適法な帳簿等の提示要求に対し，事業者がその保存の有無及びその記載内容を確認し得る状態に置くことをも意味する趣旨であると解するのが相当であると主張した。

納税者は，「保存」とは，その文理解釈上，保管を意味するのであって，税務調査の際の提示まで含むと解することはできないとし，また，仕入税額控除は，税の累積を排除するものであり，税額を算定する上で本質的な要素であって，実体的な課税要件といえるところ，調査時における帳簿等の不提示という手続違反が課税要件に影響を及ぼす理由はないし，そのような解釈は質問検査権の任意調査の性質にも反する。したがって，「保存」に提示が含まれるとの解釈は，租税法律主義に違反するもので許されず，「保存」に提示は含まれないものと解すべきであると主張した。

裁判所は，事業者が帳簿等を整理し，これらを所定の期間及び場所において，質問検査権に基づく税務職員による検査に当たって適時にこれを提示することが可能なように態勢を整えて保存していなかった場合は，法30条7項にいう帳簿及び請求書等を保存しない場合に当たるものとし，仕入税額控除は認められないとした。

法30条7項は「保存」をすることが仕入税額控除の要件としており，「提示」までは規定されていない。そのため，保存をしていれば提示する必要はないようにも思われる。しかしながら，調査の場面においても書類の提示義務はないと解すると保存ができているかを確かめる手段がなくなり，実務上の弊害が生じることになる。その後の納税者が税務調査を拒否した裁判例においても，仕入税額控除の適用が認められなかった事例もあり，仕入税額控除の適用を受けるためには帳簿を保存し，調査の際には提示する必要があると裁判所は解釈しているといえよう。

【引　用】

林　仲宣＝山本直毅『税理』（ぎょうせい）64巻15号210頁（2021年）

【加瀬　陽一】

082 会員制クラブ入会時費用と消費税 (岡本倶楽部事件)

> 東京地裁平成26年2月18日
> 平成25年 (行ウ) 第23号・消費税更正処分等取消請求事件
> 【掲　載】TKC：25517715／TAINS：Z264-12411
> 【判　示】リゾートクラブが会員から入会時に収受した金員は，預託金として返還することとされている部分を除いた残りの部分が，消費税法別表第1④ハの物品切手等の対価に当たると判断された事例

【解　説】

　消費税法における資産の譲渡等は，事業として対価を得て行われる資産の譲渡及び貸付け並びに役務の提供 (消費税法2条1項8号) を指し，事業外の取引，例えば，国外取引，対価を得て行うことに当たらない寄附や単なる贈与，出資に対する配当など，もともと消費税の対象とならない一定の取引は，一般に不課税取引と呼ばれ課税対象には含まれないこととされている。

　ゴルフ倶楽部，宿泊施設その他レジャー施設の利用又は一定の割引率で商品等を販売するなど，会員に対する役務の提供を目的とする事業者が会員等の資格を付与することと引換えに収受する入会金 (返還しないものに限る) は，資産の譲渡等の対価に該当することから，消費税の課税対象としている (消費税法基本通達5-5-5) が，いわゆるプリペイドカードは物品切手等に該当し，事業者が物品切手等を発行し交付した場合において，その交付に係る相手先から収受する金品は，資産の譲渡等の対価に該当しない旨が定められている (消費税法基本通達6-4-5)。

　物品切手等に該当するか否かは，①当該証書等と引換えに一定の物品の給付若しくは貸付け又は特定の役務の提供を約するものであること，②給付等を受けようとする者が当該証書等と引換えに給付等を受けたことによって，その対価の全部又は一部の支払債務を負担しないものであること，のいずれにも該当する証書及び前払式支払手段かどうかによって判定される (消費税法基本通達6-4-4)。

【事案の概要と経緯】

　X (原告) は会員制リゾートクラブA (A倶楽部) を主宰していた破産会社B社の破産管財人である。A倶楽部は，入会契約に基づき，入会した会員に対し宿泊サービス等を提供する会員制組織であった。A倶楽部は会員の入会時に，ブロンズ会員，シルバー会員，ゴールド会員，プラチナ会員の各会員区分に応じた入会時費用を収受していた。例えばブロンズ会員は，100万円のうち80万円が預託金で5年後に返還を予定し，残りの20万円分 (施設使用料) は1円につき1ポイント換算で宿泊ポイントとなり，さらに毎年8万円分のポイントを別途発行されていた。

　税務署長は，B社の平成20年9月期から平成22年6月期における消費税等について，入会時に収受した金員のうち預託金として返還することとされている部分を除いた部分は，課税資産の譲渡等の対価に該当する等の理由により，更正処分及び過少申告加算税の賦課決定処分を行ってきた。

　これに対してXは，預託金を除いた残部分は，物品切手等に該当する宿泊ポイント等を発行する対価に該当するものであって，不課税取引であるから各処分は違法であると主張し，その取り消しを求めて争った。

【判決要旨】

① 課税の対象である経済活動ないし経済現象は，第一次的には私法によって規律されているところ，課税は，租税法律主義の目的である法的安定性を確保するという観点から，原則として私法上の法律関係に即して行われるべきである。そして，金員は，A倶楽部の会員になろうとする者が，入会契約に基づき，B社に対して支払うものであるから，金員が何に対する対価であるかについては，各会員及び納税者の両者を規律している入会契約の解釈によって定まるというべきである。

172

② 契約書の文言（「施設使用料」）の解釈という観点からみても，各ホテルの使用料（宿泊代金等）は，宿泊ポイントを用いて支払われることが予定されており（会員サービス条項），各会員は，入会時費用を払い込みさえすれば，5年間にわたり，新たな支出を全くすることなく，各ホテルを使用することができることに鑑みれば，金員が宿泊ポイントの対価であると解釈することに，特段不自然，不合理な点はないというべきである。

③ 金員（施設使用料）は，これと同額の宿泊ポイントに対する対価として収受されたものと解することができるところ，宿泊ポイントは，本件カードないし本件チケットに表彰され，各会員は，宿泊ポイントと引換えに，各ホテルにおける宿泊サービス等を受けることができ，かつ，当該宿泊サービス等を受けたことによって，その対価の支払債務を負担しないものであるから，宿泊ポイントは物品切手等に該当する（消費税法基本通達6－4－4参照）。

④ 金員が物品切手等（宿泊ポイント）の発行に対する対価である以上，その収受は，「資産等の譲渡」（消費税法2条1項8号）には該当しないというべきである（消費税法基本通達6－4－5参照）。

⑤ なお，消費税法基本通達6－4－5は，その文言上，物品切手等が現実に発行された場合を前提にしているものと解されるところ，金員が宿泊ポイントの対価であるとしても，宿泊ポイントが現実に発行されていない部分については，上記基本通達が直接当てはまるわけではない。しかしながら，前記検討のとおり，納税者が宿泊ポイントを複数年度に分けて発行するからといって，既に収受した金員が宿泊ポイントに対する対価であることに変わりはない。そして，物品切手等の発行に係る金品の収受が不課税取引とされている趣旨は，物品切手等を発行する行為が，物品切手等に表彰される権利を発生させるものであり，自己の有する資産を譲渡するものではないからであると解されることに鑑みれば，金員について現実に宿泊ポイントが発行されていない部分があることは，金員の収受が資産の譲渡等に該当しないとの上記結論を左右するものではない。

【検　　討】

本事案は，B社の実質的経営者等が，預託金を私的に費消した組織的詐欺の疑いで起訴され，有罪判決を受けた事件である。入会時に受け取った金員のうち預託金を除いた残りの部分（施設使用料）の収受が，課税対象とされる入会金か，物品切手等の発行として不課税取引となるかが争われることとなったものである。

裁判所は，事案の金員が物品切手等（宿泊ポイント）の発行に対する対価である以上，その収受は，「資産等の譲渡」（消費税法2条1項8号）には該当しないというべきであると結論付けた。B社の事業は，事業としての合理性がないことは明らかであり，可能な限り多くの会員から入会時費用の払込みを受けながら，経営破綻の時期を先延ばしにしてきた。つまり，正常の取引とは異なる特殊性を持っていたといえる。認定事実によれば，宿泊ポイントは宿泊サービスを受けるための支払い手段にすぎず，発行された時点では未だ役務の提供との対価関係が認められないのであるから，物品切手等と解し，消費税は不課税とした結論は妥当といえる。

ある取引が消費税の課税対象であるか否かが判然としない場合に，裁判所が示した契約内容に基づき判断を行うとする考え方は，大量に行われる消費税の取引に妥当するとは言い切れないが，少なくとも，契約書等の形式を整えておくことの重要性を確認できる事案といえる。

【引　　用】

有賀美保子『旬刊速報税理』（ぎょうせい）第40巻第22号16頁（2021年）

【有賀　美保子】

083 輸出免税（訪日旅行ツアー）

東京地裁平成27年３月26日判決

平成23年（行ウ）第718号・消費税更正処分等取消請求事件

【掲 載】ＴＫＣ：25524737／ＴＡＩＮＳ：Ｚ265－12641

【判 示】外国旅行会社主催の訪日旅行ツアーに係る取引は免税取引に該当しないとした事例

〔東京高判平成28年２月９日・平成27年（行コ）第156号〕

〔上告審：最決平成29年２月３日・平成28年（行ヒ）第197号〕

【解 説】

　輸出免税の適用範囲は，①その資産の譲渡等が課税事業者によって行われるものであること，②その資産の譲渡等は，国内において行われるものであること，③その資産の譲渡等は，非課税資産の輸出等を行った場合の仕入れに係る消費税額の控除の特例の適用がある場合を除き，課税資産の譲渡等に該当するものであること，④その資産の譲渡等は，輸出免税であり，そのことにつき，証明がなされたものであること，の①から④の要件を満たしているものに限られている（消費税法基本通達７－１－１）。

　輸出免税制度は，外国で消費されるものには消費税を課さないことにより，税制の国際的競争の中立性が確保されるという考え方に基づくもので，海外で消費される輸出取引は消費税が免除される。ただし，輸出のために国内で仕入れた商品代等には消費税が含まれていることから，仕入時に支払った消費税額の還付を受けることができる。

【事案の概要と経緯】

　納税者である日本の旅行会社Ｘ社は，訪日旅行ツアーを主催するＫ国の旅行会社Ａ社が70％の株式を保有するＡ社の海外子会社の１つである。Ｘ社はＡ社に対し，Ａ社の主催する訪日ツアーについて，訪日旅行客の国内における飲食場所，宿泊先，交通手段等を確保し，これらを組み合わせて提供している。Ｘ社はＡ社との間で業務提携契約書等を結び，日本国内のサービス提供機関とは契約書ないし覚書を作成してプランを企画していた。Ｘ社は，Ａ社との間の取引はパッケージツアー商品という資産の売買であるから，「本邦からの輸出として行われる資産の譲渡」に該当し，Ａ社から受領した対価は輸出免税取引に係る対価であるとし，当該対価の額を消費税の申告において課税標準額に算入しなかった。一方，Ｘ社が訪日ツアーにおける国内での飲食，宿泊，運送等についてレストラン，ホテル，バスや電車等の各種サービス提供機関に対して支払う利用料金を課税仕入れに係る支払対価の額に算入し，消費税の還付申請を行ったところ，税務署長はＡ社との取引は輸出免税取引に該当しないとして更正処分等をしてきたため，Ｘ社がその取消しを求めて提訴したという事案である。

　地裁は輸出免税取引に該当しないと判示し，Ｘ社側の訴えを斥けた。控訴審も地裁の判断を維持してＸ社とＡ社の取引は輸出免税取引に該当しないと判断し，最高裁は上告を不受理としたため，Ｘ社側の敗訴が確定した。

【判決要旨】

①　消費税法７条１項は，事業者が国内において行う課税資産の譲渡等のうち，同項各号に掲げるものに該当するものについては消費税を免除することとして，同項各号に輸出免税取引となる取引類型を列挙しているところ，同法は，課税資産の譲渡等の対価の額を消費税の課税標準と定めており，課税資産の譲渡等があれば，その対価については原則として消費税が課され，それが免除されることが例外であること，同法７条１項各号所定の輸出免税取引に該当すれば，当該取引に係る課税資産の譲渡等の対価については消費税が免除され，納税者がその利益を享受するものであることからすれば，輸出免税取引該当性が問題となっている更正の取消訴訟において，納税者が行った取引

が輸出免税取引に該当することについては，納税者である原告が主張立証責任を負担するものと解するのが相当である。

② 　X社は，訪日ツアーのうち，国内の旅程部分の日程，訪日旅行客が受けることができる飲食，宿泊，運送等の役務の内容，A社が支払うべき対価に関する事項を定めた旅行に関する計画を作成し，自己の計算において，各種サービス提供機関との間で，訪日旅行客に提供するために必要と見込まれる役務の提供に係る契約を締結していたものであり，X社は，A社から，行事終了後に，各種サービス提供機関により訪日旅行客に対して飲食，宿泊，運送等の役務を提供したことの対価を受けているものである。

　そうであるとすれば，取引は，X社が，A社に対し，「訪日旅行客に対して各種サービス提供機関による役務の提供という方法により国内における飲食，宿泊，運送等の役務を提供する」という役務を提供するものであると解するのが相当である。

③ 　取引が，消費税法7条1項5号，消費税法施行令17条2項7号に該当するか否かについて検討するに，同号ハは，非居住者に対して行われる役務の提供で，国内に所在する資産に係る運送又は保管及び国内における飲食又は宿泊に準ずるもので，国内において直接便益を享受するものについては，輸出免税取引に該当しない旨規定している。

　そして，同号ハが上記のものを輸出免税取引から除外しているのは，これが国境をまたがない，正に国内において消費されるサービスであり，輸出と捉え得るものではないという点にあることに加え，消費税が事業者から消費者に提供される物品，サービスの消費全体に広く薄く税負担を求める租税であることに鑑みると，同号ハの範囲を殊更限定的に解釈するのは相当ではなく，国内に所在する資産に係る運送又は保管及び国内における飲食又は宿泊に類するものであり，かつ，国内において消費されるサービスについて，広く同号ハに該当するというべきである。

【検　　討】

　裁判所の判断の分岐点は，資産の譲渡又は貸付けに該当するか否か，その内容が国内飲食店利用など国内消費で構成されているかどうか，その上で，その取引が輸出免税から除外されるものに該当するか否かであった。X社側は，各種サービス提供機関の手配及び旅行パッケージ商品の企画又は製作というA社に対する役務の提供は輸出免税取引である等主張したが，認められなかった。

　日本国内における飲食，宿泊，運送等のパッケージツアーを企画し，各種サービスを手配した場合，これらの役務の提供は，日本国内においてでなければ直接その便益を享受することができない。この点，非居住者に対する役務の提供で輸出免税とならないものの範囲について，消費税法基本通達7－2－16は，①国内に所在する資産に係る運送や保管，②国内に所在する不動産の管理や修理，③建物の建築請負，④電車，バス，タクシー等による旅客の輸送，⑤国内における飲食又は宿泊，⑥理容又は美容，⑦医療又は療養，⑧劇場，映画館等の興行場における観劇等の役務の提供，⑨国内間の電話，郵便又は信書便を列挙している。

　なお，輸出免税取引該当性の主張立証責任は，地裁が指摘するように納税者側が負担することから，納税者は適切な書類等を保存して税務署の指摘に対応できるよう備えておかねばならない。虚偽の申告により不正に消費税の還付金を得ようとするケースが増加したことから，国税庁は消費税還付申告法人に対する消費税の実地調査を強化している。本事案は，輸出免税取引において，消費行為がどこで行われたかにも着目して該当性を判断すべきことを示唆している。

【引　　用】
有賀美保子『旬刊速報税理』（ぎょうせい）第38巻第32号16頁（2019年）

【有賀　美保子】

084　出品手数料に係る仕入税額控除（アマゾン事件）

東京地裁令和４年４月15日判決
平成31年（行ウ）第201号・消費税更正処分等取消請求事件
【掲　載】ＴＫＣ：25605234／ＴＡＩＮＳ：Z888−2412
【判　示】米国アマゾンから受けた役務の提供は，消費税法２条１項12号の課税仕入れに該当せず，
　　　　当該役務の提供に対して支払った手数料に係る消費税額を課税期間に係る課税標準額に
　　　　対する消費税額から控除することはできないとした事例

【解　　説】

　原則として国内取引のみを対象とする消費課税において，とりわけ国境を感じさせないインターネット取引の内外判定には，当時，納税者の感覚との間にギャップが存在していた。個人が行うインターネット取引は少額のものが多いが，反復的な売買により，結果として課税売上げが免税点の1000万円を超えてしまい，その後に仕入税額控除の存在を知り，慌てて消費税の計算をする場合もあっただろう。

　なお，この問題については，平成27年度税制改正により，電気通信利用役務の提供は，役務の提供を受けるものの住所地，いわゆる仕向地主義とする立法的解決が図られている。

【事案の概要と経緯】

　納税者は，米国アマゾン社及び日本アマゾン社との間の契約に基づいて，平成18年12月頃から，インターネット上のウェブサイトである「Amazonマーケットプレイス」において，主としてCD，DVD，書籍等の商品を出品し，販売していた。

　契約におけるサービスには，出品サービスとFBAサービス（サービスの利用者の商品の出荷・配送に関連するサービス）がある。前者は，サービスの利用者がアマゾンにおいて直接販売するために商品を掲載するためのものであり，サービスの利用者の商品を特定のアマゾンサイトに掲載し，販売促進及びプロモーションを行うことを内容とするものである。出品サービスの利用者は，「販売手数料」，「カテゴリー成約料」，「毎月前払いかつ返品不可である出品手数料」及び「アマゾン契約に定められたその他の適用料金」を支払う必要がある。出品サービスの契約当事者は，米国アマゾン社であり，FBAサービスの契約当事者は，日本アマゾン社である。

　納税者は，各課税期間の消費税等の期限後申告書を提出した後，更正の請求をした。これに対して，税務署長は，納税者が事業に関し，米国アマゾン社から受けた役務の提供は，平成27年度改正前の消費税法２条１項12号の課税仕入れに該当せず，役務の提供に対して納税者が支払った手数料に係る消費税額を各課税期間に係る課税標準額に対する消費税額から控除することはできないなどとして，更正をすべき理由がない旨の通知処分と，各課税期間に係る消費税等の各更正処分等をした。

【判決要旨】

①　同法４条３項２号は，資産の譲渡等が国内において行われたかどうかの判定について，「役務の提供」は当該役務の提供が行われた場所が国内にあるかどうかにより行うとした上で，当該役務の提供が運輸，通信その他国内及び国内以外の地域にわたって行われるものである場合等については政令で定めるとする。そして，これを受けた同法施行令６条２項７号は，同項１号ないし６号において列挙された役務の提供以外のもので国内及び国内以外の地域にわたって行われる役務の提供その他の役務の提供が行われた場所が明らかでないものについては，役務の提供を行う者の役務の提供に係る事務所等の所在地が国内にあるかどうかにより判断するものとしている。

②　同項７号にいう「事務所等」とは，当該役務の提供に直接関連する事業活動を行う施設をいうものと解され，その所在地をもって，役務の提供場所に代わる課税対象となるか否かの管轄の基準と

176

している趣旨からすれば，当該役務の提供の管理・支配を行うことを前提とした事務所等がこれに当たる。

③　掲載された商品はインターネット上に開設されたアマゾンのサイトを通じて，全世界の人々が閲覧できるのであるから，出品サービスは，全世界の人々が納税者の商品に関する情報を閲覧することを可能にするものといえ，また，全証拠によっても，その役務提供の対価である出品手数料が国内の役務に対応する部分と国内以外の地域の役務に対応する部分とに合理的に区分されているとはいえない。

④　出品サービスは，「国内及び国内以外の地域にわたって行われる役務の提供その他の役務の提供が行われた場所が明らかでないもの」（同号）に該当する。

⑤　出品サービスの契約当事者及び出品手数料の支払先はいずれも米国アマゾン社であると認められることからすれば，納税者は，米国アマゾン社との間で出品サービスの契約を締結し，米国アマゾン社から出品サービスに係る役務の提供を受けて，その利用の対価として出品手数料を支払っていた。

⑥　出品サービスに係る「役務の提供を行う者」（同号）は，米国アマゾン社であるといえ，米国アマゾン社の事務所等の所在地が米国にあることからすれば，出品サービスの役務の提供に直接関連する事業活動を行う施設であって，当該役務の提供の管理・支配を行うことを前提とした事務所等は，米国国内に所在している。

【検　　討】

本事案では，出品サービスに係る役務の提供に対して納税者が支払った出品手数料が，同法30条1項に規定する仕入税額控除の対象となる課税仕入れに該当するか否かが争われている。

納税者は，役務の提供が行われた場所の内外判定にあたっては，物理的な役務提供地のみならず，実質的に役務提供を指示した場所がどこであるかが重要であり，出品サービスに係る役務の提供場所は日本国内であると主張したのに対して，課税庁は，役務の提供の管理・支配を行うことを前提とした事務所等の所在地をもって判断することから，役務の提供場所は国外（米国）であると主張した。

裁判所は，役務の提供を行う者の役務の提供に係る事務所等の所在地が国内にあるか否かにより判断するとし，具体的には，役務の提供の管理・支配を行うことを前提とした事務所等がこれに当たるとした。その上で，納税者は，米国アマゾン社との間で出品サービスの契約を締結し，米国アマゾン社から出品サービスに係る役務の提供を受けて，その利用の対価として出品手数料を支払っており，出品サービスに係る「役務の提供を行う者」である米国アマゾン社の役務の提供の管理・支配を行うことを前提とした事務所等は，米国国内に所在していることから，出品手数料は仕入税額控除の適用対象ではないとの判断を下した。

たしかに，納税者の主張にみられるように，出品サービスは国内で完結している人や物の流れに付随するものであること，日本人向けに日本語で作成されたアマゾンのサイトが日本国内のサーバーから提供されていたと考えられることのほか，米国アマゾン社が日本国内に有する巨大な物流センターは事務所そのもの又は事務所に準ずるといえることからは，役務の提供場所は国内であり，出品手数料も仕入税額控除の適用対象であると考えることもできる。しかし，裁判所は，当時の規定にしたがうと，出品サービスの契約当事者及び出品手数料の支払先が米国アマゾン社である以上，役務の提供場所は米国であるとした。

法改正により仕入税額控除の適用対象が明確化されたことは評価することができるが，それが遅きに失したことは否めない。

【引　　用】

林　仲宣＝谷口智紀『税務弘報』（中央経済社）70巻10号102頁（2022年）

【谷口　智紀】

085 転売目的の賃貸用中古マンションと課税仕入れの用途区分

最高裁第一小法廷令和5年3月6日判決
令和4年（行ヒ）第10号・消費税及び地方消費税更正処分等取消請求事件
【掲　載】ＴＫＣ：25572659／ＴＡＩＮＳ：Ｚ888−2480
【判　示】各課税期間において，転売目的で，全部又は一部が住宅として賃貸されている建物の購入をした場合，各課税仕入れに係る控除対象仕入税額は，各課税仕入れは共通対応課税仕入れに区分され，各課税仕入れに係る消費税額の全額ではなく，これに課税売上割合を乗じて計算した金額となるとした事例
〔第1審〕東京地判令和2年9月3日・平成30年（行ウ）第559号〕
〔控訴審〕東京高判平成3年7月29日・令和2年（行コ）第190号〕

【解　説】

　課税期間における課税売上高が5億円を超える場合又は当該課税期間における課税売上割合が100分の95に満たない場合において，課税仕入れを，課税対応課税仕入れ，非課税対応課税仕入れ，共通対応課税仕入れに用途区分しているときには，課税対応課税仕入れは消費税額，共通対応課税仕入れは消費税額に課税売上割合を乗じて計算した金額が，控除対象仕入税額となる（消費税法30条2項1号）。

　各課税仕入れが課税対応課税仕入れあるいは共通対応課税仕入れのいずれに区分されるかにより控除対象仕入税額が異なり，結果として納付すべき消費税額に影響が及ぶことから，納税者と課税庁との間で紛争が生じることがある。

【事案の概要と経緯】

　不動産の売買等を目的とする株式会社である納税者は，各課税期間において，事業として，転売目的で，全部又は一部が住宅として賃貸されているマンション合計84棟（各建物）を購入した（各課税仕入れ）。納税者は，転売までの間，各建物を棚卸資産として計上し，賃借人から賃料を収受した。

　納税者は，各課税期間の消費税等について，個別対応方式により，各課税仕入れが課税対応課税仕入れに区分されることを前提に，各課税仕入れに係る消費税額の全額を控除対象仕入税額として各申告をした。これに対し，税務署長は，各課税仕入れは，課税資産の譲渡等である建物の転売のみならず，その他の資産の譲渡等である住宅の貸付けにも要するものであることから，共通対応課税仕入れに区分すべきであり，控除対象仕入税額は，消費税額に課税売上割合を乗じて計算した金額となるなどとして，各更正処分等をした。

【判決要旨】

① 同法は，課税の明確性の確保や適正な徴税の実現といった他の目的との調和を図るため，税負担の累積が生じても課税仕入れに係る消費税額の全部又は一部が控除されない場合があることを予定している。

② 個別対応方式により控除対象仕入税額を計算する場合において，税負担の累積が生ずる課税資産の譲渡等と累積が生じないその他の資産の譲渡等の双方に対応する課税仕入れにつき一律に課税売上割合を用いることは，課税の明確性の確保の観点から一般に合理的といえる。課税売上割合を用いることが当該事業者の事業の状況に照らして合理的といえない場合には，課税売上割合に準ずる割合を適切に用いることにより個別に是正を図ることが予定されている。課税資産の譲渡等とその他の資産の譲渡等の双方に対応する課税仕入れは，当該事業に関する事情等を問うことなく，共通対応課税仕入れに該当すると解するのが消費税法の趣旨に沿うものというべきである。

③ 課税対応課税仕入れとは，当該事業者の事業において課税資産の譲渡等にのみ対応する課税仕入

れをいい，課税資産の譲渡等のみならずその他の資産の譲渡等にも対応する課税仕入れは，全て共通対応課税仕入れに該当する。

④　各課税仕入れは納税者が転売目的で各建物を購入したものであるが，各建物はその購入時から全部又は一部が住宅として賃貸されており，納税者は，転売までの間，その賃料を収受した。納税者の事業において，各課税仕入れは，課税資産の譲渡等である各建物の転売のみならず，その他の資産の譲渡等である各建物の住宅としての賃貸にも対応するものである。

⑤　各課税仕入れは，納税者の事業における位置付けや納税者の意図等にかかわらず，共通対応課税仕入れに該当する。

【検　討】

本事案の争点は，各課税仕入れが課税対応課税仕入れあるいは共通対応課税仕入れのいずれに区分されるかである。

課税庁は当初，賃借人が居住している状態でマンションを購入した場合，転売目的で購入したことが明らかであれば，課税対応課税仕入れに該当するとしていた。一方で，平成17年以降，税務当局の職員が執筆した公刊物等において，転売までの間に非課税売上げである家賃が発生する場合，共通対応課税仕入れに該当するとの見解が示されていた。

東京地裁令和2年9月3日判決では，裁判所は，課税仕入れ等の用途区分に係る判断は，当該課税仕入れ等を行った日（仕入日）を基準に，事業者が将来におけるどのような取引のために当該課税仕入れ等を行ったのかを認定して行うべきであるとした。そして，この認定にあたっては，税負担の判断が事業者の恣意に左右されることのないよう，①当該事業者の事業内容・業務実態，②当該事業者における過去の同種の課税仕入れ等及びこれに対応して行われた取引の内容・状況，③当該課税仕入れ等と過去の同種の課税仕入れ等との異同など，仕入日に存在した客観的な諸事情に基づき認定すべきであるとした。裁判所は，この基準にあてはめて，各課税仕入れは課税資産の譲渡等にのみ要するものとして課税対応課税仕入れに区分すべきであると判断して，納税者の主張を認容していた。

これに対して，最高裁は，課税資産の譲渡等とその他の資産の譲渡等の双方に対応する課税仕入れは，当該事業に関する事情等を問うことなく，共通対応課税仕入れに該当すると解するのが消費税法の趣旨に沿うとした上で，課税対応課税仕入れは，当該事業者の事業において課税資産の譲渡等にのみ対応するものであり，課税資産の譲渡等のみならずその他の資産の譲渡等にも対応する課税仕入れは，すべて共通対応課税仕入れに該当するとした。したがって，各建物を転売目的で購入した場合であっても，納税者が転売までの間，賃料を収受したのであれば，各課税仕入れは，納税者の事業における位置付けや納税者の意図等にかかわらず，共通対応課税仕入れに該当するとの判断を下した。

付加価値税と位置付けられる消費税では，前段階の取引で生じた消費税（仕入税額）を控除する必要がある。一方で，実際の消費税法の計算の仕組みでは，仕入税額を完全に控除するのではなく，一定のルールに基づいて適切に控除するよう制度が設計されている。最高裁はこの点を指摘し，納税者が転売までの間，賃料を収受した以上，課税資産の譲渡等に「のみ」対応する課税仕入れとはいえず，各課税仕入れは共通対応課税仕入れに該当するとしている。

取引の実態を捉えることなく，課税仕入れの用途区分を形式的に判断することは，徴税コストに優れるとされる消費税の特徴に一致する考え方であるともいえる。

最高裁の判決は，課税仕入れの用途区分の判断に影響を及ぼすものである。

【引　用】

林　仲宣＝谷口智紀『税務弘報』（中央経済社）71巻9号82頁（2023年）

【谷口　智紀】

086 租税負担と錯誤（財産分与契約がないと錯誤）

最高裁第一小法廷平成元年９月14日判決
昭和63年（オ）第385号・建物所有権移転登記抹消登記手続請求事件
【掲　載】ＴＫＣ：22003091／ＴＡＩＮＳ：Ｚ999－5002
【判　示】協議離婚に伴う財産分与契約をした分与者の課税負担の錯誤に係る動機が意思表示の
　　　　　内容をなしたとされた事例
〔第１審：東京地判昭和62年７月27日・昭和60年（ワ）第15791号〕
〔控訴審：東京高判昭和62年12月23日・昭和62年（ネ）第2299号〕
〔差戻控訴審：東京高判平成３年３月14日・平成元年（ネ）第3217号〕

【解　説】

　錯誤は，例えば，かき氷を買おうと思って，「ソフトクリームをください」と言ってしまった場合のように，「意思表示自体または意思表示の生成過程において表意者の認識・判断と現実とのくいちがい（齟齬）があるため，表意者の認識しないところの，表示と真意との不一致を生じている意思表示」をいう。かき氷を買いたい表意者としては意思表示を取り消したい。しかし，意思表示が取り消されると，ソフトクリームが欲しいのだろうと思った相手方に不測の損害が生じてしまい，取引の安全が害される。

　平成29年の民法改正によって，民法95条「錯誤」の規定は，錯誤の効果を「無効」から「取消し」に改めた。旧95条で「意思表示は，法律行為の要素に錯誤があったときは，無効とする。ただし，表意者に重大な過失があったときは，表意者は，自らその無効を主張することができない。」と規定していたところ，新95条は，錯誤を①意思表示に対応する意思を欠く錯誤，②表意者が法律行為の基礎とした事情についてのその認識が真実に反する錯誤，の２つの類型に分類して，意思表示の効力を否定する要件を明確化した。

　もっとも，新民法95条が，旧民法95条の下における判例法理を取り込み，条文化したものであることから，新民法95条を理解する際においても旧95条に基づく判例法理は参考になる。本事案は，旧民法95条に基づき判断された事例である。

【事案の概要と経緯】

　銀行員であるＸ男（原告・控訴人・上告人）は，昭和37年にＹ女と婚姻し２男１女をもうけ，事案の建物に居住していたが，Ａ女との不貞等を理由としてＹが離婚を決意し，昭和59年にＹからＸへその旨を申し入れた。Ｙは建物に残り子供を育てたいとの履行条件を提示し，Ｘは職業上の身分の喪失を懸念しこの申し入れに応ずることとした。Ｘは自己の特有財産に属する建物及びその敷地全部を財産分与としてＹに譲渡する旨を約しその旨記載した離婚協議書及び離婚届に署名捺印し，Ｘの委任に基づきＹが離婚届出手続及び財産分与を原因とする登記手続きを行った。

　離婚後，Ｘは上司からの指摘によりＸに課税されることを初めて知り，税理士の試算によればその額が２億2224万円であることが判明した。Ｘは財産分与契約の際，自己に譲渡所得税が課されないことを合意の動機として表示したものであり，２億円を超える課税がされることを知っていたならば上記の意思表示はしなかったことから，財産分与契約は「要素の錯誤」である旨を主張し，Ｙに対して建物につき所有権移転登記の抹消登記手続きを求めた。

　控訴審は，Ｘが土地建物をＹに財産分与した場合に高額の租税債務の負担があることを予め知っていたならば，財産分与契約とは異なった内容の財産分与契約をしたこともあり得たであろうと推測されるけれども，課税がされるかどうかについては単にＸの動機に錯誤があるにすぎないものというべきで，財産分与契約においてＸに対する譲渡所得税課税の有無はＸ・Ｙ間において全く話題にもならな

180

かったことは認定のとおりであり，Xに対する課税のないことが契約成立の前提とされていたことや
Xにおいてこれを合意の動機として表示したことを認めるに足る証拠はないと述べ，Xの錯誤の主張
は理由がないと判示した。

【判決要旨】

① 意思表示の動機の錯誤が法律行為の要素の錯誤としてその無効をきたすためには，その動機が相
手方に表示されて法律行為の内容となり，もし錯誤がなかったならば表意者がその意思表示をしな
かったであろうと認められる場合であることを要するところ，右動機が黙示的に表示されていると
きであっても，これが法律行為の内容となることを妨げるものではない。

② 夫婦の一方の特有財産である資産を財産分与として他方に譲渡することが譲渡所得を生ずるもの
であることは，当裁判所の判例とするところであり，離婚に伴う財産分与として夫婦の一方が租税
法の特有財産である不動産を他方に譲渡した場合には，分与者に譲渡所得を生じたものとして課税
されることとなる。したがって，前示事実関係からすると，財産分与契約の際，少なくともXにお
いて右の点を誤解していたものというほかはないが，Xは，その際，財産分与を受けるYに課税さ
れることを心配してこれを気遣う発言をしたというのであり，記録によれば，Yも，自己に課税さ
れるものと理解していたことが窺われる。そうとすれば，Xにおいて，右財産分与に伴う課税の点
を重視していたのみならず，他に特段の事情がない限り，自己に課税されないことを当然の前提と
し，かつ，その旨を黙示的には表示していたものといわざるをえない。

③ 財産分与契約の目的物はXらが居住していた建物を含む不動産の全部であり，これに伴う課税も
極めて高額にのぼるから，Xとすれば，前示の錯誤がなければ財産分与契約の意思表示をしなかっ
たものと認める余地が十分にある。

【検　討】

本判決は，動機の錯誤について，明示又は黙示の有無を客観的な基準とし，もし錯誤がなかったなら
ば表意者がその意思表示をしなかったであろうと認められる場合でない限り要素の錯誤とならない
とする判例の基本的な立場に立ち，Xの動機（税金が課税されないということで本件の不動産の全部
を分与したという意図）が黙示的に表示されていたことを認定した事例として注目された。論点が多
く，「財産分与契約における錯誤主張がそもそも許されるのか否か」「法律の不知についての錯誤主張」
に対し疑問を述べる声がある。要素の錯誤の主張がされる事案の多くは，その主張が排斥されている
ものと思われることから，これを認めた最高裁の認定と判断の方法は，意義深いものといえよう。

動機の錯誤については，内心的効果意思と表示意志との間に不一致がないことと，動機は外部から
認識することが困難であることから，動機まで考慮した場合，取引の安全性が害されることとなる。
また，動機が黙示的に表示されたかどうかは明確でないため，控訴審と最高裁とで認定が分かれてい
ることから，区別の難しさが窺われる。動機を黙示的に表示しているとするかどうかの認定は微妙な
ものであり，高額不動産を非課税で取得する妻と手放すのに多額の納税義務を負う夫とのバランスな
ども考慮の一つになったのではないかと推察する。いずれにしても容易に錯誤無効が認められるはず
もなく，事実関係に詳細に立ち入り結論が出されることとなろう。

なお，税務では，離婚の際の慰謝料として，不動産をもらった場合の相談を受けることがある。慰
謝料が金銭で賠償される場合には，相当な金額である限り税金は課されない。一方，慰謝料が不動産
で支払われる場合には，支払う側に譲渡所得税が，受け取る側には不動産取得税が課されることに注
意しなければならない。

【有賀　美保子】

087 「著しく低い価額」の対価の意義

東京地裁平成19年８月23日判決

平成18年（行ウ）第562号・贈与税決定処分取消等請求事件

【掲　載】ＴＫＣ：28132409／ＴＡＩＮＳ：Ｚ257-10763

【判　示】相続税評価額と同水準の価額かそれ以上の価額を対価として土地の譲渡が行われた場合は，原則として相続税法７条にいう「著しく低い価額」の対価による譲渡とはいえないとした事例

【解　説】

　相続税と贈与税は密接な関係を持っていることから，両者はともに一つの法律である相続税法（以下「法」という）の中で規定され，相続財産の評価と贈与財産の評価は，同一の基準によって行われている。

　贈与税は，無償で財産を移転した場合に課される租税であるが，たとえば，贈与という法律行為をとらず，有償で時価より著しく低い価額で譲渡したときに贈与税の課税対象とならないとした場合，著しく低い価額の対価で譲渡を行うことにより贈与税の負担を免れることが可能となり，課税負担の公平を害する恐れが生じる。

　そこで，法７条は，このような場合を想定したうえで，「著しく低い価額の対価で財産の譲渡を受けた場合においては，当該財産の譲渡があった時において，当該財産の譲渡を受けた者が，当該対価と当該譲渡があった時における当該財産の時価との差額に相当する金額を当該財産を譲渡した者から贈与により取得したものとみなす。（以下，ただし書省略）」（括弧内省略）と規定し，対価と時価との差額を贈与と同視し，当該差額について，譲渡を受けた者に対し経済的利益の贈与があったとみなすことによって，贈与税を課すこととしている。

　本事案の争点は，本件において行われた相続税評価額による譲渡の対価が，著しく低い価額に該当し，法７条の適用があるか否かである。

【事案の概要と経緯】

　納税者らは，親族から土地の持分を購入したのであるが，所轄税務署から，当該取引に係る売買金額が法７条の規定する「著しく低い価額」の対価であり，時価との差額に相当する金額は贈与により取得したものとみなされるとして贈与税の決定等の処分を受けている。

　１平方メートル当たりの売買代金は，平成15年度路線価×奥行価格補正率×（１－借地権割合）の計算式によって算出され，これに，面積及び持分割合を掛けたものが各売買代金として採用されていることから，各売買代金として採用された金額は，相続税評価額と同額となっている。

　納税者らは，当該購入代金額はいずれも相続税評価額と同額であるから，法７条は適用されず，所轄税務署が行った贈与税決定等の各処分はいずれも違法であると主張して，その取消しを求めている。

　本事案は，第一審で納税者が勝訴した後，上訴されることなく確定している。

【判決要旨】

① 法７条にいう時価とは，財産の価額の評価の原則を定めた法22条にいう時価と同じく，客観的交換価値，すなわち，課税時期において，それぞれの財産の現況に応じ，不特定多数の当事者間で自由な取引が行われる場合に通常成立すると認められる価額をいうと解すべきである。

② 「著しく低い価額」の対価とは，その対価に経済合理性のないことが明らかな場合をいうものと解され，その判定は，個々の財産の譲渡ごとに，当該財産の種類，性質，その取引価額の決まり方，その取引の実情等を勘案して，社会通念に従い，時価と当該譲渡の対価との開差が著しいか否かによって行うべきである。

③　相続税評価額が時価より低い価額とされていることからすると，相続税評価額と同水準の価額を対価として土地の譲渡をすることは，その面だけからみれば経済合理性にかなったものとはいい難い。しかし，一方で，80パーセントという割合は，社会通念上，基準となる数値と比べて一般に著しく低い割合とはみられていないといえるし，課税当局が相続税評価額（路線価）を地価公示価格と同水準の価格の80パーセントを目途として定めることとした理由として，1年の間の地価の変動の可能性が挙げられていることは，一般に，地価が1年の間に20パーセント近く下落することもあり得るものと考えられていることを示すものである。

④　そうすると，相続税評価額は，土地を取引するに当たり一つの指標となり得る金額であるというべきである。

⑤　以上の検討によれば，相続税評価額と同水準の価額かそれ以上の価額を対価として土地の譲渡が行われた場合は，原則として「著しく低い価額」の対価による譲渡ということはできず，例外として，何らかの事情により当該土地の相続税評価額が時価の80パーセントよりも低くなっており，それが明らかであると認められる場合に限って，「著しく低い価額」の対価による譲渡になり得ると解すべきである。もっとも，その例外の場合でも，さらに，当該対価と時価との開差が著しいか否かを個別に検討する必要があることはいうまでもない。

【検　　討】

　裁判所は，争点である法7条の適用の有無を検討するにあたり，同条の解釈，とりわけ，当該取引に採用された売買金額が「著しく低い価額」に該当するか否か，に着目して判断を下している。

　この「著しく低い価額」の対価に該当するか否かを決定するには，同条に規定する「時価」を検討することが重要な要素となり，「時価」と納税者の選択した売買金額とを比較して，当該売買金額が単なる「低い価額」に該当するのか，若しくは「著しく低い価額」に該当するのかを検討する必要がある。

　裁判所は，同条に規定する「時価」は，相続税評価額ではなく客観的交換価値であることを指摘している。その上で，相続税評価額は，土地を取引するにあたり一つの指標となり得る金額であることから，相続税評価額と同水準の価額により譲渡対価を定めたことにも経済合理性がないとはいえないとして，相続税評価額と同水準による価額，若しくはそれ以上の価額が「著しく低い価額」の対価に該当しないと判断した。

　もっとも，客観的な交換価値とされる時価については，法に明確な基準が存在しておらず，一義的に確定するものではなく，算定については非常に困難な面を有する。さらに，法には，所得税法59条・所得税法施行令169条（時価の2分の1未満の金額による対価が著しく低い価額として時価による資産の譲渡があったものとみなす）のように，「著しく低い価額」の金額がどの程度であるかの判断基準となるべく規定も存在しない。

　このような状況下のなか，相続税評価額と同水準若しくはそれ以上の価額であれば「著しく低い価額」に該当しないとした裁判所の判断は，今後の法7条の適用を検討するうえで一つの指標となるべく意義のある判決であった。しかしながら，相続税評価額が時価の80％という水準であるため，取引金額が大きいほど，時価と相続税評価額の差額（20％部分）も大きくなり，その分，多額の贈与が可能になることも考えられ，この点については，変わらず慎重な判断を要するものと考えられる。

　ところで，法7条は，租税回避行為の個別否認規定に該当するものであるが，租税負担回避の意図・目的の有無や，当事者の実質的な贈与の意思の有無を課税要件に組み込んでいない。この点につき，みだりな趣旨解釈を導入することなく，あくまでも「著しく低い価額」に焦点を当て，文理解釈に即した判断を行っている本判決は，租税法律主義の観点から評価できよう。

【引　　用】

道重拓矢『税』（ぎょうせい）78巻3号103頁（2023年）

【道重　拓矢】

088 査察調査による借入金は相続財産となるのか

大阪高裁平成21年8月27日判決
平成20年（行コ）第154号相続税更正処分取消等請求控訴事件
【掲　載】ＴＫＣ：25471439／ＴＡＩＮＳ：Ｚ259－11263
【判　示】査察調査によって判明した簿外の資産を，受け入れた記帳処理に誤りがあったとしても，帳簿の信用性は十分に担保されているとして，帳簿に記載された被相続人からの借入金を相続財産と認定した事例
〔第１審：大阪地判平成20年９月18日・平成17年（行ウ）第204号〕
〔上告審：最決平成23年２月１日・平成21年（行ツ）第332号，平成21年（行ヒ）第434号〕

【解　説】

会計帳簿には，一般に高い信用性が認められるが，記載内容が正しいと即断することはできない。会計帳簿の記載内容の元となった原始証憑や契約書等の証拠を検証することにより，その適正性が担保される。

本事案では，被相続人が代表取締役を務めていた同族会社の会計帳簿に記載された借入金勘定の記載に誤りがあったものの，査察調査時の結果を加味して被相続人による同族会社への貸付金を相続財産と認定したことが問題となった。

【事案の概要と経緯】

被相続人は，複数の法人を設立し，創業者兼オーナーとして経営を統括してきた。

被相続人は，平成８年８月から同11年６月までの期間に行った売上除外に係る金員の動きを，ノートに記録していた。売上除外によって得た現金について，自分のみの判断で使途を決め，多様な支出に用いていた。被相続人の子ら及びその配偶者らに対し，帳簿上は各会社における地位や役職に応じて報酬や給料が支払われていることになっていたが，実際にその額が支払われたことはなく，被相続人から簿外で，各世帯に毎月の給料を支払い，会計帳簿上は，名目上の報酬・給料との差額を会社に対する貸付金として処理してきた。

Ａ社は平成11年６月から同12年２月までの間，査察調査を受けた結果，Ａ社に帰属すべき簿外現金等の存在が国税局に判明することとなった。売上除外分の簿外現金等についてはＡ社の資産であるとの指摘を受けたので，Ａ社は修正申告書を提出し，指摘を受けなかった資産については，会計帳簿に計上されることなく，被相続人等の個人資産であることが認められ，会社と個人の資産とが一旦は明確に区分された。爾後，修正申告による納税資金が必要となり，関連会社を含めたグループ間で資金繰りがなされ，これに伴う受け入れの会計処理が必要となっていたところ，会計処理を委任された税理士事務所の担当者が調査においてＡ社の資産であると認定された簿外預金を，前期損益修正益としての受け入れではなく，被相続人からの借入金の返済を受領したと処理してしまった等の経理処理の誤りがあった。

第一審は，商人が営業上の財産及び損益の状況を明らかにするため，公正なる会計慣行に従って，会計帳簿及び貸借対照表を作成するとされているとしても，そのことから当然に商人の作成する会計帳簿が一般的に高い信用性を有するとは言えず，会計帳簿の信用性の根拠は，会計帳簿が日常の業務の中で起こった事実に即して，継続的，連続的に途切れることなく，かつ，通常一般の会計処理方法に従った記載方法によって記載されていることにあるというべきところ，税務署も認めるとおり借入金勘定の会計処理は誤った処理であることからすれば，借入金勘定における会計処理の継続性，連続性が保持されたものとは認められないところであって，信用を置くべき基礎が備わっているとはいい難いことに加え，その項目を個別的に検討してみても，これに対応した税務署主張の債権発生・消滅

の事実が認められないものがあるため，結論において，相続に係る相続財産として，貸付金の存在を認めることはできないと排斥した。

【判決要旨】

① 長期にわたる査察調査によりＡ社に帰属すべき簿外現金等の存在が国税局に判明し，修正申告をしたものであって，売上除外金により形成された資産については，査察調査によって明確化され，修正申告により会社資産と個人資産との区分及び両者の関係を明確化したものと認められる。そして，査察調査を経たＡ社の会計帳簿には虚偽取引や架空取引が記載されている可能性は皆無であるというべきであるから，Ａ社と被相続人との債権債務関係については，基本的にＡ社の会計帳簿から認定し得るものである。

② 会計帳簿は，法律上公正な会計慣行に従って作成することが義務づけられており，企業の収益力を適正に表示し，債権者等の利益保護を図り，また企業が合理的な経営を行うために作成されるものであって，貸借対照表等の決算書を作成する基礎となる重要な書類である。そして，法律は，高い信用性を担保するため，さまざまな規定を置いているのであって，一般的に高い信用性が認められる。なるほど，課税手続において，会計帳簿の記載が，他の証拠等による事実と齟齬する内容が記載されていることが明らかになることもあるが，このような場合においても，当該会計帳簿を基礎とし，齟齬する部分についてのみ是正した上，その後の課税手続が進められるのであって，一部の明らかな誤りが帳簿全体の信用性を喪失させるなどと考えることは到底できない。

③ 会計帳簿は，会社資産の範囲を明確化した査察調査及びこの結果を受け入れた修正申告がなされたことによってその信用性は十分に担保されている。相続開始の時期が近接していることに照らしても，その後に虚偽取引や架空取引等が記載されている可能性があるとはいえず，過誤以外の部分については，十分に信用することができ，一部の過誤に起因して借入金勘定に係る会計処理全体が信用できないなどということは到底できない。

④ 同族会社の代表取締役が会社に対して貸付けをする場合には，個々の取引に係る金銭消費貸借契約書までは作成しないケースが多く，このような代表者貸付金については，会計帳簿により，全体としてその存在が認められれば，これを個々に特定表示することができない場合であっても，債権の存在が認められるというべきである。そして，本件においては，査察調査により簿外の資産が十分に把握されているのであり，借入金勘定における会計処理からも，そして被相続人に次いで代表取締役に就任した者の供述ないし陳述記載からも，被相続人からの貸付金の存在は明らかである。

【検 討】

同族会社の帳簿に記載された貸付金や借入金が，被相続人の相続財産としての財産あるいは控除される負債と取り扱われる可能性が高いことが明らかになった。この帳簿が有罪事件ともなった査察調査の結果による修正申告という点が通常の調査による修正申告より証拠性が高いと控訴審は判断している。第一審は当事者間の合意の有無，契約書等の事実認定の立証責任は税務署側にあるので，帳簿のみの特定では認めらないと判断したが，控訴審は契約書等がないことも多い同族会社と代表者の金銭授受かつ査察案件の結果を反映した上での修正帳簿ということが決め手となったのであろう。これが逆の立場で，同族会社の帳簿に被相続人への貸付金が計上されていたのを失念して，当初申告をした場合に，相続税の更正請求で債務として認めて欲しいと願い出たら，金銭消費貸借契約書がないから却下とされる可能性はかなり高いものと推察される。その意味で控訴審が丁寧な実証を省略してしまった点がくやまれる。

【引 用】

林 仲宣『実務に役立つ租税基本判例精選100』（税務経理協会，2019年）244頁

【小野木 賢司】

089 相続開始後に生じた過納金還付請求権の性格

最高裁第二小法廷平成22年10月15日判決

平成21年（行ヒ）第65号・相続税更正処分取消請求事件

【掲 載】裁判所ＨＰ／ＴＫＣ：25442705／ＴＡＩＮＳ：Ｚ260−11535

【判 示】所得税の更正処分の取消を求めた税務訴訟の継続中に，当事者である納税者自身が死亡した場合には，税務訴訟に勝訴すれば還付されるはずの納付済み所得税の相当額を還付請求権として，相続財産に算入すべきと判断された事例

〔第１審：大分地判平成20年２月４日・平成17年（行ウ）第13号〕

〔控訴審：福岡高判平成20年11月27日・平成20年（行コ）第９号〕

【解　説】

相続税の税額計算は，他の国税に比べてシンプルな税制といっても過言ではない。法人所得に対する加算減算の計算過程や消費税の課税仕入の煩雑さなどに比べ，相続税の場合は，相続財産の総額とそれに対するいわゆる遺産分割の協議が成立していれば，機械的な税額計算で終了する。

したがって，相続財産の確認と評価額の算出が，相続税事案における第一の作業となる。通常，相続財産は，動産，不動産，あるいは知的所有権を問わず，隠匿・隠蔽されている場合はさておき，その存在は明らかにされている。いわゆるみなし相続財産とされるものであっても，相続税の申告期眼までには確定している。

【事案の概要と経緯】

被相続人Ａは平成９年４月大分地裁に対して所得税更正処分取消訴訟を提起したが，訴訟係属中の平成12年７月にＡが死亡したため，その相続人である納税者がその地位を承継した。納税者はＡが死亡したことにより取得した相続財産に係る相続税の申告を平成13年５月に行った。

一方，大分地裁は，平成13年９月及び10月，所得税更正処分取消訴訟につき，同処分を取り消す旨の判決を下し確定した。納税者はこれにより同年12月にＡが納付した所得税額，過少申告加算税及び延滞税額（以下「過納金」）のほか，還付加算金を受領し，平成13年所得税確定申告において過納金及び還付加算金を一時所得として確定申告を行った。これに対して，税務署長は平成15年４月付けで，過納金は納税者が相続により取得した財産であるとして相続税の更正処分を行った。

税務署長の主張は，おおむね以下のとおりである。

抗告訴訟における取消判決は遡及効を有しているから，別件所得税更正処分は，同処分の取消訴訟の判決確定により当初から存在しなかったことになる。そうすると，観念的には，Ａが別件所得税更正処分に基づき納付した時点に遡って，過納金の還付請求権が発生していたということができる。

また，過納金は本来Ａに還付されるべきものであるが，これが納税者に還付されたのは，納税者がＡの財産を相続したことをその理由とするのであり，納税者は，還付金を受けるべき地位を承継したのであり，たとえその発生時期が相続開始後であるとしても，過納金の還付請求権は相続財産を構成するというべきである。

さらに，過納金の還付請求権は，所得税又は相続税のいずれかの課税対象となるところ，過納金はＡが有していた財産を原資として納付された金銭であり，取消判決の確定により，当初から逸出しなかったことになるにすぎないから，仮にＡが生存しており同人に還付された場合には，これを一時所得又は雑所得の収入金額として発生したとみるべき事実が認められず，所得税の課税対象とはならない。こうした過納金の還付請求権の性質は，相続という偶然の事情によって左右されるものではなく，Ａの納付により減少した相続財産が，納税義務が消滅して過納金が発生することにより回復されるだけなのであるから，納税者の所得とみることはできない。

第1審は，以下のように示して，相続開始時点では過納金の還付請求権は存在しなかったとして納税者勝訴とした。

① 相続税の納税義務の成立時点は，「相続又は遺贈による財産取得の時」（国税通則法15条2項4号）であるところ，相続人は相続開始の時から被相続人の財産を包括承継するものであり（民法896条），かつ，相続は死亡によって開始する（民法882条）から，納税義務の成立時点は，原則として，相続開始時すなわち被相続人死亡時である。

② 相続税法上の相続財産は，相続開始時（被相続人死亡時）に相続人に承継された金銭に見積もることができる経済的価値のあるものすべてであり，かつ，それを限度とするものであるから，相続開始後に発生し相続人が取得した権利は，それが実質的には被相続人の財産を原資とするものであっても相続財産には該当しないと解すべきである。

③ 過納金の還付請求権がAの相続財産を構成するかどうかを検討するに，確かに，過納金の原資はAが拠出した納付金ではあるが，Aの死亡時すなわち相続開始時には，別件所得税更正処分取消訴訟が係属中であり，未だ過納金の還付請求権が発生していなかったことは明らかである。

控訴審は，取消訴訟の取消判決が確定したことにより当該処分が遡及して否定され，当初からなかった状態になるのであるから還付請求権は納税した日に遡って発生し，過納金の原資を拠出したAの相続財産を構成するとして逆転判決を下した。上告審も，過納金の還付請求権は，被相続人の相続財産を構成し，相続税の課税財産となると解した。

【判決要旨】

所得税更正処分及び過少申告加算税賦課決定処分の取消判決が確定した場合には，各処分は，処分時にさかのぼってその効力を失うから，各処分に基づいて納付された所得税，過少申告加算税及び延滞税は，納付の時点から法律上の原因を欠いていたこととなり，所得税等に係る過納金の還付請求権は，納付の時点において既に発生していたこととなる。このことからすると，被相続人が所得税更正処分及び過少申告加算税賦課決定処分に基づき所得税，過少申告加算税及び延滞税を納付するとともに上記各処分の取消訴訟を提起していたところ，その係属中に被相続人が死亡したため相続人が同訴訟を承継し，各処分の取消判決が確定するに至ったときは，所得税等に係る過納金の還付請求権は，被相続人の相続財産を構成し，相続税の課税財産となると解するのが相当である。

【検　討】

Aの死亡時点では，所得税更正処分取消訴訟は係属中であり，現実に還付請求権は発生していない。相続税の申告期限時点でも取消訴訟は確定しておらず，取消判決が確定したのは申告期限から4か月以上経過した後である。このような状況で，納税者が自ら還付請求権を相続財産に含めて申告するということは現実的ではない。納税者はAの死亡時に取消訴訟の原告としての地位を承継しただけであり，第1審のいうとおりAの死亡時すなわち相続開始時には，未だ過納金の還付請求権が発生していなかったと考えるのが自然である。

本事案の前提である取消訴訟は第1審で確定したが，課税庁が控訴した。過納金の還付請求権が相続財産となるとした場合，取消訴訟が確定するまで相続税の課税財産が確定しないから時間を要することになる。もっとも税務訴訟は少なく，さらに納税者勝訴は極めて珍しいことから，今後も本事案のようなケースは出てこないだろう。仮に類似事案に直面したときには，還付請求権を相続財産に含めて申告し，取消訴訟で敗訴したら更正の請求をするか，あるいは勝訴判決により還付が確定した後，直ちに修正申告をする，という対策が想定できるが，実務的には後者が無難といえるだろうか。

【参考文献】

林 仲宣『税』（ぎょうせい）75巻6号205頁（2020年）

【林 仲宣】

相続税法の基礎理論 ── 187

090　住所の判定（武富士事件）

> 最高裁第二小法廷平成23年2月18日判決
> 平成20年（行ヒ）第139号・贈与税決定処分取消等請求事件
> 【掲　載】ＴＫＣ：25443124／ＴＡＩＮＳ：Ｚ261－11619
> 【判　示】日本国内と海外のどちらにも滞在している納税者が国外財産の贈与を受けた場合において，贈与税の課税要件である国内における住所を有していたとはいえないとされた事例
> 〔第1審：東京地判平成19年5月23日・平成17年（行ウ）第396号〕
> 〔控訴審：東京高判平成20年1月23日・平成19年（行コ）第215号〕

【解　説】

　相続税法1条の2第1号（平成15年法律第8号による改正前のもの）では，贈与税の納税義務者について，贈与により財産を取得した個人で当該財産を取得した時において，この法律の施行地に住所を有する者である場合には，その者が贈与により取得した財産の全部に対し贈与税を課すると規定されていた。

　相続税法基本通達（昭和34年1月28日付け直資10による国税庁長官通達。ただし，平成12年6月23日付け課資2－258による改正前のもの）1・1の2共－5では，法に規定する「住所」とは，各人の生活の本拠であり，生活の本拠であるかどうかは客観的事実によって判定すると規定されていた。

【事案の概要と経緯】

　本事案は，両親から株式譲渡証書により外国法人の株式を取得したことについて，贈与税の課税の対象となった納税者が，株式譲渡証書の贈与日に日本に住所を有していなかったため，平成11年改正前の相続税法1条の2第1号により納税義務を負わないとして，贈与税賦課の取消しを求めた事案である。

　納税者は香港に住居を持ち，3年半ほどの期間中，その約65パーセントに相当する日数を香港に滞在して生活する一方で，日本国内には約26パーセントに相当する日数しか滞在していなかった。

　これに対し，国税局は，受贈者の生活の本拠を決定するには，住居，職業，国内において生計を一にする配偶者その他の親族を有するか否か，資産の所在等の客観的事実に加え，本人の居住意思・目的も考慮して，総合的に判断すべきとした上で，26パーセントも日本に戻っているということは生活の本拠が日本国内から変わっていないということでもあり，親族も国内に住んでいること，納税者には贈与税を回避しようという目的があったこと等も踏まえると，納税者の住所は日本国内であると主張した。

　第一審では，国税局の主張は納税者の租税回避意思を過度に強調したものであって，客観的な事実に合致しないことを理由に，贈与税の賦課決定を取り消すこととされた。

　一方で控訴審においては，一定の場所が生活の本拠に当たるか否かは，住居，職業，生計を一にする配偶者その他の親族の存否，資産の所在等の客観的事実，居住者の言動等により外部から客観的に認識することができる居住者の居住意思を総合して判断するのが相当であるとして，単に滞在日数によって住所であるかどうかの判断をすべきでないことを理由に，納税者の請求は棄却された。

【判決要旨】

①　住所とは，反対の解釈をすべき特段の事由はない以上，生活の本拠，すなわち，その者の生活に最も関係の深い一般的生活，全生活の中心を指すものであり，一定の場所がある者の住所であるか否かは，客観的に生活の本拠たる実体を具備しているか否かにより決すべきものと解するのが相当である。

② 一定の場所が住所に当たるか否かは，客観的に生活の本拠たる実体を具備しているか否かによって決すべきものであり，主観的に贈与税回避の目的があったとしても，客観的な生活の実体が消滅するものではないから，上記の目的の下に各滞在日数を調整していたことをもって，現に香港での滞在日数が本件期間中の約３分の２（国内での滞在日数の約2.5倍）に及んでいる納税者について前記事実関係等の下で本件香港居宅に生活の本拠たる実体があることを否定する理由とすることはできない。

③ このことは，租税法が民法上の概念である「住所」を用いて課税要件を定めているため，本事案の争点が上記「住所」概念の解釈適用の問題となることから導かれる帰結であるといわざるを得ず，他方，贈与税回避を可能にする状況を整えるためにあえて国外に長期の滞在をするという行為が課税実務上想定されていなかった事態であり，このような方法による贈与税回避を容認することが適当でないというのであれば，法の解釈では限界があるので，そのような事態に対応できるような立法によって対処すべきものである。

【検　討】

本事案のようなケースは，平成12年の税制改正により整備され，現在では同様の条件で納税者が贈与税を免れることはなくなった。判決文にもある通り，解釈での対応ではなく，立法による対処が行われている。しかしながら，本事案以降も人の生活や仕事のスタイルは刻一刻と複雑に変化しており，その都度，相続税法は改正がなされてきた。実務上，それらの改正を追いつつ個別のケースを条文から判断していくのは難しく煩雑ではあるが，国税庁のホームページにおいて公開されている早見表を確認することで複雑な判断を簡略化することができる。表上では，贈与者の住所が国内にあるか，国内にないのであれば10年以内に国内に住所があったか否かの３点と，受贈者の住所が国内にあるか，国内にないのであれば10年以内に国内に住所があったか否かの３点を照らし合わせて贈与税の課税対象となるか否かを判断できるようになっている。

また，その際の住所の判定については，本事案の判決に従って国内と国外のどちらが客観的に生活の本拠となっているのかを根拠とすべきであり，贈与者と受贈者について国内外の滞在日数を確認して比較し，資産がどこにあるのか，自宅がどこにあるのか，家族がどこに住んでいるのかを仕事上の立場等と比較して総合的に判断する必要がある。住所の判定をした後は，前述の表と照らしあわせて課税の対象となるのかを判断する。具体的には，10年以内に国内に住所のない贈与者が，10年以内に国内に住所のない受贈者に贈与した場合にのみ，国外財産は課税の対象から外れることとなる。

実務において納税者から本事案のような贈与の相談があった場合には，納税者のおかれている状況，仕事の内容や役職，家族や資産の場所をしっかりと確認し，その時点で判例上示されている同様の事案に関する結論をいくつか提示する。納税者本人にリスクを理解してもらった上で，贈与を行うのかを判断してもらうべきである。

このように慎重な態度をとるべきとする理由は，似たような内容であっても納税者ごとの細かい状況に応じて住所の判定の結果が異なるからである。本事案では納税者の訴えが認められ，贈与税が課税とはならなかったが，一方で，平成21年の東京高裁における所得税法上の住所の判定に関する判決においては，仕事内容や契約上の立場から海外の住所を否認された。また令和元年の東京高裁における同様の判決においては，逆に海外の住所が認められるなど，ケースによって結果が異なり，客観的な住所の判断は難しい。また昨今の国内外を問わず発生する大規模な自然災害や感染症，国際間の戦争等によって，物理的又は法律的に生活の本拠としている場所そのものがなくなってしまう可能性もあるなど，予想外の理由から計画の結果が変わってしまうことも考慮した上で，実務において行う対応には慎重さが求められる。

【大久保　智旦】

091　有料老人ホームに入居している場合の生活の拠点

東京地裁平成23年８月26日判決

平成22年（行ウ）第695号・相続税更正処分取消等請求事件

【掲　載】ＴＫＣ：25501936／ＴＡＩＮＳ：Ｚ261−11736

【判　示】有料老人ホームに入居した被相続人の「生活の拠点」が老人ホームにあったと判示された事例

【解　説】

　小規模宅地等についての相続税の課税価格の計算の特例の対象となる特例対象宅地等とは，相続開始の直前において，被相続人等の居住の用に供された宅地等に該当する宅地等のうち棚卸資産に該当しない宅地等で，被相続人等の居住の用に供されていた宅地等でその被相続人の配偶者又は「一定の要件」のいずれかを満たすその被相続人の親族が相続等により取得したものをいう。

　「一定の要件」のうち，「当該親族が相続開始の直前において当該宅地等の上に存する当該被相続人の居住の用に供されていた家屋に居住していたものであって，相続開始時から申告期限まで引き続き当該宅地等を有し，かつ当該家屋に居住していること」があげられる。

　小規模宅地等の特例を適用できるか否かにより，相続税額が大幅に異なるため，高齢化社会となり居住形態が多様化されている昨今，本特例との適用関係を確認することの重要性は高い。

【事案の概要と経緯】

　被相続人Ａ，Ａの妻Ｂは，平成17年２月以降，ともに介護を必要とする状態であり，本件家屋で生活することも困難であったため，平成17年４月，身元引受人としてＡの子である納税者の立会いの下，契約を締結し，終身にわたる施設の利用権を取得した上で，老人ホームに入居した。

　入居して以降，家屋は空家となっており，相続の開始の直前において，納税者らはこれに居住しておらず，生計も別にしていた。

　平成18年12月にＡの死亡によって開始した相続により，Ａらが従前，居住していた家屋の敷地である宅地をＢと納税者が共同で取得した。

　納税者が宅地等について租税特別措置法69条の43項２号に規定する特定居住用宅地等に該当するとして，小規模宅地等についての相続税の課税価格の特例を適用した相続税の申告をした。

　所轄税務署から，Ａ及びＢは相続の開始前から介護付有料老人ホームに入居しており，相続開始の直前において被相続人らの居住の用に供されていたとはいえないから，この特例の適用はないなどとして更正処分等を受けたため，処分の取消を求めた事案である。

【判決要旨】

①　ある土地が，特例に規定する被相続人等の「居住の用に供されていた宅地」に当たるか否かは，被相続人等が，当該土地を敷地とする建物に生活の拠点を置いていたかどうかにより判断すべきであり，具体的には，(1)その者の日常生活の状況，(2)その建物への入居の目的，(3)その建物の構造及び設備の状況，(4)生活の拠点となるべき他の建物の有無その他の事実を総合考慮して判断すべきものと解するのが相当である。

②　(1)Ａらは老人ホームに入居した平成17年４月16日から相続の開始の日までの約１年８か月の間，Ａが入院のために外泊したほかに外泊したことはなく，専ら老人ホーム内で日常生活を送っていたこと，(2)Ａらは，平成17年２月以降，両名共に介護を必要とする状況であり，終身利用権を取得した上で老人ホームに入所し，少なくとも相当の期間にわたって生活することを目的として老人ホームに入居したものであること，(3)老人ホームには，Ａらが生活の拠点として日常生活を送るのに必要な設備等が整えられていたことからすれば，(4)Ａらが，老人ホームに入居した後も，家屋に家財

道具を置いたまま，これを空家として維持しており，電気及び水道契約も継続していたことを考慮しても，相続の開始の直前におけるＡらの生活の拠点が老人ホームにあったことは明らかというほかない。

③　Ａらの「居住の用に供されていた宅地」に当たるか否かは，相続の開始の直前において，Ａらが老人ホームに入所していたとの一事をもって一律に決すべきものではなく，個別の事案の事実関係に照らして判断すべきものである。被相続人が特別養護老人ホームに入所していた場合と，終身利用権に係るものを含む約定の下に有料老人ホームに入居していた場合との間で，それぞれの施設の法令上の性格の相違等を反映し，異なる結論に達することがあることは，当然のことというべきである。

④　租税特別措置法69条の４第１項の文言に従えば，特例の適用の有無は，ある土地が相続の開始の直前において被相続人等の「居住の用に供されていた宅地」に当たるか否かにより決せられるものであって，この文言の文理に従えば，この文言に係る要件を満たすか否かは，Ａらが当該土地を敷地とする建物に生活の拠点を置いていたか否かで判断されるべきである。

【検　討】

居住の場所である生活の本拠が争点となった本事案は，第一審が確定判決である。

「居住の用に供されていた宅地」に当たるか否かは，被相続人等が当該宅地の建物に「生活の拠点」を置いていたかどうかにより判断され，(1)その者の日常生活の状況，(2)その建物への入居の目的，(3)その建物の構造及び設備の状況，(4)生活の拠点となるべき他の建物の有無その他の事実を総合的に考慮すべきものとされている。

平成25年12月31日以前は，国税庁の質疑応答事例に，老人ホームに入居し，建物が一時的に空家となっている場合について，(1)被相続人の身体又は精神上の理由により介護を受ける必要があるため，老人ホームへ入所することとなったものと認められること，(2)被相続人がいつでも生活できるようその建物の維持管理が行われていたこと，(3)入所後あらたにその建物を他の者の居住の用その他の用に供していた事実がないこと，(4)その老人ホームは，被相続人が入所するために被相続人又はその親族によって所有権，あるいは終身利用権が取得されたものでないこと，これらの要件を満たさない場合は，生活の拠点は，老人ホームに移転したものとして，本事案のように特例の適用はなかった。

平成25年税制改正により，老人ホームに入居した場合の小規模宅地等の特例の見直しが行われ，平成26年１月１日以後，その要件は緩和された。以前の要件のうち，終身利用権を取得していないこと，空家の維持管理が要件から削除され，被相続人により老人ホームに入居する直前まで居住の用に供されていた宅地等については，(1)介護の必要のために老人ホーム等へ入居したものであること，(2)家屋が事業の用，貸付けの用又は被相続人以外の者の居住の用に供されていたことがないこと（租税特別措置法施行令第40条の２第２項，第３項）の要件を満たす場合は，小規模宅地等の特例を適用することができるとされた。

入居する老人ホームについては，老人福祉法等に規定されている老人ホーム等が対象であり，有料老人ホームの場合は，都道府県知事に届出がされていることにも注意が必要である。また，介護については，相続開始の直前において，要介護認定等を受けていたかにより判定される。貸付け等の用途に供されていないことと併せて，事前にこれらを勘案しておく必要がある。

【引　用】

林　仲宣『実務に役立つ租税基本判例精選100』（税務経理協会，2019年）256頁

【小野　雅美】

092 相続税の非課税財産

東京地裁平成24年6月21日判決
平成22年（行ウ）第494号・相続税更正処分取消等請求事件
【掲　載】ＴＫＣ：25481789／ＴＡＩＮＳ：Ｚ262－11973
【判　示】弁財天及び稲荷を祀った各祠の敷地部分を相続税法の非課税財産と容認した事例

【解　説】

被相続人が残した貨幣価値に換算できる財産は，すべて相続税の対象となる。ただ政策上，非課税となっている物もある。例えば，墓地，墓石，仏壇，仏具，神を祭る道具など日常礼拝をしている物などが該当する。

【事実の概要と経緯】

納税者は，相続財産である各土地のうち，弁財天及び稲荷を祀った各祠の敷地部分を相続税法に規定される「墓所，霊びょう及び祭具」に「準ずるもの」として，非課税財産として申告等を行った。

税務署長は，以下の理由から敷地は非課税財産に当たらないとした。

① 庭内神し（神祠）については，日常礼拝の対象となっているのは，ご神体及びそれを祀る建物としての庭内神しそのものであって，その敷地は含まないから，庭内神しの敷地については，「これらに準ずるもの」には該当しない。

② 各祠は，祖先の霊を祀る設備とはいえず，「墓所，霊びょう」には該当しないし，祖先の祭祀，礼拝の用に供されているわけでもないから，「庭内神し」や「神たな」のように，日常礼拝の用に供されている財産として非課税規定にいう「これらに準ずるもの」に該当するにすぎない。

③ 庭内神しの敷地の評価については，庭内神し及びその敷地の状況に基づいて，庭内神しが個人の住宅敷地内に存在しているものの，（ア）地域住民等の信仰の対象とされている場合と，（イ）庭内神しが個人の住宅敷地内に存在し，道路に面していない又は塀等に囲まれるなどして，一般人が参拝するには，当該敷地の所有者等の了解を取る必要があるなど，主に当該敷地所有者及びその親族等の信仰の対象とされている場合に分けて検討すべきである。

④ 各祠は，納税者の家族以外の者が参拝の対象としているものではないから，上記（イ）に該当するところ，納税者の主張をみても，その主観的な感情や認識はおくとしても，庭内神しを移設し，当該敷地を更地にすること等に関し何らかの法的な規制や事実上の制約はないから，その取引価格が通常の宅地の取引価格に比して著しく低下するとはいえず，敷地部分又はその宅地全体について，相続税の課税上，非課税とし又は一定の評価減を行う必要性は認められない。

裁判所は次のように判示して，納税者の主張を認容した。

【判決要旨】

① 「墓所」，「霊びょう」及び「祭具」には該当しないものの，その性質，内容等がおおむね「墓所，霊びょう及び祭具」に類したものをいうと解され，さらに，相続税法が，祖先祭祀，祭具承継といった伝統的感情的行事を尊重し，これらの物を日常礼拝の対象としている民俗又は国民感情に配慮する趣旨から，あえて「墓所，霊びょう又は祭具」と区別して「これらに準ずるもの」を非課税財産としていることからすれば，截然と「墓所，霊びょう又は祭具」に該当すると判断することができる直接的な祖先祭祀のための設備・施設でなくとも，当該設備・施設（以下，設備ないし施設という意味で「設備」という。）を日常礼拝することにより間接的に祖先祭祀等の目的に結びつくものも含むものと解される。

② そうすると，「これらに準ずるもの」には，庭内神し（これは，一般に，屋敷内にある神の社や祠等といったご神体を祀り日常礼拝の用に供されているものをいい，ご神体とは不動尊，地蔵尊，

192

道祖神，庚申塔，稲荷等で特定の者又は地域住民等の信仰の対象とされているものをいう。），神たな，神体，神具，仏壇，位はい，仏像，仏具，古墳等で日常礼拝の用に供しているものであって，商品，骨とう品又は投資の対象として所有するもの以外のものが含まれるものと解される。

③　庭内神しとその敷地とは別個のものであり，庭内神しの移設可能性も考慮すれば，敷地が当然に「これらに準ずるもの」に含まれるということはできない。しかし，非課税規定の趣旨並びに「墓所」及び「霊びょう」の解釈等に鑑みれば，庭内神しの敷地のように庭内神し等の設備そのものとは別個のものであっても，そのことのみを理由としてこれを一律に「これらに準ずるもの」から排除するのは相当ではなく，当該設備とその敷地，附属設備との位置関係や当該設備の敷地への定着性その他それらの現況等といった外形や，当該設備及びその附属設備等の建立の経緯・目的，現在の礼拝の態様等も踏まえた上での当該設備及び附属設備等の機能の面から，当該設備と社会通念上一体の物として日常礼拝の対象とされているといってよい程度に密接不可分の関係にある相当範囲の敷地や附属設備も当該設備と一体の物として「これらに準ずるもの」に含まれるものと解すべきである。

④　敷地及び各祠の位置関係及び現況等によれば，各祠は，庭内神しに該当するところ，敷地は，(1)各祠がコンクリート打ちの土台により固着されてその敷地となっており，しかも各祠のみが存在しているわけではなく，その附属設備として石造りの鳥居や参道が設置され，(2)砂利が敷き詰められるなど，外形上，小さな神社の境内地の様相を呈しており，各祠やその附属設備は，建立以来，敷地から移設されたこともなく，その建立の経緯をみても，敷地を非課税財産とする目的でこれらの設備の建立がされたというよりは，真に日常礼拝の目的で各祠やその附属設備が建立されたというべきであるし，祭事にはのぼりが敷地に立てられ，現に日常礼拝・祭祀の利用に直接供されるなど，その機能上，各祠，附属設備及び敷地といった空間全体を使用して日常礼拝が行われているといえる。

⑤　このような各祠及び敷地の外形及び機能に鑑みると，敷地は，各祠と社会通念上一体の物として日常礼拝の対象とされているといってよい程度に密接不可分の関係にある相当範囲の敷地ということができる。

　以上からすると，敷地は，非課税規定にいう「これらに準ずるもの」に該当するということができる。

【検　討】

　裁判所は，非課税規定の趣旨について，民法897条1項の祭祀財産の承継の規定の精神にのっとり，また，民俗又は国民感情の上からも祭祀財産が日常礼拝の対象となっている点を考慮して定められたものと判示する。相続税の計算上，葬式費用が控除されることから，この非課税規定も，宗教性が考慮された措置と考えがちであるが，その根底には，祖先崇拝や祖先の霊への尊厳の理念がある。いうまでもなく，これは何もわが国独自の文化ではなく，洋の東西，信仰を超越した人類の本質といえば大袈裟に聞こえるだろうか。

　本事案における神祠は，納税者の祖先が祀られているものではないが，代々，納税者の家で継承することで祖先崇拝を体現し，あわせて家内安全，商売繁盛を祈念してきた存在といえる。確かに税務署長が指摘するように，いわば建築物である祠を移動させ，更地にできなくもない。しかし，父祖から受け継いできた土地自体も祖先への崇敬であることも踏まえれば，神祠の敷地に対する判旨は妥当といえるだろう。

【参考文献】

林　仲宣『実務に役立つ租税基本判例精選100』（税務経理協会，2019年）238頁

【林　仲宣】

093　相続税対策と名義預金

東京地裁平成26年4月25日判決
平成25年（行ウ）第104号・更正すべき理由がない旨の通知処分の取消訴訟事件
【掲　載】ＴＫＣ：25519317／ＴＡＩＮＳ：Ｚ264－12466
【判　示】相続人名義の預貯金は，税理士の助言により被相続人の名義預金であるとした相続税
　　　　確定申告について，被相続人からの生前贈与であるとして行った更正の請求が認められ
　　　　なかったため取消しを求めた事例
〔控訴審：東京高判平成26年10月22日・平成26年（行コ）第187号〕
〔上告審：最判平成27年6月30日・平成27年（行ツ）第46号，平成27年（行ヒ）第50号〕

【解　説】

　相続税法2条は，課税財産の範囲について「相続又は遺贈により取得した財産の全部に対し，相続税を課する」と規定している。ここにいう「財産」とは，金銭に見積もることができる経済的価値のあるすべてのものをいう（相続税法基本通達11の2－1）としていることから，未登記の土地建物等，被相続人名義以外の家族名義・他人名義の預貯金等であっても，実質的に被相続人に帰属するものは相続財産に該当し，課税の対象となる。

　本事案は，被相続人Ａと納税者との間で，預貯金のうち納税者ら名義のものをＡが納税者らに対して生前に贈与する旨の贈与契約が成立していたか否かが問題となった。

　贈与契約の成立には，方式は問われず，書面で行っても口頭で行っても，贈与者の贈与の意思表示と受贈者の受諾があればよい。しかし，実務上は口頭による贈与契約の証明は困難な場合が多いため，書面を作成することが紛争予防となる。ただし，仮に書面を作成していたとしても，実態が伴わない場合には，実態が重視される。したがって，贈与契約の有効性を証明するためには，形式面のみならず実態面についても証明ができるようにしておくことが必要である。

【事案の概要と経緯】

　被相続人Ａの相続人である納税者は，Ａの死亡に係る相続税の申告書を平成22年2月23日に所轄税務署に提出した。その後，納税者は，平成23年2月22日，申告書にＡの相続財産として計上していた定期預貯金のうち，納税者ら名義の定期預貯金については，各名義人がＡから生前に贈与を受けたものであり，Ａの相続財産ではなかったという理由で更正の請求をしたところ，税務署長から，更正をすべき理由がない旨の通知処分を受けたため，その取消しを求めた。

【判決要旨】

① 認定事実及び証拠によれば，(1)亡Ａは，昭和55年頃から，納税者ら親族の預貯金口座を多数開設していたところ，これらを一括して手帳に記録していたほか，上記の手帳の記録にはＡ本人の預金も含まれていたこと，(2)申告預貯金等に係る口座は，いずれも，Ａが，自らの財産を原資として定期預貯金を開設したものであり，平成11年11月25日以前に預入れられたものについては，預入れの際，名義人の住所はＡの住所地とされ，届出印はＡが保管していたものが利用されたこと，(3)平成11年の住所変更等の手続や，平成11年及び12年開設口座に係る手続も，亡Ａが行ったものであること，(4)亡Ａは，上記各手続をした後も，申告預貯金等に係る証書を自ら保管し，納税者ら親族に交付することはなかったこと，(5)Ａは，平成14年5月2日と同月20日，納税者ら名義の預貯金を解約し，Ａは，納税者に対し，同年6月3日，解約済の納税者名義の預貯金の金額を上回る金額を交付したこと，(6)Ａは，上記の平成14年5月20日における解約金を自己の普通預金口座に入金し，同口座の資金を土地の購入資金に充て，Ａ名義で土地を取得したこと，(7)Ａは，平成15年以降，納税者に対して変更後の届出印を返還した後も，申告預貯金に係る証書を自ら保管していたことが認めら

194

れる。そして，(8)納税者においては，平成11年の住所変更等の手続の以前において，納税者ら名義預貯金等の全容を正確に把握していたとはいえない。

② 申告預貯金等を贈与する旨の書面が作成されていないことをも勘案すれば，Aは，相続税対策として，毎年のように，贈与税の非課税限度額内で，納税者ら親族の名義で預貯金の預入れを行っていたものの，証書は手元に保管して納税者ら親族に交付することはせず，納税者において具体的な資金需要が生じたり，A自身において具体的な資金需要が生じた際に，必要に応じてこれを解約し，各名義人の各預貯金の金額とは直接関係のない金額を現実に贈与したり，あるいは自ら使用することを予定していたとみるべきである。したがって，亡Aにおいては，昭和55年頃当時又はその後の各預入の当時，将来の預入金額又はその後の預入れに係る各預入金額を，直ちに各名義人に贈与するという確定的な意思があったとまでは認められないというべきである。

③ 納税者は，Aが証書を保管していたことにつき，納税者が証書を保管していても預貯金を下ろすことはできないし，特に金員を必要とする事情もないことから，そのままに置いていたのであり，Aは，他人の財産を預かっていたにすぎない旨主張する。しかしながら，平成14年以降における定期貯金の解約の状況とその使途に照らすと，Aが証書を保管していたのは，それまでに預入れられた金員の具体的な使途につき亡Aが自己の意思を反映する余地を残す意図があったためであるといわざるを得ない。したがって，納税者の上記主張は採用することができない。

【検　討】

本事案は，実務でも問題となる預貯金の帰属をめぐる判断について，贈与契約の有効性を証明するためには，形式面のみならず実態面についても証明が必要であることを改めて示した判決である。

名義預金がある相続税申告を依頼された場合には，必ず以下の事項を丁寧に確認すべきである。

(ア)　お金をあげた・もらったという両者の認識の合致があったかどうか

(イ)　もらったお金を自分で管理し，自由に使える状況であったかどうか（印鑑・キャッシュカード・通帳の保管は受贈者が管理している）

また，名義預金とされないようにするために生前にやっておくべきこととして，以下の項目が挙げられる。

(a)　贈与契約書を作成する

名義預金と指摘されないための対策として，贈与をする都度贈与契約書を作成しておいたほうがよい。本人の直筆の署名を残し，実印（認印でも可）を押印しておいたほうがよい。

たとえ申告をする必要がない年間110万円以下の贈与であったとしても，贈与契約書を作成しておくことをおすすめする。贈与は，あげる側ともらう側双方の意思で成立するが，あげる側の人が亡くなった後にその意思を確認する術はないため，もらう側の対策として「贈与契約が成立している」という事実を物的証拠として残しておいたほうがよい。

(b)　銀行振込で証拠を残す

名義預金として疑われやすいのは，入金しかしていない通帳である。贈与は諾成契約であるため，少なくとももらった側がその財産の存在を知っていることが前提となる。できる限り受贈者が普段使っている口座に入金したほうがよい。

(c)　贈与された預金を少し使っておく

将来のために貯蓄をしているという理由であればそれでも通る可能性はあるが，全く手をつけていないでおくと，名義預金ではないかと疑われる可能性もある。自身の管理下にあって，自由に使える状況であることを証明するために使った形跡を残しておくとよい。

【引　用】

林　仲宣『税理士が考える税理士の職務と責任』（税務経理協会，2024年）190頁

【齋藤　樹里】

094 相続税節税のための養子縁組（養子縁組の効力）

> 最高裁第三小法廷平成29年1月31日判決
>
> 平成28年（受）第1255号・養子縁組無効確認請求事件
>
> 【掲　載】ＴＫＣ：25448430／ＴＡＩＮＳ：Ｚ999－5372
>
> 【判　示】専ら相続税を節税するためにする養子縁組であることをもって民法802条1号にいう「当
> 事者間に縁組をする意思がないとき」に当たるということができないとした事例
>
> 〔第1審：東京家判平成27年9月15日・平成26年（家ホ）第56号〕
>
> 〔控訴審：東京高判平成28年2月3日・平成27年（ネ）第5161号〕

【解　説】

　養子縁組は，民法上その手続きが定められ，血縁に関係なく法律上の親子関係を結ぶ制度である。

　この養子縁組を活用した相続税の節税対策は，一般的に行われているところである。相続税法においては，被相続人の相続税は，課税価格の合計額から基礎控除額を控除した残額に基づいて計算し，課税することとされている。この基礎控除額は，3000万円に，600万円×法定相続人の数を加算することにより計算される。つまり，法定相続人の数によって基礎控除額が変動することになり，法定相続人に養子縁組をした養子を含めることにより（複数養子がいる場合には，被相続人に実子がある場合には養子のうち1人（実子がいない場合には2人）のみ法定相続人に含める），相続税の節税が見込めることになる。

　しかし一方で，縁組を解消したい場合には，原則として離縁届を提出することになるが，そもそも届け出た養子縁組が無効であったことを主張するためには，民法802条1号において「人違いその他の事由によって当事者間に縁組をする意思がないとき」に該当する必要がある。

　本件は，相続税の節税を目的として行った養子縁組が，上記「当事者間に縁組をする意思がないとき」に当たるかどうかが争われ，最高裁判決において，節税目的かどうかにかかわらず本件養子縁組が有効である旨が判示された。

　民法上の養子縁組の有効性についての判決であるが，税務においても直結する問題であることから，その養子縁組の効果に注目が集まった判決であった。

【事案の概要と経緯】

　本件は，亡Aの法定相続人（長女Ｘ1及び二女Ｘ2）である原告らが，届出によってされたAと被告Ｙとの養子縁組（以下「本件養子縁組」という）は，Aの縁組意思及び届出意思に基づかないものであると主張して，無効であることの確認を求めた事案である。

　亡A（平成25年死亡）とその妻D（平成24年3月死亡）との間には，長女であるＸ1（原告・控訴人・被上告人），二女であるＸ2（原告・控訴人・被上告人），長男であるBの3人の子がいた。

　平成23年，Bとその妻であるCとの間に長男であるＹ（被告・被控訴人・上告人）が出生した。

　Aは，平成24年4月，B，C及びＹと共にAの自宅を訪れた税理士等から，ＹをAの養子とした場合に遺産に係る基礎控除額が増えることなどによる相続税の節税効果がある旨の説明を受け，その後も同様の説明を受けていた。

　その後，養子となるＹの親権者としてB及びCが，養親となる者としてAが，証人としてAの弟夫婦がそれぞれ署名押印して，養子縁組届に係る届書が作成され，世田谷区長に提出され本件養子縁組が成立した。

　しかし，同年6月頃，BがAに対して同人の女性問題を追及するなどしたことなどをきっかけに，BとAの関係は悪化し，Bは，Aからの連絡を拒むようになった。

　Aは，同年10月7日付けで，当時のBの代理人であった弁護士を通じ，Bに対し，本件養子縁組は

Bの勝手な判断によるものであり，自分は本件養子縁組について詳しい説明を受けたことも，本件縁組届に署名押印した事実もないとして，離縁届を作成して提出する旨を書面で連絡した。

その上で，Aは，Yとの養子離縁届に署名押印の上，同月12日，世田谷区長に提出し，受理された。

Yは，平成25年2月頃，Aを被告として離縁無効確認請求訴訟を提起した。

これに対し，Aは，同年4月4日，本件養子縁組が無効であることの確認を求める反訴を提起した。

同年，Aが死亡したことにより，前記養子縁組無効確認請求事件は当然に終了し，離縁無効確認請求事件については，検察官が受継して被告となった。

平成26年3月10日，前記離縁は，代諾権者である被告法定代理人親権者らの意思を欠くものであるとして，無効であることを確認する旨の判決が言い渡され，同判決は同月26日に確定した。

【判決要旨】

① 下級審判決の判旨は以下のとおりである。

第一審判決は，Aが本件縁組届出の届出人署名欄を自ら作成していること，Aの認知機能の低下も認められないなどの事情から，AがYとの養子縁組の意思があったものと判断した。しかし控訴審判決は，本件養子縁組が税理士等からの節税のメリットを推奨されたために行ったものであり，Aにおいて真に養親子としての関係を創設する縁組意思がなかったとし，無効であると判断した。

② しかし，最高裁判決は控訴審判決をさらに覆し，以下のように判断した。

すなわち，養子縁組は，嫡出親子関係を創設するものであり，養子は養親の相続人となるところ，養子縁組をすることによる相続税の節税効果は，相続人の数が増加することに伴い，遺産に係る基礎控除額を相続人の数に応じて算出するものとするなどの相続税法の規定によって発生し得るものであるとして，養子縁組の効果が直接相続税の計算に影響を及ぼすことを確認している。

③ そして，相続税の節税のために養子縁組をすることは，このような節税効果を発生させることを動機として養子縁組をするものにほかならず，相続税の節税の動機と縁組をする意思とは，併存し得るものであるとした。

④ したがって，専ら相続税の節税のために養子縁組をする場合であっても，直ちに当該養子縁組について民法802条1号にいう「当事者間に縁組をする意思がないとき」に当たるとすることはできないと判断し，第一審判決を支持している。

【検　討】

養子縁組による相続税の節税対策は一般的に行われているが，節税のみを目的として養子縁組を行った場合，縁組成立後の財産状況や親族関係においてトラブルになり，縁組の解消に発展するケースも考えられる。

控訴審判決は，節税目的の養子縁組が「当事者間に縁組をする意思がないとき」に該当するかどうかは，「真に養親子関係を創設する縁組意思」の有無によって判断すべきとしている。すなわち，養育などの真の養親子関係を築く目的で行われるものが縁組意思といえるのであり，節税目的によって行われる養子縁組は，実態としての養親子関係といえないと判断しているものと考えられる。

しかし，最高裁判決は，養子縁組の目的の延長線上に相続税の節税の動機が併存することは不自然ではなく，養子縁組届を提出した際の養親，養子の意思において縁組意思を否定する事実がなければ，本事案の養子縁組は有効である旨を判示した。

養子縁組の目的は相続税の節税目的のみならず，多様な目的によって広く活用されるべき制度であるため，目的にかかわらず当事者の意思によって成立すべきものである。

実務において相続税の節税対策の一つとして養子縁組を活用する場合には，他の相続人及び親族の意向や，養親子間における養子縁組成立後のトラブルなども想定して慎重な判断を促すことが肝要であると考える。

【茂垣　志乙里】

095　財産評価基本通達と私道供用宅地の評価

最高裁第三小法廷平成29年2月28日判決

平成28年（行ヒ）第169号・相続税更正及び加算税賦課決定取消請求事件

【掲　載】ＴＫＣ：25448475／ＴＡＩＮＳ：Ｚ267-12984

【判　示】私道の用に供されている宅地の相続税に係る財産の評価における減額の要否及び程度は，私道としての利用に関する建築基準法等の法令上の制約の有無のみならず，宅地の位置関係，形状等や道路としての利用状況，これらを踏まえた道路以外の用途への転用の難易等に照らし，宅地の客観的交換価値に低下が認められるか否か，また，その低下がどの程度かを考慮して決定する必要があるとされた事例

〔第一審：東京地判平成27年7月16日・平成25年（行ウ）第373号〕

〔控訴審：東京高判平成28年1月13日・平成27年（行コ）第286号〕

【解　説】

　土地評価のうち私道の評価については評価通達24において定められており，私道供用宅地の価額は自用地価額の100分の30に相当する価額によって評価することとされ，その私道が不特定多数の者の通行の用に供されているときは，その私道の価額は評価しないと定められている。

　私道のうち大型マンションの敷地の道路沿いにカラフルなコンクリートブロックを敷き詰めるインターロッキング舗装された私道は，歩道状空地とよばれている。この歩道状空地の相続税評価については，道路と同様に第三者が通行している場合であっても，建物の敷地の一部として建ぺい率の算定の基になっている等の理由から，建築基準法の道路に該当せず私道としての評価は許されていなかった。

　では，納税者らが相続した歩道状空地も，私道供用宅地としての評価は許されないのであろうか。

【事案の概要と経緯】

　相続人である納税者らが被相続人から共同相続した相続財産の中に共同住宅11棟及びその敷地が含まれており，各共同住宅の敷地の一部分がインターロッキング舗装を施された幅員2mの歩道状空地として各共同住宅敷地と一体で整備されていた。

　納税者らは各歩道状空地の評価について，当初申告では評価通達24の後段に定める不特定多数の者の通行の用に供されている私道であるとしてその価額を評価していなかったが，その後，自用地価額の100分の30に相当する価額によって評価する修正申告書を提出した。

　これに対し税務署長は，歩道状空地は土地の一部を構成していることから私道供用宅地に該当せず，共同住宅の敷地ごとに評価すべきであるとして更正処分等をした。

【判決要旨】

① 　相続税に係る財産の評価において，私道の用に供されている宅地につき客観的交換価値が低下するものとして減額されるべき場合を，建築基準法による建築制限や私道の変更等の制限などの制約が課されている場合に限定する理由はなく，そのような宅地の相続税に係る財産の評価における減額の要否及び程度は，私道としての利用に関する建築基準法等の法令上の制約の有無のみならず，当該宅地の位置関係，形状等や道路としての利用状況，これらを踏まえた道路以外の用途への転用の難易等に照らし，当該宅地の客観的交換価値に低下が認められるか否か，また，その低下がどの程度かを考慮して決定する必要がある。

② 　歩道状空地は，車道に沿って幅員2mの歩道としてインターロッキング舗装が施されたもので，いずれも相応の面積がある上に，共同住宅の居住者等以外の第三者による自由な通行の用に供されている。また，共同住宅を建築する際，都市計画法の開発行為の許可を受けるために，市の指導要綱等を踏まえた行政指導によって私道の用に供されるに至ったものであり，共同住宅が存在する限

りにおいて，納税者らが道路以外の用途へ転用することが容易であるとは認め難い。

③　これらの事情に照らせば，共同住宅の建築の開発行為が被相続人による選択の結果であるとしても，このことから直ちに歩道状空地について減額して評価をする必要がないということはできない。

【検　討】

本判決は，私道供用宅地について，建築基準法の法令により制約がない私道でも相続税評価の減額がされるべきことを明確に示した初めての最高裁判決である。

下級審の判断構造は，私道を一般論として２種類に分類し，本件に当てはまる私道を定め，本件歩道状空地は評価通達24の想定している私道供用宅地に該当しないと判断している。

これに対し最高裁は，私道を定義せず，客観的交換価値が低下しているか否かを判断基準として本件歩道状空地が評価通達24のいう私道供用宅地に該当しないとはいえないと判断した。

私道は２種類に分けられ，まず一つは，複数の建物敷地の接道義務を満たすために各敷地所有者が共有する道であって建築基準法上の道路とされるものである。これは，各敷地所有者がそれぞれの接道義務を満たすために不可欠なものであって，各敷地所有者の意志によりこれを私道以外の用途に用いることは困難であり，道路内の建築制限や変更も制限されることから，その利用に制約がかかる。

もう一つは，宅地の所有者が事実上その宅地の一部を通路として一般の通行の用に供しているものである。これは，宅地の所有者が宅地の使用方法の選択肢の一つとして任意にその宅地の一部を通路としているのであり，所有者がその利用に制約がかからない。

このことから下級審は，納税者らがその意志により土地の利用形態を変更すれば制約を受けることもなくなるのであるから，通常の宅地と同様に利用することができる潜在的可能性とそれに相応する価値を有しているということができ，また，歩道状空地も含めて建物敷地の一部として建ぺい率等が算出されているから，本件歩道状空地は所定の容積率の建物を建築し得るための建物敷地としての役割をも果たしており，それに相応する価値を現に有していると判示した。

これに対し最高裁は，私道供用宅地が第三者の通行の用に供される等所有者が自己の意志によって自由に使用・収益又は処分することに制約が存在することによる客観的交換価値が低下する場合に相続税に係る財産の評価において減額され，その客観的交換価値が低下する場合とは，私道としての利用に関する建築基準法等の法令上の制約のみならず，道路としての利用状況やこれらを踏まえた道路以外の用途への転用の難易等に照らして，宅地の客観的交換価値に低下が認められるか否か，また，その低下がどの程度かを考慮して決定する必要があると判示した。

歩道状空地の客観的交換価値の解釈の違いは，処分された場合の価額を想定し判断した下級審に対し，最高裁は歩道状空地が不特定多数の者に利用されていることによる客観的交換価値の低下という現況を重視して判断したといえる。法令による制約が課せられている場合にのみ評価額を減額することは合理的な理由がないことから，現況を踏まえたうえで客観的交換価値が低下しているか否かを検討し，客観的交換価値が低下している場合には評価額は減額されるべきであろう。

本判決後，本裁判の判示事項を踏まえ，歩道状空地については，評価通達24に基づき評価すると通達の取扱いが変更されている。

なお，歩道状空地に類似するものとして公開空地があり，公開空地とは，オフィスビルやタワーマンションの中に樹木が植えられたオープンスペース部分で，第三者による自由な通行の用に供されている。公開空地は容積率や建物の高さ規制の緩和を受けられるなど建物を建てるために必要な敷地を構成するものであり，建築基準法上建ぺい率や容積率の計算上敷地に含めることから，建物の敷地として評価することとなっており，こちらは私道評価できないことを留意いただきたい。

【引　用】

岡崎　央『税』（ぎょうせい）77巻９号186頁（2022年）

【岡崎　央】

096　建替え検討中のマンションの鑑定評価と評価通達の適用

最高裁第一小法廷平成29年３月２日決定

事件番号不明・贈与税更正処分取消等請求上告及び上告受理事件

【掲　載】ＴＫＣ：25563626／ＴＡＩＮＳ：Ｚ267−12985

【判　示】贈与の時点において不動産の建替えが実現する蓋然性が高かったと認めるのが相当で，本件不動産の客観的な交換価値は，建替えを前提とするものになったというべきであるとされた事例

〔第一審：東京地判平成25年12月13日・平成23年（行ウ）第224号，第225号〕

〔控訴審：東京高判平成27年12月17日・平成26年（行コ）第18号〕

【解　説】

相続税法（以下「法」という）22条は贈与により取得した財産の価額について，財産の取得の時における「時価」によるべきと定めており，ここにいう時価とは，当該財産の客観的な交換価値をいうものと解される。

評価通達において財産の価額の評価に関する一般的な基準が定められていることから，贈与税に係る課税実務では画一的な評価方式によって評価されている。そしてその課税実務は，評価通達に定められた評価方式が時価を算定するための手法として合理的なものであると認められる場合は，法22条の規定の許容するところであると解されている。

しかし，評価通達に定められた評価方式によって適正な時価を適切に算定することのできない「特段の事情」があるとき（評価通達６項）は，評価通達に定められた評価方式以外の評価方式（鑑定評価等）によってその価額を評価することができる。

では，本事案における「特段の事情」とはいかなるものであろうか。

【事案の概要と経緯】

本事案は，不動産を贈与により取得した納税者が，不動産鑑定士の鑑定評価による不動産の価額を基礎として課税価格を計算し，相続時精算課税制度を選択して贈与税の申告をしたところ，不動産の価額は評価通達に定められた評価方式により評価すべきとして，更正処分等を受けた。経緯は，以下の通りである。

平成18年２月，マンションの管理組合はマンションの老朽化に伴い，建替えを推進する旨を決議。

平成19年４月，管理組合は臨時総会を開き建設会社が作成した基本計画を承認する旨を決議。

平成19年５月，管理組合は建替えの実現に向けて具体的な方法を検討するため，建設会社から事業協力を得ることを目的として，一括建替え決議に必要な建替え事業協力に関する覚書を取り交わす。

平成19年７月，納税者の父はマンションの住戸等及びその敷地の持分を納税者に贈与。

平成19年10月，管理組合は平成19年５月に取り交わした覚書をもとに一括建替えを決議。

上記経緯を踏まえ，納税者は不動産鑑定士が評価した鑑定評価額2300万円を課税価額とし，相続時精算課税に係る贈与税の特別控除の額を2300万円とする平成19年分の贈与税申告書を税務署長に提出。

平成20年11月，納税者と建設会社との間で締結された契約の売買代金は9664万円と定められた。

【判決要旨】

① 区分所有財産の評価の手法を定める評価通達が，個別具体的な事情を考慮することなく一般的にマンションの価格を算定する手法としてそれ自体合理性を欠くとまでいうことはできず，むしろ本件不動産のように建替えのために一旦取り壊して更地にすることが予定されているマンションの価格の算定手法としては，かえって合理的なものであるといえる。

② 不動産の評価について個別具体的な事情を考慮して検討しても，原審の認定事実によれば，贈与

がされた時期には一括建替え決議がされていないものの，その約3か月前には管理組合の臨時総会において基本計画案を承認する旨の決議がされたところ，組合員総数104名のうち同決議に反対する者は一人もいなかったのであり，その約4か月後にはポイントによって等価交換契約における譲渡価格が具体的に示されていたことからすると，贈与の時点において既にマンションの建替えが実現する蓋然性が高かったと認めるのが相当である。

③　認定事実を前提とすれば，不動産の客観的な交換価値は建替えを前提とするものになったというべきであり，それにもかかわらず納税者が主張する鑑定評価額は取引事例比較法に基づく比準価格によって建替え前の客観的な交換価値を算定するものであるから，その前提を欠くというほかない。

④　現に納税者が，贈与の約1年後には，等価交換契約に基づき更正処分に係る課税価格を優に超える価格で不動産を譲渡しているのであるから，昭和33年に建築されて耐震基準も満たさず老朽化の進んだ建替え前のものを前提として評価するのは，かえって課税の公平性の確保という観点からしても相当ではない。

【検　討】

本事案においては，マンションの地価が上昇していること，低層マンションであるが故に敷地の共有面積が広いこと，贈与直後に建替えが実施されマンションの処分価額が明確でその価額が評価通達に定められた評価方式での評価額を上回っていることから評価額の乖離を生んでいる。

裁判所の判断構造は，以下のとおりである。

評価通達の定める評価方式は，形式的にすべての納税者に用いられることによって租税負担の実質的な公平を実現するという租税平等主義を前提にしていると考えられる。そうすると，適正な時価を適切に算定することのできない「特段の事情」があるときを除き，評価通達に定められた評価方式以外の評価方式によってその価額を評価するのは算定された金額が同条の定める時価として許容範囲内にあったとしても，租税平等主義に反するものとして許されないものというべきである。つまり，評価通達の定める評価方式以外の方式が認められるためには「特段の事情」が要件となる。

本事案における「特段の事情」とは，評価通達に定められた評価方式によって算定された金額が本件不動産の時価を上回っているか否かである。

納税者は，不動産の時価を鑑定評価額であるとし，鑑定評価額の中でも市場性を反映した比準価格を重視し，積算価格については参考にとどめている。積算価格を参考にとどめている理由は，不動産価格が顕在化されておらず，建替え決議がなされていない現状において建替えの蓋然性が不透明であるからと主張する。

しかし，建替えの蓋然性を検証するに，区分所有者と建設会社とのやり取りや協議等から贈与以前に基本計画承認されている点や贈与の4か月後に等価交換の具体的な譲渡価格がポイントで示されたことを踏まえれば，建替えが実現する蓋然性は相当程度に高まっていたものということができる。

したがって，建替えの蓋然性は高く，積算価格を参考程度にすることはできず，納税者が主張する鑑定評価額は不動産の時価といえないことから，特段の事情があるといえない。つまり，本件不動産の評価は，評価通達に定められた評価方式で評価すべきであるという結論に至るのである。

この「特段の事情」の意義について評価通達6項が適用された裁判例では，一般的な意義や該当要件が示されていない。今後「特段の事情」の意義を明らかにするためには，共通して判示している「租税負担の実質的な公平に反する」との判断を，どのような事情を指摘して判断を行っているかについて検討していく必要があろう。

【引　用】

岡崎　央『税』（ぎょうせい）78巻4号318頁（2023年）

【岡崎　央】

097 遺産分割成立後の更正の請求と取消判決の拘束力（更正の請求）

最高裁第一小法廷令和3年6月24日判決
令和2年（行ヒ）第103号・相続税更正処分等取消請求事件
【掲　載】ＴＫＣ：25571598／ＴＡＩＮＳ：Ｚ271－13580
【判　示】遺産分割成立後の更正の請求及び更正処分において，別件の確定判決で認定された株式の価額を用いて税額等の計算を行うことはできないとされた事例
〔第1審：東京地判平成30年1月24日・平成28年（行ウ）第344号〕
〔控訴審：東京高判令和元年12月4日・平成30年（行コ）第46号〕

【解　説】

　相続税の申告は，相続の開始があったことを知った日の翌日から10月以内に行わなければならないものとされている（相続税法（以下「法」という）27条1項）。その際，遺産の全部又は一部が分割されていないときは，分割されていない財産については各共同相続人等が民法の規定による相続分等の割合に従って当該財産を取得したものとして，その課税価格を計算して申告をするものとされている（法55条）。

　その後，当該財産の分割が行われ，当該分割により取得した財産に係る課税価格が民法の規定による相続分等に従って計算された課税価格と異なることとなったとの事由により上記の申告に係る課税価格及び相続税額が過大となったときは，上記申告を行った者は，当該事由が生じたことを知った日の翌日から4月以内に限り，更正の請求をすることができるものとされている（法32条1号）。

　さらに，税務署長は，法32条1号の更正の請求に対応して，一定の場合には，他の相続人に対する更正又は決定をすることができるものとされている（法35条3項1号）。

　ところで，行政手続訴訟法33条1項は，処分又は裁決を取り消す判決は，その事件について，処分又は裁決をした行政庁その他の関係行政庁を拘束する旨を規定し，取消判決の効力として拘束力がある旨を定めている。

　本件は，別件の確定判決において当初相続税申告の評価方法・評価額に変更があった場合において，この確定判決の拘束力を根拠として，変更後の評価方法・評価額によって法32条1号における更正の請求等を行うことができるかが主な争点となった。

　下級審判決と最高裁判決の判断が分かれたことから，法32条1号にいう更正の請求の趣旨とその許容範囲について注目された判決であった。

【事案の概要と経緯】

　納税者は，その母が死亡したことにより開始した相続について相続税の申告を行うに当たり，他の相続人との間で遺産が未分割であるとし，法55条に基づき，相続税の申告（以下「本件申告」という）をしたところ（例として以下において遺産の一部であるＡ株式の単価を示す。単価1万1185円），所轄税務署長から，遺産のうち，本件各株式の一部の価額が過少であるとして更正処分（以下「前件更正処分」という。単価1万9002円）を受けた。

　そこで，納税者は，異議申立て及び審査請求を経て，上記の更正処分の取消しを求めて被告を相手に東京地方裁判所に訴えを提起したところ，同裁判所は，上記の更正処分における本件各株式の一部の価額が過大である等として，前件更正処分のうち本件申告の額を超える部分を取り消す旨の判決を言い渡した（単価4653円）。（所轄税務署長は同判決を不服として控訴したところ，東京高等裁判所は，上記の判示を支持した上で，控訴を棄却する旨の判決をし，確定している。以下「前件判決」という）。

　その後，納税者は，遺産分割が成立したとして，所轄税務署長に対し法32条1号に基づき，本件各

株式の価額が前件判決で認定された額と同額であることを前提に更正の請求をした（以下「本件更正の請求」という。単価4653円）。これに対し，同税務署長は，本件各株式の価額は本件申告における額と同額とすべきであるとし（単価1万1185円），これを前提とすると，本件更正の請求について更正をすべき理由がない旨の通知処分をするとともに，納税者以外の相続人から別途されていた同号に基づく更正の請求に対し減額更正処分をした上で，納税者に対し，法35条3項1号に基づき，相続税の増額更正処分をした（以下「本件更正処分等」という）。

本件は，納税者が，本件更正処分等における本件各株式の価額を不服として，本件更正処分等のうち，その各一部の取消しを求めた事案である。

【判決要旨】

① 下級審判決，とりわけ控訴審判決のおおまかな論旨は以下のとおりである。すなわち，法32条1号に基づく更正の請求は，遺産分割によって財産の取得状況が変化したこと以外の事由を主張することはできないが，前件判決の拘束力を根拠として，所轄税務署長の行う法32条1号の規定による更正の請求に対する処分及び法35条3項1号の規定による更正については，前件判決の株式の評価方法・価額等についての判断に基づいて税額等を計算するものとして取消請求を認容した。

② 最高裁判所は，前件判決により前件更正処分の一部取消しがされた後の税額が本件申告における個々の財産の価額を基礎として算定されたものである以上，所轄税務署長は，国税通則法所定の更正の除斥期間が経過した後においては，当該判決に示された価額や評価方法を用いて法32条1号の規定による更正の請求に対する処分及び法35条3項1号の規定による更正をする法令上の権限を有していないものといわざるを得ないとし，所轄税務署長が「法令上の権限」を有していない場合には，前件判決に拘束される義務はないものと判断している。

③ したがって，本件更正処分等がされた時点で国税通則法所定の更正の除斥期間が経過していた本件においては，所轄税務署長は，本件更正処分等をするに際し，前件判決に示された本件各株式の価額や評価方法を用いて税額等の計算をすべきものとはいえず，本件申告における本件各株式の価額を基礎として課税価格及び相続税額を計算することとなるから，本件更正処分等は適法であると判断している。

【検　　討】

本件は，平成23年の国税通則法改正前の事件であるため，更正の請求期限は法定申告期限から原則として1年以内とされていた。

本件で争われた法32条1号の規定は通常の更正の請求の特例であると解されている。通常の更正の請求は，国税通則法23条1項において規定されている。すなわち，確定申告期限後に計算に誤りがあったなどの理由により納付した税額が過大であった場合に，正しい額に訂正することを求めるものである。そして，通常の更正の請求期限後において，相続税固有の後発的な事由である遺産分割がされた場合に，既に確定した相続税額が過大となった者については，法32条1号によって更正の請求を認めるという趣旨であるものとされている。

下級審判決も，最高裁判決も，法32条1号の更正の請求を行う要件として，遺産分割によって財産の取得状況が変化したという後発的事情以外の理由を主張することはできないため，当初申告における評価方法・評価額の誤りは主張できないという点においては共通している。

しかし，下級審判決は，当初申告後の課税処分等によって変更された適正な価額を計算の基礎とすべきとした点について，最高裁判決は，更正の請求期限を過ぎた場合に所轄税務署長において本件申告を是正する権限を持たないことを強調し，下級審判決と異なる判断を下した。

更正の請求は，納税者が確定させた税額が過大であったことを法定申告期限後に是正する救済措置であるため，最高裁判決はより詳細な法解釈に基づいた事実認定を行うべきであったと考える。

【茂垣　志乙里】

098　評価通達によらない相続財産評価の是非

最高裁第三小法廷令和４年４月19日判決
令和２年（行ヒ）第283号・相続税更正処分等取消請求事件
【掲　載】ＴＫＣ：25572099／ＴＡＩＮＳ：Ｚ888－2406
【判　示】節税目的で取得した不動産の評価について，通達評価によると実質的な租税負担の公平に反する事情がある場合は，評価通達６を適用する合理的な理由があると判断された事例
〔第１審：東京地判令和元年８月27日・平成29年（行ウ）第539号〕
〔控訴審：東京高判令和２年６月24日・令和元年（行コ）第239号〕

【解　説】

　相続税法22条は，特別の定めのあるものを除き，相続財産の価額は相続開始時の時価による旨を規定しており，時価とは，不特定多数の独立当事者間で通常成立すると認められる価額，すなわち客観的交換価値と解されている。

　実務において，ほとんどの相続財産の時価は，国税庁が発遣する財産評価基本通達に従って評価されるが，財産評価基本通達は，総則６項において「この通達の定めによって評価することが著しく不適当と認められる財産の価額は，国税庁長官の指示を受けて評価する。」として，評価通達による評価を原則としつつも，その例外的な定めを置いている。

　従来の下級審では，「著しく不適当と認められる」場合を「特別の事情」の存する場合であると解してきた。国税庁は，財産の実際の取引価格と通達の評価額の開差を利用した相続税対策に対処するため，とりわけバブル景気において，納税者の租税負担軽減目的の存在を「特別の事情」として，納税者の通達評価額を否認する傾向が顕著であった。

【事案の概要と経緯】

　平成24年６月17日に94歳で死亡した被相続人は，平成21年に２棟の不動産（各不動産）を13億8700万円で購入し，その際，信託銀行等から10億5500万円の借入れをした。納税者らは，各不動産の価額を通達評価額（３億3370万円余）に基づき相続税の申告をしたが，課税庁は，総則６項を適用し，不動産鑑定評価額（12億7300万円）に基づき各更正処分を行った。

【判決要旨】

① 租税法上の一般原則としての平等原則は，租税法の適用に関し，同様の状況にあるものは同様に取り扱われることを要求するものと解される。そして，評価通達は相続財産の価額の評価の一般的な方法を定めたものであり，課税庁がこれに従って画一的に評価を行っていることは公知の事実であるから，課税庁が，特定の者の相続財産の価額についてのみ評価通達の定める方法により評価した価額を上回る価額によるものとすることは，たとえ当該価額が客観的な交換価値としての時価を上回らないとしても，合理的な理由がない限り，上記の平等原則に違反するものとして違法というべきである。もっとも，上記に述べたところに照らせば，相続税の課税価格に算入される財産の価額について，評価通達の定める方法による画一的な評価を行うことが実質的な租税負担の公平に反するというべき事情がある場合には，合理的な理由があると認められるから，当該財産の価額を評価通達の定める方法により評価した価額を上回る価額によるものとすることが上記の平等原則に違反するものではないと解するのが相当である。

② これを各不動産についてみると，各通達評価額と各鑑定評価額との間には大きなかい離があるということができるものの，このことをもって上記事情があるということはできない。

③ もっとも，購入・借入れが行われなければ相続に係る課税価格の合計額は６億円を超えるもので

あったにもかかわらず，これが行われたことにより，各不動産の価額を評価通達の定める方法により評価すると，課税価格の合計額は2826万1000円にとどまり，基礎控除の結果，相続税の総額が0円になるというのであるから，納税者らの相続税の負担は著しく軽減されることになるというべきである。そして，被相続人及び納税者らは，購入・借入れが近い将来発生することが予想される被相続人からの相続において納税者らの相続税の負担を減じ又は免れさせるものであることを知り，かつ，これを期待して，あえて購入・借入れを企画して実行したというのであるから，租税負担の軽減をも意図してこれを行ったものといえる。そうすると，各不動産の価額について評価通達の定める方法による画一的な評価を行うことは，購入・借入れのような行為をせず，又はすることのできない他の納税者と納税者らとの間に看過し難い不均衡を生じさせ，実質的な租税負担の公平に反するというべきであるから，上記事情があるものということができる。

【検　討】

本事案の争点は，各不動産の時価であり，具体的には，財産評価基本通達によらない評価が認められるか否かであった。評価通達によらない評価が認められるか否かの判断において，従来の下級審と比較して，本判決には以下の特徴がみられる。

従来の下級審では，相続財産を原則として評価通達によって評価することを租税公平主義の下で合理的であるとしつつ，他方で，評価通達を形式的に適用することによって実質的な租税負担の公平が著しく害される「特別の事情」がある場合には，評価通達以外の評価方法も許容されるとするが，本判決は，「租税法上の一般原則としての平等原則」の観点から，画一的な評価が実質的な租税負担の公平に反するというべき「事情」があれば，「合理的な理由」があるから評価通達の定める方法により評価した価額を上回る価額によるものとすることは平等原則に違反するものではないと判示している。本判決にいう平等原則は，同様の状況にある者を同様に取り扱うとしているが，同様の状況とはいかなる状況を指すのかを具体的に示していない。

本判決は，通達評価額と鑑定評価額の間の乖離のみでは合理的な理由にあたらず，不動産購入・資金の借入れによって相続税の負担が著しく軽減され，相続人らはそれを意図して行っていたのであるから，「本件購入・借入のような行為をせず，又はすることのできない他の納税者」との間に「看過しがたい不均衡を生じさせ，実質的な租税負担の公平に反する」から，評価通達によらない評価が認められる事情（合理的な理由）があるとした。この点，従来の裁判例及び本判決の下級審では，総則6項を前提に，①通達評価額と鑑定評価額の乖離が極めて大きいこと，②評価額の乖離によって課税額にも大幅な差が生じていること，③評価額の差異によって相続税負担が減少することを認識したうえで，不動産の取得及び借入れが行われたことの3点が，租税負担の実質的な公平を著しく害する「特別の事情」であるとしている。

納税者らは，総則6項の特別の事情の射程は相続税法22条の文理解釈から導出されなければならず，同条は節税や租税回避の否認までも評価通達に授権していないと主張した。裁判所は，納税者らの租税負担減少の意図やそれに基づく借入金による不動産の取得という行為をとらえて，租税負担の実質的な公平を損なう場合には，それを是正する課税処分を適法とする考えを示しているが，このような形で課税庁が課税処分をすることを授権する明文の規定は存在しない。

そもそも，相続財産の時価は相続開始時における客観的な交換価値であるから，相続開始前の不動産購入や借入れという納税者の行為は，評価額に影響を及ぼさないはずである。しかし，今後の実務における相続事案では，本判決を踏まえた慎重な判断が必要になるであろう。

【引　用】

横井里保「相続財産の時価評価と租税公平主義—最高裁令和4年4月19日判決を素材として—」『税法学』589号95頁（2023年）

【横井　里保】

099　無償返還届出書の提出と地上権の評価

東京地裁令和5年1月26日判決

令和元年（行ウ）第490号・相続税更正処分等取消請求事件

【掲　載】ＴＫＣ：25572955／ＴＡＩＮＳ：Ｚ888－2485

【判　示】借地権設定契約がされていても，土地所有者が現にその利用につき一定の制限を受けるほかには借地人に経済的利益が移転していない場合，土地の客観的な交換価値を評価するに当たっては，利用制限から受ける価値減少分を考慮すれば足りるとした事例

【解　説】

　財産評価基本通達及び相当地代通達は，相続財産の価額の評価に関する一般的な方法を定めたものであるが，それらを形式的に適用してしまうと，適正な評価額を算定することができない場合がある。

　例えば，土地所有者及び借地人から無償返還届出書の提出があれば，通常は，土地所有者から借地人に対して何ら経済的利益が移転していないとの事実が裏付けられよう。もっとも，無償返還届出書が提出されていることは，相続税法上は，経済的利益が移転していないとの事実を推認させる事情として考慮されるにとどまるにすぎない。つまり，無償返還届出書の提出があったという事実だけではなく，その他の事実をも踏まえて，経済的利益の移転の有無を判断することになる。

【事案の概要と経緯】

　亡Ｂは生前，所有していた各土地上にマンションを建設した。マンション低層階は亡Ｂ，高層階はＥが所有することとなった。亡Ｂは，Ｅが高層階を建設所有するための地上権を設定し，Ｅは，地上権取得の対価を支払った。その後，Ｅは，高層階を地上権持分と共に順次分譲した。

　亡Ｂの死亡に伴う遺産分割協議が成立し，亡Ａが各土地を取得し，亡Ａと亡Ｂの子である納税者が低層階を取得した。納税者は，自らが代表者である株式会社Ｆに対し，低層階を売却した。その後，亡ＡとＦは，各土地につき，貸主を亡Ａ，借主をＦ，賃料を月額10万円とする土地賃貸借契約書を作成した。そして，亡ＡとＦは，税務署長に対し，借地権の設定等により土地をＦに使用させることにしたが，将来無償で返還を受けることになっている旨記載された無償返還届出書を，土地賃貸借契約書を添付して提出した。

　Ｅは，Ｅ名義で残存していた地上権持分2分の1全部について，贈与を原因としてＦに移転する旨の登記手続をした。

　亡Ａの死亡に伴い，納税者らは，亡Ａの遺言により，各土地の持分2分の1ずつを取得した。

　納税者は，各土地の時価について，各土地の2分の1はＦが使用者であり，2分の1は分譲所有者が使用者であるとして，自用地の評価額から借地権割合70％相当額を控除して評価し，相続税の申告をした。これに対して，税務署長は，Ｆを使用者とする部分の時価について，無償返還届出書が提出されていたとして，自用地としての価額の80％相当額であると評価し，更正処分等をした。

【判決要旨】

① 　借地人は借地借家法の保護を受けて強い権利を有することになるほか，土地所有者にとっては，将来，土地の価額の上昇に応じて地代の値上げができるという保証がないこと等の理由から，当該土地の客観的な交換価値は，いわゆる底地価額として評価する。そして，建物所有を目的とする借地権の内容は，地域的な格差はあるものの，概ね一様であることから，借地権の客観的な交換価値は，当該土地の自用地としての価額に，普通借地権の売買実例価額，精通者意見価格及び地代の額等を基とし，状況類似地域ごとに定められた国税局長の定める割合を乗じて評価する。

② 　借地権設定契約がされても，土地所有者が現にその利用につき一定の制限を受けるほかには，借地人に対し何ら経済的利益が移転していない場合がある。このような場合，当該土地の客観的な交

換価値を評価するに当たっては，当該利用制限から受ける価値減少分を考慮すれば足りるところ，当該利用制限が事実上のものにとどまるといえることからすれば，その客観的な交換価値は自用地としての価額の80％相当額を下回るものではない。

③　各土地は，借地権の設定に際しその設定の対価として通常権利金を支払う取引慣行があると認められる地域に所在するものの，亡AとFとの間では，土地賃貸借契約書の作成時に，権利金の授受は行われなかった。

④　Fは亡Aに対し，各土地のうちFを使用者とする部分の利用の対価として月額10万円を支払っている。各土地の利用の対価である月額10万円という金額は，その所在地域における通常の借地権設定契約における地代と同程度かそれよりも低い。

⑤　Fは，土地賃貸借契約書を作成した際，亡Aに対し，将来各土地を無償で返還する旨約束した。

⑥　亡AとFが，税務署長に対し，無償返還届出書を提出していることは，亡AからFに対し何ら経済的利益が移転していないとの事実を裏付けるものである。

⑦　各土地のうちFを使用者とする部分については，Fがマンション低層階の敷地部分として利用することにより現に一定の制限を受けるにとどまり，亡AからFに対しては何ら経済的利益が移転していないと認めるのが相当であるから，その客観的な交換価値は，自用地としての価額の80％相当額を下回るものではない。

【検　　討】

本事案では，各土地のうち，Fを使用者とするマンション低層階の敷地部分の時価は，自用地としての価額の80％相当額とすべきか否かが争われている。

納税者は，無償返還届出書の提出があったという事実だけで相続税上の不利益を課すのは不合理であり，課税対象の土地に負荷されている土地利用権の具体的内容，来歴，利用実態などの間接事実を総合考慮して評価すべきであると主張した。これに対して，税務署長は，無償返還届出書の提出があり，経済的実態を踏まえれば，土地賃貸借契約が締結されたものの，亡AからFに何ら経済的利益が移転していないと主張した。

裁判所は，借地権設定契約がされている場合における土地の客観的な交換価値は，いわゆる底地価額として評価すべきであるとした上で，借地人に対し何ら経済的利益が移転していない場合，土地の客観的な交換価値を評価するにあたっては，利用制限から受ける価値減少分を考慮すればよく，その客観的な交換価値は自用地としての価額の80％相当額を下回るものではないとした。

本事案の各土地については，①借地権の設定の対価として通常権利金を支払う取引慣行がある地域に所在するものの，亡AとFとの間では，土地賃貸借契約書の作成時に，権利金の授受は行われなかったこと，②各土地の利用の対価である月額10万円という金額は，所在地域における通常の借地権設定契約における地代と同程度かそれよりも低いものであったこと，③Fは，土地賃貸借契約書を作成した際，亡Bに対し，将来各土地を無償で返還する旨約束し，税務署長に対し，無償返還届出書を提出していたこと，という事実を認定して，亡AからFに対しては何ら経済的利益が移転しておらず，その客観的な交換価値は，自用地としての価額の80％相当額を下回るものではないとの判断を下した。

裁判所の判断は，相続税法22条が時価評価による課税を規定しているのであるから，相続財産の使用実態をも反映して適正な評価額を算定しようとしたものといえよう。たしかに，評価通達や相当地代通達の文言に因われて相続財産を形式的に評価することには問題がある。だが一方で，通達による画一的な評価を通して確保される評価の安定性をいかに両立させていくかも，あわせて調整を図るべき課題である。

【引　　用】

林　仲宣＝谷口智紀『税務弘報』（中央経済社）71巻11号92頁（2023年）

【谷口　智紀】

100　固定資産税の誤評価による課税ミスと国家賠償請求

最高裁第一小法廷平成22年6月3日判決
平成21年（受）第1338号・損害賠償請求事件
【掲　載】ＴＫＣ：25442264／ＴＡＩＮＳ：Ｚ999−8260
【判　示】固定資産税等の課税ミスによる税額の過大決定によって損害を受けた納税者が不服申立手続を経ずに国家賠償請求できるとされた事例
〔第1審：名古屋地判平成20年7月9日・平成19年（ワ）第1317号〕
〔控訴審：名古屋高判平成21年3月13日・平成20年（ネ）第732号〕

【解　　説】

　固定資産税の評価・価格は，原則として，市町村長が総務大臣の定める固定資産評価基準によって固定資産の価格を賦課決定する。

　固定資産税の賦課決定に対しては，不服申立てを行うことができる。固定資産税の納税者は，登録価格について不服がある場合には，固定資産評価審査委員会に審査の申出をすることができる。その審査は，固定資産台帳に登録すべき固定資産の価格等のすべてを登録した旨の公示の日から納税通知書の交付を受けた日後60日までの間に申し出なければならないとされている。

　本事案の争点は，倉庫にかかる固定資産税等について市町村長の賦課決定に従って納付してきた倉庫を所有する納税者が，賦課決定の前提となる価格の決定には倉庫の評価を誤った違法であるとして，過納金相当額の国家賠償請求したが，不服申立手続を経ずに，課税処分の違法を理由とする国家賠償請求訴訟を提起することができるか否かである。

【事案の概要と経緯】

　平成18年度に至るまで，倉庫は，一般用の倉庫に該当することを前提にして評価され，税額決定された。納税者は，本件各決定に従って固定資産税等を納付してきた。

　名古屋市は，平成18年5月26日付けで，納税者に対し，倉庫が冷凍倉庫等に該当するとして，平成14年度から同18年度までの登録価格を修正した旨を通知した上，上記各年度に係る倉庫の固定資産税等の減額更正をした。その後，納税者は，同14年度から同17年度までの固定資産税等につき，納付済み税額と上記更正後税額との差額として389万9000円を還付された。

　そこで，納税者は，昭和62年度から平成13年度までの各賦課決定の前提となる価格の決定には倉庫の評価を誤った違法があり，上記のような評価の誤りについて過失が認められると主張して，所定の不服申立手続を経ることなく，名古屋市を相手に，国家賠償法1条1項に基づき，上記各年度に係る固定資産税等の過納金及び弁護士費用相当額の損害賠償等を求めた。

　第1審及び控訴審はいずれも納税者の請求を棄却した。控訴審は，国家賠償法に基づいて固定資産税等の過納金相当額を損害とする損害賠償請求を許容することは，当該固定資産に係る価格の決定又はこれを前提とする当該固定資産税等の賦課決定に無効事由がある場合は別として，実質的に，課税処分を取り消すことなく過納金の還付を請求することを認めたのと同一の効果を生じ，課税処分や登録価格の不服申立方法及び期間を制限してその早期確定を図った地方税法の趣旨を潜脱するばかりか，課税処分の公定力をも実質的に否定することになって妥当ではない。そして，評価基準別表第13の7の冷凍倉庫等に係る定めが一義的なものではないことなどに照らすと，各決定に無効とすべき程度の瑕疵はない，と判示した。

【判決要旨】

①　国家賠償法1条1項は，「国又は公共団体の公権力の行使に当る公務員が，その職務を行うについて，故意又は過失によって違法に他人に損害を加えたときは，国又は公共団体が，これを賠償す

る責に任ずる。」と定めており，地方公共団体の公権力の行使に当たる公務員が，個別の国民に対して負担する職務上の法的義務に違背して当該国民に損害を加えたときは，当該地方公共団体がこれを賠償する責任を負う。

② 地方税法は，固定資産評価審査委員会に審査を申し出ることができる事項について不服がある固定資産税等の納税者は，同委員会に対する審査の申出及びその決定に対する取消しの訴えによってのみ争うことができる旨を規定するが，同規定は，固定資産課税台帳に登録された価格自体の修正を求める手続に関するものであって（同法435条１項参照），当該価格の決定が公務員の職務上の法的義務に違背してされた場合における国家賠償責任を否定する根拠となるものではない。

③ 控訴審は，国家賠償法に基づいて固定資産税等の過納金相当額に係る損害賠償請求を許容することは課税処分の公定力を実質的に否定することになり妥当ではないともいうが，行政処分が違法であることを理由として国家賠償請求をするについては，あらかじめ当該行政処分について取消し又は無効確認の判決を得なければならないものではない（最高裁昭和35年（オ）第248号同36年４月21日第二小法廷判決・民集15巻４号850頁参照）。このことは，当該行政処分が金銭を納付させることを直接の目的としており，その違法を理由とする国家賠償請求を認容したとすれば，結果的に当該行政処分を取消した場合と同様の経済的効果が得られるという場合であっても異ならないというべきである。そして，他に，違法な固定資産の価格の決定等によって損害を受けた納税者が国家賠償請求を行うことを否定する根拠となる規定等は見いだし難い。

④ 固定資産の価格の決定及びこれに基づく固定資産税等の賦課決定に無効事由が認められない場合であっても，公務員が納税者に対する職務上の法的義務に違背して当該固定資産の価格ないし固定資産税等の税額を過大に決定したときは，これによって損害を被った当該納税者は，地方税法432条１項本文に基づく審査の申出及び同法434条１項に基づく取消訴訟等の手続を経るまでもなく，国家賠償請求を行い得るものと解すべきである。

⑤ 記録によれば，本件倉庫の設計図に「冷蔵室（－30℃）」との記載があることや本件倉庫の外観からもクーリングタワー等の特徴的な設備の存在が容易に確認し得ることがうかがわれ，これらの事情に照らすと，控訴審判決が説示するような理由だけでは，本件倉庫を一般用の倉庫等として評価してその価格を決定したことについて名古屋市長に過失が認められないということもできない。

⑥ 以上と異なる見解の下に，納税者の請求を棄却すべきものとした控訴審の判断には，判決に影響を及ぼすことが明らかな法令の違反がある。論旨はこの趣旨をいうものとして理由があり，控訴審判決は破棄を免れない。

【検　討】

先に述べたとおり，本事案は，不服申立手続を経ずに，課税処分の違法を理由とする国家賠償を請求することが許されるかが争点となっているが，納税者は，固定資産の評価の間違いが判明した平成18年の時点では，すでに審査申出期間が徒過していたため，固定資産の評価についての審査申出・取消訴訟を行っていない。

なぜならば，固定資産税は賦課課税方式であり，原則として，固定資産評価基準によって固定資産の価格を賦課決定されるものであるから，通常は，納税者は固定資産の評価に誤りがあることをそもそも想定していない。

近年は，経済取引の広域化，国際化などによる異議申立事案の複雑化に伴い，異議申立てに関する事実や法令解釈の困難なものが増加しているといわれている。従来から，自治体による固定資産税の誤評価による課税ミスの問題は少なくない。最高裁の判断は，納税者にとって権利救済となっている。

【引　用】

林　仲宣『実務に役立つ租税基本判例精選100』（税務経理協会，2019年）281頁

【角田　敬子】

101 神奈川県臨時特例企業税条例事件

最高裁第一小法廷平成25年３月21日判決
平成22年（行ヒ）第242号・神奈川県臨時特例企業税通知処分取消等請求事件
【掲　載】ＴＫＣ：25445425／ＴＡＩＮＳ：Ｚ999－8316
【判　示】資本金等が一定額以上の法人の事業活動に対し臨時特例企業税を課すことを定める神
　　　　　奈川県臨時特例企業税条例（平成13年神奈川県条例第37号）の規定が，地方税法に違反し，
　　　　　違法，無効であるとされた事例
〔第１審：横浜地判平成20年３月19日・平成17年（行ウ）第55号〕
〔控訴審：東京高判平成22年２月25日・平成20年（行コ）第171号〕

【解　説】

　憲法は，92条において，「地方公共団体の組織及び運営に関する事項は，地方自治の本旨に基いて，法律でこれを定める。」とし，94条において，「地方公共団体は，その財産を管理し，事務を処理し，及び行政を執行する権能を有し，法律の範囲内で条例を制定することができる。」と定めている。これらの規定から，地方団体の課税権は，地方公共団体の不可欠な要素であり，地方自治体の自治権の一環として，憲法上保障されている。

　問題は，国の法律によって地方団体の課税権を制約することが，憲法上どこまで許されるかであるが，下級審では，地方団体の課税権を憲法問題として争った大牟田市電気税訴訟（福岡地裁昭和55年６月５日判決）で，地方団体の課税権が憲法上認められると判示していた。ただし，その課税権は抽象的なものであり，具体的な課税権までを憲法上も認めたものでなく，その具体化は法律の規定に待たざるをえないとも述べられていた。

　平成12年４月に施行された地方分権一括法では，機関委任事務制度の廃止と事務の再構成，権限移譲，国の関与の抜本的な見直し等が行われた。この際，地方税法における法定外税についても，従来の許可制から同意を要する協議制に改められ，また，法定外目的税の新設・変更も認められたことから，当時自治体では一種のブームと表されるほど法定外税を含む独自課税の議論が活発に行われた。

【事案の概要と経緯】

　神奈川県では，県税が景気に左右されやすい法人事業税及び法人県民税を主力としていることもあり，バブル経済崩壊後の長期の景気低迷により，県税収入が大幅に減少していた。

　現行の地方税法では，法人事業税の課税標準については，所得以外の一定の外形的な指標を課税標準とするいわゆる外形標準課税が一部導入されており，法人事業税につき付加価値割，資本割，所得割等の区分が設けられ，資本金又は出資金の額が１億円を超える法人（公益法人，特別法人，人格のない社団等を除く。）などについては，付加価値割額，資本割額及び所得割額の合算額によって法人事業税が課されるものとされている。

　しかし，平成15年法律第９号による改正前の地方税法（以下「法」という。）では，上記の外形標準課税が導入されておらず，電気供給業等の特定の業種を除き，特例の適用のある場合のほか，各事業年度の所得による旨を定めていた（法72条の12，72条の19）。そのため，欠損金の繰越控除により，単年度でみれば黒字であっても法人事業税の税負担が生じない法人が存在していた。

　そこで神奈川県は，法定外普通税として，神奈川県内に事務所又は事業所を設けている資本金等の額が５億円以上の法人に対し，法人事業税の課税標準である所得の金額の計算上，繰越控除欠損金額を損金に算入しないものとして計算した場合の所得の金額に相当する金額（当該金額が繰越控除欠損金額を超える場合は繰越控除欠損金額に相当する金額）を課税標準とし，税率を原則100分の３（平成16年４月１日以降は100分の２）とする企業税を課する条例（以下「本件条例」という。）を制定した。

210

第一審では，本件条例が，法人事業税の課税標準である所得の計算につき欠損金額の繰越控除を定めた地方税法の規定に反し違法と判示した。これに対し，控訴審では，条例の定める企業税が，欠損金を繰越控除する前の「利益」に対して課税するものであるから，法人事業税とは課税標準が同一ではなく，別税目であって，法人事業税の課税標準等を変更する趣旨のものではないということができるとして，第一審判決を取り消し，条例を適法とした。

【判決要旨】

①　憲法上，法律において地方自治の本旨を踏まえてその準則を定めることが予定されており，これらの事項について法律において準則が定められた場合には，普通地方公共団体の課税権は，これに従ってその範囲内で行使されなければならない。

②　地方税法が，税目，課税客体，課税標準及びその算定方法，標準税率と制限税率，非課税物件，更にはこれらの特例についてまで詳細かつ具体的な規定を設けていることからすると，同法の定める法定普通税についての規定は，標準税率に関する規定のようにこれと異なる条例の定めを許容するものと解される別段の定めのあるものを除き，任意規定ではなく強行規定であると解されるから，普通地方公共団体は，地方税に関する条例の制定や改正に当たっては，同法の定める準則に拘束され，これに従わなければならないというべきである。

③　したがって，法定普通税に関する条例において，地方税法の定める法定普通税についての強行規定の内容を変更することが同法に違反して許されないことはもとより，法定外普通税に関する条例において，同法の定める法定普通税についての強行規定に反する内容の定めを設けることによって当該規定の内容を実質的に変更することも，これと同様に，同法の規定の趣旨，目的に反し，その効果を阻害する内容のものとして許されないと解される。

④　特例企業税を定める本件条例の規定は，地方税法の定める欠損金の繰越控除の適用を一部遮断することをその趣旨，目的とするもので，特例企業税の課税によって各事業年度の所得の金額の計算につき欠損金の繰越控除を実質的に一部排除する効果を生ずる内容のものであり，各事業年度間の所得の金額と欠損金額の平準化を図り法人の税負担をできるだけ均等化して公平な課税を行うという趣旨，目的から欠損金の繰越控除の必要的な適用を定める同法の規定との関係において，その趣旨，目的に反し，その効果を阻害する内容のものであって，法人事業税に関する同法の強行規定と矛盾抵触するものとしてこれに違反し，違法，無効であるというべきである。

【検　　討】

　本事例は，地方団体が制定した法定外税の条例と，地方税の法定税の規定との関係について，裁判において初めて争われた事例である。最高裁は，法律において準則が定められた場合には，地方団体の課税権は，これに従ってその範囲内で行使されなければならないとし，また，法定普通税についての規定は，別段の定めがあるものを除き，任意規定ではなく強行規定であるとした。その上で，本件条例は，強行規定である法定税を実質的に変更し違反するものと判断した。最高裁の地方団体の課税権に対する見解は，具体的な課税権は法律の規定に待たざるを得ないとした昭和期の大牟田市電気税訴訟判決とあまり変わらないものと思われる。

　国民全体の税負担の公平と均衡を図るためには，合理的な課税制限は不可欠である。その一方で，地方団体の自己決定・自己責任の領域を広め，地域住民の自治意識を高めていくには，地方団体の課税権の拡充が不可欠となる。両者は，トレード・オフの関係にあるため，抽象的な表現ではあるが，各地方団体間においては調和のとれた課税制度が求められる。そのためにも，地方税法のあり方については，議論があるべきである。

【引　　用】

伊澤祐馬『税』（ぎょうせい）75巻3号155頁（2020年）

【伊澤　祐馬】

102　未登記の新築家屋

最高裁第一小法廷平成26年９月25日判決
平成25年（行ヒ）第35号・固定資産税等賦課取消請求事件
【掲　載】ＴＫＣ：25446635／ＴＡＩＮＳ：Ｚ999−8335
【判　示】新築家屋が賦課期日に未登記であっても，賦課期日に新築工事が完了しており固定資
　　　　産の所有者であるため納税義務者に該当するとされた事例
〔第１審：さいたま地判平成24年１月25日・平成23年（行ウ）第19号〕
〔控訴審：東京高判平成24年９月20日・平成24年（行コ）第89号〕

【解　　説】

　固定資産税の賦課期日は，当該年度の初日の属する年の１月１日である（地方税法359条）。地方税
法は，固定資産の所有者を固定資産税の納税義務者と規定しており（地方税法343条１項），その「所
有者」とは，登記簿又は補充課税台帳に所有者として登記又は登録されている者をいう（地方税法
343条２項前段）と規定している。しかし，その登記又は登録がされるべき時期については明文化さ
れていない。

　本判決は，賦課期日（その年の１月１日時点）において登記又は登録されていなかった固定資産に
係る固定資産税等の納税義務の有無について，最高裁が初めて判断した。第１審では，平成22年１月
１日現在において課税客体である建物が存在し，納税者がその所有者であることに争いはない以上，
平成22年度の固定資産税の納税義務者として納税義務を負うと判断され，納税者が敗訴した。

　控訴審では，地方税法343条１項にいう「所有者」とは，常に私法上の所有者と同義に用いられる
ものではなく，登記又は登録されている者を指すというべきであり，家屋について現実に所有してい
るものであっても，賦課期日である１月１日において登記又は登録されていないのであるから，納税
者は同年度の納税義務を負わないと判示し，納税者が逆転勝訴した。上告審は，破棄自判として第１
審の判決を支持し，賦課決定処分時に賦課期日における所有者として登記又は登録されれば，所有者
は当該年度の固定資産税等の納税義務を負うとして，納税者敗訴となって確定している。

【事案の概要と経緯】

　納税者は，平成21年中に建物を新築した。翌平成22年１月１日時点では登記簿にも家屋補充課税台
帳にも納税者が所有者として登記又は登録されていなかったところ，所轄市長が家屋に係る平成22年
度の固定資産税等の賦課決定処分を行った。納税者は，同年度の賦課期日である平成22年１月１日の
時点において登記簿又は家屋補充課税台帳に家屋の所有者として登記又は登録されていなかったから，
家屋に係る同年度の固定資産税等の納税義務者ではなく，賦課決定処分は違法であるとして，所轄市
長に対してその取消しを求めた。

【判決要旨】

① 　固定資産税は，土地，家屋及び償却資産の資産価値に着目し，その所有という事実に担税力を認
　めて課する一種の財産税であるところ，法は，その納税義務者を固定資産の所有者とすることを基
　本としており（地方税法343条１項），その要件の充足の有無を判定する基準時として賦課期日を当
　該年度の初日の属する年の１月１日としている（地方税法359条）ので，上記の固定資産の所有者
　は当該年度の賦課期日現在の所有者を指すこととなる。他方，土地，家屋及び償却資産という極め
　て大量に存在する課税物件について，市区町村等がその真の所有者を逐一正確に把握することは事
　実上困難であるため，法は，課税上の技術的考慮から，土地又は家屋については，登記簿又は土地
　補充課税台帳若しくは家屋補充課税台帳（以下，両台帳を併せて単に「補充課税台帳」という。）
　に所有者として登記又は登録されている者を固定資産税の納税義務者として，その者に課税する方

212

式を採用しており（地方税法343条2項前段），真の所有者がこれと異なる場合における両者の間の関係は私法上の求償等に委ねられているものと解される（最高裁昭和46年（オ）第766号同47年1月25日第三小法廷判決）。このように，法は，固定資産税の納税義務の帰属につき，固定資産の所有という概念を基礎とした上で（地方税法343条1項），これを確定するための課税技術上の規律として，登記簿又は補充課税台帳に所有者として登記又は登録されている者が固定資産税の納税義務を負うものと定める（同法同条2項前段）一方で，その登記又は登録がされるべき時期につき特に定めを置いていないことからすれば，その登記又は登録は，賦課期日の時点において具備されていることを要するものではないと解される。

② そして，賦課期日の時点において未登記かつ未登録の土地若しくは家屋又は未登録の償却資産に関して，法は，当該賦課期日に係る年度中に所有者が固定資産税の納税義務を負う不足税額の存在を前提とする定めを置いており（地方税法368条），（中略）土地又は家屋に係る固定資産税の納税義務の帰属を確定する登記又は登録がされるべき時期について上記のように解することは，関連する法の諸規定や諸制度との整合性の観点からも相当であるということができる。

③ 以上によれば，土地又は家屋につき，賦課期日の時点において登記簿又は補充課税台帳に登記又は登録がされていない場合において，賦課決定処分時までに賦課期日現在の所有者として登記又は登録されている者は，当該賦課期日に係る年度における固定資産税の納税義務を負うものと解するのが相当である。

④ 納税者は平成21年12月に本件家屋を新築してその所有権を取得し，本件家屋につき，同22年10月に所有者を納税者として登記原因を「平成21年12月7日新築」とする表題登記がされ，平成22年12月1日に本件処分がされたものであるから，納税者は，賦課決定処分時までに賦課期日である同年1月1日現在の所有者として登記されている者として，本件家屋に係る平成22年度の固定資産税の納税義務を負うものというべきである。

【検　討】

本事案の争点は，地方税法343条1項及び2項前段の「所有者」の解釈である。地裁，最高裁は，文理解釈に基づき，関連する法の諸規定や諸制度との整合性等を検討し，「賦課決定処分時に賦課期日における所有者として登記又は登録されていれば足りる」との判断を下した。

不動産登記制度において，補充課税台帳に登録されている者が，必ずしも真の所有者と一致するとは限らず，従前の所有者のままになっていることもある。その場合でも，賦課期日の時点において補充課税台帳に登録された所有者が納税義務を負うことになる。この点について，その固定資産の真の所有者ではないにもかかわらず，固定資産税を課されてこれを納付した登記簿又は補充課税台帳上の所有名義人は，真の所有者に対して不当利得返還請求を認めた最高裁判例がある（最高裁昭和30年3月23日大法廷判決，最高裁昭和47年1月25日第三小法廷判決）。この最高裁判例は，①課税上の技術的考慮から，土地又は家屋については，登記簿又は補充課税台帳に所有者として登記又は登録されている者を固定資産税の納税義務者として課税すること，②真の所有者がこれと異なる場合における両者の間の関係は，私法上の求償等に委ねられている，と判示しており，つまり台帳課税主義を重視する立場をとっている。

台帳課税主義を重視する立場からは，控訴審のような判断がなされることになるが，本事案は，そもそも賦課期日の時点で登記簿等に所有者として登記等がない場合における固定資産税の納税義務の有無について争った事案であり，上記判例とは異なる結論となることが示されているため，実務上注意が必要である。

【齋藤　樹里】

103　所得税に係る取消訴訟と住民税の期間制限の特例

最高裁第三小法廷平成27年５月26日判決

平成24年（行ヒ）第368号・市県民税変更決定処分取消請求事件

【掲　載】ＴＫＣ：25447269／ＴＡＩＮＳ：Ｚ999－8350

【判　示】住民税に係る賦課決定の期間制限の特例を定める地方税法17条の６第３項３号にいう所得税に係る訴えについての判決があった場合とは，当該訴えについて，その対象となる所得税の課税標準に異動を生じさせ，その異動した結果に従って住民税の所得割を増減させる賦課決定をすべき必要を生じさせる判決があった場合をいうとした事例

〔第１審：福岡地判平成24年１月17日・平成23年（行ウ）第17号〕

〔控訴審：福岡高判平成24年６月28日・平成24年（行コ）第９号〕

【解　説】

　地方税法は，地方税に係る更正，決定又は賦課決定の期間制限の枠組みを規定している。個人の道府県民税及び市町村民税の所得割を増加させる賦課決定については，法定納期限の翌日から起算して３年を経過した日以後にすることができない（同法17条の５第１項）。

　一方で，所得税につき更正や裁決等の一定の事由があった場合における期間制限の特例を規定している（同法17条の６第３項）。所得税について更正又は決定があった場合には，当該更正又は決定の通知が発せられた日の翌日から起算して２年間（同項１号），所得税に係る不服申立て又は訴えについての決定，裁決又は判決があった場合には，当該決定，裁決又は判決があった日の翌日から起算して２年間（同項３号）においてもすることができる。

　納税者が所得税の更正処分に対する取消訴訟を提起した場合において，所得税の課税標準を基準とする市県民税の賦課決定は，更正の通知の翌日から２年間で行わなければならないか，あるいは判決確定の翌日から２年間も行うこともできるかが問題となる。

【事案の概要と経緯】

　納税者は，平成15年分から同17年分までの所得税についての確定申告を行っていたが，税務署長は，確定申告には誤りがあるとして，平成19年３月14日付けで，それぞれ課税標準及び税額を増額する更正処分等を行った。これに対して，納税者が平成20年10月22日，更正処分等の取消しを求めて訴訟を提起したが，地裁は平成21年10月６日，納税者の請求を棄却した。その後，高裁が平成22年３月11日，控訴棄却し，最高裁が平成22年７月２日，上告棄却及び上告不受理決定したことより，納税者の敗訴が確定した。

　市長は，判決確定を受けて，納税者に対して，平成16年度分から同18年度分までの市民税及び県民税について，平成22年８月23日付けで所得割を増加させる賦課決定処分を行った。同日は，市民税及び県民税の法定納期限の翌日から起算して３年を経過した日（同法17条の５第１項）以後の日であり，また，所得税に係る更正の通知が発せられた日の翌日から起算して２年を経過した日（同法17条の６第３項１号）以後の日であるが，判決が確定した日の翌日から起算して２年を経過する日（同項３号）より前の日であった。

　納税者は，法定の期間制限に違反しているとして，市長の行った処分の取消しを求めた。

【判決要旨】

①　所得税の課税標準に異動を生じさせる処分や裁決等が同法17条の５の規定に定める期間を経過した後にされることもあり得ることから，同法17条の６第３項は，課税の適正を期するため，所得税の課税標準に異動を生じさせる処分や裁決等がされる一定の場合においてすべきこととなる個人の道府県民税及び市町村民税の所得割を増減させる賦課決定について，それぞれの場合につき定めら

れた一定の日の翌日から起算して2年間においてもすることができる旨を定めたものである。

② 個人の道府県民税及び市町村民税の所得割に係る賦課決定の期間制限につき，その特例を定める同項3号にいう所得税に係る不服申立て又は訴えについての決定，裁決又は判決があった場合とは，当該不服申立て又は訴えについてその対象となる所得税の課税標準に異動を生じさせ，その異動した結果に従って個人の道府県民税及び市町村民税の所得割を増減させる賦課決定をすべき必要を生じさせる決定，裁決又は判決があった場合をいう。

③ 納税者の平成15年分から同17年分までの所得税については，それぞれ更正によってその課税標準が増加されるという異動が生じ，これに応じて，納税者の平成16年度分から同18年度分までの各市民税及び各県民税につきその所得割を増加させる賦課決定をすべきこととなったものであるが，前訴においては納税者の平成15年分から同17年分までの所得税の更正等につきその取消しを求める請求を棄却する旨の前訴判決が確定しており，同判決は更正により増加された所得税の課税標準に異動を生じさせるものではなく，同判決があったことをもって同項3号にいう所得税に係る訴えについての判決があった場合に当たるということはできない。

【検 討】

本事案の争点は，同号の適用の可否であるが，具体的には，納税者が所得税の更正処分に対する取消訴訟を提起した場合において，所得税の課税標準を基準とする市県民税の賦課決定は，更正の通知の翌日から2年間で行わなければならないか，あるいは更正の通知だけでなく，判決確定の翌日から2年間でも行うこともできるかが争われている。

納税者は，同号の趣旨は，課税標準又は税額等に影響を及ぼす新たな事由が生じたために改めて課税処分をする必要があるときに，これを救うためのものであり，本事案においては，同号の適用はないと主張した。これに対して，市側は，市民税及び県民税の所得割部分は，所得税に事実上連動することから，所得税の更正処分に対する取消訴訟が提起され，訴訟が進行している場合には，市長は，同項1号，そして，訴訟の決着を待って同項3号による変更処分を行うことも可能であり，両者の選択は市長の裁量に委ねられると主張した。

地裁及び高裁は，同号にいう「訴え」には，所得税の更正に対する不服申立てとして提起された訴訟も該当するとした上で，同号又は同項1号のいずれの規定にも，納税義務者にとって利益となる点及び不利益となる点が認められることを指摘し，本事案の処分では，同項3号の期間制限の特例を適用することができるとして，納税者の請求を棄却していた。

これに対して，最高裁は，同条3項の趣旨を確認したうえで，同項3号にいう所得税に係る不服申立て又は訴えについての決定，裁決又は判決があった場合とは，所得税の課税標準に異動を生じさせ，その異動した結果に従って個人の道府県民税及び市町村民税の所得割を増減させる賦課決定をすべき必要を生じさせる決定，裁決又は判決があった場合をいうと判示した。更正により増加された所得税の課税標準に異動を生じさせていない本事案の判決は同号の特例に該当しないとして，法定の期間制限を徒過した違法な処分であり，取り消されるべきであるとの判断を下した。

期間制限が市長の裁量となると，市長が一部の納税者に対してのみ，判決確定まで事実上の徴収猶予を行うなどの恣意的な運用を行うことも可能となる。地裁判決が述べるとおり，同項1号又は3号の適用において納税者にそれぞれ利益，不利益が生じるのであれば，納税者の権利救済の視点からは，同規定が市長の裁量に委ねられることには問題である。その点では，個人の道府県民税及び市町村民税の所得割が所得税と連動していることを踏まえて，期間制限の特例の対象を明らかにした最高裁の判断は評価することができる。

【引 用】

林 仲宣＝谷口智紀『税務弘報』（中央経済社）64巻3号68頁（2016年）

【谷口 智紀】

104 固定資産税の納税義務者にかかる台帳課税主義の例外

最高裁第二小法廷平成27年7月17日判決（破棄差戻）

平成26年（行ヒ）第190号・固定資産税等賦課徴収懈怠違法確認等請求事件

【掲　載】ＴＫＣ：25447356／ＴＡＩＮＳ：Ｚ999－8352

【判　示】登記簿の表題部の所有者欄に「大字西」などと記載されている土地につき，地方税法
343条2項後段の類推適用により，当該土地の所在する地区の住民により組織されてい
る自治会又は町会が固定資産税の納税義務者に当たるとした原審の判断に違法があると
された事例

〔第1審：大阪地判平成21年12月24日（中間判決）・平成21年（行ウ）第25号〕

〔第1審：大阪地判平成25年4月26日・平成21年（行ウ）第25号〕

〔控訴審（原審）：大阪高判平成26年2月6日・平成25年（行コ）第99号〕

〔差戻控訴審：大阪高判平成28年3月10日・平成27年（行コ）第117号〕

〔差戻上告審：最判平成29年4月6日・平成28年（行ツ）第214号，平成28年（行ヒ）第237号〕

【解　説】

旧地方税法343条の規定により，固定資産税は原則として固定資産の所有者に課税される。土地や
建物は，登記簿上の所有者であるが，未登記の場合は家屋補充課税台帳上の所有者となり，この所有
者が死亡している場合には，現に所有している者となる。

また，台帳課税主義の例外として，旧同法343条4項では，「市町村は，固定資産の所有者の所在が
震災，風水害，火災その他の事由により不明である場合には，その使用者を所有者とみなして，固定
資産課税台帳に登録し，その者に固定資産税を課することができる。この場合において，当該市町村
は，当該登録をしようとするときは，あらかじめ，その旨を当該使用者に通知しなければならない。」
と規定している。

そのため，登記上土地の所有者が確定できていない土地の使用者や管理者に対して固定資産税を課
税する場合，旧同法343条4項後段が規定する「その他の事由により不明である場合」の解釈適用を
巡り類推解釈をして課税すべきかが争点とされている。

【事案の概要と経緯】

堺市の住民である納税者が，登記簿の表題部の所有者欄に「大字西」などと記載されている同市内
の土地につき，平成18年度から同20年度までについて当時の堺市長がその固定資産税及び都市計画税
の賦課徴収を違法に怠ったため，地方税法18条1項の徴収権に係る消滅時効の完成により堺市に損害
が生じたと主張して，同市の執行機関である堺市長を相手に，固定資産税等の徴収権に係る消滅時効
が完成するまでの期間において堺市長の職にあった者及び各市税事務所長の職にあった者に対して固
定資産税等相当額の損害賠償請求をすること等を求めた住民訴訟（地方自治法242条の2第1項4号）
である。

控訴審では，固定資産税等の納税義務者は各土地の所在する地区の住民により組織されている自治
会又は町会であり，各専決権者の一部及び各市長は上記納税義務者を特定することができたなどとし
て，堺市の住民である納税者の請求を一部認容した。そのため，堺市が上告した事案である。

【判決要旨】

① 憲法は，国民は法律の定めるところにより納税の義務を負うことを定め（30条），新たに租税を
課し又は現行の租税を変更するには，法律又は法律の定める条件によることを必要としており（憲
法84条），それゆえ，課税要件及び租税の賦課徴収の手続は，法律で明確に定めることが必要である。

② このような租税法律主義の原則に照らすと，租税法規はみだりに規定の文言を離れて解釈すべき

ものではないというべきである。

③　このことは，地方税法343条の規定の下における固定資産税の納税義務者の確定においても同様であり，一部の土地についてその納税義務者を特定し得ない特殊な事情があるためにその賦課徴収をすることができない場合が生じ得るとしても変わるものではない。

④　ある土地につき地方税法343条2項後段により固定資産税の納税義務者に該当するというためには，少なくとも，固定資産税の賦課期日において当該者が同項後段にいう「当該土地……を現に所有している者」であること，すなわち，上記賦課期日において当該土地の所有権が当該者に現に帰属していたことが必要である。ある土地につき，固定資産税の賦課期日においてその所有権が当該者に現に帰属していたことを確定することなく，同項後段に基づいて当該者を固定資産税の納税義務者とすることはできないものというべきである。

⑤　原審は，各土地につき，固定資産税等の賦課期日におけるその所有権の帰属を確定することなく，（堺市の定める）要綱等における取扱い等に照らして関係自治会等をその実質的な所有者と評価することができるなどとして，地方税法343条2項後段の規定を類推適用することにより，関係自治会等が固定資産税等の納税義務者に該当する旨の判断をしたものであり，このような原審の判断には，同項後段の解釈適用を誤った違法があるというべきである。

⑥　各土地につき原審において判断されていない地方税法343条4項の適用の有無等について更に審理を尽くさせるため，上記部分につき本件を原審に差し戻すこととする。

【検　討】

本事案の争点は，地方税法343条2項後段の例外規定「その他の事由により不明である場合」について類推適用ができるか否かである。

最高裁は，憲法原則である租税法律主義（憲法30条・84条）と二つの最高裁判例を引用して，「租税法規はみだりに規定の文言を離れて解釈すべきものではない。」ことを示し，租税法規について厳格な文理解釈が求められることを明らかにしている。

その上で，地方税法343条2項後段の類推適用により関係自治会又は町会が固定資産税等の納税義務者に当たるとした原審の判断には，判決に影響を及ぼすことが明らかな法令違反があるとし，原判決中堺市の住民である納税者敗訴部分を破棄し，各土地につき原審において判断されていない地方税法343条4項の適用の有無等について更に審理を尽くさせるため，上記部分につき原審に差し戻している。

地方税法343条2項後段の例外規定である「その他の事由により」については，課税要件としての文言は，所有者が不明である場合について「震災，風水害，火災」が例示列挙されていて，これらを示した文理解釈から素直に読み取れない課税範囲を類推適用することは，まさしく「みだりに」規定の文言を離れた解釈となる。

地方自治体による課税実務の現場においても，はじめに課税ありきではなく，租税法律主義（憲法30条・84条）に基づき納税義務者（本事案では土地の「所有者」）を確定することにより，納税者における予測可能性と法的安定性が保障されることとなる。すなわち，租税法規の文理に則した解釈と事実の評価が重要となる。

令和2年度税制改正により，地方税法343条5項は，市町村は，調査を尽くしてもなお固定資産の所有者が不明である場合，あらかじめ使用者に対して通知をして，使用者を所有者とみなして，固定資産課税台帳に登録することにより，その者を納税義務者として固定資産税を課すことができるように改正されている。

【竹内　進】

105 老人ホームに付属する駐車場の住宅用地該当性

東京高裁平成29年8月24日判決

平成29年（行コ）第6号・固定資産税等賦課処分取消請求控訴事件

【掲　載】ＴＫＣ：25546537／ＴＡＩＮＳ：Ｚ999－8390

【判　示】駐車場として使用されている土地について併用住宅の敷地の用に供されている土地で
あるとして固定資産税等の課税標準の特例の対象である住宅用地と認められた事例

〔第1審：東京地判平成28年11月30日・平成27年（行ウ）第421号〕

【解　説】

　土地に対して課する固定資産税の課税標準は，原則として土地課税台帳等に登録されたその土地の価格（地方税法349条）であるが，人が居住するための家屋の敷地に利用されている土地については，固定資産税及び都市計画税の軽減措置（住宅用地に対する課税標準の特例）が講じられている。

　住宅用地の場合は，小規模住宅用地であれば課税標準額は価格の6分の1（都市計画税の場合は3分の1）の額，一般住宅用地であれば課税標準額は価格の3分の1（都市計画税の場合は3分の2）の額とする特例措置が適用される（同法349条の3の2，702条の3）。住宅には，専用住宅（専ら人の居住の用に供する家屋）と併用住宅（その一部を人の居住の用に供する家屋）の2種類があり，特例措置の対象となる住宅用地の面積は，家屋の敷地として使われている土地の面積に，併用住宅については居住部分の割合に応じた率を乗じて住宅用地の面積を算出する。

　住宅用地に対する課税標準の特例は，直接的な収益を生まない居住の用に供されている土地については住宅政策目的を実現するために，事業用の資産と区別して税負担を軽減し課税するという趣旨の調整であるが，固定資産税の課税ミスによる「住宅用地の特例の適用漏れ」は少なくない。

【事案の概要と経緯】

　納税者は，平成25年に自己が所有する土地上に有料老人ホームを新築し，これを有料老人ホームの運営などを行うＡ社に，平成26年1月1日から平成55年12月31日までの30年間，使用目的を「介護付有料老人ホーム，これに類似する高齢者福祉施設及びその付属施設としての駐車場」として賃貸した。平成26年2月から，Ａ社は，介護付有料老人ホームＢと小規模多機能型居宅介護施設Ｃを経営した。土地上には駐車場が9台分あったが，自動車を自ら運転し，各駐車場に駐車する入居者はいなかった。

　そこで，東京都は，家屋が併用住宅に該当することを前提として，土地のうち駐車場部分については減額特例の適用を受ける住宅用地に該当せず，それ以外の部分に限り小規模住宅用地に該当すると判断して賦課決定処分をしたという事案である。

【判決要旨】

① 地方税法349条の3の2第1項によれば，住宅用地に該当するには，専用住宅又は併用住宅の「敷地の用に供されている土地」であることを要するところ，「敷地の用に供されている土地」であるかどうかについては，その規定の文言の文理並びに特例が主として住宅政策上の見地から住宅用地の固定資産税及び都市計画税負担の軽減を図るため課税標準の特例措置を設けたものであることに照らせば，土地と専用住宅又は併用住宅の形状や利用状況等を踏まえ，社会通念に従い，その土地が専用住宅又は併用住宅を維持し又はその効用を果たすために使用されている一画地の土地であるかどうかによって判断すべきものと解するのが相当である。

② 駐車場1から駐車場5までについては，土地等の各駐車場を除く部分と，柵等の区分はなく，家屋の主な出入口まで接続しており，土地等の他の部分及び家屋と形状上一体のものとして利用されていることは明らかである。また，駐車場6から駐車場9までについても，家屋の南側との間で植木や柵が設けられている一方，柵の一部には扉が設けられ，家屋及び土地等の他の部分の南側から

218

駐車場6から駐車場9までに立ち入り，また，道路に至ることが可能な状態にあるものであって，土地等の他の部分及び家屋と形状上一体のものとして利用されていることが否定されるものではない。

③　駐車場1から駐車場5までについては，入居者がＡとの入居契約書に基づき，共用施設として，来訪者用駐車場として利用し得るものとなっている上，Ａの介護付き有料老人ホームの運営に係る外部の業者等が駐車場として利用することもあるものの，その利用は，家屋の賃借人であるＡが家屋で行う事業のためのものであると同時に入居者の生活等のためのものでもあるので，いずれにせよ，その利用状況に照らし，居住部分と非居住部分とから成る併用住宅としての家屋と一体のものとして利用されているものというべきである。

④　駐車場8及び駐車場9についても，Ａの介護付き有料老人ホームに関し，入居希望者の面談や行事に係る買い物のほか，入居者に頼まれた買い物のために使用される自動車2台の駐車場として利用されているところ，結局のところ，これらの利用も，家屋の賃借人であるＡが家屋で行う事業のためのものであると同時に入居者の生活等のためのものでもあるので，その利用状況に照らし，併用住宅としての家屋と一体のものとして利用されていることが否定されるものではないというべきである。

⑤　駐車場6及び駐車場7については，小規模多機能型居宅介護施設の送迎車の駐車場として利用されており，それ自体としては，入居者の生活等のためのものではないものの，家屋の賃借人であるＡが家屋で行う事業のためのものであるという点では他の駐車場と異なるものではなく，その利用状況に照らし，併用住宅としての本件家屋と一体のものとして利用されている土地であることを否定されないというべきである。

⑥　したがって，各駐車場は，いずれも土地等の一部として，併用住宅である家屋を維持し又はその効用を果たすために使用されている一画地の土地に含まれるものということができ，家屋の「敷地の用に供されている土地」に該当するというべきである。

【検　　討】

　この事案の争点は，「住宅用地」該当性であり，土地のうち駐車場部分が，併用住宅の「敷地の用に供されている土地」に該当するか否かであった。地裁判決を不服とした東京都は控訴したが，高裁も地裁判決を引用した上で控訴を棄却し，納税者勝訴で確定となった。

　地裁は，「敷地の用に供されている土地」かどうかは，土地と家屋が形状上一体のものとして利用されている等の利用状況を踏まえ，社会通念に従い，その土地が併用住宅である家屋を維持しその効用を果たすために使用されている一画地の土地であるか否かによって判断するという基準を示した。そして，居住部分に居住しているものが利用している土地なのか，非居住部分を利用しているものが利用している土地なのかで区別する旨の規定はされていないことも明らかにしている。

　住宅用地として認定されるかどうかは，税額に直結することから重要な要素である。住宅に付属した駐車場であっても，住宅と一体として利用されている場合には住宅用地と認定され，特例の適用が可能になる。付属駐車場を外部の人に貸付けている場合は，住宅用地とならない点に注意したい。

　なお，固定資産税を何年もの間に渡り誤って課税されていた場合，減額する賦課決定や賦課処分の取消しは，法定納期限の翌日から起算して5年を経過した日以後はできず，過誤納金の還付請求権も，請求をすることができる日から5年を経過したときは時効により消滅する。

【引　　用】

有賀美保子『旬刊速報税理』（ぎょうせい）第39巻第13号14頁（2020年）

【有賀　美保子】

106　地方税務職員の守秘義務違反

札幌高裁平成30年３月27日判決
平成30年（う）第12号・地方税法違反，加重収賄，業務上横領被告事件
【掲　載】ＴＫＣ：25560324／ＴＡＩＮＳ：未掲載
【判　示】地方公務員が納税者から徴収した税金を着服し，さらに，税務担当者として知り得た
　　　　職務上の秘密を漏えいし，その謝礼の趣旨で650万円の賄賂を収受し，業務上横領，地
　　　　方税法守秘義務違反，加重収賄の罪に問われた事案
〔第１審：釧路地判平成29年12月４日・平成29年（わ）第33号〕
〔上告審：最判平成30年９月11日・平成30年（あ）第608号〕

【解　説】

　地方公務員の守秘義務については，地方公務員法34条１項で規定されており（罰則については，同法60条２項で規定されている），また，地方税についての調査等に関する事務又は地方税の徴収に関する事務に従事している又はしていた者についての守秘義務について，地方税法22条で規定されている。ここで，地方公務員法の守秘義務規定よりも，地方税法の守秘義務規定のほうが，より重い罰則が設けられている。これは，秘匿性の高い納税者の情報に触れる機会が多いことから，それを保護するために，より重い罰則が用意されていると考えられる。

【事案の概要と経緯】

　本事案は，業務上横領の事案と，地方税法違反及び加重収賄の事案である。

　被告人は，平成22年４月１日から平成27年３月31日までの間，北海道Ａ郡Ｂ町住民課課長補佐兼税務担当スタッフリーダーとして勤務していた。徴税吏員として固定資産税等の町税に関する調査及び町税の徴収に関する業務に従事し，同町の運用する住民情報管理システム「Ｃ」にアクセスして同システムに蔵置された納税者の固定資産所有状況，同税滞納状況等の情報を入手する権限を有していた。

　平成22年10月７日頃から平成26年８月28日頃までの間，前後34回にわたり，納税者Ｄから町税等として現金合計212万6000円を徴収し，これを横領し，また，平成23年11月29日頃にも，納税者Ｅから固定資産税として現金12万5400円を徴収し，これを横領していた。

　さらに，平成26年５月28日頃，Ｆに対し，同町の運用する住民情報管理システム「Ｃ」に登録された有限会社Ｇの平成26年度における所有土地の所在地，登記地目・地積及び現況地目・地積等の情報を印字した書面１通を手交するとともに，同社が同土地に係る固定資産税を長く滞納しており，役員との連絡もつかず，事業実態がない旨を告げるなどし，地方税に関する調査及び地方税の徴収に関する事務に関して知り得た秘密を漏らした。

　そして，平成26年５月28日頃，山林等を購入するなどしてその土地上の立木を売却することを企図していた前記Ｆに対し，上記の秘密漏洩による情報提供に対する謝礼の趣旨であることを知りながら，同年８月８日，前記Ｆから，被告人名義の普通預金口座に650万円の振込入金を受けてその供与を受け，もって職務上不正な行為をしたことに関して賄賂を収受した。

　業務上横領罪（刑法253条），地方税法守秘義務違反（地方税法22条），加重収賄罪（刑法197条の３第２項）が成立し，第一審では，懲役３年６月と650万円の追徴の判決を下した。

【判決要旨】

① 　原判決は，以下の事情を考慮して，被告人の刑事責任は重大であると判断し，反省の態度など酌むべき事情も勘案して上記の刑を定めている。すなわち，〔１〕被告人は厳重に保護すべき秘密を知人に漏らし，同人の申出に安易に応じて多額の賄賂を収受するなど，悪質な態様により職務の公正に対する社会の信頼を大きく損なっており，この点に関して酌むべき事情は認められない。また，

〔2〕税金を着服し私腹を肥やす一方，欠損処理により発覚を防ぐなど，卑劣かつ巧妙な態様で常習的な横領に及んでいる。財産的被害も大きく，賠償に向けた動きも見られない，というのである。原判決の上記量刑判断は相当であり，是認することができる。

② これに対し，所論は，〔1〕漏らした情報は登記情報などであり，秘匿性の高いものではなかった上，被告人は町長から知人の就農に対する協力を求められるなど，加重収賄に至った経緯に酌むべき点がある，〔2〕被告人所有の不動産は，へき地にあるなど，売却が困難であったため，横領の弁償金調達に至らなかったなどと指摘し，原判決の量刑が重過ぎて不当であると主張する。しかし，〔1〕については，特定の会社に係る所有物件や税金滞納の状況等の信用に関わる情報は，私人の秘密として保護に値し，被告人はそうした情報を厳重に管理すべき立場にあったのに漏えいしたのであるから，強い非難を免れないというべきである。また，所論指摘の経緯は犯行を正当化するものとは到底いえず，酌むべきとも評価できない。〔2〕については，被害弁償は結局実現していなかったのであるから，原判決の判断は左右されない。上記所論には理由がなく，原判決の量刑は，その言渡しの時点において，重過ぎて不当であるとはいえない。

③ しかしながら，当審における事実取調べの結果によれば，原判決後に，被告人は，不動産仲介業者から融資を受けた上，弁護人を介して，B町に対し，本件横領の被害弁償として遅延損害金を含む282万円余りを支払ったことが認められる。この事情に原判決の指摘する上記量刑事情を併せ考慮すると，事案の悪質性等に照らせば，本事案が弁護人の主張するような執行猶予相当の事案であるとは到底いえないものの，原判決の量刑は，現時点では，刑期の点でやや重きに過ぎ，これを破棄しなければ明らかに正義に反するに至ったというべきである。

④ よって，刑事訴訟法397条2項により原判決を破棄した上，同法400条ただし書を適用し，被告事件について更に判決する。原判決の認定した罪となるべき事実に原判決掲記の罰条を適用し，同様の刑種の選択及び併合罪加重をした刑期の範囲内で，上記の理由により被告人を懲役3年に処し，刑法21条を適用して原審における未決勾留日数のうち70日をその刑に算入し，被告人が原判示第4の犯行により収受した賄賂は没収することができないので，同法197条の5後段によりその価額金650万円を被告人から追徴することとする。

【検 討】

本事案は，地方公務員が私的な理由から，町税を横領し，さらには納税者の情報を漏洩し，その見返りに現金を受け取ったとして，業務上横領，地方税法守秘義務違反，加重収賄の罪に問われた事案である。市町村職員は，地域住民にとって身近な存在であるが，この被告人の行為は，その地域住民の税務行政への信頼を大きく損なうものである。また，被告人が欠損処理により横領の発覚を防いでいたとされているが，長期間にわたり発覚しなかったその内部の管理体制も大いに問題であろう。

地域住民の自治意識を醸成していくには，地域住民の地方税務行政への信頼が不可欠であるが，地方団体での不祥事や不祥事件が，地方分権の進展を阻害していることは指摘するまでもないであろう。

また，被告人は，町の運用する住民情報管理システム「C」から納税者の情報を得たとされる。情報通信技術の発達により，情報を瞬時に処理し，行政の効率化・納税者の利便性に寄与している面が大きいが，それは，大量の情報の中から必要な情報を瞬時に取得することでもある。そのためにも，しっかりとした管理体制が必要となる。そして，その管理は，個人情報を取り扱う者の意識と認識に関する人的な管理面と，システム上の技術的な管理面に収斂されるが，納税者が特に不安視するのは，前者の面である。アクセス管理やログ管理などの人的な管理体制も重要になるが，最終的には情報を取り扱う職員の意識と認識に期待するほかない。

【引 用】

伊澤祐馬『税』別冊付録（ぎょうせい）74巻3号158頁（2019年）

【伊澤 祐馬】

107 町長による守秘義務違反

水戸地裁平成31年３月20日判決

平成29年（わ）第655号・地方税法違反被告事件

【掲　載】ＴＫＣ：25563067／ＴＡＩＮＳ：未掲載

【判　示】町長が町長選対立候補町議の滞納情報の教示が，地方税法22条における「秘密」及び「漏らし」た行為に該当し，守秘義務違反の罪に問われた事例

【解　説】

　昭和49年11月19日付け自治府第159号「地方税に関する事務に従事する職員の守秘義務について」の通知では，「地方公務員法第34条第１項の『秘密』とは，一般に知られておらず，他人に知られないことについて客観的に相当の利益を有する事実で職務上知り得たものをいうものであり，地方税法第22条の『秘密』とは，これらのもののうち，地方税に関する調査に関する事務に関して知り得たものをいうものであること。したがつて，一般に，収入額又は所得額，税額等は，地方公務員法第34条第１項及び地方税法第22条の『秘密』のいずれにも該当し，滞納者名及び滞納税額の一覧等は，地方税に関する調査に関する事務に関して知り得たものでないので，地方税法第22条の『秘密』には該当しないが，地方公務員法第34条第１項の『秘密』に該当するものであること。」とされていた。つまり，納税者の滞納情報については，調査により知り得るものでないため，地方税務職員の守秘義務違反について規定する地方税法22条の「秘密」には該当しないとされていた。

　しかし，平成23年度の地方税法改正で，国税の改正に合わせて，地方税の犯則事件の調査及び地方税の徴収の事務における守秘義務違反も処罰対象に含めることとされた。この改正は，納税者等の秘密についてより厳格な取扱いを求めることにより，納税者の税務行政に対する信頼と協力を確保し，適正・公平な税務行政に資する観点から行われた。これにより，調査の場面のみならず，徴収の場面において知り得た「秘密」についても処罰の対象となった。

【事案の概要と経緯】

　Ａは，昭和50年からＹ町の町議会議員となり，平成３年から平成11年までは町長を務めていた。平成11年の町長選挙で被告人に敗れ，その後は断続的に町議会議員を務めていた。Ａは町税について二百数十万円滞納していた。Ｙ町の町長である被告人は，Ｙ町の税務課長から報告を受けるなどしてＡの滞納状況を把握していた。

　建設業を営むＢ社は，Ｙ町から道路舗装補修工事を受注し，その工事を完成させたが，支払期限になってもその工事代金が支払われなかった。Ｂ社の社長であるＣがＹ町に問い合わせたところＣの実家に税金の滞納があるため支払うことができない旨説明をされた。なお，Ｃの夫であるＤも町長選挙に立候補経験があり，被告人とも選挙戦を戦ったが落選している。

　Ｃは，町長宅を訪れて，工事代金の支払いを求めた。そうすると，被告人はＣ家族に税滞納があるため支払えない旨述べ，またその際に，Ａにも二百数十万円の税滞納があることにも言及した。この一連のやり取りは，被告人，Ａ及びＤが立候補した町長選挙の数か月前に行われていた。

　その後町議会で，被告人は個人情報を漏洩している，と繰り返し追及を受けたが被告人はこれを一向に認めなかった。Ｃは上記やり取りを録音しており，Ａがその録音の証拠として，被告人がＣに対しＡは地方税の滞納をしている旨教示し，地方税の徴収に関する事務に関して知り得た秘密を漏らしたとして告訴した。

【判決要旨】

①　地方税に関する職務に従事する者が滞納情報を漏えいすると刑事処罰を受けることになる（地方税法22条）ことなどからすれば，地方税の滞納情報が，一般に，プライバシー性の高く，保護の必

要性が高い情報であることは明らかである。したがって，Aの滞納情報についても，特段の事情のない限り，「秘密」に該当するものと認められる。

② この点につき，弁護人は，Y町の地方税の徴収方法は納税集金袋を用いるものであるところ，Aの同袋の表面を見ればA地方税を滞納していることは誰でも知ることができたことや，Aの地方税滞納の事実が町民に知れ渡っていたことなどからすれば，Aの地方税滞納事実は公知の事実であったなどと主張する。そこで検討すると，確かに，Aの納税集金袋を見た者は，Aが地方税を滞納していることを知ることができたとは考えられるし，証人の各証言からすれば，Aが地方税を滞納している事実は，町民に広まっていたとは認められる。しかしながら，Aの納税集金袋を見ることができたのは，基本的に，Aの所属する納税組合の組合長に限られていたと言え，多くの人がこれを見ることができたわけではない。また，噂として広まっていたにすぎないのであれば，なお秘密に当たるというべきである。なぜなら，噂として広まっているに過ぎない情報を漏らす行為は，不確実な情報をより確実にするという点で，さらなる秘密侵害を生じさせているからである。以上からすれば，特段の事情は認められず，Aの滞納情報は，「秘密」に該当するものと認められる。

③ 告知した相手方が当該秘密事項を知っていれば，「漏らし」た行為にあたるとはいえないところ，その程度は，知識の補強の余地がない程度に熟知している必要があるのであって，その程度に至らないのであれば，なお知らない相手方に対する告知であるとして，「漏らし」た行為に該当するものと判断すべきという点である。なぜなら，そのような相手方に対する告知は，知識を補強している点でなお秘密侵害の新たな危険を生じさせているからである。

④ この点について，弁護人は，Aの滞納の事実は公知の事実であったなどと主張する。しかしながら，Aの滞納の事実が町民に広まっており，それが，Cの耳に入っていたとしても，それが噂にとどまることは前記のとおりであるから，これをもって，Cが熟知していたとはいえない。以上の他に，CがAの滞納情報を熟知していたことをうかがわせる事情はない。したがって，Cは，Aの滞納情報を知らなかったものと認められ，被告人の本件教示は，「漏らし」た行為に該当するといえる。

【検　討】

これまでの下級審判決では，地方税法22条にいう「秘密」とは，一般に知られていない事実であって，本人が他人に知られないことについて客観的に相当の利益を有すると認められる事実，とされてきた。

本事案では，Aが滞納していた事実は，噂話として町民に広まっていた。本判決は，「秘密」の意義については明らかにしていないものの，滞納情報が，プライバシー性が高く，保護の必要性が高い情報ことから，Aの滞納情報についても「秘密」に該当すると判断した。本判決は，これまでの下級審判決の「秘密」の意義に加え，さらに秘匿の意思も重視していると思われる。

また，地方税法22条にいう「漏らし」た行為については，秘密事項についてそれを知らない第三者に告知する行為とされており，その告示した相手方が当該秘密事項を知っていれば「漏らし」た行為に該当しない。この点，本判決が，告示した相手方の認識度合いについて，「知識の補強の余地がない程度に熟知している必要がある」と判示している。そのため，9割方事実を認識している相手方への告知であっても，1割の知識の補完をさせるものであれば，秘密侵害の新たな危険を招く可能性があることから，地方税法22条の「漏らし」た行為に該当することになる，ということであろう。

たとえ噂話が広まっていたとしても，納税者の情報に触れることができる立場の者が，納税者の滞納情報について軽々しく話してはいけないということである。

【伊澤　祐馬】

108 ふるさと納税訴訟

```
最高裁第三小法廷令和２年６月30日判決
令和２年（行ヒ）第68号・不指定取消請求事件
【掲 載】ＴＫＣ：25570926／ＴＡＩＮＳ：未掲載
【判 示】ふるさと納税制度に係る平成31年総務省告示第179号２条３号のうち，平成31年法律
    第２号の施行前における寄附金の募集及び受領について定める部分は，地方税法37条の
    ２第２項の委任の範囲を逸脱した違法なものとして無効であるとした事例
〔第１審：大阪高判令和２年１月30日・令和元年（行ケ）第７号〕
```

【解　説】

　平成20年度税制改正の一環として，個人住民税の納税義務者の地方団体に対する寄附金のうち一定額を超える額について，所得税額控除，10％相当額の個人住民税の税額控除，さらには個人住民税の税額控除の金額に所定の上限額の範囲内で特別控除額の加算がされるという制度，いわゆる「ふるさと納税制度」が設けられた。多くの人々が，地方の故郷で生まれ育ち，そして，進学・就職等を機に生活の拠点が都会へと移り，その都会で納税をする。そのため，生まれ育った故郷には税収が入らないことから，納税者の意思で，いくらかでも故郷へ納税する制度があっても良いのではないか，そんな問題提起から，ふるさと納税制度は生まれている。

　現在では，実質的に一定の上限額までは自己負担2000円で寄附額の30％相当の返礼品を受け取れ，また，手続きが簡素化されたこと等もあり，多くの納税者に利用されている。縁もゆかりもないが，魅力的な返礼品がある地方団体を寄附先に選ぶ納税者がほとんどであろう。そのため，各地方団体は，税源の確保又は自身の特産物等のPRのため，様々な返礼品の提供競争を繰り広げている。

　ふるさと納税制度の創設当時も，寄附の見返りに特産物を贈与することなどにより，ふるさと納税制度が濫用されることも危惧されていたが，各地方団体の良識によって自制されるべきとして，特に法令上の規制は存在していなかった。

　しかし，財政難に喘ぐ地方の故郷にとっては，税収が確保できる数少ない選択肢だったのであろう。ふるさと納税創設後，高価な返礼品や換金性の高い返礼品を提供する地方団体が多くの寄附金を集める事態が生じた。そのため，総務大臣は，技術的な助言として，相次いで通知を発出し，返礼品の返礼割合を３割以下にすること，また返礼品を地場産品とすることを求めた。上記の通知を受けて，多くの地方団体は返礼品の内容を見直したが，この通知が法的拘束力を伴わないこともあり，一部の地方団体では，引き続き高価な返礼品等を提供し続けるところも存在していた。

【事案の概要と経緯】

　本事案の原告であるＩ市は，上記通知にも関わらず依然として返礼割合が３割超のもの，換金性が高いものを返礼品として送付し，多額の寄附金を得ていた地方団体の一つであった。このような状況が継続していることもあり，平成31年の地方税法（以下，「法」という。）改正により，ふるさと納税制度の個人住民税に係る特例控除の対象となる寄附金について，一定の基準に適合する地方団体として総務大臣が指定するものに限られるとする「ふるさと納税指定制度」が導入され，令和元年６月１日から施行された。また，指定は，原則一年単位で行うこととされ指定対象期間は，毎年10月１日からその翌年９月30日までの期間とされた。

　上記一定の基準の一つとして，寄附金の募集の適正な実施に係る基準として総務大臣が定める基準が規定された（法37条の２第２項柱書き，法314条の７第２項柱書き。以下，両条文は同様の構造であるため，ふるさと納税制度についての条文を引用する場合37条の２のみを表記するが，いずれも同法314条の７を含む趣旨である）。

そして，総務省は，寄附金の募集の適正な実施に係る基準等を定めるため，平成31年総務省告示第179号（以下「本件告示」という。）を定めた。本件告示2条3号では，平成30年11月1日から申出書を提出する日までの間に，ふるさと納税制度の趣旨に沿った方法による寄附金の募集を行う他の地方団体に比して著しく多額の寄附金を受領した地方団体でないことを基準の一つとしていた。つまり，過去の募集実績を要件の一つとするものであった。

　Ｉ市は，平成31年4月5日付で，総務大臣に対し，ふるさと納税の対象団体としての指定を受けるべく，申出を行ったが，総務大臣は翌月14日付で，本件告示2条3号に該当しないこと等を理由に，不指定とした。そのため，同市長が，総務大臣を相手に，その取り消しを求めたのが本事案である。

　第一審では，本件告示2条3号は適法である判断した上で，Ｉ市が同号定める基準を満たさず指定の要件を欠くとして，不指定は適法と判断した。

【判決要旨】

① 　法37条の2第2項は，指定の基準のうち「都道府県等による第1号寄附金の募集の適正な実施に係る基準」の策定を総務大臣に委ねており，同大臣は，この委任に基づいて，その一つとして本件告示2条3号を定めたものである。また，地方自治法245条の2は，普通地方公共団体は，その事務の処理に関し，法律又はこれに基づく政令によらなければ，普通地方公共団体に対する国又は都道府県の関与を受け，又は要することとされることはないとする関与の法定主義を規定するところ，本件告示2条3号は，普通地方公共団体に対する国の関与に当たる指定の基準を定めるものであるから，関与の法定主義に鑑みても，その策定には法律上の根拠を要するというべきである。

② 　指定制度の導入に当たり，その導入前にふるさと納税制度の趣旨に反する方法により著しく多額の寄附金を受領していた地方団体について，他の地方団体との公平性を確保しその納得を得るという観点から，特例控除の対象としないものとする基準を設けるか否かは，立法者において主として政治的，政策的観点から判断すべき性質の事柄である。そのような基準は，総務大臣の専門技術的な裁量に委ねるのが適当な事柄とはいい難いし，状況の変化に対応した柔軟性の確保が問題となる事柄でもないから，その策定についてまで上記の委任の趣旨が妥当するとはいえず，地方税法が，総務大臣に対し，同大臣限りでそのような基準を定めることを委ねたものと当然に解することはできないというべきである。

③ 　法37条の2第2項につき，関係規定の文理や総務大臣に対する委任の趣旨等のほか，立法過程における議論をしんしゃくしても，過去の募集実績を理由に指定を受けられないとする趣旨の基準の策定を委任する授権の趣旨が明確に読み取れるということはできない。そうすると，本件告示2条3号の規定のうち，改正規定の施行前における寄附金の募集及び受領について定める部分は，委任の範囲を逸脱した違法なものとして無効というべきである。

【検　討】

　本事案では，本件告示2条3項の適法性が争われたが，最高裁は，本件告示2条3項が，普通地方公共団体に対する国の関与に当たるとして，関与の法定主義（地方自治法245条の2）などの観点から，その策定には法律上の根拠を要するとした。また，最高裁は，法の憲法適合性についてではなく，本件告示の地方自治法上の適合性に関する問題として整理をしている。そして，関係規定の文理，総務大臣に対する委任の趣旨，立法過程における議論等を斟酌し，過去の募集実績を理由に指定を受けられないとする趣旨の基準の策定を委任する授権の趣旨が明確に読み取れないと判断した。

　本判決は，国と地方団体間に関する告示委任について考察しその範囲と限界について判断した点は意義があると思われる。

　ふるさと納税制度が最終的に納税者の税額控除により完結するのであるから，課税要件法定主義の要請からしても，法律の委任の範囲を逸脱する告示委任は当然認められるべきではない。

【伊澤　祐馬】

109　ゴルフ場用地の鑑定評価に基づく固定資産評価の当否

最高裁第一小法廷令和４年３月３日判決
令和２年（行ヒ）第323号・固定資産評価決定取消請求事件
【掲　載】ＴＫＣ：25571984／ＴＡＩＮＳ：Ｚ999－8439
【判　示】ゴルフ場用地の登録価格について，固定資産評価基準の定める評価方法に従って算定
　　　　　されたものということができないとした原審の判断には，違法があるとされた事例
〔第１審：山口地判令和元年10月16日・平成28年（行ウ）第６号〕
〔控訴審：広島高判令和２年８月７日・令和元年（行コ）第26号〕

【解　説】
　固定資産評価基準は，ゴルフ場用地の評価について，(1)当該ゴルフ場等を開設するに当たり要した当該ゴルフ場等用地の取得価額に当該ゴルフ場等用地の造成費を加算した価額を基準とし，当該ゴルフ場等の位置，利用状況等を考慮してその価額を求める方法によるものとする。(2)この場合において，取得価額及び造成費は，当該ゴルフ場等用地の取得後若しくは造成後において価格事情に変動があるとき，又はその取得価額若しくは造成費が不明のときは，附近の土地の価額又は最近における造成費から評定した価額によるものとする，と定めている。

【事案の概要と経緯】
　Ｓ市は塩田跡地から昭和59年に造成されたゴルフ場の平成27年度固定資産評価に際し，取得後若しくは造成後において価格事情に変動があるときに該当すると判断した。そして「附近の土地の価額」又は「最近における造成費」から評定した価額によることとし，土地価額及び造成費について，不動産鑑定評価に依拠した。
　鑑定士は，ゴルフ場の最有効使用を「工場用地」とした上で「取引事例比較法」をベースにゴルフ場用地の不動産鑑定評価額を算出した。Ｓ市はこの不動産鑑定評価額をゴルフ場の「取得価額」とし，ゴルフ場の形状等からして造成費を加算する必要はないとして，不動産鑑定評価額に宅地の評価割合である７割を乗じ，時点修正を施した上で，ゴルフ場の登録価格として固定資産税の課税を行った。
　敷地所有者である納税者は，固定資産税課税においては，全国一律の統一的な固定資産評価基準に従って公平な評価を受けること自体に法的に保護される利益がある。他の市町村においては，塩田跡地を利用したゴルフ場について，ゴルフ場用地の評価について具体的な取扱いを示したゴルフ場通知に拠るか，同通知の趣旨を反映した事務要領等に従って評価をしており，ゴルフ場通知によらない不動産鑑定に従って決定された登録価格は，固定資産評価基準に従ったものではない，などとして審査の申出をしたが棄却されたためその棄却決定の取り消しを求めた。
　第１審，控訴審共に，評定されるべき取得価額は，ゴルフ場用地に造成される前の塩田跡地の基準年度における客観的時価をいうものと解すべきであるが，鑑定によってはこれを求めることができない。したがって，その余の点について判断するまでもなく，登録価格は評価基準の定める評価方法に従って算定されたものということはできず，登録価格は評価基準によって決定される価格を上回らないとはいえない，と棄却決定を全部取り消すべきと判断した。

【判決要旨】
①　土地の基準年度に係る賦課期日における登録価格が評価基準によって決定される価格を上回る場合には，同期日における当該土地の客観的な交換価値としての適正な時価を上回るか否かにかかわらず，その登録価格の決定は違法となるものというべきである。
　　そこで，登録価格が評価基準の定める評価方法に従って算定されたものということができるか否かが問題となる。

② 土地に係る固定資産税の課税標準となる登録価格は，当該土地の基準年度に係る賦課期日を基準として定めるべきものであるところ，平成27年度の固定資産税の賦課期日である平成27年1月1日において，各土地の周辺の土地は工場等の敷地となっていたものである。また，評価基準は，ゴルフ場用地の評価に際し附近の土地に比準して取得価額を評定する方法として，特定の具体的な方法を挙げているものではないし，造成から長期間が経過するなどの事情により，当該ゴルフ場用地の造成前の状態を前提とした取得価額を正確に把握できない場合も想定される。

そうすると，各土地の価格の算定に当たり，その造成前の状態である塩田跡地としての取得価額を評定していないことをもって，評価基準の定める評価方法に従っていないと解すべき理由は見当たらない。

③ S市が各土地の取得価額を評定する際に用いた方法は，ゴルフ場通知の挙げる近傍の宅地に比準しつつ山林としての価額を評定するという方法とは異なるものであり，この方法に準じたものともいい難い。しかし，ゴルフ場通知は，基本的には山林を造成したゴルフ場用地の評価を念頭に置くものと解される上，技術的な助言として具体的な取扱いを参考までに例示するにとどまり，事例に応じて他の評価方法によることを排除する趣旨と解することはできないこと等からすれば，ゴルフ場通知の内容により，上記の判断が左右されるものではない。

したがって，登録価格について，塩田跡地としての取得価額を評定していないことを理由として評価基準の定める評価方法に従って算定されたものということができないとした原審の判断には，固定資産の評価に関する法令の解釈適用を誤った違法がある。

【検　討】

原審では，附近の土地の価額から評定すべき「取得価額」は，ゴルフ場として造成される前の素地としての塩田跡地の基準年度における客観的時価，とされていた。

これに対し最高裁は，まず，固定資産税の登録価格は，賦課期日を基準として定めるべきものであることを示し，平成27年1月1日時点でゴルフ場用地周辺の現状が工場用地であったことを指摘している。

そして，評価基準はゴルフ場用地の評価に際し附近の土地に比準して取得価額を評定する方法として，特定の具体的な方法を挙げているものではない，造成から長期間が経過するなどの事情により，当該ゴルフ場用地の造成前の状態を前提とした取得価額を正確に把握できない場合も想定される，とし塩田跡地しての再取得価額を評定していないことを理由として評価基準の定める評価方法に従って算出されたものということができないとした原審の判断は法令解釈適用を誤っている，と差し戻した。

賦課期日の現状を重視するべきであり，固定資産評価基準の解釈もその視点から行うべきということだろう。ただ固定資産評価基準は具体的な方法を定めておらず，ゴルフ場通知も技術的助言にとどまる。最高裁も具体的な評価方法を示したわけではない。

納税者は，全国一律統一的な固定資産税評価基準によって公平な評価を受けること自体に法的に保護される利益がある，その基準から外れ鑑定評価によってされたS市の評価は違法であると主張していた。固定資産税評価基準は絶対的な尺度であり賦課課税である固定資産税においてはその評価の予測可能性，検証可能性は非常に重要といえる。もし今後，周辺土地の現状を基準に評価替えが行われていくのであれば，課税実務には大きな影響があるだろう。その際には，全国統一の基準が制定されるべきである。

【引　用】

林　仲宣＝髙木良昌『税務弘報』（中央経済社）70巻11号148頁（2022年）

【髙木　良昌】

110　複合構造家屋における固定資産税の登録価格

大阪地裁令和4年3月25日判決

令和元年（行ウ）第138号・固定資産価格審査決定取消等請求事件

【掲　載】ＴＫＣ：25593065／ＴＡＩＮＳ：Ｚ999－8454

【判　示】複合構造家屋の固定資産評価について，当該家屋自体の荷重を支え基礎と一体となっている地下階又は低層階を構成する最も耐用年数の長い構造である鉄骨鉄筋コンクリート造に対応した経年減点補正率を適用して算定された家屋の登録価格は違法であるとした事例

【解　説】

　固定資産税の課税において全国一律の統一的な評価基準に従って公平な評価を受ける利益は，適正な時価との多寡の問題とは別にそれ自体が地方税法上保護されるべきである。このため，固定資産評価について，土地の基準年度に係る賦課期日における登録価格が評価基準によって決定される価格を上回る場合には，同期日における当該土地の客観的な交換価値としての適正な時価を上回るか否かにかかわらず，その登録価格の決定は違法となる。

　ところで，評価基準は，複合構造家屋に適用する経年減点補正率の求め方について，明示的又は具体的な定めを置いていない。そのため，評価基準は，複合構造家屋に適用する経年減点補正率の求め方を，固定資産税の課税団体である各地方団体の長の合理的な選択に委ねているとされるが，納税者は，その選択が合理的であるか否かをいかに争うべきであろうか。

【事案の概要と経緯】

　納税者は，平成30年度の固定資産税に係る賦課期日である平成30年1月1日当時，家屋1の専有部分の区分所有者，家屋2の所有者として，登記簿に登記されていた者である。

　家屋1は，平成13年6月30日に新築され，平成20年4月22日に一部増築された25階建ての非木造家屋であり，専有部分は，1階から21階までの部分に位置し，建築当初から一貫してホテルの用途に供されている。家屋1のうち，平成20年の増築前の部分（棟1）全体においてＳ造部分が占める割合は，約58％を下回らない。家屋2は，平成8年3月28日に新築された地下1階付き地上9階建ての非木造家屋であり，建築当初から，その大部分はホテルの用途に供されている。家屋2の構造別の床面積割合は，ＳＲＣ造部分が約20％，Ｓ造部分が約80％である。

　市長は，平成30年4月2日，平成30年度の価格を家屋1と家屋2について決定し，家屋課税台帳に登録した。市長が，専有部分及び家屋2に係る平成30年度固定資産税等の賦課決定をし，平成30年4月2日付け納税通知書を交付したことを受けて，納税者は，固定資産税等を納付した。

　納税者は，平成30年6月18日，市固定資産評価審査委員会に対し，地方税法432条1項に基づく審査の申出をしたが，委員会は，平成31年3月20日，価格1については申出を棄却する旨の決定（審査決定1），修正前価格については，申出を一部認容し，一部修正すべきとする旨の決定（審査決定2）をした。これに対して，納税者は，令和元年9月20日，各価格が，いずれも経年減点補正率の適用を誤ったために固定資産評価基準によって決定される価格を上回ると主張して，出訴した。

【判決要旨】

① 複合構造家屋に適用する経年減点補正率の求め方の選択が，評価基準が市町村長に許容した範囲内の合理的な選択といえるか否かは，(1)当該市町村長が選択した経年減点補正率の求め方が，経年減点補正率に係る評価基準の定めの内容，趣旨に沿ったものといえるか否か，(2)当該家屋に適用する経年減点補正率の求め方の選択が，当該市町村内における評価の統一性の要請からみて合理的といえるか否かの双方の観点から判断する。

② 低層階方式は，経年減点補正率に係る評価基準の定めの内容，趣旨に沿ったものであるとはいえず，また，家屋1の棟1及び家屋2に適用する経年減点補正率の求め方について低層階方式を選択したことは，市内における評価の統一性の要請からみて不合理である。

③ 家屋1の棟1及び家屋2について低層階方式を選択した市長の選択は，評価基準が許容した範囲内の合理的な選択とはいえないから，その低層階方式に従って求められた経年減点補正率を適用して決定された各価格は，評価基準によって決定される価格であるとはいえない。

④ 各価格は，評価基準によって決定される価格である，床面積方式に従って求められた経年減点補正率を適用して算定された価格を上回っている。また，家屋1の棟1及び家屋2について，低層階方式に従って求めた経年減点補正率と同じ経年減点補正率を導くような，評価基準が許容する他の経年減点補正率の求め方は見当たらない。

⑤ 市長による価格1を是認した審査決定1，及び修正前価格が経年減点補正率の適用に誤りがないことを前提として価格2の限度で修正するにとどめた審査決定2は，いずれも違法であって取消しを免れない。

【検　討】

本事案の主たる争点は，各価格が評価基準によって決定される価格を上回るか否かである。具体的には，複合構造家屋である各家屋の平成30年度の価格の決定に当たり，低層階方式に従って，低層階を構成するSRC造に係る構造別区分の経年減点補正率を求めたことの適否が争われている。

納税者は，床面積方式に従って経年減点補正率を求めるべきであり，低層階方式に従って経年減点補正率を求めたことは不合理であり，各登録価格は評価基準によって決定される価格であるとはいえないと主張した。これに対して，市は，低層階方式に従って求めたことは合理的であるから，各価格は評価基準によって決定される価格を上回らないと主張した。

本事案では，適用する経年減点補正率の求め方を低層階方式とした市長の選択が，評価基準が許容した範囲内の合理的な選択といえるか否かが問題となるが，とりわけ裁判所は，以下の点を重視して，低層階方式の合理性を否定した。

すなわち，低層階方式に従うと，複合構造家屋の主たる構造は，必然的に低層階を構成する耐用年数の長い構造であるSRC造又はRC造となり，低層階以外の階層を構成する耐用年数のより短い構造であるS造の構造耐力に応じた価値減少が，経年減点補正率に反映されない。

また，市が定める実施要領の平成18年改正の趣旨は，市内に所在する複合構造家屋に適用する経年減点補正率の求め方を基本的に床面積方式に統一して，評価担当職員ごとの裁量的な対応の余地を排し，市内の複合構造家屋に対する評価及び課税に関する均衡を図ることにより，複合構造家屋に適用する経年減点補正率の求め方に関する運用を，評価基準の趣旨により沿ったものに改めることにあった。それにもかかわらず，市が従前の経年減点補正率の求め方である低層階方式に従って経年減点補正率を求める運用を変更しなかったことは，平成18年改正の趣旨に反し，地方税法の趣旨にもそぐわない。各価格の決定がされた平成30年の時点において，既に12年間に及んで，平成18年改正の趣旨に反し法の趣旨にもそぐわない取扱いを継続していたことには問題がある。

賦課課税方式である固定資産税の課税実務においては統一的に評価をしなければならない中で，裁判所が，市長に対して合理的な方法により建物の価格を決定すべきであるとし，低層階方式に従って経年減点補正率を求めることの具体的な問題を指摘し，市側の主張を排斥したことは妥当であるといえよう。

【引　用】

林　仲宣＝谷口智紀『税務弘報』（中央経済社）71巻4号156頁（2023年）

【谷口　智紀】

111　遺留分減殺請求と準確定申告

東京地裁平成25年10月18日判決

平成24年（行ウ）第104号・所得税の決定処分及び無申告加算税の賦課決定処分取消請求事件

【掲　載】裁判所ＨＰ／ＴＫＣ：25515326／ＴＡＩＮＳ：Ｚ263－12313

【判　示】遺言書により相続分が零とされたことから遺留分減殺請求を行っている法定相続人が負担すべき被相続人の所得税準確定申告における納税額の負担割合について明示した事例

【解　説】

　相続対策として遺言を薦める意見は多い。遺言を薦める最大の理由は，遺産分割の争い，いわゆる争族を未然に防止することにあると説明される。しかし，法定相続割合と異なる割合で相続を指示するならば，遺留分を侵害する内容が生じ，家庭裁判所で長期にわたって調停が続くことになる。そのことは相続分はもちろん所得税にも影響を及ぼす。

【事案の概要と経緯】

　納税者は平成19年に死亡した被相続人Ａの法定相続人である。Ａの法定相続人は納税者の他に配偶者と子が4人いるため，Ａの孫であり既に亡くなっている親の代襲相続人である納税者の法定相続分は10分の1であった。

　Ａの遺言は割合を指示したものではなく，財産それぞれをどの相続人に相続させるかを指示したものであったが，結果として，納税者の相続分は零とされており，その遺言書は平成20年3月4日に東京家庭裁判所によって検認された。そのため納税者は平成20年3月26日に内容証明郵便をもって他の相続人らに対し，遺留分減殺請求権を行使する旨の意思表示を行った。

　納税者は相続分が零であったため，Ａの平成19年分所得税について確定申告書を提出しなかった。しかし，税務署長は，遺言書には割合の指示がされていないため，納税者の相続分は零ではないとして，平成22年にＡの平成19年分所得税約2億8千万円のうち納税者の法定相続分である10分の1は，納税者が納める義務を承継したとして決定処分を行った。

　国税不服審判所の裁決は，遺留分減殺請求の結果，民法902条による納税者の指定された相続分は20分の1であるとして，20分の1の所得税を納める義務を承継するとしたため提訴した。第1審は，納税者の納税義務は生じないと判示して，確定した。

【判決要旨】

① 　遺言書において遺産のうちの特定の財産を共同相続人のうちの特定の者に相続させる趣旨の遺言者の意思が表明されている場合，その趣旨が遺贈であることが明らかであるか又は遺贈と解すべき特段の事情のない限り，遺産の分割の方法を定めたものと解するのが相当であり，遺言においてはこうした特段の事情はいずれも認められないから，Ａの全ての遺産はＡの死亡の時に直ちにそれぞれ遺言で定められた他の相続人らのいずれかに承継されるというべきである。

② 　Ａの全ての遺産を他の相続人らに承継させるものとすれば，遺言については，Ａの共同相続人のうち納税者の相続分をないもの，すなわち零と定めたものと認めるのが相当である。

③ 　遺言は納税者の相続分を零と定めるものと認められるところ，これは民法902条の遺言による相続分の指定に当たるから，納税者が納める義務を承継するＡの平成19年分の所得税の額は，国税通則法5条2項の規定に従い，Ａの平成19年分の所得税の額に零を乗じて計算した額である0円となるというべきである。

④ 　納税者の遺留分の侵害額の算定に際しては，遺言で納税者の相続分が零と定められたことを前提に，納税者の法定相続分に応じた相続債務の額は遺留分の額に加算することなく計算されることと

なると解される（最判平成21年３月24日）。その上で，特定遺贈又は遺贈の対象となる財産を個々的に掲記する代わりにこれを包括的に表示する実質を有する包括遺贈に対して遺留分権利者が減殺を請求した場合，これらの遺贈は遺留分を侵害する限度において失効し，受遺者が取得した権利は遺留分を侵害する限度で当然に遺留分権利者に帰属するところ，このようにして帰属した権利は，遺産分割の対象となる相続財産としての性質を有しないものであって，このような性質のものとして権利が帰属したことに伴い，当該遺留分権利者の遺留分の侵害額の算定に当たりその基礎とされた指定による相続分について，その内容が修正されることとなるものと解すべき根拠は格別見いだし難い。そして，遺産のうちの特定の財産を共同相続人のうちの特定の者に相続させる旨の遺言により生じた，当該財産を当該相続人に帰属させる遺産の一部の分割がされたのと同様の遺産の承継関係に基づき，被相続人の死亡の時に直ちに当該財産が当該相続人に相続により承継された場合についても，当該遺言による被相続人の行為が特定の財産を処分するものであることにおいて，特定遺贈又は包括遺贈と同様のものであることに照らすと，当該遺言による当該財産の承継に対して遺留分権利者が減殺を請求したときに遺留分権利者に帰属する権利に関し，上記に述べたところと異なって解すべき理由は見当たらないところである。

⑤　納税者がした遺留分減殺請求について，遺言による他の相続人における上記のような財産の取得以外の事由に対してされたものと認めるべき格別の証拠等は見当たらず，上記に述べたところからすると，納税者が遺留分減殺請求をしその効果として一定の権利を取得したことをもって，遺言でされた納税者についての相続分の定めが税務署長の主張するように修正されるものとは解し難いというべきである。

【展　　望】

国税通則法５条２項は，相続人が承継する国税の額は民法第900条から第902条までの規定によるその相続分により按分計算した額とする，としており，遺留分減殺請求により納税者が取得する権利が相続分といえるかどうかの民法解釈が問題となった。

裁判所は，遺留分減殺請求により納税者に帰属した権利は遺産分割の対象となる相続財産としての性質を有しないものであるとして，納税者の主張を認め被相続人Ａの所得税を納める義務はないとした。

相続債務は指定がない限り法定相続により相続人が承継する。しかし，本事案の場合，債務については指定がなかったが，すべての相続財産に指定があり相続債務についても同様に納税者以外の他の相続人が承継することとなるとされた。そうなると納税者の相続分は零であり，被相続人の所得税は相続分によりあん分計算されるため零となる。ただ，遺留分の計算の際には，被相続人の平成19年分所得税は相続債務であるが，納税者は負担しないため，納税者の遺留分侵害額には加算せずに計算されることとなるだろう。

いわゆる争族状態においても遺産分割協議の重要性はいうまでもない。あくまでも遺産分割は相続人らが自ら決議する行為であるから，後日，紛争を招くような助言を慎むことは税理士業務の基本であり，相続人らの結論に基づき速やかに遺産分割協議書を作成することになる。それも10か月後の相続税申告期限を最終目標にしたタイムスケジュールで進行する。

これに対して所得税の準確定申告は，機械的である。多く還付申告の場合もあり，仮に納税であっても相続財産にある現預金で処理できることから，税理士任せのことが多い。

しかし，本事案のように遺留分減殺請求がなされており，しかも納税額が極めて高額の場合には混乱する。おそらく請求人は，他の法定相続人との交渉はなく，準確定申告書を提出しなかったのではなく，連絡すらもなかったのかもしれない。

【林　仲宣】

112　増額更正と延滞税

最高裁第二小法廷平成26年12月12日判決
平成25年（行ヒ）第449号・延滞税納付債務不存在確認等請求事件
【掲　載】ＴＫＣ：25446819／ＴＡＩＮＳ：Ｚ777−2644
【判　示】減額更正後の増額更正に係る延滞税は発生しないとした事例
〔第１審：東京地判平成24年12月18日・平成23年（行ウ）第712号〕
〔控訴審：東京高判平成25年６月27日・平成25年（行コ）第40号〕

【解　説】

　延滞税の趣旨は，期限内に申告納税をした者との間の負担の公平を図るとともに，期限内納税を促すことを目的とするものである。

　申告納税後に減額更正された場合には，減額された税額の納税義務は遡及して消滅することになる。その減額更正後に増額更正がされた場合においては，新たに納付すべきこととなった税額に係る部分については未納付の状態が生じる。

　本事案は，相続税の法定納期限の翌日からその新たに納付すべきこととなった税額の納期限までの期間に係る延滞税が発生しているか否かが争点となった。

　最高裁は，相続税の財産評価を理由とする減額更正後の増額更正に係る延滞税は発生しないと判示した。

　その後，本判決を受けて国税庁は，延滞税の計算を見直し，同様の事案についての延滞税の還付手続をすることを公表した。また，国税通則法61条２項が改正されたことからも，本判決の影響は大きいものといえる。

【事案の概要と経緯】

　亡Ｘの相続人である納税者らが，Ｘの相続について，それぞれ，法定相続期限内に相続税の申告及び納税をした後，その申告に係る相続税額が過大であるとして更正の請求をしたところ，所轄税務署長において，相続財産の評価の誤りを理由に減額更正をするとともに還付加算金を加算して過納金を還付した後，再び相続財産の評価の誤りを理由に増額更正をし，これにより新たに納付すべきこととなった本税額につき，法定納期限の翌日から完納の期間までの期間（ただし，法定申告期限から１年を経過する日の翌日から増額更正に係る更正通知書が発せられた日までの期間を除く。）に係る延滞税の納付の催告をしたことから，納税者らが所轄税務署を相手に，延滞税は発生していないとして，その納付義務がないことの確認を求めた事案である。

　地裁及び高裁は，減額更正がされると，減額された税額に係る部分の具体的な納税義務は遡及的に消滅するのであり，その後に増額更正がされた場合には，増額された税額に係る部分の具体的な納税義務が新たに確定することになるのであるから，新たに納税義務が確定した各増差本税額について，更正により納付すべき国税があるときに該当するものとして，延滞税が発生するものというべきである，として納税者らの請求を棄却した。

【裁判所の判断】

① 　事実関係等によれば，各増額更正がされた時点において，各相続税については，各増差本税額に相当する部分につき法的効果としては新たに納税義務が発生するとともに未納付の状態となっているが，各増額更正後の相続税額は各申告に係る相続税額を下回るものであることからすれば，各増差本税額に相当する部分は，各申告に基づいて一旦は納付されていたものである。これにつき再び未納付の状態が作出されたのは，所轄税務署長が，各減額更正をして，その減額された税額に係る部分について納付を要しないものとし，かつ，当該部分を含め，各申告に係る税額と各減額更正に

係る税額との差額を過納金として還付したことによるものである。このように，各相続税のうち各増差本税額に相当する部分については，それぞれ減額更正と過納金の還付という所轄税務署の処分等によって，納付を要しないものとされ，未納付の状態が作出されたのであるから，納税者としては，各増額更正がされる前においてこれにつき未納付の状態が発生し継続することを回避し得なかったものというべきである。

② 他方，所轄税務署長は，各更正請求に係る税務調査に基づき，相続土地の評価に誤りがあったことを理由に，納税者らの主張の一部を認めて各減額更正をしたにもかかわらず，各増額更正に当たっては，自らその処分の内容を覆し，再び各減額更正における相続土地の評価に誤りがあったことを理由に，税額を増加させる判断の変更をしたものである。

③ 以上によれば，仮に各相続税について法定納期限の翌日から延滞税が発生することになるとすれば，法定の期限内に各増差本税額に相当する部分を含めて申告及び納付をした納税者らは，当初の減額更正における土地の評価の誤りを理由として税額を増額させる判断の変更をした所轄税務署の行為によって，当初から正しい土地の評価に基づく減額更正がされた場合と比べて税負担が増加するという回避し得ない不利益を被ることになるが，このような帰結は，国税通則法60条1項等において延滞税の発生につき納税者の帰責事由が必要とされていないことや，所轄税務署は更正を繰り返し行うことができることを勘案しても，明らかに課税上の衡平に反するものといわざるを得ない。そして，延滞税は，納付の遅延に対する民事罰の性質を有し，期限内に申告及び納付をした者との間の負担の公平を図るとともに期限内の納付を促すことを目的とするものであるところ，上記の諸点に鑑みると，このような延滞税の趣旨及び目的に照らし，各相続税のうち各増差本税額に相当する部分について各増額更正によって改めて納付すべきものとされた各増差本税額の納期限までの期間に係る延滞税の発生は法において想定されていないものとみるのが相当である。

④ したがって，各相続税のうち各増差本税額に相当する部分は，各相続税の法定納期限の翌日から各増額更正に係る増差本税額の納期限までの期間については，国税通則法60条1項2号において延滞税の発生が予定されている延滞と評価すべき納付の不履行による未納付の国税に当たるものではないというべきであるから，上記の部分について各相続税の法定納期限の翌日から各増差本税額の納期限までの期間に係る延滞税は発生しないものと解するのが相当である。

【検　討】

法定申告期限内に申告納税を済ませていた納税者の相続税について，所轄税務署は一度土地の評価誤りを理由に減額更正し還付をした後，土地の評価を変更して増額更正をし，その増差税額について延滞税を課した。所轄税務署が当初より正しい評価額に基づいて減額更正を行っていれば，このような事態は発生しなかった。納税者が申告期限に遅れたことはなく，所轄税務署の行為によって増差税額が発生し，回避し得ない延滞税が生じたことになる。

本判決を受け国税庁は，本事例と同様に，当初の申告及び納付が法定納期限内に行われ，財産の評価誤り等を理由に減額の更正処分をした後，同様の事由について税務署の判断を変更し，当初の申告額に満たない増額の再更正処分又は税務調査に基づく修正申告をした事案が確認された場合には，過去になされた増額の再更正処分等により納付された本税に対する延滞税を再計算し，納め過ぎとなっている延滞税について還付手続を行う，とする旨をホームページ上に掲載している。

【引　用】

林 仲宣＝髙木良昌『税務弘報』（中央経済社）63巻4号110頁（2015年）

【小澤 英樹】

租税の確定手続 ———— 233

113 市職員馬券脱税事件における税務調査の意味

大阪高裁平成30年11月7日判決

平成30年（う）第581号・所得税法違反被告事件

【掲　載】ＴＫＣ：25449842／ＴＡＩＮＳ：Ｚ999－9158

【判　示】国税局による別件反則事件の調査において発覚した納税者の一時所得は，その調査過程に違法性があったとしても，調査の結果に影響を及ぼさないとした事例

〔第1審：大阪地判平成30年5月9日・平成28年（わ）第4190号〕

【解　説】

　一時所得に該当するものとしては，懸賞や福引きの賞金品，競馬や競輪の払戻金，生命保険の一時金，法人から贈与された金品，遺失物拾得者や埋蔵物発見者の受ける報労金等が挙げられる。これら一時所得の金額の計算上，総収入金額から差し引くことのできるものは，特別控除額（50万円）を除き，収入を得るために支出した金額だけであり，その収入を生じた行為をするため，又は，その収入を生じた原因の発生に伴い，直接要した金額に限るとされている。こうしたことから，当時，競馬の払戻金について，総収入金額から差し引くことのできる金額の中に，外れ馬券の購入費用が該当するか否かといった訴訟が各地で散見された。

　本事案は，競馬の払戻金について争われた事例ではあるが，争点となったのは，納税者の競馬の払戻金が発覚するに至った国税局による金融機関調査について，その過程に違法性を帯びていた場合，調査の結果に影響を及ぼすか，また，刑事罰が科される程度の内容なのか等について，問題となった事例である。

【事案の概要と経緯】

　市役所の職員でもある納税者が競馬の勝馬投票券（以下「馬券」という。）の払戻金について，一時所得から除外し所得を秘匿し，虚偽の確定申告を行ったことから，所得税等をほ脱したとして公訴された事案である。

　納税者は，競馬の馬券の払戻金による一時所得を除外し所得を秘匿した上，虚偽の所得税等の確定申告（過少申告）をし，2年分の所得税額合計6200万円余りをほ脱した。なお，当該所得税額は，一時所得として修正申告を行うとともに，本税や附帯税については既に納税を済ませている。

　当該事案について，発覚するに至った国税局による銀行口座の調査について，いわゆる「横目調査」が行われており，プライバシー等を侵害する重大な違法調査がなされた可能性が否定できない等の理由で争われた事例である。

【判決要旨】

　発覚の端緒は，納税者名義の普通預金口座（以下，「当該口座」とする。）にＪＲＡから2億3000万円余りの高額な振込入金がなされていることを，金融機関調査を行っていた国税局査察部の総括主査が発見したことによる。

① 　別件犯則事件の具体的内容や別件犯則事件において当該金融機関を調査対象とした具体的事情については，公務員が知り得た事実で職務上の秘密に関するものであることの理由について，これを公にすると調査に重大な支障を及ぼす恐れから，国の重大な利益を害する場合に当たるとして，刑事訴訟法144条に基づく裁判所からの承諾を求め証言を拒絶した。また，当該口座を発見した後，その情報を持ち帰った点については，別件犯則事件との関連性を調べるためであると証言する一方，当該口座が別件犯則事件と関連があると考えた具体的理由についても証言を拒絶している。

② 　当該口座にはＪＲＡからの2億3000万円余りの振込入金があったところ，この振込入金は，一時所得として所得税の課税対象となることが明らかであるから，別件犯則事件の調査としてではなく，

納税者に対する調査として，必用かつ相当なものであったと認められる。

③　別件犯則事件の調査については，その対象範囲の絞り込みが不十分であった疑いは否定できず，当該口座の情報を持ち帰った点についても，別件犯則調査というよりも，むしろ納税者に対する所得税法違反の調査を主眼としていた疑いも否定できず，これら一連の調査については，違法である疑いが残る。

　　しかし，当該金融機関調査は，別件犯則事件の調査の一環として，銀行側の協力の下行われた任意調査であり，確認すべき口座情報の範囲についても銀行側の了承を得ていると認められ，当該口座の入出金を覚知してからは，納税者に対する所得税法違反の犯則調査としてこれに対処することが可能であり，査察官の行った調査における違法の程度は重大とまではいえない。

④　犯情についてみると，ほ脱税額は合計6200万円余りと多額であり，ほ脱率は全体で約97.8％と高率である。納税者は，馬券の高額配当の払戻しを受けてから具体的な税額を計算するなどし，所得税の納税義務があることを確定的に認識しながら，2か年にわたり，虚偽の過小申告を行っており，市役所で課税担当部門に所属するなど，納税者の模範となるべき行動が求められる立場にいたにもかかわらず，多額の税金を免れたものであって，厳しい非難は免れない。こうした犯情に照らせば，懲役刑及び罰金刑を選択併科することはやむを得ないというべきである。

【検　　討】

　当該事案については，国税局による調査の過程において，違法性があったかなかったかといった点について争われた。当該違法性について納税者は，脱税が発覚した経緯につき，査察官の査察調査の際にいわゆる「横目調査」あるいは「悉皆調査」といった，プライバシー等を侵害する重大な違法調査がなされた可能性が否定できない等の主張を行った。

　これに対し裁判所は，査察官の行った金融機関調査は，銀行側の協力の下に行われた任意調査であり，納税者の口座の入出金情報を覚知してからは，納税者に対する所得税法違反の犯則調査としてこれに対処することが可能であった等の理由から，査察官の行った調査における違法の程度は重大とまではいえないと判示した。

　ここで，いわゆる「横目調査」なるものにより収集された証拠資料が使われたということは，本来の目的外の収集方法を暗に認めたという解釈がされても仕方がない。

　たしかに，国税局による金融機関調査の一環で偶然発見された結果であれば，その違法の程度は重大とはいえないかもしれない。しかし，金融機関の協力の下であったとしても，国税局の調査担当者の側に特定の納税者の証拠資料を収集する意図があった場合には，同様の判断となったかどうか疑わしい。

　昨今では，個人のマイナンバーと金融機関等の口座情報を紐付ける方向で進んでいる。現時点でマイナンバーの提示は強制とはなっていないが，いずれ個人のマイナンバーと口座情報が完全に紐付くこともそれほど先の未来ではないかもしれない。

　国や自治体の職員は，目的外で個人のマイナンバーを利用することは禁止されているが，本事例のように偶発的に発見した情報を別の目的に利用されないとは言い切れない。そのため，今後，類似した事例が問題となった際には，改めて本事例での経緯を踏まえ，目的外で収集した証拠を別の目的に使う事ができるか否か，改めて検討が必要になるものと思われる。

　納税者に対し刑事罰が問われた点については，当時，驚きを持って受け止められたが，市役所の課税担当部門に在籍していた点や，事前に具体的な税額を計算していた点等を考慮すれば，やむを得ない判決であったようにも思われる。

【引　　用】

林　仲宣＝髙木良昌『税務弘報』（中央経済社）66巻8号56頁（2018年）

【四方田　彰】

114 預貯金債権の原資が年金である場合の差押禁止財産該当性

東京高裁平成30年12月19日判決

平成30年（行コ）第114号・平成30年（行コ）第191号・前橋市による預金差押処分取消等請求控訴，
同附帯控訴事件

【掲　載】ＴＫＣ：25563807／ＴＡＩＮＳ：未掲載

【判　示】市長がした預金債権差押処分は，市長が年金自体を差押えることを意図したと認めら
　　　　　れず，国税徴収法77条1項及び同法76条1項の差押を禁止した趣旨を没却するものであ
　　　　　るとまでは認められないとした事例

〔第1審：前橋地判平成30年2月28日・平成29年（行ウ）第4号〕

【解　説】

　租税法律関係で生じる納税義務は，原則として租税債務の納付で消滅する。ところが，租税債権者
による納税の告知を経ても，なお納税者の任意により確定した納税義務が履行されない状況もある。
この場合，租税債権者は，裁量権の逸脱・濫用とならない範囲で，自由裁量により滞納処分を用いて
強制的実現を図る手続きに移行する。私法にはみられない自力執行権の留保は，租税の公益性・強行
性に鑑み，確実かつ効率的な徴収を図るという，やむを得ない理由等によるものである。

　滞納処分は，財産の差押に始まり，換価，そして配当に至るまでの一連の手続による。同処分の存
在は，納税者による任意納付を促す間接的な効果として作用し，それでも納付が期待できない場合の
租税債権者の最終手段である（国税通則法37条，国税徴収法（以下「国徴法」）47条1項1号）。

　財産の差押は，滞納者の財産の法律又は事実上の処分を禁ずる効果を有し，その効果に鑑みて，納
税者の合理的地位の保護及び徴収の公正を確保するために法で制約される。超過差押及び無益な差押
の禁止（国徴法48，63，地方税法373条7項）等は，必要性の限度を超える無制限な自由裁量を認め
ない。

　不完全な差押禁止財産規定（国徴法75以下）は，換価の猶予及び滞納処分の停止（国徴法151，153，
地方税法15条の5等）をしても，なお自力執行権の行使で納税者の合理的地位を脅かす危険性を排除
するために明文化される。その趣旨は，憲法25条，同29条，同14条の要請する納税者の最低生活及び
精神的生活の安寧の保障，生業及び社会保障の維持等の保護であり，不当かつ過酷な課税を禁止する。

【事案の概要と経緯】

　納税者は，平成27年度の固定資産税合計2000円を滞納した。信用金庫の納税者名義の普通口座の残
高は，平成28年4月14日時点で465円であったが，翌15日に国民厚生年金8万9616円が振込まれるこ
とで9万81円となった。市長は，滞納税額を徴収するため，同日に納税者の預金口座に係る預金債権
9万81円のうち2000円に対し差押処分をし，取立てて配当を受けた。納税者が実質的に差押禁止債権
を差押えたもので違法である等と主張して，本件各処分の取消し等を求めた。

【判決要旨】

① 国税徴収法は，差押禁止財産を規定するところ，ⅰ金融機関に対する預貯金債権は，給料等の各
　債権とは法的性質を異にし，振込まれた年金相当額の預貯金債権が年金（給付）に係る債権に包摂
　されるという解釈は文言上無理があること，ⅱ年金等が受給者の預貯金口座に振込まれると一般財
　産と混合し，識別特定ができなくなること，ⅲ法は，年金等の一部を差押禁止とする一方で，預貯
　金債権については何ら触れていないのであり，預貯金債権まで差押禁止債権とすると，法の明文の
　規定なく責任財産から除外される財産を認めることとなりかねず，取引の安全を害するおそれがあ
　ること，ⅳ滞納者は，換価の猶予又は滞納処分の停止を受けることなどを考慮すると，原則として，
　年金等に基づき支払われる金銭が金融機関の口座に振込まれることで発生する預貯金債権は，直ち

に差押禁止債権としての属性を承継するものではない（形式的に差押が常に許容されると不当な結果を招来する場合があることは否定するものではなく，国民年金等の上記支給方法を理由に直ちに上記解釈を全面的に否定することは相当でない）。

② 年金等に基づき支払われる金銭が受給者名義の預貯金口座に振込まれた場合でも，法が年金等受給者の最低限の生活を維持するために必要な費用等に相当する一定の金額について差押を禁止した趣旨はできる限り尊重されるべきであるから，ⅰ滞納処分庁が，実質的に法により差押を禁止された財産自体を差押えることを意図して差押処分を行ったといえるか否か，ⅱ差押えられた金額が滞納者の生活を困窮させるおそれがあるか否かなどを総合的に考慮して，差押処分が上記趣旨を没却するものであると認められる場合には，当該差押処分は権限を濫用したものとして違法である。

③ 担当者は，差押処分の直前に預金口座の取引履歴を把握していたことを認めるに足りる証拠はなく，偶数月に振込まれる国民厚生年金及び毎月振込まれる高額介護サービス費しかなかったが，引出しによって預金口座の残高が常に2000円を下回っていたわけでは必ずしもないから，差押処分の直前に年金が振込まれるとしても，その前の預金口座の残高が2000円を下回っていることを認識していたとまではいえない。市長が預金債権の大部分が年金を原資とするものであると認識していたということはできず，年金自体を差押えることを意図して滞納処分を行ったとまでは認められない。

④ ⅱも，納税者は，従前，納税者本人に代わって固定資産税を任意に納付していた者が存在しており，滞納市税の額は，従前任意に納付されていた額を下回るものであるから，預金口座の残高のうち2000円が差押えられたからといって，その額が直ちに納税者が困窮に陥るおそれがある額であったということはできない。

【検　討】

第1審は，原則的に，年金等を原資とする預貯金債権は，直ちに差押禁止債権の属性を承継しないが，法が年金等受給者の最低限の生活を維持するために必要な費用等について差押を禁止した趣旨はできる限り尊重されるべきで，滞納処分庁が，実質的に法により差押を禁止された財産自体を差押さえることを意図して差押処分を行ったものと認めるべき特段の事情が認められる場合には，当該趣旨を没却する脱法的な差押処分と評価する違法性の基準を採用し，市長は，実質的に差押処分の当日に振り込まれる年金自体を差し押えることを意図して行ったと認めるべき特段の事情があると判示した。

控訴審は，法の趣旨を軽視したが，差押禁止財産は，徴収職員等の意図や過失に左右されることなく，絶対的に保障されなければならない。種類債権であったとしても，預金債権の増加の原資及び原因は，特定・識別が可能であり，増加原因・原資を特定できない場合は別として，明らかに原資が差押禁止財産であることが立証されたならば，納税者の合理的地位を保護すべきである。

いうまでもなく，法の趣旨・目的を潜脱する解釈による自力執行権の行使は，法を空文化させ，法適用の結果の妥当性を欠く。差押禁止財産該当性は，その処分の金額の多寡ではなく，実質的に法の禁止財産を差し押えたか否かを客観的に判断すべきである。

最終手段である滞納処分が，納税者の生活を著しく窮迫させるおそれがあることを考慮すると，滞納処分以前の徴収猶予，滞納処分後の換価の猶予及び執行停止等の制度の活用並びに執行した際に納税者の最低限の生活の維持が可能か否かを精査することは，租税債権者に課せられた任務である。そのような法の運用が，立法時の制度趣旨である。徴収手続における自力執行権の行使の重みを知らずに，法の趣旨を潜脱した運用が，長期間にわたり実務で常態化している可能性があることが危惧する。

【引　用】

林　仲宣＝山本直毅「差押禁止財産と預金差押処分」『法律のひろば』（ぎょうせい）74巻1号67頁（2021年）

山本直毅「預金債権差押処分における納税者の権利保護」『専修大学法学研究紀要』（専修大学法学研究所）46号91頁（2021年）

【山本　直毅】

115 取締役の債務免除と会社の第二次納税義務

東京高裁令和３年12月９日判決

令和２年（行コ）第241号・納税告知処分取消請求控訴事件

【掲　載】ＴＫＣ：25591274／ＴＡＩＮＳ：Ｚ777－202131

【判　示】代位弁済の求償権を放棄することは，債務の免除に該当し，徴収法39条が適用される。債務の免除を受けた場合の利益の額の判断基準については，徴収法39条にいう無償譲渡等の処分により，滞納者から受けた利益が債務の免除である場合には，債務者の支払能力，弁済期等を考慮し，その債権を換価する場合と同様に，その債務が免除された時におけるその債権の価額を算定し，その算定額が受けた利益の額に当たるとされた事例

〔第１審：東京地判令和２年11月６日・令和元年（行ウ）第239号〕

〔控訴審：東京高判令和３年12月９日・令和２年（行コ）第241号〕

【解　説】

　国税徴収法（以下「徴収法」とする）39条は，無償又は著しい低額の譲受人等の第二次納税義務を定めている。同条では，滞納処分における徴収不足の原因が，滞納国税の法定納期限の１年前の日以後に，その財産について無償又は著しい低い額の対価による譲渡や債務の免除，その他第三者に利益を与える処分に基因すると認められるときは，これらの処分により権利を取得し，又は義務を免れた者に，これらの処分により受けた利益が現に存する限度において，その滞納に係る国税の第二次納税義務を負わせている。

　通常第三者間取引においては，客観的な経済価値において合意された取引価格が適用されるので，無償あるいは著しい低額の譲受ということにはなりにくい。しかしながら，徴収法の「著しく低額」は他の税目の「著しく低額」とはその範囲を異にしているので，第三者間取引においても十分な注意が必要である。親族間や役員と同族会社間においては注意が不足がちな事例も散見されるが，譲り受けには債務免除も含まれるので，免除の際には第二次納税義務にならないよう十分な注意が必要となる。

【事案の概要と経緯】

　納税者法人Ｘは酒製造業者である。同社は経営状況の悪化から酒税すら滞納し，納税の担保として商品である製造酒の保全を国税局に命じられるほどであった。同社の負債総額は１億円を超え，債務超過となっていた。同社は事業を再生するために中小企業再生支援協議会に支援を依頼して，その指導に基づき再生計画を作成して，その協力を金融機関へお願いした。計画の第一段階として，関東信越国税局長に対し，役員の個人不動産の差押えを解除してもらい，不動産の売却金で滞納していた未払消費税を支払い，金融機関に対して，個人保証していた債務の代位弁済をおこなった。代表取締役Ａと取締役Ｂは，合計2048万円ほどをそれぞれ金融機関へ代位弁済した。Ａ及びＢは代位弁済により法人Ｘに対し取得した求償債権と法人Ｘに対する自己の借入金債務を相殺した後の残額につき，それぞれ債務を免除した。

　Ａについて（万円未満省略）

　　〔１〕求償債権の額　　2048万円

　　〔２〕借入金債務の額　　588万円

　　〔３〕債務免除の額　　1460万円

　Ｂについて（万円未満省略）

　　〔１〕求償債権の額　　2048万円

　　〔２〕借入金債務の額　　536万円

　　〔３〕債務免除の額　　1512万円

当時，国はＡに対して所得税，復興特別所得税及び相続税の本税，延滞税及び利子税の合計1465万円の租税債権を有しており，またＢに対しても合計1502万円の租税債権を有していた。関東信越国税局長は法人Ｘに対し，債務免除の額すなわち，Ａの滞納国税につき1460万円を限度として，Ｂの滞納国税につき1512万円を限度として第二次納税義務に係る納付告知書による各告知処分をした。

【判決要旨】

① 債務免除は徴収法39条の「債務の免除」に当たる，第二次納税義務の趣旨に鑑みれば，無償譲渡等の処分とは，〔１〕第三者に「異常な利益」を与え，〔２〕実質的にみてそれが「必要かつ合理的な理由」に基づくものとはいえないと評価することができるものを意味する。

② 最終的に再生計画について各金融機関の同意が得られたことを踏まえれば，かかる一連の手続には社会通念上の必要性・合理性があったことが認められ，その一環としてされた各債務免除についても，社会通念上の必要性・合理性があったことが首肯できる。しかし，上記のような社会通念上の必要性・合理性があることをもって，無償譲渡等の処分の該当性が否定されるべき「必要かつ合理的な理由」があると直ちに解することはできない。すなわち第二次納税義務は，租税徴収の確保を図るため，本来の納税義務者と同一の納税上の責任を負わせても公平を失しないような特別の関係にある第三者に対して補充的に課される義務であることからすれば，「必要かつ合理的な理由」の有無についても，当該第三者に対し，本来の納税義務者と同一の納税上の責任を負わせても公平を失しないか否かという観点から検討されるべきものである。代位弁済はＡ，Ｂらが持分を有する不動産の換価代金を原資に行われたものであり，債務免除も実質的な対価関係を伴わないものであることからすれば，納税者にとって企業再生による経営状況の改善が必要なことであったとしても，かかる企業再生は実質的にはＡ，Ｂらの財産を無償で拠出してされた側面を有するといわざるを得ない。このような事情を踏まえれば，第二次納税義務との関係において，Ａ，Ｂらの求償債権が納税者に実質的に帰属しているとみても，公平を失するとまで評価することはできない。

③ 債務の免除を受けた場合における受けた利益の額の判断基準については，納税者の資金繰りは苦しく，債務超過になっていた。そこで事業再生を図るため中小企業再生支援協議会に支援を相談し，再生計画を作成し金融機関に免除を求めるために，国税に参加差押えされていた取締役個人の不動産を売却処分し，代位弁済に充てた。この求償権が放棄されなければ，再生計画案につき同意を得ることはできず，早晩法的整理に移行せざるを得ないと見込まれ，求償債権の全部又は一部の回収が不可能又は著しく困難であると認められるような状況にあったというほかない。債務免除の時における求償債権の価額が０円を超えるとは認められず，債務免除により納税者の受けた利益は現に存しないというほかないから，債務免除は徴収法39条の要件を満たすものではなく，各告知処分は違法であって，取消しを免れない。

【検　討】

事業再生計画の手続きは様々あるが，現経営者との個人的な債権債務を整理することが最初に求められる。本事案では，個人も法人も国税を滞納するほど資金繰りが悪化しており，再生計画に従って事業を改善して納税する旨を徴収官に約束していたはずである。その計画に従い個人の土地の差押えを解除してもらい，代位弁済に至った事は国税当局も合意の上の事案であった。その代位弁済に対し，求償権を認め第二次納税義務を課すというのは余りに酷であろう。

代位弁済の求償権の放棄が徴収法39条の債務の免除に該当すると判断された重要な判決である。第二次納税義務は納付告知処分から始まるので，納税者側は取消訴訟しか対抗手段が存しない。代位弁済や再生計画を行っている納税者に取消訴訟のハードルは相当に高い。しかも受けた利益の額がないことの証明が納税者側に求められる。小規模な任意整理だと第二次納税義務は失念されがちなので注意されたい。

【小野木　賢司】

116　更正の予知・相続税の調査と所得税の申告漏れ

東京高裁令和４年１月14日判決

令和３年（行コ）事件番号不明・過少申告加算税賦課決定処分等取消請求控訴事件

【掲　載】ＴＫＣ：未掲載／ＴＡＩＮＳ：Ｚ272－13657

【判　示】相続税調査中に発覚した国外財産から生じる所得に係る所得税についても，その明細が判明した時点で，その後の調査が進行し申告漏れの存することが発覚し更正等に至るであろうということが客観的に相当程度の確実性をもって認められる段階に至ったものと認めるのが相当とした事例

〔第１審：東京地判令和３年５月27日・平成31年（行ウ）第170号，第184号，第185号，第186号，第187号〕

〔上告審：最判令和４年７月26日・事件番号不明〕

【解　説】

国税通則法（以下「通則法」という）65条５項は，修正申告書の提出があった場合において，その提出が，その申告に係る国税について調査があったことにより当該国税について更正があるべきことを予知してされたものでないときは，過少申告加算税を賦課しない旨を規定している。

相続税調査の中で発覚した財産から生じる所得についての所得税の修正申告は，どの段階であれば，更正等があるべきことを予知してされたものでないといえるか。

【事案の概要と経緯】

納税者は父の死亡に伴い相続税の申告を行った。亡父も納税者自身も韓国に有価証券等の財産を有していたが相続税の申告においてその韓国財産は申告されておらず，納税者自身も韓国財産からの配当等について所得税の申告をしていなかった。

国税局から平成27年８月相続税の調査を行う旨の連絡があり，納税者は同月中に亡父名義韓国財産の申告漏れを是正する修正申告を行った。

国税局は租税条約に基づく情報交換制度により韓国税務当局から提供された情報に基づき納税者らが韓国財産を所有していることを把握しており同年10月に国税局から納税者らに対し，納税者名義の韓国財産についても相続税の申告対象ではないかと所有状況確認が行われ，財産一覧を記載して提出するよう依頼がされた。納税者は同年12月15日に財産一覧書を提出し，同月25日に韓国財産から生じていた所得について修正申告をする意向であると国税局に伝えた。

納税者が平成28年10月に韓国財産からの収入を含めて所得税の修正申告を行ったところ過少申告加算税の賦課決定処分を受けた。そのため「更正等を予知」してされたものではないから加算税を課すことはできないなどとして処分の取消しを求めた。

【判決要旨】

①　調査は，納税者名義の韓国財産が，その名義とは異なり被相続人の相続財産に当たる可能性があることを前提に，その種別，数量，価額等とともにその帰属を明らかにすることを目的として行われたものであった。韓国財産が相続財産に当たらないとすれば，名義どおり納税者に帰属することとなることは確実であるから，仮に調査の結果，韓国財産が被相続人に帰属する相続財産であると認定することができない場合には，当然に納税者の韓国財産から生じる所得の申告漏れが明らかになるという関係にあったものである。韓国財産から生じる納税者の所得に係る所得税の調査を実質的に含むものであったというべきである。

②　通則法65条等にいう「その申告に係る国税についての調査があったことにより当該国税について更正等があるべきことを予知してされたものでないとき」とは，税務職員が申告に係る国税につい

ての調査に着手し，その申告又は無申告が不適正であることを発見するに足るかあるいはその端緒となる資料を発見し，これによりその後の調査が進行し申告漏れの存することが発覚し更正等に至るであろうということが客観的に相当程度の確実性をもって認められる段階（客観的確実時期）に達した後に，納税者がやがて更正等に至るべきことを認識した上で修正申告等を決意し修正申告書等を提出したものでないことをいうものと解するのが相当である。

③　国税局は，平成27年３月頃までに納税者名義の韓国財産の存在を把握し，調査を進めていたところ，同年12月15日に提出された回答書には，「相続財産以外の所有財産」として，韓国所在の会社の株式の銘柄や数量，韓国所在の銀行に対する預金の種類，残高等が具体的に記載されていた。同日，回答書を受領したことによって，納税者の所得税の申告又は無申告が不適正であることについて，その端緒となる資料を発見し，これによりその後の調査が進行し申告漏れの存することが発覚し更正等に至るであろうということが客観的に相当程度の確実性をもって認められる段階に至ったものと認めるのが相当である。

④　納税者は，回答書を提出した平成27年12月15日の時点やその後納税者が所得税の修正申告の意思を表明した同月25日の時点では，納税者の韓国財産について，その性質やいかなる課税関係が生じるかが必ずしも判然とせず，国税局も，会社の株式が納税者の固有財産ではなく，飽くまで相続税産である名義株として調査を進めていたため，客観的確実時期に達していなかったなどと主張する。

しかし「その申告に係る国税についての調査があったことにより当該国税について更正等があるべきことを予知してされたものでないとき」に該当するためには，申告又は無申告が不適正であることを発見するに足るかあるいはその端緒となる資料を発見し，これによりその後の調査が進行し申告漏れの存することが発覚し更正等に至るであろうということが客観的に相当程度の確実性をもって認められる段階（客観的確実時期）に達すれば足り，申告漏れの所得金額を正確に把握し，更正等を行うに足りる資料が全て揃っていることまでは要しないから，韓国財産の帰属や申告漏れに係る課税金額等が確定していなかったことをもって，客観的確実時期に達していなかったということはできない。

【検　　討】

国税局は，韓国財産は納税者名義のものも含め全て被相続人の財産で相続税の対象と考えての相続税調査であったが，納税者は納税者名義の財産は贈与を受けており相続税の課税対象外であるとした。ただそうすると，納税者名義の韓国財産から生じていた所得は納税者のものとなる。それらについて所得税の申告がなされていなかったのであれば修正申告が必要なことは明らかである。

こういった事実関係から相続税の調査ではあったが，その申告に係る国税についての調査があったことにより，という通則法65条の規定については実質的に所得税の調査も行われていたといえると判断された。

本事案の場合，裁判所がいうように，韓国財産は被相続人のものではなく自身のものであるとして財産一覧を国税局へ提出した時点で所得税の更正は予知できた。

更正の予知がなされていない場合に加算税を課さないというのは自主的な修正申告を促すための規定である。海外財産についての指摘を受けそれを相続財産ではなく自らの財産であると主張するのであれば所得税の修正申告は同時に行うべきであった。

課税を免れるため対象財産を海外での保管・隠匿を企み露見した事例は少なくない。とくに韓国は隣国であり歴史的経緯からも選択されがちであるが，日韓政府が課税情報の交換が密であることを認識すべきであるし，韓国に限らず国外財産についてのヒアリングは深く行うべきといえる。

【引　　用】

林　仲宣＝髙木良昌『税務弘報』（中央経済社）71巻５号86頁（2023年）

【髙木　良昌】

117 査察調査により収集した資料に基づく更正処分

東京地裁令和5年3月8日判決
平成31年（行ウ）第102号・課税処分等取消請求事件
【掲　　載】ＴＫＣ：25608332／ＴＡＩＮＳ：Ｚ888－2490
【判　　示】課税庁において，査察調査により収集された資料を更正処分をするために利用することも許され，税務署長は，税務調査を自ら行った上で更正処分等をしたものであり，調査には手続上の重大な瑕疵があるとはいえないとした事例

【解　　説】

　申告納税制度の下では，課税庁は，納税者が申告をした内容が適正か否かをチェックする重要な役割を担っている。その一つである税務調査は，実地の調査にとどまるものではなく，証拠資料の収集，証拠の評価あるいは経験則を通じての課税要件事実の認定，租税法その他の法令の解釈を経て更正処分に至るまでの課税庁の思考，判断の過程を含む極めて包括的な概念であるとされる。

　このように税務調査は，いわゆる机上調査も含む広範囲な概念であるが，納税者側からすると，実地の調査を行わずになされた更正処分は不意打ちであるように思われる。一方で，実地の調査は納税者側にも負担であることから，可能であれば実地の調査を避けたいという納税者もいるであろう。

【事案の概要と経緯】

　社交飲食店業を営む納税者は，確定申告に関する事務を第三者に依頼していた。第三者は，納税者から説明を受けた内容に基づき，所得税と消費税等についての確定申告書を作成し，法定申告期限までに提出していた。消費税等の確定申告は，簡易課税を受けることを前提とした申告であった。

　国税局査察部は，平成26年12月2日，納税者を犯則事件の嫌疑者として，犯則調査に着手した。その後，税務署長は，査察部から査察調査により収集された資料を引き継いだ上で，納税者に対し，平成29年7月7日付けで，更正処分等をした。具体的には，所得税等については，事業所得の金額が過少であることから，原則として，各店舗の帳簿書類等，取引先への調査結果等に基づき，総収入金額及び必要経費を実額により算定しつつ，売上金額及び必要経費の一部について，所得税法156条の推計計算をすることにより，事業所得の金額を再計算した。消費税等については，再計算に伴い課税標準額を加算するとともに，加算の結果，簡易課税を受けることを前提とした納税をすることができなくなったことから，消費税法30条に基づく控除対象仕入税額を再計算した。

　これに対して，納税者は，更正処分等に先行して行われた国による一連の資料の収集手続には重大な違法があるほか，更正処分等において基礎とされた売上金額や必要経費の算定には誤りがあるなどと主張して，更正処分等の取消しを求めた。

　本事案では，売上金額と事業経費に係る推計額の認否なども争われている。

【判決要旨】

① 収税官吏が犯則事件の嫌疑者に対して査察調査を行った場合には，課税庁において，同査察調査により収集された資料を嫌疑者に対する更正処分をするために利用することも許されるというべきであるから，課税庁が先行する査察調査により収集された資料を引き継ぎ，これを検討した上で課税標準等又は税額等を認定したときは，別途，実地の調査を行うことがなかったとしても，かかる一連の課税庁の判断過程をもって，税務調査に該当する。

② 税務署長は，査察部から査察調査により収集された資料を引き継いだ上で，各国税等についての税務調査を行うこととし，税務署の担当職員において，平成29年4月7日，納税者に対し，税務調査を行う旨を宣言し，同月14日，納税者に対し，査察調査において提出されていない帳簿書類等の有無を確認し，同月26日，税務代理人から，書面の写しを受領するなどした上で，査察調査により

収集された資料を検討した結果，税務署長において，各処分をする旨の判断に至ったものであり，同年６月26日には，税務署の担当職員において，納税者に対する結果の説明をしている。

③　税務署長は，査察部から査察調査により収集された資料を引き継ぎ，これを検討した上で，課税標準等又は税額等を認定して各更正処分をするに至っているといえるから，別途，実地の調査を行ってはいないものの，各国税等についての税務調査を自ら行った上で，これに基づいて各処分をした。

④　税務調査に手続上の瑕疵があったとしても，原則として更正処分の効力に影響を及ぼすものではなく，税務調査の手続が公序良俗に反し又は社会通念上相当の限度を超えて濫用にわたるなど重大な違法を帯びる場合に限り，更正処分の取消事由になる。そして，この理は，課税庁が，先行する査察調査により収集された資料を引き継ぎ，これを検討するなどして税務調査を行った場合において，当該査察調査に手続上の瑕疵があったときについても，基本的に妥当する。

⑤　税務署長は，納税者の税務代理人から指摘を受けた上で，査察調査により収集された資料を検討した結果，別途，実地の調査をするまでもなく，各更正処分をするに至っているところ，指摘があったからといって，税務調査として，特別な手続を採らなければならないと解すべき法的な根拠はない。

⑥　調査に手続上の重大な瑕疵があるということはできず，調査の手続が公序良俗に反し又は社会通念上相当の限度を超えて濫用にわたるなど重大な違法を帯びることはない。

【検　討】

本事案では，更正処分等は手続上の重大な瑕疵により違法であるといえるか，具体的には，税務署長は税務調査をすることなく更正処分等をしたか，また，調査には手続上の重大な瑕疵があるか等が争われている。

納税者は，税務署長は，査察調査の結果を盲信し，税務調査と評価することができるような調査を何らしていないと主張した。これに対して，課税庁は，担当職員は査察部から引き継いだ査察調査の資料について調査したほか，査察調査の際に提出されていない帳簿等の有無を確認し，納税者の担当弁護士の意見書の内容を検討するなどしており，自ら行った一連の税務調査の結果に基づき更正処分等をしたと主張した。

裁判所は，税務調査とは，実地の調査だけではなく，更正処分に至るまでの課税庁の思考，判断の過程を含む極めて包括的な概念であること，そして，課税庁において，査察調査により収集された資料を更正処分をするために利用することも許されることを明らかにした。その上で，担当職員が，納税者に対し，税務調査を行う旨を宣言したこと，査察調査において提出されていない帳簿書類等の有無を確認したこと，税務代理人から書面の写しを受領するなどしたことを挙げて，税務署長は，税務調査を自ら行った上で更正処分等をしたと認定した。また，調査には手続上の重大な瑕疵があるとはいえず，その他の納税者の主張も排斥されるべきであるとして，更正処分等は手続上の重大な瑕疵により違法であるとはいえないとの判断を下した。

課税庁の主張によると，納税者が国税局の管轄区域内に自宅を購入して生活を開始したこと，納税者が申告していた所得金額は極めて少額であったことなどから，査察官等が，多種多様な情報に基づき，調査の端緒となるべき事実を発見し，犯則の事実の概要を把握したようである。たしかに，実地の調査は査察調査のみで，税務署長は更正処分等をするにあたって実地の調査を行っていない。しかし，裁判所は，担当職員と納税者との間の認定された一連の事実を踏まえて，税務署長は税務調査を自ら行ったと評価している。

【引　用】

林　仲宣＝谷口智紀『税務弘報』（中央経済社）72巻１号70頁（2024年）

【谷口　智紀】

118　納税指導と信義則

横浜地裁平成8年2月28日判決
平成5年（行ウ）第18号・特別土地保有税免除否認処分取消請求事件
【掲　載】ＴＫＣ：28011449／ＴＡＩＮＳ：未掲載
【判　示】区役所職員による明らかな誤指導に対して信義則の適用が認められなかった事例
〔控訴審：判例集等未登載〕

【解　　説】

　申告納税制度の下では，区役所は，納税者への税務相談や申告指導が日常的に行われている。こうした区役所の行為などに誤りがあった場合に問題が生じ，その救済として信義則の適用を求めることがある。信義則の適用に関する裁判所の考え方は，合理性の原則を犠牲にしてもなお納税者の信頼を保護することが必要であると認められる場合に信義則の適用が肯定されるとしている。

【事案の概要と経緯】

　特別土地保有税は，平成15年度以降は新たな課税は停止されているが，土地の有効利用促進や投機的取引の抑制を目的とする地方税（市町村税・東京都23区内は都税）であった。1月1日現在，一定基準の土地の所有者等が課税対象となり，地方税には珍しく申告納税であり，法定期限は5月31日となっていた。

　裁判所が認定する経緯は以下の通りである。

①　納税者は，不動産貸付，不動産管理及び駐車場経営等を業とする法人であり，平成3年5月10日ころ，区役所から「特別土地保有税改正のお知らせ」と題する書面の送付を受けた。書面には，平成3年度の地方税法の一部改正により，青空駐車場等について免除基準が改正された等の記載があったが，免除の認定の基準日については何ら記載されておらず，「ご不明な点につきましては，次の特別土地保有税担当までお問い合わせ下さい。区役所固定資産税課土地係」という記載があった。

②　納税者は，書面をみて，従来納税義務の免除対象とされていた青空駐車場等が原則として課税対象となり得ることを知った。そこで，納税者の役員とA従業員は，5月13日，特別土地保有税の納税義務の免除について相談するため，区役所の土地係を訪れた。なお，納税者は，新たな土地を買受ける予定となっており，同年6月27日，売買によりこれを取得した。

③　区役所固定資産税課土地係において，特別土地保有税の事務を担当していたのは，土地係長以下，5名の平職員であった。当時，担当職員らは，平成4年度は新税制の初年度であるから，課税に関する措置が緩和され，建設大臣認定の駐車装置が基準日に完成していなくても，申告時期までに完成していれば，特別土地保有税（保有分）の納税義務が免除されるかもしれない，などと話し合っており，B職員は，土地係を訪れた納税者役員らに対し，同様の趣旨を述べた。

④　A従業員は，同年7月26日，駐車装置設置のレイアウト図面を持って，土地係に赴いた。B職員及びC職員は，レイアウト図面をみて，「駐車装置のほかに，管理人小屋も必要である。」などと説明した。そこで，納税者は，説明に従い，レイアウト図面に管理小屋を加えた図面を新たに作成し，A従業員は，一級建築士の資格を持つ従業員を同行し，7月31日及び同年8月6日，新たに作成されたレイアウト図面を持って土地係を訪れた。

⑤　市は，8月14日，平成3年度の税制改正に伴う準備事務を議題とする特別土地保有税担当係長及び担当者会議を開催した。担当者会議には，市全区の特別土地保有税の各担当者が出席し，区役所からは，係長ら3名の担当職員が出席した。右担当者会議では，8月6日付け自治省税務局固定資産税課企画係長事務連絡などの資料が配布され，免除対象の縮減に伴う課税対象の判定基準などの説明がされた。これを受け，土地係は，8月20日ころ，係内会議を開催し，その席で，担当者会議

の報告がされ，また，特別土地保有税の納税義務の免除対象となるか否かは，基準日の現況で判断することが確認された。そこで，担当職員らは，それまでに，課税に関する措置が緩和され，駐車装置が申告時期までに完成していれば，特別土地保有税（保有分）の納税義務が免除されるかもしれないなどとあいまいな説明をしてきた納税者に対し，個別に電話等で連絡することとした。

⑥　C職員は，同年11月6日，納税者に電話をし，A従業員に対し，「特別土地保有税の新税制への移行期である平成4年度は，申告時期の平成4年5月までに建設大臣認定の駐車装置の工事が完了していれば，納税義務は免除されるという期待を持たせる指導をしてきたが，自治省固定資産税課課長からの通達で，平成4年1月1日の現況で判断することを指示された。また，免除を受けるためには，舗装，区画線引建設大臣認定の駐車装置の設置に加えて，検査済証が取れた管理事務所が必要であると指導したが，管理事務所は不要である。」旨述べた。

【判決要旨】

①　土地係の担当職員は，平成3年5月13日，納税者に対し，建設大臣認定の駐車装置が，申告時期の平成4年5月末日までに完成していれば，特別土地保有税の納税義務が免除される可能性がある旨の見解を述べたので，納税者は，これを前提に，その後，相談のため土地係を訪れたが，その間，係内会議が開催され，課税の免除の要件や基準日について確認されたにもかかわらず，担当職員は従前通りの応待を続け，平成3年11月6日に至り，初めて納税者に対し，訂正の電話をしたということになるから，担当職員の納税者に対する対応が，極めて不適切であったことは否めない。

②　納税者に対応した担当職員は，いずれも役職はなく，また，担当職員の言動は，納税者の照会に対する正式な回答ともいい難く，単に口頭でされたに過ぎないのであるから，担当職員の見解の表示をもって，税務官庁がした納税者の信頼の対象となる公的見解の表示とは認められない。

③　担当職員の本件基準日についての説明が断定的なものであったとまではいえないし，納税者に対する右の点の訂正の伝達も，遅れたとはいえ同年11月6日にされたのであり，本件駐車装置の設置が右基準日に間に合わなかったのは，右のような装置の注文がメーカーに殺到したという特殊な事情によるものといわざるを得ない。

【検　討】

本事案では，納税者が特別土地保有税の納税義務の免除について相談するため，区役所土地係を訪れたのは，5月13日，7月26日，7月31日，8月6日，8月29日及び10月25日の計6回に及び，係内会議の開催日が8月20日であったと裁判所は認定する。しかし，通常の窓口で納税者との質疑応答に役職者が対応する可能性が低いことや一般納税者の質疑内容に対して文章を交付する習慣がないことなどを考慮すると，区役所担当職員の口頭による回答は公的見解の表示に当たらず，免除を認めないことが信義則に反しないとした裁判所の感覚は極めて非現実的である。

結局，申告納税制度において納税者の課せられた責任の大きさに驚くばかりである。まさしく納税者の自主性が重視されるといえよう。

同時に納税義務の免除という重要事項について，区役所担当職員の認識不足には，理解しがたい。なぜなら，本事案の相談内容は，納税義務の成立時期（基準日）と納税者の申告による納税義務の確定時期（申告期限）とは一致しないという，基本的な問題だからである。

【参考文献】

林 仲宣『税』（ぎょうせい）75巻5号154頁（2020年）

【林 仲宣】

119 弁護士法に基づく税理士の守秘義務

大阪高裁平成26年8月28日判決

平成25年（ネ）第3473号・損害賠償請求控訴事件

【掲　載】ＴＫＣ：25540022／ＴＡＩＮＳ：Ｚ999−0151

【判　示】弁護士法に基づく照会に応じて依頼者の確定申告書等を依頼者の承諾をないまま開示
　　　　したことが依頼者のプライバシー権を侵害したとされた事例

〔第1審：京都地判平成25年10月29日・平成25年（ワ）第579号〕

【解　説】

　税理士法38条は、「税理士は、正当な理由がなくて、税理士業務に関して知り得た秘密を他に洩らし、又は窃用してはならない」と定めている。しかしながら税理士の顧客は中小企業であり、その大半が株主と役員が同一である家族経営の同族会社となっている。そのため、これらの企業では、ひとたびお家騒動が勃発すれば、親族間の骨肉の争いが生じ、また相続の開始に伴い、争族に発展することは少なくない。この場合に、税理士は依頼者一族のなかで中立を保つべきであるが、難しい立場に置かれることは避けられない。税理士に課せられる守秘義務も複雑となる。

【事案の概要と経緯】

　控訴人である甲は平成19年9月から平成23年2月まで、A社に在籍していた。A社は、A社における甲の勤労実体が争点の一つとなっている別件訴訟を提起している。A社の代理人である弁護士は、本事案の被告（被控訴人）である税理士が代表役員を務める税理士法人を照会先として、甲が平成22年3月以降、体調を崩して就労困難な実態にあり、A社における就労実態がなかったことを立証するためとして、甲の確定申告書や総勘定元帳の写しを提出するよう弁護士法23条の2に基づく照会の申出をし、弁護士会から税理士法人に対し照会がなされた。照会を受けた税理士は、甲の同意を得ることなく、平成15年から平成21年までの確定申告書及び総勘定元帳の各写しを提供した。

　これを受けて甲は、自らの承諾を得ないまま確定申告書控え等を開示したことがプライバシー権を侵害する不法行為に当たると主張して、不法行為による損害賠償請求権に基づき、税理士に対し損害賠償を求めた。

　第1審は、税理士法38条は、「税理士は、正当な理由がなくて、税理士業務に関して知り得た秘密を他に漏らし」てはならない旨を規定し、税理士法基本通達38−1は、「法38条に規定する『正当な理由』とは、本人の許諾又は法令に基づく義務があることをいうものとする」としており、弁護士法23条照会の趣旨及び回答の性質に照らせば、弁護士法23条照会に対する回答は、「法令に基づく義務がある」場合に該当し、税理士法38条の「正当な理由」があると解するのが相当であるとして、甲の請求を棄却した。これに対して、控訴審は甲の請求を認め、税理士に損害賠償の支払を命じた。

【判決要旨】

① 　税理士の保持する納税義務者の情報にプライバシーに関する事項が含まれている場合、当該事項をみだりに第三者に開示されないという納税義務者の利益も保護すべき重要な利益に当たると解される。したがって、税理士は、弁護士法23条照会によって納税義務者のプライバシーに関する事項について報告を求められた場合、正当な理由があるときは、報告を拒絶すべきであり、それにもかかわらず照会に応じて報告したときは、税理士法38条の守秘義務に違反するものというべきである。そして、税理士が故意又は過失により、守秘義務に違反して納税義務者に関する情報を第三者（照会した弁護士会及び照会申出をした弁護士）に開示した場合には、当該納税義務者に対して不法行為責任を負うものと解される。

② 　照会申出の理由は、A社が、別件訴訟において、甲が平成22年3月以降、体調を崩して就労困難

な実態にあり，Ａ社における就労実態がなかったことを立証するためのものということである。一方，照会事項の中心は，確定申告書及び総勘定元帳の写しの送付を求めることにあるものと認められる。しかし，甲の健康状態を立証するためであれば，医療機関等への照会によるのが直截であり，収入の変動を通じて健康状態の悪化を立証するということ自体が迂遠というべきである。この点を措くとしても，平成22年３月以降の甲の体調不良を立証しようとするのであれば，甲の平成22年の確定申告書等とそれ以前の確定申告書等を比較するのでなければ意味がないはずである。ところが，税理士が甲の確定申告を行っていたのは平成15年から平成21年までであり，平成22年の確定申告は担当していない。そうであるとすれば，税理士の所持する確定申告書等だけでは甲が平成22年に体調不良により収入が減少したかどうかを認定することはおよそ期待できないというべきであるから，最長10年間にわたる確定申告書等の送付を求める照会事項３は，弁護士法23条照会としての必要性，相当性を欠く不適切なものといわざるを得ない。弁護士法23条照会の公共的性格という観点からみても，照会が別件訴訟における真実の発見及び判断の適正を図るために必要かつ有益であるとは言い難い。

③　確定申告書及び総勘定元帳の内容は，甲本人の収入額の詳細のほか，営業活動の秘密にわたる事項や家族関係に関する事項等，プライバシーに関する事項を多く含むものであり，これらの事項がみだりに開示されないことに対する甲の期待は保護すべき法益であり，これらの事項が開示されることによる甲の不利益は看過しがたいものというべきである。

④　確定申告書等については，これが開示されることによる甲の不利益が照会に応じないことによる不利益を上回ることが明らかである。したがって，税理士が照会に応じて確定申告書等を送付したこと（開示行為）は，守秘義務に違反する違法な行為というべきである。

【検　討】

裁判所は，守秘義務は「税理士業務の根幹に関わる極めて重要な義務」と明示している。そのうえで判決は，税理士が弁護士照会により報告を求められたとしても，「正当な理由」がある場合には報告を拒絶することができ，正当な理由があるにもかかわらず，税理士が照会に応じた場合には守秘義務に違反すると示した。

この「正当な理由」の判断にあたっては，報告が得られないことによる不利益と，照会に応じて報告することによる不利益とを，個々の事案に応じて具体的に比較衡量すべきとしている。残念ながら，この不利益の範疇には，税理士の収入維持は含まれるはずはない。

ただ，本事案の背景は，深刻な事情がある。親族間の争いのなかで，Ａ社との関わりが深い税理士の立場も複雑である。すなわち，①甲は，Ａ社入社前から，おそらく入社後も個人事業として建築工事業を営んでいたこと，②Ａ社の前社長は甲の実母であり，現社長は甲の伯父（甲の母の兄）であり，Ａ社の実質的オーナーであること，③Ａ社が提起した別件訴訟は，現社長である兄が，前社長である実妹の在任中における背任行為等を指弾したものであること，④Ａ社現社長は，他にも代表者をつとめる企業を有しており，税理士は開業以来のこれらの企業の顧問税理士を受任していたこと，⑤甲と税理士は，甲が大学生であった頃から面識があったこと，などが挙げられる。

実務的な発想からすれば，いわばＡ社を通じて，密接な関係にある税理士は弁護士に情報を提供することは容易であったはずである。しかし，あえて弁護士会照会をとることで，税理士の守秘義務違反を指摘されることを回避し，合わせて情報の公平性，客観性を主張することを意図したかもしれない。やはり紛争が始まった段階で，本来，甲が保管等すべき確定申告関係の資料を，税理士は，甲に返却すべきだったといえよう。

【参考文献】

林　仲宣『実務に役立つ租税基本判例精選100』（税務経理協会，2019年）299頁

【林　仲宣】

120　相続に係る業務等委任契約と相当の報酬額

東京地裁令和2年3月10日判決

平成29年（ワ）第15804号報酬等請求事件

【掲　載】ＴＫＣ：25584337／ＴＡＩＮＳ：Ｚ999－0215

【判　示】相続税申告等にかかる委任契約においては，相当額の報酬を支払うとの黙示の合意が
　　　　　されたものと解するのが相当であり旧報酬規定その他諸般の状況を考慮して相当報酬額
　　　　　を算定するのが相当とした事例

【解　説】

　原告である税理士は，相続税の申告等を依頼され履行したにもかかわらず相続人の一部から，委任
契約は成立しておらず報酬支払に関する合意自体ないため報酬は支払わない，とされた。実際に業務
を行ったにもかかわらず委任契約の成立，報酬支払に関する合意もないといえるのか。

【事案の概要と経緯】

　原告は，平成20年9月28日に亡くなったＡを被相続人とする相続税の申告について依頼を受けた。
原告は以前からＡ家の顧問税理士であり，Ａ夫の相続税申告業務も行っていた。Ａの相続人は長女，
二女，三女及び養子である長女の夫である。

　Ａの遺言にしたがい長女が約7億円，その他の相続人が約538万円ずつ取得するとして平成21年7
月28日に被相続人をＡとする相続税の申告を原告が行った。原告は長女の延納申請を行い，長女以外
の相続人からは納付金額を預かって納付手続も行った。その後税務調査があり，原告は土地の評価減
のため更正の請求を行っている。

　二女と三女は平成21年10月，Ｂ弁護士に対しＡの相続に係る遺産分割協議を委任した。長女と二女，
三女は平成28年9月に和解をし，長女が遺産のすべてを取得，その代償金として二女，三女に対し各
1億1500万円を支払うこととなった。その後それぞれ更正の請求，修正申告を他の税理士に依頼し行っ
ている。

　原告は平成27年12月に二女，三女（被告ら）へ一連の相続税関連業務に係る税理士報酬の請求を行っ
たが支払われなかった。そのため東京税理士会の旧税理士業務報酬規定に基づき相続税申告報酬，税
務調査対応報酬，長女の代償金捻出のための不動産売却に関する報酬，長女の延納申請報酬及び原告
は委任されなかったが事前調整を行ったとして更正請求報酬，修正申告報酬等の合計1803万4488円の
内，修正申告に基づく被告らの納めるべき相続税割合によって按分した各517万1442円の支払いを求
めた事案である。

【判決要旨】

① 　被告らは，原告がＡの相続にかかる遺産分割協議に立ち会うことや遺産分割協議が成立したとき
　に原告が相続税の申告を行うことについて大まかな了解をしていること，原告は，その後，Ａの相
　続人らの遺産分割協議に数度立ち会い，その間，被告らに対して相続税の試算結果を示し，平成21
　年7月28日には，被告らを含むＡの相続人ら全員につき，Ａの相続にかかる相続税の申告をし，当
　該申告書には被告らの押印もされていること，原告は，被告らから各人の納付額に相当する金員を
　預かり，その納付手続を行っていることなどに照らすと，原告と被告らとの間において委任契約が
　締結されたことは明らかである。

② 　被告らは，原告が遺産分割協議において専ら長女に与していたことなどを理由に委任契約の成立
　を否認するが，契約の成否自体に影響すべき事情とはいえない。被告らの主張は理由がない。

③ 　委任契約の締結に際しては報酬に関する話が一切されておらず，特定の事項に限定して原告に委
　任する趣旨であった様子はうかがえないことなどからすると，被告らを含む各委任者の意思として

は，少なくとも，漠然と，遺産分割協議における助言・調整や，相続税の申告ないし納付において必要となる諸手続を原告に委ねたものということができる。

④　もっとも，当初の段階で今後行うこととなる事務や手続のすべてを想定することはおよそ困難であるし，結局のところ，その具体的内容や原告がこれを行うこととなった経緯等に照らし，個別に判断せざるを得ない。

⑤　被告らは，本事案においては報酬支払に関する合意自体がされていないと主張する。しかしながら，原告は税理士であり，委任事務を処理して報酬を得ることを業とする者であること，委任契約はA家の顧問税理士業務としての一環であるとして別途の報酬は発生しないなどといった合意がされた様子もないことからすると，委任契約においては，被告らを含むAの相続人らにおいて相当額の報酬を支払うとの黙示の合意がされたものと解するのが相当である。

委任契約につき，旧報酬規定に依った場合にAの相続人全員に対して請求することのできる報酬は，相続税の申告にかかる397万5000円及び遺産分割協議の立会い日当にかかる45万円である。

旧報酬規定は報酬の上限を規定したものであること，原告は長年A家の顧問税理士を務めており，Aの相続人らとしては，旧報酬規定を提示されていたとしても，その上限額を負担する意思を示したとは考え難いことなどからすると，相続税の申告につきAの相続人らが負担すべき報酬の総額は，旧報酬規定の約7割に相当する278万円とするのが相当である。

【検　討】

長女と被告らは，相続税の申告後対立し，A家の顧問税理士であった原告はA家を継ぐ長女に与していた。そのため被告らは原告にとっての依頼者は長女のみであり，原告と被告らとの間に委任契約は成立していない，としていた。

裁判所は，相続税の申告書に押印していること，納付額を預かり納付手続を行っていること等から原告と被告らに委任契約が締結されたことは明らかである，税理士は委任事務を処理して報酬を得ることを業とする者であり委任契約において相当額の報酬を支払うとの黙示の合意がされた，とした。

請求できる金額について原告は，長女の延納申請や不動産売却に関する報酬，自らが行っていない和解後の更正請求や修正申告まで請求の対象としていたが裁判所はそれらを無関係の被告らに請求することはできない，としその他の業務について旧報酬規定により計算した報酬の7割を相続割合により按分した各56万円を請求可能としている。

相続税の申告に当たり，どのような業務が必要となるかは契約時にその全てを見通すことは困難である。

最初の相続税申告までは被告らも協力的で納税までを原告が代理するぐらいであり，特に問題はなかった。被告らに対する報酬請求のタイミングが平成27年12月であり当初の申告からは相当期間があいている。平成21年に申告してからそれまで全くの無報酬，とは考えにくい。被告らと原告の間に委任契約があり，報酬支払の黙示の合意があったと裁判所が認定したことは当然といえる。ただ，当初申告時に長女や原告が報酬をどのように考えていたのかはわからない。

相続税事案は，通常，複数の相続人がいる場合には，相続人を代表する人物と折衝することが多い。しかし相続人全員からの委任を受け申告等を行う場合には税理士報酬についても，全ての相続人と最低限の合意を形成しておくべきであるし，相続人間でもどのように負担するのかを合意しておくことも重要といえる。

【引　用】

林　仲宣＝髙木良昌『税務弘報』（中央経済社）69巻10号166頁（2021年）

【髙木　良昌】

【執筆者一覧（五十音順）】

東江　杜羅布 ―― 税法基本判例研究会

有賀　美保子 ―― 税理士

伊澤　祐馬 ―― 税理士

大久保　智且 ―― 税法基本判例研究会

岡崎　央 ―― 税理士

小澤　英樹 ―― 税法基本判例研究会

小野　雅美 ―― 税理士

小野木　賢司 ―― 税理士

加瀬　陽一 ―― 税理士

小林　由実 ―― 税理士

齋藤　樹里 ―― 税理士

髙木　良昌 ―― 税理士・東京都立大学大学院非常勤講師

竹内　進 ―― 目白大学教授

谷口　智紀 ―― 専修大学教授

角田　敬子 ―― 税理士

初鹿　真奈 ―― 税理士

林　仲宣 ―― 税理士

道重　拓矢 ―― 税理士

茂垣　志乙里 ―― 税理士・専修大学大学院非常勤講師

安本　真子 ―― 税法基本判例研究会

山本　直毅 ―― 大阪経済大学専任講師

横井　里保 ―― 島根大学専任講師

四方田　彰 ―― 税理士・愛知学院大学大学院客員教授

実務に役立つ
租税基本判例精選120

2024年9月15日　初版第1刷発行

編　者	林　　仲宣				
著　者	東江杜羅布	有賀美保子	伊澤　祐馬		
	大久保智旦	岡崎　　央	小澤　英樹		
	小野　雅美	小野木賢司	加瀬　陽一		
	小林　由実	齋藤　樹里	髙木　良昌		
	竹内　　進	谷口　智紀	角田　敬子		
	初鹿　真奈	林　　仲宣	道重　拓矢		
	茂垣志乙里	安本　真子	山本　直毅		
	横井　里保	四方田　彰			

発行者　大坪克行

発行所　株式会社 税務経理協会
　　　〒161-0033東京都新宿区下落合1丁目1番3号
　　　http://www.zeikei.co.jp
　　　03-6304-0505

印　刷　光栄印刷株式会社

製　本　牧製本印刷株式会社

本書についての
ご意見・ご感想はコチラ

http://www.zeikei.co.jp/contact/

本書の無断複製は著作権法上の例外を除き禁じられています。複製される場合は、そのつど事前に、出版者著作権管理機構（電話03-5244-5088, FAX03-5244-5089, e-mail: info@jcopy.or.jp）の許諾を得てください。

JCOPY ＜出版者著作権管理機構 委託出版物＞
ISBN 978-4-419-07230-8　C3032

© 林　仲宣　2024 Printed in Japan